Письма Чехова

契诃夫书信集

[俄] 契诃夫 著

朱逸森 选译

上海译文出版社

契诃夫兄弟

契诃夫一家

契诃夫在雅尔塔

契诃夫与高尔基及艺术剧院演员合照

契诃夫的办公室

契诃夫在雅尔塔的办公室里

契诃夫与托尔斯泰

契诃夫与托尔斯泰夫妇

契诃夫与《俄罗斯思想》杂志编辑部

契诃夫与艺术剧院演员

前　言

人在写信的时候，一般说，总是敞开心扉的：或吐露真情，或直陈己见……总之，在信中人不思掩饰。一般人是如此，作家当不例外。因此，要了解和剖析一个作家的创作，不可不研读其书信。

契诃夫留下了四千多封信①。由于契诃夫秉性谦虚，从不长篇大论其主张和见解，他的许多可贵的主张散见于他的书信之中，因此仔细地研读他的书信，对于把握其思想发展脉络、分析其作品内容和文学见解来说就更为必要。

1907 年，也就是在契诃夫逝世后不足三年，吴梼从日文转译《黑衣教士》，将它介绍给中国读者。1909 年，周作人和周树人合译的《域外小说集》，其中收入了契诃夫的短篇小说《在庄园里》和《在流放中》。打那时起，一百余年间，中国人读契诃夫的书，看他的戏，从中吸取他反对封建专制和资本剥削的民主主义精神，学习他敏锐观察生活并对之作艺术概括的能力。在社会迅猛发展的今天，我们深信，契诃夫的文学遗产（包括其书信）仍将给人们以新的启迪。

在俄国历史上，十九世纪八十年代是一个反动势力猖獗的时代。沙皇亚历山大二世遭刺杀后，统治者们百般压抑禁锢社会思想，书报检查达到了十分荒谬的程度："秃头"一词常常被删除，因为使用此词被视为影射，是冒犯秃头沙皇亚历山大三世。当时尚年轻的契诃夫在一封信中埋怨道："要不了多久连'商人'这个称呼也将成为禁词。"

在这种令人窒息的社会气氛中，庸俗报刊风靡一时，其上尽登载一些滑稽诙谐小品，嘲笑烂醉的商人和官吏，讲述别墅休养者的风流奇遇。年轻的契诃夫以"安东沙·契洪特"、"没有病人的医生"、"自

---

① 本书依据《安·巴·契诃夫》（全集，二十卷本，苏联国家文艺出版社，1944—1954）选译而成。下文引用此版本时将标明：《全集》，卷次及页码。

己哥哥的弟弟"等笔名写了许多没有思想和艺术价值的"小东西"。后来契诃夫直言不讳在信中说，在创作初期他"犯过一大堆错误"，"当年契洪特能够写出许多东西，而这些东西是后来契诃夫怎么也不会写的"。不过，他还说，"凡是犯过错误的地方，同时也就积累了经验"，契洪特尝试过种种体裁，"中篇小说啦，短篇小说啦，通俗戏剧啦，论文啦，幽默作品啦，种种荒唐东西啦……"这就使后来的契诃夫"战地比较广阔，题材比较丰富"。一直到1895年契诃夫还在给友人的信中"回想过去的生活"，他写道："不久前我看了一下旧的多半已被人们忘却的《花絮》，对当初您和我身上那股子旺盛的血气惊讶不已，在如今最新的一些天才中任何一个人身上都没有这种血气。"事实表明：契洪特的许多作品具有社会意义，有较佳的思想艺术性。

阅读契诃夫早年的书信我们发现，有两封信对于了解契诃夫是相当重要的。一封是他写给堂兄的信，在信中十七岁的他称周围世界是"一个十分阴险狠毒的世界"①。在这种生活环境中，一个破产的三等商人的家庭受到歧视不足为怪，但年轻的契诃夫善于自重，他在一封信中批评胞弟说："为什么你称自己是'一个微不足道的渺小的弟弟'呢？""你知道吗，应该在什么地方意识到自己渺小？那应该是在神和智慧、美和自然面前，而不是在人们面前。在人们之中你应该意识到自己的尊严。你可不是什么骗子，你是一个诚实的人。""要记住：诚实的小伙子可不是渺小和微不足道的。"自卑感是一种"小市民习性"，是契诃夫一家的社会地位所造成的。契诃夫十分重视从自己以及兄弟们身上清除"小市民习性"，1886年3月他在信中对其二哥尼古拉说，必须克服"小市民习性"，为此必须"日以继夜地劳动，不断地读书和钻研"，必须有"意志力"②，"把自己身上的奴性""一点一滴地挤出去"。③

"应该意识到自己的尊严"，"一点一滴地""把自己身上的奴性挤

---

① 《全集》，第13卷，第23页。
② 《全集》，第13卷，第198页。
③ 《契诃夫论文学》，汝龙译，人民文学出版社，第141页。

出去"，这可说是契诃夫在青年时代的（也是他毕生的）一个重要观念，实质上也是他对"十分阴险狠毒的世界"所作出的一种精神反抗，是契诃夫所说的那种"血气"，其实这也就是1861年农奴制改革在俄国社会中所引起的反应，正如列宁所说，这反应就是"'人格的普遍提高'……正是改革后的俄国造成了人格和自尊心的提高"[①]。契洪特的这一反抗精神和血气以及罕见的艺术禀赋使他写出了《一个官员的死》、《变色龙》、《假面》等优秀幽默作品，而被列夫·托尔斯泰誉为"第一流的"短篇小说《苦恼》、《万卡》、《歌女》等也都出自这个契洪特之手笔。契洪特与契诃夫之间有着血肉般的联系。

※　※　※

自1884年到1888年，契诃夫的五个中、短篇小说集先后问世，它们是：《梅尔柏密尼的故事》、《五颜六色的故事》、《在黄昏》、《天真的话》和《短篇小说集》。1888年10月帝俄科学院授与他普希金奖金。当年的文坛名人格里戈罗维奇、苏沃林[②]、米哈伊洛夫斯基都各自对他表示赞誉、劝导和鼓舞。原先鲜为人知的契洪特成了彼得堡的"红人"。阅读这段时间的契诃夫书信，我们发现，他在反思自己的创作，他在求索人生的目的："我干的究竟是正经事呢，还是微末的无聊事？""写完了好几普特重的纸张，得到过科学院的奖金，过着波将金公爵过的那种生活，但没有写出一行在我看来是真正具有文学意义的东西。"契诃夫的许多书信还告诉我们，他对污浊的现实更为不满，他在一封信中写道："我认为，生活是由灾祸、琐事和鄙俗行为组成的，而且它们是互相夹杂和交替着的。""俄国人民贫穷和饥饿，令人遗憾。"目睹不堪忍受的种种生活情景，契诃夫感到"苦闷和忧郁"。在1888年12月26日的信中我们读到："请原谅我的忧郁心情，我自己也不喜欢这种心情。这种心情是由许多因素引起的，而这些因素又不是我造成的。"他痛苦地承认说，"政治方面、宗教方

---

① 《列宁全集》，第1卷，第392页。
② 阿·谢·苏沃林（1834—1912），《新时报》的出版者和发行者。列宁称《新时报》是"向当权者卑躬屈膝的"报纸。

面、哲学方面的世界观我没有，我每个月都在更换这类世界观。"他说，"我的生活很苦闷，以致有时我会恨。"契诃夫恨什么呢？他在信中写道："我痛恨以一切形式出现的虚伪和暴力；……伪善、愚蠢和专横不仅在商人家庭里和监狱里盛行，在科学和文学方面、在青年人当中我也看见它们。"在契诃夫的许多书信中我们看到，契诃夫在求索，但得不到正确的答案。这情形在他的中篇小说《灯火》中得到了反映。这部小说的结尾是："在这个世界上没有一件事情弄得明白。"契诃夫的好友谢格洛夫-列昂捷耶夫对此表示异议说：艺术家应当能够把事情弄明白。契诃夫却回答他说："如果群众所相信的艺术家敢于声明他虽然看见了种种事情却什么也不明白，那么单是这个声明就是思想领域里的巨大认识，向前跨出了一大步。"他还说："我不会骗人，因此就直截了当地声明：在这个世界上没有一件事情弄得明白。只有傻瓜和骗子才什么都知道，什么都懂。"尽管这样，契诃夫还在另一封写给普列谢耶夫的信中十分明确地声称："我认为最神圣的东西是人体、健康、智慧、才能、灵感、爱情和完完全全的自由，是摆脱强力和虚伪的自由，不管后两者是如何表现出来的。如果我是一个大艺术家，这就是我要恪守的纲领。"

与上文中述及的契诃夫在80年代的信念（"应该意识到自己的尊严"和"一点一滴地把自己身上的奴性挤出去"）相比，这新"纲领"无疑具有更广泛和深厚的社会内容。它也确实在相当长时间内指导了契诃夫的为人和创作。

※　　※　　※

契诃夫直言"在这个世界上没有一件事情弄得明白"，而在另一封信中他又公开声明：他不相信当年流行于俄国社会的种种"主义"，他说他自己不是"自由主义者"、"保守主义者"、"渐进论者"、"旁观主义者"和"修士"，他也鄙视吉洪米洛夫[1]之流的"社会主义"，他要求索一个可以把一切都贯穿起来的"总的观念"。他苦苦求索，他

---

[1] 列·亚·吉洪米洛夫（1850—1923），曾是民意党执行委员会成员，1888年发表小册子：《为什么我不再是个革命家？》

明白，没有一个"总的观念"，没有"明确的世界观"，就不可能有"自觉的生活"。中篇小说《枯燥乏味的故事》就是这种苦苦求索的艺术结晶。小说的主人公是一个老教授，他无法回答其养女向他提出的"该怎么办？"的问题，痛苦地认识到：没有一个"总的观念"就等于什么也没有。尼·康·米哈伊洛夫斯基对契诃夫的中篇小说理解得最深切，他说：这是一部"有生命力的"作品，是契诃夫在寻求"总的观念"过程中体验"内心折磨的产物"，"作者把自己的痛苦注进了小说"[1]。

就在《枯燥乏味的故事》发表后不久，契诃夫在信中对好友谢格洛夫-列昂捷耶夫说："如果批评界知道我们所不知道的东西，那它为什么至今保持沉默？为什么它不向我们揭示真理和颠扑不破的规律呢？如果批评界知道这些，那么，请您相信，它早就会给我们指出一条道路，而我们也就会知道：我们该怎么办[2]。福法诺夫也就不会呆在疯人院里，迦尔洵会活到今天，巴兰采维奇不会忧郁苦闷，我们也不会像现在这样烦恼和愁闷，您不会老是想上戏院，而我呢，我也不会一心想去萨哈林了。"说得再清楚不过了，他之所以一心想去萨哈林，乃是因为他想进一步深入现实体验生活并探求"我们该怎么办？"的答案。

契诃夫上路了。五十天左右的旅途，万般艰辛，光是骑马就骑了四千余公里。在一封信中契诃夫写道："我在同泛滥的河川作斗争，在同寒冷、泥泞、饥饿和瞌睡作斗争。"

有材料证明，在踏上艰辛旅途之前，契诃夫已是一个深受肺结核菌侵袭的人，自1884年起到1889年底止，他反复咯血过十一次，而肺炎则经常在一年间发作两三次。令人心惊的还有契诃夫在临行前写给拉夫罗夫信中的一句话："日内我将离开俄罗斯很久，也可能一去

---

① 尼·米哈伊洛夫斯基，《文学批评论文集》，苏联国家文艺出版社，1957年版，第607页。
② 着重点系本文作者所加。

就不复回。"① 萨哈林之行显示出契诃夫的高尚品格和坚强意志。

在萨哈林之行后，契诃夫的思想有了巨大飞跃。他明白了一个道理：作为一个文学家，他需要的不是"最最绝对的自由"，而是"需要生活在人们中间"，需要有"社会生活和政治生活，哪怕很少一点点也好"。更为可贵的是他认识到，做一个文学家，必须有"正义感"，"正义感比空气更为宝贵"，"主要的是应该公正，而其他的一切都会随之办到的"。有了这许多新认识，他才意识到，为《新时报》撰稿带给他的只是"祸害"。而且他还说，"在萨哈林之行前《克莱采奏鸣曲》对我来说是一件了不起的大事"，而现在"它在我看来是可笑的，而且似乎是糊涂的"。"要么是我去萨哈林跑了一趟后精神上成长了，要么是我发疯了。"特别使契诃夫反感的是托尔斯泰这部中篇小说的"后记"，在1891年9月8日写给苏沃林的信中契诃夫说："您可以把我打死，但我仍然认为这个'后记'比我所鄙视的《致省长太太的信》② 更为愚蠢和令人窒息。"确实是契诃夫在精神上成长了。

萨哈林之行的主要创作成果有二，其一是《萨哈林旅行记》，它是契诃夫的"心血结晶"③；其二是中篇小说《第六病室》，它控诉了沙皇专制制度的野蛮残暴。年轻的列宁在读了《第六病室》后说他觉得"可怕极了"，觉得他"自己好像也被关在第六病室里了"。④

※　※　※

见过"人间地狱"萨哈林的契诃夫已经确认文学家必须具有"正义感"，"正义感比空气更为宝贵"。这观念在契诃夫晚年的书信中越来越强，它替代了前期的缺乏社会内容的"最最绝对的自由"。他在社会生活中伸张正义，而且主张为正义而斗争。一个十分具体和鲜明

---

① 在1889年12月初契诃夫却回绝了苏沃林邀请他去彼得堡做客，理由是他"正咳得厉害"，他"害怕咯血"。
② 指反映了果戈理的落后反动思想的《致友人书信选》中的第21封信:《什么是省长夫人? 致 A. O. 斯米尔诺娃》。
③ 《全集》，第15卷，第420页。
④ 转引自: 米·古欣，《安·巴·契诃夫的创作》，第85页。

的事例就是他对左拉的评价。1897年冬到1898年春契诃夫在法国尼斯、巴黎等地疗养。当时法国报纸上热议德莱福斯案。犹太人 A. 德莱福斯是法国总参谋部的一名军官。法国反动军阀和教权派上层诬陷他为德国间谍,而法国的进步力量(工人、社会主义者以及进步知识界)纷起维护正义,斗争结果是德莱福斯在1899年获赦。著名作家左拉积极为德莱福斯辩护:给法国总统写过一封题为《我控诉》的信,为此他也受到了审讯。在这段时间的契诃夫书信中可以读到关于此事的说法:"报纸上充满了对德莱福斯的议论和中伤";"我整天在读报,在研究德莱福斯案件。依我看,德莱福斯是无罪的";"左拉的心灵是崇高的,他的激情使我非常兴奋"。态度特别鲜明的一封信是契诃夫在1898年1月23日写给巴丘希科夫的,他说:"左拉在人们的心目中长高了三俄尺,他的那封抗议信好似吹起了一阵清新的风,它使每一个法国人都意识到:在人世间还有正义。真是谢天谢地!如果无辜的人受到了惩处,就会有人出来声援他。"① 还有一封与此事有关的信,它有助于我们更切实地认识契诃夫:1902年9月18日左拉去世,契诃夫给爱妻克尼佩尔写信说:"……今天我心里很难过:左拉去世了。左拉作为一个文学家,我不太喜欢他;但作为一个人,在德莱福斯案件轰动的几年中我是十分敬重他的。"

※　※　※

契诃夫同苏沃林相识于1885年,之后他们交往频繁,关系日益密切,直到90年代末期他们才渐渐疏远起来。关于契诃夫同苏沃林的关系说得最清楚的是柯罗连科②。契诃夫给苏沃林写过许多信,而对了解契诃夫思想至关重要的信有两封。在1892年12月3日的信中,契诃夫针对苏沃林所说"为生活而生活"强调了艺术家在创作中必须有目的。他批驳了《新时报》同仁萨佐诺娃,后者侈谈什么"最伟大的奇迹这就是人本身","生活的目标,——这就是生活本身",

---

① 着重点系本文作者所加,下文同。
② 柯罗连科在他的《日记》中谈及契诃夫同苏沃林之关系:"为什么他与苏沃林相好,为什么又同苏沃林绝交,——这一切都明明白白,清澈如镜"。参见:米·格罗莫夫,《一本谈论契诃夫的书》。

等等。契诃夫对此进行批驳，他指出，萨佐诺娃所谈的"不是什么观点，而是果汁糖块。她强调的是'可以'和'应当'，因为她害怕讲现有的必须重视的东西。让她先讲一讲现有的东西，然后我再听一听什么可以和什么应当……她那封富有人生乐趣的信更像坟墓，一千倍地更像。""萨佐诺娃写的是，"契诃夫继续批驳道，"不该以种种幸福去诱惑人，人任何时候也得不到这些幸福……'要重视已有的东西'，因而在她看来，我们的全部不幸就在于：我们总在寻找某种崇高和遥远的目标。如果这不是婆娘逻辑，那就是绝望哲学。"经历过萨哈林之行磨练的契诃夫严正地声明道："谁真诚地以为，崇高和遥远的目标对于人就像对于牛一样很少需要，而我们的全部不行又全在于这些目标，——谁真诚地这么认为，谁就只有吃吃喝喝睡睡了，而一旦这些也都使他厌烦了，他就只好先跑上几步，然后一头撞在大箱子角上。"

1899 年，彼得堡发生学潮，反动政府采取镇压措施，《新时报》也追随着发表苏沃林的《小信》，斥责大学生，并为反动当局辩解。契诃夫严肃批评苏沃林："您那些讲学潮的信不能使人满意"，"国家禁止说话，只是专横，而您却针对这些专横轻松地谈论起国家的法制和特权来……您在谈国家法制，但您却不站在法制的立场上"。三言两语点破了苏沃林的伪善本质。

此时，契诃夫的民主主义思想和立场日益坚定。他的小说（《农夫》、《在峡谷里》、《新别墅》等）描绘俄国农村的矛盾，暴露其赤贫、落后和愚昧。《女人的王国》、《三年》和《行医一例》等作品反映了工人和店员们的痛苦遭遇。随着资本主义在俄国的迅猛发展，金钱的罪恶势力渗透社会生活的各个角落，小市民习气腐蚀人们的心灵，契诃夫在《姚内奇》、《醋栗》、《语文教师》等作品中对之进行了无情的揭露和鞭笞。

※　※　※

19 世纪 90 年代和 20 世纪初俄国社会的特点是政治和经济矛盾进一步深化。出现了革命运动的新高潮。列宁说，在这个时期无产阶级所进行的斗争"把愈来愈多的新的工人阶层包括进来，并且扩展到全俄各地，同时又间接地使学生以及其他居民阶层中间的民主精神活跃起来"①。随着斗争的发展，"进步的革命阶级中的激昂情绪正在发展到其他的阶级和社会阶层"②。

我们联系着列宁对当年形势的表述来阅读契诃夫的书信："您在信中写道：'不知道该上哪儿去期望情况好转'。您在期望？好转是有的，但它就好像地球绕着太阳运转一样，是我们所看不见的。""我信仰一些人，我在有些人身上看到了出路，他们分散在俄国各地，他们是知识分子或者是农民，力量就在他们身上，虽然他们人数甚少。在自己的祖国没有一个公正的先知先觉者，我说到的那些人在社会上起着不显眼的作用，他们不占优势，但他们的工作是出众的。不管怎么说，科学一直在向前发展，社会自觉在增长，道德问题具有了令人不安的性质，等等，而且所有这一切都是不管那些检察官、工程师、省长们而做的，不管整个知识界，也不顾其他一切。""我觉得，生活在从我的身旁流过，而我看不到作为一个文学家应当看到的许多东西。我只看到，而且，真幸运，我还懂得：生活和人们都在变得越来越好，越来越聪明和正派，——这是主要的，至于说到那些次要一些的东西，那么它们在我眼中已经混成单调的灰蒙蒙的一片，因为我已经不像从前那样看得清楚了。"

这些信文表明，在契诃夫身上也反映出列宁所说的"其他居民阶层中间的民主精神活跃起来"，"激昂情绪正在发展到其他的阶级和社会阶层"。正是这种民主主义思想使契诃夫写出了《套中人》、《行医一例》、《一次公差》、《新别墅》、《牵小狗的女人》、《在峡谷里》、《未婚妻》等作品，它们都反映了契诃夫晚年所亲眼目睹的社会新貌："社会自觉在增长，道德问题具有了令人不安的性质"；它们的主人公（特别是《套中人》里的兽医伊万·伊万内奇）都反映出"不能再这样生活下去啦！"的社会情绪。列宁曾经说过：革命"是不能按照定

---

① 《列宁全集》，第 5 卷，第 490 页
② 《列宁全集》，第 5 卷，第 255 页

单和协定来进行的，只有当千千万万的人认为不能再这样生活下去的时候，革命才会爆发"①。契诃夫能捕捉到并形象地再现出这种社会情绪，——这是他作为艺术家的至高成就。

※　※　※

契诃夫不是文学理论家，但是对文学以及与文学创作有关的诸多问题他有许多真知灼见散见在他的书信中：

"文学之所以叫做文学，就因为它是按照生活原有的样子来描绘生活的。它的宗旨是真实，是无条件的老老实实的真实。"

"在艺术中，也正像在生活一样，没有什么偶然的东西。"

"文学家不是做糖果点心的，不是化妆美容的，也不是使人消愁解闷的，他是一个负有义务的人，他受自己的责任感和良心的约束。"

"文学上的伪善是最令人厌恶的伪善。"

"那些我们称之为不朽的或简称之为好的作家，那些使我们陶醉的作家，他们都有一个共同的而且非常重要的特征：他们在朝着一个什么地方走，而且召唤您向着那个地方走……他们中的优秀分子都是现实主义的，把生活写成本来有的样子，但由于每一行文字都像浸透了浆汁似的目标感，您除了生活本来的样子外还感到那种应该有的生活，而这一点也就使您心醉。"

"艺术家进行观察、选择、推测和组合，——光是进行这些活动一开头就要提出问题；如果艺术家最初不想自己提出问题，那么他就没有什么好推测，没有什么可选择的了。为了讲得更加简练一些，我以精神病学来结束我的讲话：如果否认创作中有问题和意图，那么就必须承认，艺术家是即兴地、无用意地受了感情冲动的影响而进行创作的；所以如果有哪一位作家向我夸口，说他实际并没有深思熟虑的意图，而只是凭一时灵感就写好了一部中篇小说，那么我就会把他叫做疯子。"

以上我们只是有选择地列举了一些契诃夫的文学见解，它们无一不闪耀着艺术家智慧之光芒，足资今人学习和思考。

---

① 《列宁全集》，第 27 卷，第 449 页。

※　※　※

契诃夫不是文学批评家，从未写过评论文章，但在他写给亲友们的书信中却有不少精辟独到的见解。在书信中他提及许许多多遐迩闻名的大师和作家，诸如：莎士比亚、塞万提斯、列夫·托尔斯泰、普希金、莱蒙托夫、果戈理、赫尔岑、屠格涅夫、冈察洛夫、陀思妥耶夫斯基、柯罗连科、迦尔洵、萨尔蒂科夫-谢德林、布宁、库普林等等。对其中每位作家他都有评述，无论是褒贬臧否还是好恶爱憎，全都观点鲜明，而且言之有理，极少偏颇。

特别值得赞扬的是契诃夫对俄罗斯革命民主主义作家的态度和评价。他十分明确地说过："60 年代是一个神圣的时代。"在讲到别林斯基和赫尔岑时他说，这是"一些具有清楚面貌的人"，他们"不只是支付稿酬，而且吸引人，教导和培养人"。在契诃夫的心目中，萨尔蒂科夫-谢德林是一个"坚强有力的人"，他无情揭露"庸俗的已经欺诈成性的俄国中等知识分子身上的卑鄙习气"，他是这种习气的"最固着和最执拗的敌人"。只有他"能够做到公开鄙弃"，而且"没有人怀疑他的鄙弃态度的真诚性"。萨尔蒂科夫去世后，契诃夫说："我惋惜萨尔蒂科夫的去世。……揭露是每个报纸写稿人都做得来的，嘲笑就连布列宁也办得到，可是能够公开蔑视的却只有萨尔蒂科夫一个人。"

尤其可贵的是他对初登文坛的高尔基的支持和鼓励。他十分肯定高尔基是"无可怀疑的天才，而且是真正的巨大的天才"。他也坦率地说高尔基"没有分寸"，"不稳重"，劝说高尔基"应该多看，多了解，应该见闻广博"。而当反动报纸《公民》侮蔑高尔基为"神经衰弱病人"时，契诃夫在写给爱妻克尼佩尔的信中说："高尔基在成名后得顶住或在长期内不时地经受仇恨和嫉妒的攻击。他一举成名，而这在当今世界上却是不可原谅的呀。"同情与爱护之心跃然纸上。关于高尔基，契诃夫说过一段将永载史册的名言："须知高尔基的功绩不在于他的作品受到人们的喜爱，而在于他第一个在俄国，乃至在整个世界以鄙视和厌恶的口吻讲到了小市民的习气，而且正是在社会对这种抗议已经作好了准备的时候第一个开始讲的。……我认为，将来会有一天人们会忘记高尔基的作品，但高尔基本人甚至在一千年之后也未必会被忘记。我是这么想的，或者说我是这么感到的。"

　　在书报检查制度森严的沙皇俄国契诃夫能够如此评价革命民主主义作家和高尔基，其民主主义精神难能可贵！

　　在契诃夫对外国文学的评述中，必须提及他对保尔·布尔热①的长篇小说《门徒》以及显克微支②的《波瓦涅茨基一家》的评论。他批评布尔热在《门徒》中讨伐唯物主义并把科学家西克斯特漫画化。他对《波瓦涅茨基一家》的批评更加尖锐辛辣："这部长篇小说的目的是给小市民催眠，让他们去做他们的黄金梦。"

　　契诃夫是一个不赞成因循守旧的艺术家，他在小说和剧本的创作中都是创新者。对当代文坛上出现的新流派他是关心的，他对象征主义的诗作和戏剧抱有浓厚的兴趣。例如，他在病中关心艺术剧院排练比利时颓废派作家梅特林克的《盲人》、《不速之客》等剧本的工作，而且还说："如果我有剧院的话，我一定会上演《盲人》。"由于这个剧本是"奇怪和不可思议的"，"影响巨大"，他要求在海报上写明剧本的内容："当然，要写得简短，可以这样写：'这个剧本……讲的是，有一个老头儿，他是一群瞎子的领路人，他不声不响地死了，而瞎子们对此一无所知，他们坐等他回来。'"据剧作家和导演卡尔波夫回忆，契诃夫对俄国的颓废派持否定态度，说他们忸怩作态，盲目模仿外国作家，"他们既没有未来，也没有过去……这些俄国的梅特林克都是上不着天下不着地的人物……他们很快就会才思枯竭，成为过眼云烟。"③ 而在1903年2月2日写给克尼佩尔的信中契诃夫说："新派人物为之撰稿的《艺术世界》给人以一种十分幼稚的印象，就好像是一些气鼓鼓的中学生在那儿写东西。"④ 在另一封信中他对妻子说："我喜欢巴尔蒙特，但是我不明白，是什么使玛莎（契诃夫的妹妹——本文作者注）欣喜若狂。是他的讲演？但他的讲演有点装腔作

① 保尔·布尔热（1852—1935），法国作家。
② 亨·显克微支（1846—1915），波兰作家。
③《淡淡的幽默》，第726页。
④《全集》，第20卷，第34页。

势，令人发笑。不过，主要的还是他的东西有时令人难以理解。"①
而在一封写给巴尔蒙特本人的信中契诃夫却说："我喜欢您的才能，
而您的每一本书都带给我不少的乐趣和激动。这也许是因为我是一个
保守的人。"

契诃夫也喜欢斯特林堡。他在1899年5月9日写给女友沙芙罗
娃的信中说："这是一个出色的作家，是一种十分不寻常的精神力
量。""早在80年代（或90年代初）我就读过《朱丽小姐》了，对这
个剧本的内容我是熟悉的，但我现在仍然津津有味地读了一遍。"他
还说他已"把这个剧本寄给小说家高尔基了"。"如果您能把斯特林堡
的短篇小说翻译过来，出版它一卷，那该有多好。"

※　※　※

契诃夫是誉满全球的小说大师。列夫·托尔斯泰说过："契诃夫
创造了新的形式，因此我丝毫不假作谦逊地肯定说，在技巧方面，契
诃夫远比我高明！……这是一个无与伦比的艺术家。"② 在许多信件
中契诃夫谈及文学创作的技巧问题，他或与友人切磋交流，或向晚辈
作家指点传道。他的主张独特、朴实和精当，对今人有巨大启迪。

契诃夫如是说：

"简练是天才的姐妹。"③；

"小说中缺少的主观因素读者自己会加进去的。"；

"在短篇小说里，留有余地要比说过头为好。"④；

"人们在吃饭，看来不过是吃饭而已，可是就在这时他们的遭遇
形成了，他们的生活破坏了。"；

"如果文学家不掺杂虚构，而只写他们看到的东西，那么他们就
会像一些公证副本似的互相酷似。"⑤；

关于契诃夫的艺术，或如列夫·托尔斯泰所说的"技巧"，维吉

---

① 《全集》，第20卷，第41页。
② 《文学遗产》，第68卷，第875页。
③ 《契诃夫论文学》，第154页
④ 《全集》，第14卷，第22页。
⑤ 《契诃夫的生平和创作年谱》，第227页。

尼亚·伍尔夫表述了一个十分精当的见解："契诃夫不是毫无联系地从一个对象讲到另一个对象，而是有意识地一会儿拨动这一根弦，一会儿又拨动另一根弦，以充分表达他的思想。"① 列夫·托尔斯泰则说：在契诃夫的作品中，"每个细节或是美的，或是必要的"②。"他是一个奇怪的作家，他似乎是不适当地'遣词'造句，而实际上他作品中的一切都是有生趣的。在他笔下从来没有无用的细节，每个细节不是必要的话，那就是美妙的。"③

※　※　※

奥·列·克尼佩尔是莫斯科艺术剧院的演员。她在 1898 年 9 月 9 日排练《海鸥》时与契诃夫相识，1901 年 5 月俩人结婚。在写给克尼佩尔的信中我们可以更好地了解契诃夫的为人。为了文学和艺术，他牺牲个人幸福，乃至放弃夫妻团聚的欢乐。例如，当他因病困居黑海南岸的雅尔塔时，他忍受孤寂的苦楚，真诚劝说爱妻不要为了照料他而放弃舞台，他鼓励她珍惜艺术生命。他说，如果克尼佩尔为了照料他而不演戏，他就会受到良心的责备。他劝慰克尼佩尔说："我在结婚时就已经清楚地意识到，您每年都得在莫斯科过冬，我丝毫不觉得受到委屈和冷淡。恰恰相反，我认为一切都很好，而且应该如此。"④ 话语平凡而朴实，反映的却是崇高的精神境界。这就是契诃夫！

契诃夫鼓励克尼佩尔，别害怕挫折和困难。他在信中说："不管怎么样，一两场不成功的演出不足以使您垂头丧气和彻夜不眠。艺术，尤其是舞台，是这样一个领域，在这里走路不绊脚是不可能的。前面还有许多失败的日子和失败的季节，应当预料到这一切，而且应当，不管怎么样，顽强和狂热地坚持自己的一套。"他劝说克尼佩尔："该决心坚持您演员那一套，而谢幕的次数就让别人去计算吧！写作或演戏，同时又意识到自己所做的并非应该做的，——这种心情是十

---

① 《文学遗产》，第 68 卷，第 822 页。
② 《一本谈论契诃夫的书》，第 195 页。
③ 《列夫·托尔斯泰和契诃夫》，第 149 页。
④ 《全集》，第 20 卷，第 23 页。

分寻常的，而对于一个新手来说，它又是非常有益的！"在不少信件中契诃夫向妻子提出该如何表演的建议，如："应当如此来表现痛苦……不靠脚和手来表现，而要用声调和目光，不靠比手划脚，而要动作优雅。……您会说，舞台有舞台的条件。不，任何条件都不容许作假。"契诃夫和克尼佩尔婚后无子女，契诃夫劝慰她："我心爱的，……你一定会有孩子的，医生们都这么说……他将打碎碗盏，拖你那条小狗儿的尾巴，而你看着他，心中感到慰藉。"言词平和，情真意切，读了令人心动。

※　※　※

还有一封信是我们必须读的。1902 年 12 月 30 日契诃夫在写给谢·巴·嘉吉列夫的信中说："现在的文化，——这是为了伟大未来而做的工作的开端，这工作也许将要继续几万年，以求人类哪怕是在遥远的未来认识到关于真正上帝的真理，就是说人类不会去猜测，也不会在陀思妥耶夫斯基身上寻找，而是清清楚楚地认识到了，就像人类已经认识到了二乘二等于四一样。"这里所说的"真正上帝的真理"显然不是宗教意义上的概念，它不是可以"猜测"到的，也不是在鼓吹虚伪神秘的宗教的陀思妥耶夫斯基的作品和教义中所能"寻找"到的。这将是一种反映了自然和社会根本发展规律的东西。契诃夫就在同一封信中明确指出："现在的文化——这是工作的开端，而我们谈到过的宗教运动则是一种遗毒，已经几乎是那个过时了的或正在过时的东西的终结。"现在的文化，这是为了伟大未来而做的工作的开端。契诃夫身体力行。他热心于农村的儿童教育，在塔列日、诺沃肖尔基和梅利霍沃建造了三所学校；他热心于给地方图书馆赠书，其中有萨哈林、谢尔普霍夫和彼尔姆等地的图书馆。收到赠书最多的则是契诃夫故乡的塔干罗格市图书馆，甚至在临终前七天他还写信询问：6 月初他从莫斯科寄出的一批书是否已经邮到塔干罗格图书馆？他所赠送的书籍是各种优秀文学作品和科普书籍。

契诃夫戏谑地说过：文学是他的情妇，医学则是他的发妻。他在梅利霍沃常给周围的农民以医疗上的帮助，分文不取；而后来，在他病居雅尔塔期间，他也时常助人为乐，不仅治病开方，而且给钱配药。1899 年 11 月 24 日，身患重病的他在信中对涅米罗维奇-丹钦科①说："忙于接待从外地来的病人……外地病人中多数是穷苦人，他们求我安置他们疗养，为此我得说许多话，写许多信。"在 1899 年和 1902 年，他和高尔基一起发动募捐，他自己捐献了五千卢布，集资为穷苦的肺痨病人建造了一座有二十张床位、供给膳宿和一切服务的公寓"雅乌兹拉尔"，后来改为疗养院。②

为了方便周围的农民，契诃夫常常出钱修桥补路，甚至在遗嘱中他还写着要给梅利霍沃的农民一百卢布的修路费。

在自己的《手记本》中契诃夫写道："为公共福利尽力的愿望应当不可或缺地成为心灵的需要和个人幸福的条件。"③ 他毕生实践了这一信念。

∽ ∽ ∽

总而言之，书信中的契诃夫是一个活生生的契诃夫。细细品读他的书信，我们就会更好地认识他、理解他、喜爱他和敬重他。我们可以从他身上学到许多宝贵的东西。

---

① 符·伊·涅米罗维奇-丹钦科（1858—1943），俄国剧作家，导演，莫斯科艺术剧院的创办人之一。
② 它就是苏联雅尔塔市的契诃夫疗养院的前身。
③《作品和书信三十卷集》，《作品集》第 17 卷，第 8 页。

目　录

1 致米·巴·契诃夫[①]

不早于 1879 年 4 月 5 日，塔甘罗格

亲爱的米沙弟弟！

　　正好在我感到非常沉闷无趣、站在大门口打哈欠的时候，我收到了你的信，因此你可以设想，这封厚厚的信来得多么适时。你的字写得很好，在信中我没有发现一个语法错误。我不喜欢的只有一点：为什么你称自己是"一个微不足道的渺小的弟弟"呢？你意识到自己渺小？弟弟，并非所有的米沙都应该是一模一样的。你知道吗，应该在什么地方意识到自己渺小？那应该是在神和智慧、美和自然的面前，而不是在人们面前。在人们之中你应该意识到自己的尊严。你可不是什么骗子，你是一个诚实的人，是吧？那就好了，你就尊重你这个诚实的小伙子吧！而且你要记住，诚实的小伙子可不是渺小和微不足道的。你别把"依顺"和"意识到自己渺小"这二者混为一谈。盖奥尔基长大了。他是一个好孩子，我常常同他一起玩打拐子游戏。你寄来的东西他收到了。你现在在读书，这你做得很好，要养成读书的习惯。你会逐渐明白这种习惯的作用的。比切尔-斯托夫人[②]的作品使你流下了眼泪？我曾经读过她的作品，半年前我带着研究的目的又读了一遍，这次读后我产生了一种讨厌的感觉。一个人在过多地吃了葡萄干之后会有这种感觉。我答应寄给你的腊嘴雀不见了，我不知道把它放在哪儿。我会想办法带些什么别的东西给你的。你要把下面几本书读完：《堂吉诃德》（全书有七或八部）是一本好书，是塞万提斯的作品，大家几乎是把他同莎士比亚相提并论的。我建议弟兄们读一读屠格涅夫的《堂吉诃德和哈姆雷特》，如果他们还没有读过的话。这本书，弟弟，你是读不懂的。如果你想读一本有意思的游记，你就读一读冈察洛夫的《战舰巴拉达号》吧……我通过你特别

---

① 米·巴·契诃夫（1865—1936），安·巴·契诃夫的弟弟，作家和翻译家，著有《在契诃夫周围、会见和印象》等书。

② 比切尔-斯托（1811—1896），美国女作家，著有长篇小说《汤姆叔叔的小屋》。

向玛莎①问好。你们别为我推迟了到你们那里去的行期而难过。不管你怎么说生活是多么地枯燥和无聊，时光还是在飞快地流逝。我将带来一个房客②，他将每月支付 20 卢布并接受咱们的管教。现在我到他妈妈那儿去讲条件。你们都祈祷吧！不管祈祷的效果怎么样，20 个卢布她总会给的。其实，20 个卢布是不多的，如果考虑到莫斯科物价昂贵和妈妈的性格的话，妈妈总是要让房客吃得好好的。我们这儿的一些教师收每个学生 350 个卢布，可是给可怜的孩子们吃的是红菜汤，好像是喂狗似的。

安·契诃夫

2 致尼·亚·列伊金③

1883 年 1 月 12 日，莫斯科

尼古拉·亚历山大洛维奇阁下！

寄上几则作品，作为对您盛情厚意的来信的答复。稿费已经收到，每逢星期二我还能收到惠赠的杂志，为此谨表谢忱。谢谢您约我继续撰稿，我不胜荣幸。我特别乐意为《花絮》写稿。贵刊的倾向、装帧以及经营本领一定会给您吸引许多人，实际上也已经吸引了，而且不止我一个人。

我全力主张短小的作品，因而如果我办一份幽默杂志的话，我会给一切冗长的东西打上叉叉。在莫斯科的一些杂志编辑部里只有我一个人反对累赘和啰嗦（不过，这并不妨碍我有时候也给某个刊物提供这类东西……螳臂挡不了车啊！）。但尽管这样，我仍必须承

---

① 玛丽娅·巴甫洛芙娜·契诃娃（1863—1957），契诃夫的妹妹，契诃夫博物馆馆长，1953 年获苏联功勋艺术家称号。
② 契诃夫去莫斯科求学时，他的两个中学同学 В. И. 捷布拉托夫和 Д. Т. 萨维列耶夫和他同行，他们考入莫斯科大学后寄居在契诃夫家。
③ 尼·亚·列伊金（1841—1906），俄国幽默作家，主要描写商人习俗。出版幽默杂志《花絮》（1882—1905）。

认，"从这里到这里"这种条条框框给我带来不少伤心的事。有时是十分不容易顺应这类规定的。比如说，您反对超过一百行的文章，这固然自有道理，而我呢，我有了一个题材就坐下来写，但"一百行"和"别超过"这种想法从写第一行起就妨碍我。我尽可能压缩、过滤、删削，因而有时（正如作为作者的敏感所提示的那样）就损害了题材和形式（主要是损害了形式）。作了一番压缩和过滤之后，我就数起行数来……如果我数到 100——120——140 行（超过这些行数的东西我从未给《花絮》写过），我就会害怕，就……不寄出。我刚在小开本信纸上开始写第四页，我就开始疑虑，于是我……又不寄出。更多的情况是，我只好匆匆结尾，把不是我想寄出的东西寄出去……作为反映我这种苦恼的样本，现在我寄上一篇文章：《唯一的办法》。我已经对它做了压缩，寄给您的已经是不能再加压缩的东西了，不过我依然感到，对贵刊来说它还是太长了。然而我觉得，如果我能把它的篇幅增加一倍，那么这篇文章的意义和内容就会增加一倍……有几篇东西短一些，但我也为之担心。有时我真想寄给您，可是又下不了决心……

为此我向您提出请求：请求您把我的权利扩大到 120 行……我确信，我不会经常利用这个权利，但如果我意识到了我有这样的权利，我写作时就不会觉得碍手了。

请接受您的最忠顺的仆人向您表达的敬意和忠诚。

安东·契诃夫

又：新年前我已经为您准备了一封差不多有 40 克重的信，但来了《观众》杂志的一位编辑，他从我这儿把它抢走了。我不能把它夺回来：他毕竟是熟人。我们这儿的编辑们愤慨地指责那些同时为彼得堡的刊物撰稿的人。然而，彼得堡刊物所夺走的稿件未必就有像书报检查官们所消灭掉的作品那么多。在倒霉的《闹钟》编辑部里，每出一期刊物就要给划掉 400—800 行。大家都不知道该怎么办。

3 致尼·亚·列伊金

1885 年 10 月 12 或 13 日，莫斯科

尊敬的尼古拉·亚历山大洛维奇！

我在新住所收到了您的信。现在我的住所在莫斯科河南岸市区，这里是地地道道的外省地方：清洁，安静，东西便宜和……傻里傻气。《花絮》遭到了洗劫①，我好似当头挨了一棒……一方面，我舍不得我的那几个作品，另一方面，我又感到憋气和不快。当然，您说得对：以卵击石的做法对杂志来说是危险的，宁可规矩一些，说无聊话。只好等一等，忍耐一阵子了……但是，我觉得，我们势必要无限制地把自己约束下去。有的东西在今天并不是违禁的，但到了明天为了它您就得跑书报检查委员会，因而要不了多久连"商人"这个称呼也将成为禁词。是呀，文学这只饭碗是不牢靠的。您聪明，出生得比我早，当年无论是呼吸，还是写作，都要比现在轻松得多。

我本来不打算在这个星期给您寄一些稿子，因为已经有三个作品在您那儿，我认为我休息一下是合法的，更何况搬家已使我精疲力竭。现在我收到了您的来信，知道了我那三个作品的遭遇，我就寄一个短篇小说②给您，这个作品我不是为《花絮》写的，而是留着备用的。这篇小说稍许长了一些，但它讲的是演员的生活，在演剧季节开始的当口用是合适的。再说，我觉得，这个作品相当幽默。明天我将坐下来写《九月、十月和十一月》，把它写好，当然，如果没有诸如为人看病等事情来干扰我的话。

您建议我去彼得堡一次，同胡杰科夫③进行商谈。您还说，彼得堡可不是中国……我自己也知道，彼得堡不是中国，而且您也知道，我早就认为有必要到彼得堡去一次，但是我有什么办法呢？由于我和

---

① 1885 年 10 月初，列伊金写信给契诃夫，告诉他《花絮》遭到了洗劫：书报检查官否定了该刊物的当年第 40 期。
② 指短篇小说《破灭了的声望，或戒除酒癖的方法（演员生活片断）》，载《花絮》，1885 年第 43 期。
③ 谢·尼·胡杰科夫（1837—1928），《彼得堡报》的出版人和主编。

大家庭一起生活，我手头从来没有一张可以由我自由支配的 10 卢布钞票，而出门旅行一次，即使是最不舒服和最艰苦的旅行，至少也得花上 50 卢布。我上哪儿去拿这笔钱？向家庭榨取，我不会这么做，而且我认为这是办不到的事情……如果我把两个菜减到一个菜，那么我会因为良心责备而受折磨。以前我曾把希望寄托在从《彼得堡报》获得的稿费上，想从中挤出一些钱来作为旅行费用，然而结果却是另一个样子：自从我给《彼得堡报》写稿以来，我的收入一点也不比从前的多，因为我把从前寄给《娱乐》、《闹钟》等刊物的稿子全部都寄给了《彼得堡报》。只有天知道，对我来说保持收支平衡是多么困难，而我由于失去平衡因而砸锅却又是多么容易。我觉得，如果我在下个月少挣 20—30 卢布，平衡就会彻底完蛋，而我就会债务缠身……在钱财方面我十分提心吊胆，大概正是由于我在钱财方面胆小谨慎，我才不借债和不预支稿酬……我行动并不迟缓，如果我有钱的话，我是会到处飞的。

《彼得堡报》的稿费，我在把账单寄去两周左右后就收到了。

如果您 10 月里来莫斯科，那么我想办法做好准备，和您结伴同行。去彼得堡的路费我能够筹借到，而回莫斯科的盘缠我向胡杰科夫要（这是我的劳动所得）。

我不能写出比现在更多的作品了，因为当医生可不是做律师：如果你不工作，你就会停滞不前。因此，我的写作收入是一个常数，它可能减少，但不会增大。

我等着星期二按新地址给我寄来《花絮》，我已经好久没有按时收到《花絮》了。

恭喜您购置了庄园。我非常喜欢那一切在俄国叫做庄园的东西。庄园这个词尚未失去诗意。这么说来，夏天您可以悠闲地休息了……

我们这里天气严寒，但不下雪。

巴尔明①到过我家，星期二他还要来。每逢星期二我家举行晚

---

① 里·伊·巴尔明（1841—1891），诗人和翻译家，《花絮》、《闹钟》、《蜻蜓》等幽默刊物的撰稿人。

会，有姑娘、音乐、歌唱和文学节目。我想把诗人引入上流社会，可不是，他已经变得不中用了。

您的　安·契诃夫

4　致德·瓦·格里戈罗维奇①

1886 年 3 月 28 日，莫斯科

我的慈祥和热爱的佳音使者，您的信像闪电一样使我惊愕万分。我非常激动，几乎哭了出来。现在我觉得，这封信在我的心灵中留下了深刻的痕迹。我不知道该说些什么和做些什么来报答您，但愿上帝安慰您的晚年，就像您抚爱我的青春一样。您知道，普通人是以何种眼光看待像您这种才华超群的人的，因而您就可以设想，您的信对我的自尊心来说意味着什么。它胜过任何奖状，而对一个新手来说，它是对他现在的和未来的工作的酬报。我好像是晕头转向了。我判断不了，我配不配得到如此崇高的奖赏……我只好重复一遍：这奖赏使我惊愕万分。

如果说我有值得尊重的才能的话，那么我要向您的纯洁的心灵忏悔：我迄今一直不尊重这个才能。我感觉到，我是有才能的，但是我已经习惯于把它看作微不足道的。要使一个人对自己不公正，要使他怀疑和不信任自己，只要有一些纯粹的外因就足够了……而在我这个人来说，正如我现在所记得的，这种原因不在少数。我的亲属们对我的写作活动一向故作宽容，他们一向友善地劝说我别把正经事业撇下不干而去糟蹋纸张。在莫斯科我有数百个熟人，其中一二十人是从事写作的，而我却想不起来有谁读过我的作品并认为我是一个艺术家的。莫斯科有一个所谓的"文学小组"：不同年龄的形形色色的才子庸人每周一次聚集在饭店的单间里嚼舌头。如果我到他们那儿去读上

---

① 德·瓦·格里戈罗维奇（1822—1899），俄国作家，他的中篇小说《乡村》和《苦命人安东》描写农民生活，抨击农奴制度，是 19 世纪 40 年代俄国自然派的杰出作品。1886 年 3 月 25 日格里戈罗维奇写信给契诃夫，高度评价了他的才华，要他尊重自己的才能。

哪怕是一段您的信文，他们就都会起来揶揄我。五年来我为许多报刊撰稿，我已经深刻体验到一点共同的看法：在文学上我是微不足道的。我很快就习惯于对自己的作品不求全责备，写到哪儿是哪儿！这是第一个原因……还有一个原因：我是一个医生，整个儿地忙于给人家治病，所以"一箭双雕"这个成语最妨碍我睡觉，比它对任何一个人的妨碍都大。

我之所以写这一切，只是想在您面前对自己的严重过错哪怕是稍作申辩。从前我对待我的文学工作一向极其轻率、马虎、随便。我不记得，哪一个作品是我花了一昼夜以上的时间写成的。而您喜欢的那篇《猎人》是我在洗澡间里写的！就像采访记者们写简短的火灾报导那样，我机械地迷迷糊糊地写我的短篇小说，丝毫也不关心读者和自己……我写呀写，尽量不把我所珍惜的形象和画面耗费在短篇小说上，也只有老天爷才知道这是为什么，我珍惜和藏匿了这些形象和画面。

最早促使我自我检点的是苏沃林的一封很客气的信，而就我的理解来看，这是一封很真诚的信。我有了写一些有用的东西的打算，但我对自己在文学上是否有用这一点依然没有信心。

现在您的信突然出现在我面前。请原谅我打一个比方，您的信对我所起的作用就如同省长发出的"必须在 24 小时内离开本城！"的命令一样，就是说，我突然感到了必须抓紧，尽快从陷下去的地方跳出来。

我完全同意您的意见。您向我指出了作品①内容上的污秽之处，这一点当我在刊物上看到《巫婆》时，我自己也已经感觉到了。如果我不是在一昼夜之间写成这个短篇小说，而是花了三四天工夫的话，那么在作品中就不会有这种肮脏东西了……

我一定要避免做急就章，但这不会很快就能做到……现在我还不可能越出已经陷入的常轨。我倒是愿意挨饿的，以前我就曾挨过饿，但问题不在我身上……我只能在闲暇之际进行写作，白天有两三个小

---

① 指短篇小说《巫婆》，其中有一些自然主义的描绘，1887 年契诃夫在把这作品收入《在昏暗中》文集时，删去了这种描绘。

时，再加上深夜一小部分时间，就是说，这一点儿时间只能用于写写小东西。夏天，我空闲的时间多一些，花费也会少一些，那时我一定要做严肃的工作。

在我那本小册子①上写我的真实姓名是不可能的，因为为时已晚：书已经印好，封面设计也已经做好。在您来信之前，许多彼得堡朋友曾劝我别用笔名去糟蹋一本书，但我没有听从劝告，也许，这是出于自尊心。我很不喜欢这本小册子，这是一锅大杂烩，东拼西凑地把一些大学生式的习作乱放在一起，再说这些习作又都经过了书报检查官和幽默杂志编辑们的删节，我相信，许多人读了这本书后会感到失望。如果我早知道，有人在阅读我的作品，有您在注视着我的写作，那么我就不会去付印这本书了。

我把希望寄托在未来。我还只有 26 岁，也许，我还来得及做出一些事情来，虽说时光流逝极快。

请您原谅我，给您写了这么一封长信，也请您别责怪这个有生以来第一次胆敢让自己享受一下给格里戈罗维奇写信的欢乐的人。

如果可以的话，请您寄一张您的相片给我。您如此亲切地对待我，使我如此激动不安，以致我觉得，我想要写给您的不该是一张信纸，而是整整的一令纸。祝您健康和幸福，请相信我的一片真诚，我深深地尊敬您和感激您。

安·契诃夫

5　致亚·巴·契诃夫②

1886 年 5 月 10 日，莫斯科

最亲爱的亚历山大·巴甫洛维奇·契诃夫先生！

如果你尚未改变给我写信的主意，那么就请你按下列地址写信：

---

① 指 1886 年出版的署名为契洪特的契诃夫短篇小说集《五颜六色的故事》。
② 亚·巴·契诃夫（1855—1913），契诃夫的大哥，作家，记者。

"沃斯克列先斯克（莫斯科省），医师安东·巴甫洛维奇先生收"。

我在彼得堡住了两个星期，刚刚回来。在那儿我的日子过得好极啦！同苏沃林和格里戈罗维奇交上了朋友。细节太丰富了，一封信里讲不完，所以我还是在见面时告诉你吧。你看《新时报》吗？

"未来的城市"，——无论从新颖性，还是从趣味性来说，都是一个极好的题材。我想，如果你不贪懒，你一定会写好的。但你呀，鬼知道，你是一个大懒虫！《未来的城市》要成为一部艺术作品，必须具备下列条件：（1）没有政治、社会、经济性质的冗长空话；（2）十十足足的客观性；（3）主人公和事物描写上的真实性；（4）双倍的简炼；（5）大胆和独创，千万不要有陈词滥调；（6）亲切感人。

我认为，描写自然景色要十分简炼，并且要恰到好处，诸如"落日沐浴在暗黑的海浪中，泛出血红色的金辉"和"燕子在水面上飞翔，快活地发出唧唧喳喳的叫声"这类老生常谈都应当抛弃。写景时要抓住一些小小的细节，把它们适当地组合起来，使人读后闭上双眼也能看见画面。举例说，如果你这样写：破玻璃瓶碎片在磨坊的堤坝上闪闪发光，像明亮的小星星一样，而一条狗（或狼）的黑影像球儿样地一滚而过，——如果你这样写，你就写出了月夜。如果你不嫌厌把自然现象同人们的行为等等作比较，那么你笔下的自然景色就写活了。

在心理描写上也要抓住细节，但愿您别老生常谈。最好是别去描写人物的心情，应当努力使人物的心情在他们的行动中就清晰可见……不必追求众多的人物，作为作品重心的应是两个人：他和她……

我是作为一个具有一定审美力的读者向你说这些话的。我这么说也是为了使你在写作时不感到孤独。创作中的孤独感是一种令人难受的东西。不好的批评总比毫无反响好一些……不是这样吗？

把你的中篇小说的开头部分寄来……我在收到的当天就把它读完，第二天就连同我的意见寄还给你。你不要急于写结尾，因为在 9 月中旬以前不会有一个彼得堡人来读你的手稿的：某某人出国了，某某人在别墅休养……

我很高兴：你开始认真地工作了。一个人到了 30 岁，应该是认真而又具有刚毅性格的了。我还是一个涉世不深的年轻人，因此我慢吞吞地写一些零星小东西尚情有可原。顺便说一句，我在《新时报》上发表了 5 个短篇小说，在彼得堡引起了骚乱，而我因此也像是着了魔似的。

《蟋蟀》和《闹钟》支付给你的稿费，米沙①已经分两次给你寄去了。

祝你健康，别忘了你的兄弟。

安·契诃夫

天气不好：刮风。

6 致尼·亚·列伊金

1886 年 5 月 27 日，巴布金诺

最善良的尼古拉·亚历山大洛维奇，我已经收到了您的来信，为了不让您数落我懒惰，我赶快回信。首先要说的是，已经给您寄出了两封信，一封是我写的，另一封是尼古拉②写的，他正在等着您向他定购图画。这两封信全都寄到伊万诺沃村去了。

（2）请转告季莫费③，就说我羡慕他。今年我钓鱼的运气不佳，上钩的尽是各种各样的小鱼，而大一些的鱼总是固执地回避同我结交。狗鱼倒是上钩的，但狗鱼就如同乏狗一样，不中用、没意思。我向你们家的相貌极像老派主教的钓鱼大师提一点建议，我建议他用小鱼作鱼饵：拿上一根粗的钓鱼线，一个好铅坠，一只系在弦线（低音琴弦线）上的结实的鱼钩。鱼钓有我画的这般大就足够了，或者稍稍大一些也行。用活的小鱼（鲄、鲦）做鱼饵，把它穿上钩子，隔夜就

---

① 指契诃夫的小弟弟米·巴·契诃夫。
② 尼·巴·契诃夫（1858—1889），契诃夫的二哥，艺术家，为契诃夫的小说和幽默报刊作插图。与风景画家列维坦合作过。
③ 指列伊金家的马车夫。

抛入池塘。我还建议他在池塘里放上一只鱼篓，篓子里放上一只细纱布做的袋子，里面装一些拌了乳渣的荞麦饭。别的我就没有什么可建议他的了。

真令人懊恼：鳕鱼很少上钩，到现在为止，我才钓到了三四条，不超过这个数。

（3）天呀，我多么懒散！这是天气的过错：大好春光，老待在一个地方简直是办不到的事情。

直到现在我尚未看到卖我那本书的广告，《彼得堡报》上没有，《新时报》上也没有。我给苏沃林寄去了一封信。大概他正在因为我懒而生气哩。

（4）维克多·维克多罗维奇①瘦了，因为他在思念我，因为他不受女人们垂青。他该开枪自杀才对，请代我向他致意。

我听到驿马车铃响……有人来了……我跑去看看。来了一位客人，而我继续给您写信。

（5）我很想知道，季莫费是如何同他的朋友们一起修好桅杆上的滑轮的？他们爬到桅杆顶上去了吗？

（6）明天给《彼得堡报》写东西，而后天给《花絮》写。

书的封面很好。我不知道，您为什么不喜欢！一般说来，书的外表好得出乎我意料，为此我十分感谢这件事情的主要负责者，但是书的内容就不妙了……倒是该把几个短篇小说删去，而对另一些则稍加润色。书价稍嫌贵了一些②。

没有钱用，但又懒得去挣钱。请您给我寄一些钱来吧！我决不食言：我只懒到5月份，从6月1日起我就坐下来写作。

我们这儿天气好极了，风和日丽，而夜间简直是美不可言！农民在抱怨老天不下雨，他们捧着神像在田边求雨。天气好得令人生疑：显然，绵长而枯燥的阴雨天即将来到……

---

① 指维·维·比里宾（1859—1908）俄国幽默作家，笔名格莱克。
② 这里谈到的一本书指的是短篇小说集《五颜六色的故事》，当年这本书的书价是2卢布。

到我这儿来治病的人很多。有患佝偻病的小孩，也有生斑疹的老太。有一个75岁的老婆子手上生了丹毒。我担心，我碰到的是蜂窝组织丹毒性炎症，会出现脓肿，然而给老婆子开刀也确实是件可怕的事……

是啊，收不到信令人烦闷。在别墅休养能收到来信是令人高兴的事。请您告诉格莱克，就说他早该给我写一些什么了，要知道我几乎是处在流放之中，像尤沙①一样，而我在靠笔耕生活，又像卓克②一样。

5月的日子可真好过，但在8月里就太苦闷了！我已经预感到秋天的滋味，而秋天又是必然会来到的。

关于上瓦拉姆群岛去的事情，就让命运来安排吧。如果我发表的作品多，那么我一定会来，如果我懒散，那么我就会旅行不成。不管怎样，我动身的日子不会早于7月。如果我启程的话，我将和妹妹同行。"活动起来了"，显然，写下一本书就有材料了。我很喜欢《斯图金和赫鲁司达尔尼科夫》③，因此我叫大家都读这本书。这本作品好就好在它讲的不只是某一个什么银行，而是概括地讲了俄国的银行制度。在您写的全部作品中这是最好的一部。不过，它是一本独具一格的书，因而不能拿它同别的书比较。

敬向普拉斯科维娅·尼基福罗芙娜和费佳致意，我到此搁笔，应该照正派人的规矩办，让您休息，不再使您厌烦。

尊敬您的 安·契诃夫

---

① 尤沙是叶·费·柯尼（1843—1892）的笔名，幽默作家，为《闹钟》、《花絮》、《新时报》等刊物撰稿。
② 指《花絮》、《蜻蜓》等幽默杂志的撰稿人E. C. 费奥多罗夫-契梅霍夫（1861—1888），卓克是他的笔名。
③ 是列伊金写的一部长篇小说，发表于1886年。

7 致玛·符·基谢廖娃①

1886 年 9 月 29 日，莫斯科

尊敬的玛丽娅·符拉其米罗芙娜，昨天我从阿（历克塞）·谢（尔盖耶维奇）处收到了您的作品《套鞋》。收到后，我马上就读了起来。我一边读，一边幸灾乐祸地微笑，不住地眨着眼睛，阴险地搓着双手……

我对《套鞋》的答复您以后会收到的。现在我能够说的只是：这个短篇小说写得干净利落、简练、有文学味道、含而不露。我想，给您的回音会是良好的。

"夹鼻眼镜"这个笔名挺恰当。

当然，我没有必要使您相信，我是乐于当您在写作和稿酬方面的经纪人和领路人的。这个职务使我的虚荣心得到满足，而且做起来也不难，就好像您钓完鱼回家时我跟随在您身后提桶子一样。如果您非要知道我的条件不可，那么您就听着吧：

（1）请您尽可能多写一些！！写、写、写……一直到写断手指头为止（习字是生活中的一件主要事情！）。您要多写，这么做倒不是为了要发展群众的智力，而是为了应付这样一种情况，那就是由于您不习惯于给"小型刊物"写东西，在开始阶段您的一大半小文章将会被退回。我保证，在退稿的事情上我不会哄骗、口是心非，也不会巴结奉承。但愿您也不因退稿而发窘。如果即使有一半稿子被退回，那也要比您为《儿童-波希米亚人的休息》杂志②写稿更为合算一些。至于自尊心……我不知道您的看法如何，我是早已处之泰然了……

（2）请您写各种各样的题材：使人发笑的事和引人流泪的事、好事和坏事。请您提供一些短篇小说、小故事、趣闻、俏皮话、双关语等等。

---

① 玛·符·基谢廖娃（1859 年左右—1921），俄国儿童文学作家。
② 指契诃夫的弟弟米哈伊尔为之撰稿的《儿童的休息》杂志，米哈伊尔有一个笔名是：M.波希米亚人。

（3）改写外国作品的做法是完全合法的，但这只是在那种违背"第八诫"①的不良行为并不刺眼的情况下进行的改写……（为了《套鞋》这个作品您在 1 月 22 日②以后一定要进地狱！）请您回避那些大家知道的情节，因为我们的编辑先生们虽说都是一些脑筋迟钝的人，但要揭穿他们不懂巴黎文学，特别是不懂莫泊桑作品，那倒是一件不容易办到的事。

（4）您写作的时候，要一气呵成，要对自己的这支笔充满信心。我向您说实话，我毫不虚情假意：同您相比起来，为"小型刊物"撰稿的作家中八成都是写作十分蹩脚的失败者。

（5）在"小型刊物"上简炼被认作首要的美德。信笺（我现在给您写信用的这种信笺）是最好的衡量尺度。您一写到第八到十页，就赶快刹车！再说写在信笺上邮寄起来也方便一些……以上就是我要向您提出的全部条件。

您在聆听了像我这样的聪明人和天才的教诲后，现在请赏光接受我对您的表白，我是十分真挚地忠诚于您的。如果阿历克塞·谢尔盖耶维奇、瓦西丽莎和谢尔盖③愿意的话，他们也可以接受我的这一表白，但是要开一张收据。

再见，问你们全家好。

尊敬您的　安·契诃夫

生活是灰溜溜的，看不到有幸福的人……

尼古拉④在我这儿。他病得很重（胃出血，极端虚弱）。昨天他可真个把我吓坏了，今天他的病情有所好转，我已经同意他每隔半个小时服用一匙牛奶。他现在躺在床上，神志清醒，心情温和，脸色苍白……

所有的人都生活得很糟糕。每当我严肃的时候，我总是感到，讨厌死亡的人的想法是不合乎逻辑的。就我对事物性质的理解来说，生

---

① 指《圣经》里"十诫"中的"第八诫"，即"莫偷窃"。
② 据玛·符·基谢廖娃自己的预感，她注定要在 1 月 22 日死去。
③ 他们是玛·符·基谢廖娃的丈夫、女儿和儿子。
④ 指契诃夫的二哥。

活不过是由灾祸、琐事和鄙俗行为组成的，而且它们是互相夹杂和交替着的……其实，我这是热衷于《新时报》式的闲扯了。对不起！

玛-巴①身体健康。没有钱用。

8　致玛·符·基谢廖娃

1886 年 10 月 29 日，莫斯科

敬爱的玛丽娅·符拉其米罗芙娜！

我急于把您的短篇小说的命运告诉您。

（1）《套鞋》在我的桌子里放着，过了新年做一些删节和修改后发出去。必须把这个作品中的法国味道消除，不然的话，只好把它当作改写作品了，而这么做是不合算的，也并不妥当，因为新手总应当以独创的作品来开路。如果您的第一个短篇小说是"偷来的"，那么人们对您以后写的一切作品都将抱有成见。

（2）那个讲疯子的短篇小说，我给它起了一个名字：《谁更幸福？》。这是一篇招人喜爱的、亲切而又优雅的作品。就连列伊金这个除了他自己和屠格涅夫之外什么人都不买账的坏蛋也承认，这个短篇小说"不错，有文学味"（由于我不愿独自进行裁判，我还征询了列伊金以及文学界的其他一些老手们对这个作品的意见）。发表这个作品的最合适的地方是《彼得堡报》，但是很可惜，我为了稿费问题（我要求增加稿费）同这家报纸分道扬镳了。把它塞给《花絮》是不行的，因为这不是一个幽默作品。只有一个办法：把它交给《闹钟》编辑部，这家杂志在小品文栏里常刊载一些"严肃的"小作品（比如，我写的《牡蛎》），我也已经这么做了，因此您的短篇小说将发表在《闹钟》上。由于一些杂志编辑部都有一种愚蠢的做法：在进行征

---

① 指契诃夫的妹妹玛丽娅·巴甫洛芙娜。

订之前总要刊载一些"名流",即做招牌的人(兹拉托夫拉茨基①,涅菲奥多夫②,契诃夫先生和当代文学败落时期的其他代表人物)的作品,由于有这种愚蠢的做法,在最近的将来您的短篇小说就不会发表。但这对于您来说是无所谓的,因为稿费可以在作品发表之前就拿到。……

(3)最近的两个短篇小说我已经在昨天收到。《恶毒的报复》是一篇好东西,大约它会在《蟋蟀》上发表。至于《教女》,我还不知道说什么为好,因为我尚未读完。

(4)鉴于您是"新手",在开始一个阶段您的稿费只能是每行五戈比。待以后大家对您熟悉了,而您的笔名由于常在眼前出现而使人生厌了,到那时我们要求给您增加稿酬。不必着急,如果您在1月23日不死的话,那么您还会活很长时间的。

(5)您自己别给编辑部寄稿子。在编辑部里是不读稿子的,因为每天都要收到数十包小说和诗歌。您还是通过我来行动吧。虽说我行动缓慢,像一头熊一样,但毕竟更可靠一些……

(6)我们有许多事情要谈一谈。比如,我对您的小说作了一些改动,我应当说明理由……又例如,您的短篇小说《谁更幸福?》的开头部分写得很不好……这是一个富于戏剧性的小说,而您却以非常幽默的口气从"开枪自杀"写起。接下去又是"歇斯底里的笑声",这种追求印象的写法太陈旧了……动作越是朴素,就越近乎情理、越真挚,因而也就越好……在《套鞋》中有许多类似"49号门牌"这样的小错误。在莫斯科的地址上是没有门牌号码的……

(7)您最近写的一个短篇小说大约有200—250行,因此,如果需要的话,玛-巴可以拿十个卢布了。

没有钱用。科科沙跑了。妈妈和姨母劝我娶一个商人的女儿为

---

① 尼·尼·兹拉托夫拉茨基(1845—1911),俄国民粹派倾向的作家,著有长篇小说《基础》等。
② 菲·吉·涅菲奥多夫(1838—1902),作品具有民粹主义色彩的俄国作家,著有《人世间》、《我们的工厂》等。

妻。刚才埃夫罗斯①在我们这里。我说了一句：犹太青年一文不值，这就惹怒了她，她一气之下就走了。请原谅我唠唠叨叨。

尊敬您并忠实于您的　安·契诃夫

又：从最初几次尝试来看，可以担保说，过上一两年您就能站稳脚跟了。

9　致玛·符·基谢廖娃

1887 年 1 月 14 日，莫斯科

尊敬的玛丽娅·符拉其米罗芙娜，您的《拉尔卡》② 很动人。有些地方虽显艰涩，但作品那简炼和男性般的笔力弥补了一切不足。由于我不愿做您作品的唯一鉴定人，我把它寄给了苏沃林，请他读一读。这个人是有鉴赏力的。他的意见我会及时传达给您……现在请允许我反驳一下您对我的批评③……即使您称赞了我的短篇小说《在途中》，您仍不能平息我这位作家的怒气，因此我现在急于要为《泥沼》雪恨。请您留神，紧紧地抓住椅背，以免晕倒。好，我开始了……

对每一篇批评文章，即使是不公正的谩骂性文章，通常都只是默默地报之以一鞠躬，——这乃是文坛的礼节……对这种批评照例是不予理睬的，而且还要公正地指责那些对批评作出答复的人，说他们过分自尊。但由于您的批评具有闲谈的性质，具有那种"傍晚

---

① 叶·伊·埃夫罗斯（1861—1943），契诃夫家的女友，曾和玛丽娅·巴甫洛芙娜在一起学习过。

② 指玛·符·基谢廖娃的短篇小说《大力士拉尔卡》。

③ 基谢廖娃在写给契诃夫的信中说，她"根本不喜欢"《泥沼》这个短篇小说。她认为，契诃夫在这个作品中只展示了"粪堆，而没有从中挖出珍珠"来。她说，契诃夫并不近视，他是完全可以找到"珍珠"的，但在《泥沼》中他却不过是展示了一下"粪堆"。基谢廖娃说，《泥沼》是一个"十分讨厌"的作品，只有那些"精神贫乏、穷途潦倒的下流作家"，如奥·克列伊茨，夹鼻眼镜和阿洛耶等人才会写这种东西。她责备契诃夫，认为他不该只写生活中的污秽。

在巴布金诺①侧屋的小台阶上或在老爷正房的阳台上进行的，并有玛-巴、伪造货币者②和列维坦③参与的闲谈性质"，也由于您的批评绕过了短篇小说《泥沼》的文学方面，把问题转移为一般议论，所以我并不会违背文坛礼节，如果我胆敢把我们之间这场闲谈继续进行下去的话。

（1）我同您一样，并不喜欢我们谈及的那个文学流派。作为一个读者和凡人，我情愿回避它，但如果您想了解我对这种文学所持的真诚和坦率的意见，那么我要说，有关这种文学的生存权利的问题尚未解决，虽然奥尔迦·安德烈耶芙娜④认为，她已经解决了这个问题。要有权否定这种文学，我也好，您也好，或是全世界的批评家也好，谁都没有任何可靠的根据。我不知道，是谁正确，是荷马、莎士比亚、洛贝·德·维加，总而言之，是那些不怕刨"粪堆"但在道德上远比我们坚定的古人对呢，还是那些在纸面上道貌岸然而在生活中和灵魂深处却是冷漠无耻的现代作家对？我不知道，是谁对美的鉴赏能力差，是那些按照爱情的美妙本性的原样加以歌颂而不觉害臊的希腊人呢，还是那些阅读加包里奥⑤、玛尔里特⑥和彼尔·包包⑦的作品的读者？如同勿抗恶、意志自由等等问题一样，这个问题只有在将来才能解决。我们呢，我们只能提到它，而要解决它的话，那就意味着超越我们的能力范围了。您援引了回避"粪堆"的屠格涅夫和托尔斯泰，但这样做并不能说明问题。他们嫌恶"粪堆"，这丝毫也不证明什么；可不是么，在他们之前有过一代作家，这些作家不只是把"男

---

① 巴布金诺是玛·符·基谢廖娃家的庄园所在地。1885—1887 三年间的夏天契诃夫一家在此避暑。

② 基谢廖夫家戏称他们喂养的一条狗为"伪造货币者"。

③ 伊·伊·列维坦（1860—1900），俄国巡回展览派画家，"情绪风景画"的创始人。

④ 指女作家奥·安·戈洛赫瓦斯托娃，她当时住在巴布金诺附近的沃斯克列先斯克。

⑤ 艾米尔·加包里奥（1833—1873），法国作家，写作长篇刑事小说。

⑥ 叶甫盖尼亚·伊奥恩（1825—1887），德国女作家，玛尔里特是她的笔名。

⑦ 即彼·特·包包雷金（1836—1922），俄国自然主义流派的代表作家，著有《生意人》、《中国城》等中长篇小说。

盗女娼"视作腐败行为,他们甚至认为描写农民和九等以下文官是肮脏的。再说,不管一个时代有多么繁荣,它并不能使我们有权作出有利于这个或那个文学流派的结论。说上述流派会产生腐化影响,这样做同样不解决问题。世界上一切都是相对的,大致差不多的。有这样一些人,这种人甚至读了儿童文学作品也会腐化起来,他们津津有味地阅读旧约诗篇和所罗门箴言中的一些有伤大雅的东西;还有另一些人,他们越是熟悉尘世的污浊,反而变得越加纯洁。有不少政论家、律师和医生,他们洞悉人世种种罪恶的秘密,却并未以不道德者而驰名;而现实主义作家则常常比修士大司祭更有道德。再把话说到底,任何文学都不能以其无耻去压倒现实生活,您要用一小杯酒去灌醉那个已经喝下一大桶酒的人是不可能的。

(2)至于说到世界上"男盗女娼繁衍成群",这句话并没有错。人性并不完善,因此在世界上只看见正人君子倒反而是奇怪的。如果认为文学的职责就是要从许许多多坏人中发掘"珍珠",那就是否定文学本身。文学之所以叫做文学,就因为它是按照生活原有的样子来描绘生活的。它的宗旨是真实,是无条件的老老实实的真实。如果用采取"珍珠"这种专门工作去缩小文艺的功用,这种做法对它来说会是致命性的,就好比您叫列维坦画树,但事先又吩咐他别画污秽的树皮和发黄的树叶一样。"珍珠"是好东西,这一点我同意,但是要知道文学家不是做糖果点心的,不是化妆美容的,也不是使人消愁解闷的;他是一个负有义务的人,他受自己的责任感和良心的约束;既然他已经干了起来,他就不应该打退堂鼓,因此不管他感到多么痛苦,他也该克服自己的洁癖,让生活中的肮脏事儿来玷污他自己的想象……他同任何一个普通的通讯记者一样。如果一个通讯记者出于他自己的洁癖以及要使读者高兴的愿望,而只描写一些廉洁奉公的市长、道德高尚的太太和品行端正的铁路职员,那么您又会说些什么呢?

在化学家的心目中,世界上没有任何不干净的东西。文学家应当像化学家一样客观:他应当摒弃世俗的主观性,他应当懂得,粪堆在风景画中的作用很大,而凶恶的感情同善良的感情一样,它们也都是生活中所固有的。

（3）文学家是自己时代的儿子，因而他们同一切其他的人们一样，都应当服从外界的社会生活条件。比如说，他们应当是讲究体面的。我们有权要求现实主义作家的也只是这一点。顺便说一句，您连一句反对《泥沼》的写法和形式的话都没有说……可见，我这个作品的写法和形式不是有失体统的。

（4）坦白地说，我写作时不常常同自己的良心进行交谈，这是由于我的工作习惯以及我工作的渺小。因此，如果我发表有关文学的某种看法，我并不考虑到我自己。

（5）您在信中写道："如果我是编辑的话，我会为了您好而把这篇小品退还给您。"为什么您到此就为止了呢？为什么您不追究那些发表了这种短篇小说的编辑的责任呢？为什么您不警告那个不禁止出版诲淫诲盗报刊的出版总局呢？

如果听任个人观点随便处置文学作品（大小文学作品），那么，文学的命运将会是可悲的，这是一。其次，没有一种警察会认为自己在文学事业上是内行。我同意：没有约束和棍棒是不行的，因为骗子手也会钻进文学界来。但是，对文学来说，不管您怎么想，您想不出一种比批评和作家本人的良心更好的警察来。不是吗？自从开天辟地以来人们就一直在想，可就是没有找出一个什么更好的东西来……

比如说，您很希望我蒙受 115 个卢布稿费的损失，希望编辑把我羞辱一场；另一些人，其中也包括您的父亲在内，他们读了这个短篇小说感到非常高兴；而还有一些人给苏沃林寄去了辱骂信，对《新时报》对我进行百般咒骂，等等。谁对呢？谁才是真正的鉴识家呢？

（6）您在信中继续写道："让各式各样精神贫乏、穷途潦倒的下流作家们，如奥·克列依茨、夹鼻眼镜、阿洛耶①等人去写这种东西吧……"如果这是您的真心话，那就请上帝饶恕您吧！讲到小人物

---

① 斯·斯·奥克列依茨（又作奥·克列依茨）（1834—?），政论家，彼得堡《曙光》杂志的出版者；夹鼻眼镜是玛·符·基谢廖娃的笔名；阿洛耶是契诃夫的兄长亚·巴·契诃夫的笔名。

时，只因为他们是小人物，就用迁就和轻视的口气说话，这么做并不能为人的心灵增光。在文学界同在军队里一样，低微的头衔是少不了的，——理智在这么说，而心灵想说的那就更多了……

嘿！我这封啰嗦冗长的信使您感到厌倦了。要是我早知道这批评会这样长，我就不写了……请您原谅我吧！

我们一定来。本来打算在5号动身，但因为开医生代表大会①而迟误了；接着又遇上了达吉雅娜日；而17号那天我们家又将举行晚会②："他"过生日！！华丽的舞会，有犹太女人，有火鸡，有两个雅申卡③。17号以后，我们定一个日子动身去巴布金诺。

您读了我的短篇小说《在途中》……我的勇气您中意吗？我在写"深奥的东西"了，而且并不胆怯，在彼得堡博得了狂热的赞叹。不久前，我对"勿抗恶"作了解释④，也使公众们大为惊奇。所有的报纸都在新年号上向我说恭维话。《俄国财富》经常发表列夫·托尔斯泰的作品，就在这本杂志的12月号上登载了一篇奥包连斯基写的长达两个印张的文章，题目是《契诃夫和柯罗连科》。作者为我兴高采烈，他要证明，比起柯罗连科来，我更是一个艺术家……他这大概是在胡说吧！不过，我毕竟开始感到自己有一点功劳，那就是我这个唯一未在大型杂志上发表作品、只写一些报屁股文章的人竟然赢得了迟钝的批评家们的注意。以前还未曾有过这样的先例……《观察家》杂志骂过我⑤，可是它却为此受到了谴责！而在1886年年底，我还感到自己是一块投给狗儿们的骨头……

符拉其米尔·彼得罗维奇的剧本⑥发表在《戏剧文库》上，它将被分送到各大城市。

---

① 1887年1月4日，在莫斯科举行了第二届俄国医生代表大会，契诃夫在1月4日—11日参加了这次会议。
② 1月17日是契诃夫的生日和命名日。
③ 指艺术家A.C.雅斯诺夫的两个妹妹。
④ 指契诃夫的短篇小说《好人》。
⑤《观察家》杂志在1886年第12期上发表一篇不署名的书评，指责契诃夫为了果腹而"拙劣地写出一些昙花一现的虚幻无常的作品"。
⑥ 指戏剧家符·彼·别吉采夫（1838—1892）的剧本《火鸟》。

我写了一个剧本，有四张四开纸的篇幅，花 15 至 20 分钟就可以把它演完。这是世界上最短小的剧本①。著名的达维多夫②将参加这个戏的演出，他现在在柯尔希剧院里工作。剧本发表在《季节》③ 文集上，因而它将向各处传播。比起写大作品来，写小东西更好一些：意见既少，又受欢迎。这不就够了吗？还需要什么呢？写这个剧本，我花了一个小时零五分钟。我已开始写另一个剧本，但尚未写完，因为没有时间写。

待阿历克塞·谢尔盖耶维奇回家后，我会给他写信的……请代我问候你们全家。您自然是不会责怪我给您写了这么一封长信的。一写开后，我就收不住了……

祝萨沙和谢尔盖新年好。

谢辽沙经常收到《环球》④ 杂志吗？

尊敬和忠实于您的　安·契诃夫

10　致德·瓦·格里戈罗维奇

1887 年 2 月 12 日，莫斯科

尊敬的德米特里·瓦西里耶维奇！

我刚读完《卡列林的梦》，现在我对一个问题非常感兴趣：您所描绘的梦在何种程度上是一个梦？我觉得，您十分艺术地表达了熟睡中的人的大脑活动和一般感觉，而且从生理学角度来说也是正确的。当然，梦是一种主观现象，因而它内在的一面只有在自己身上才能进行观察，但由于做梦的过程在所有的人身上都是一样的，所以我觉

---

① 即《天鹅歌》。
② 符·尼·达维多夫（1849—1925），演员，他是契诃夫的剧本《伊万诺夫》中同名主人公伊万诺夫的第一个扮演者。
③《季节》文集由诗人、戏剧评论家彼·伊·基契耶夫（1845—1902）主编，1887 年出版。
④ 自 1885 年始在莫斯科出版的一本周刊。

得，每个读者都可以用自己的标准来衡量卡列林，而每个批评家不由得只好主观了。我现在也就根据我常做的梦来进行评论。

首先，您非常细腻地表达了冷的感觉。每当夜间被子从我身上掉落的时候，我就会梦见一些黏黏糊糊的大石头、秋天的冰凉河水和光秃秃的河岸，而且这一切都是隐隐约约的，像在雾中一样，看不到一小块蔚蓝的天空，我像一个迷了路或遭遗弃的人一样，忧郁而苦闷地看着这些石头，有一种不知为什么总也逃不脱要涉过一条深河的感觉，这时我看到一些小拖轮，它们拖拉着许多大驳船、圆木和木筏等。一切都显得无限地严峻、凄凉和潮湿。而当我跑离河岸时，一路上我看到倒塌的墓地大门、葬礼，还看到我中学时代的老师……就在这个时候我全身感到一种特殊的可怕的寒冷，这种感觉人在清醒的时候是不可想象的，只有在睡梦中人才会感到这种寒冷。当我阅读《卡列林的梦》的前几页时，特别是当我读到描写坟墓的寒冷及孤寂的第五页上半页时，这种感觉明显地再现了……

我觉得，如果我是出生在而且一直生活在彼得堡，那么我就一定会梦见涅瓦河的河岸，梦见元老院广场、巨大的基石……

我在梦中感到冷的时候，每次都看到许多人。我偶然读到《彼得堡新闻》的一位评论家写的文章，他责怪您写了一个"近似部长的人"，这样您就破坏了作品总的庄严调子。我不同意他的看法。破坏作品基调的倒不是人物，而是对这些人物的刻画，这种刻画在有些地方切断了梦境的画面。总会梦见一些人，而且一定是不惹人喜欢的人。举例说，我在感到冷的时候，一直梦见一个仪表端庄的有学问的司祭长，他在我还是小孩子的时候侮辱过我的母亲；还梦见一些凶恶、严厉、搞阴谋和幸灾乐祸的庸人，这种人在我醒着的时候几乎从未见过。火车厢窗口的笑声，——这是卡列林噩梦的一个很有意味的征兆。当你在梦中感到凶恶意志的压力、感到不可避免地要死于这个凶恶的意志时，那么你总会遇到类似这种笑声的东西。也会梦见一些喜爱的人，但他们通常都是同我一起受苦的。

在我的身体对寒冷已经习惯的时候，或者在家里人给我盖好了被子的时候，对寒冷、孤独和压迫我的凶恶意志的感觉就会渐渐消失。

身体暖和了，我就开始感到，好像是我行走在柔软的地毯上或草地上，我看到太阳、女人和孩子……

画面是逐渐变化的，但比起人在清醒的时候来要急剧一些，因此梦醒后很难回想起一个画面到另一个画面的转换。画面的这种急剧转换在您的作品中很好地反映出来了，这就强化了梦的印象。

您还注意到了一种使人醒目的十分自然的现象：做梦的人正像孩子一样，以冲动和尖锐的形式来表现他们的内心活动……这非常真实！比起醒着的人来，做梦的人哭泣得多，叫喊得也多。

德米特利·瓦西里耶维奇，请您原谅，我非常喜欢您这个短篇小说，我乐意给您写满十二张信纸，虽说我十分清楚，我不能向您说出什么既新、又好、又有道理的话来。由于我生怕叫您生厌，担心我说出荒诞不经的话来，我约束自己，我不写下去了。我只说一句话：我觉得您的短篇小说好极了！读者认为它"模糊不清"，但对于品味每一行文字的从事写作的人来说，这种"模糊不清"比圣水更清澈。我作了最大努力，在您这个短篇小说中我只捉到了两个无关紧要的纰漏，而且是不无牵强附会的：（1）对人物的刻画把梦境的画面切断了，而且给人以一种题词说明的印象，有学问的园艺工作者常常在花园里把这种说明词钉在树上，因而也就糟蹋了景色；（2）由于您多次重复了"寒冷"这个词，在短篇小说的开头部分，读者对寒冷的感觉有一点儿迟钝，而且成了习惯。

我没有能够找到更多的其他纰漏。我意识到，在我的文学生活里常常需要一些清醒我耳目的范本，而《卡列林的梦》就是一个出色的现象。正因为这样我才抑制不住，斗胆向您表达我的点滴体会和想法。

请您原谅，我这封信写得太长了。请您接受我祝您万事如意的真诚愿望。

忠实于您的　安·契诃夫

11　致伊·阿·别洛乌索夫①

1887年8月3日，巴布金诺

最好心的伊万·阿历克谢耶维奇，您给我寄来了您那本吸引人的书②，我为此向您致最诚挚的谢意。您的情谊使我有机会进一步了解您的才能，也使我有可能不说那些通常习惯于说的恭维话，满怀信心地确证您有称作诗人的权利。您的诗篇充满了生动的诗意，您亲切、有灵感、有形式方面的才能，而且，毫无疑问，有文学味道。您选择了谢甫琴科，这种选择就证明您是富有诗意的。您的译文是严谨的。我坦率地对您说，您这本小册子虽然太小，但比起任何一本最新的诗集来，它更像我们称之为"著作"的东西。

当然，有人会骂您。篇幅不大是这本书的主要缺点。一个诗人，如果他是有才能的话，不仅凭质量取胜，而且要靠数量。现在根据您这个集子很难了解您和谢甫琴科的面貌。以您还年轻或者您还只是一个"新手"为借口，这并不能成为替您辩解的理由，因为您既然决意要出书，那么您就应该让人家看出作者的面貌。

……

我觉得，第20页上的《寡妇》和第33页上的《乌克兰之夜》两首诗是佳作。我是一个蹩脚的批评家，因此，请您原谅，我不能对您的书作出应有的评价。作为一个对偶尔出现在我们书市上的一切吸引人的东西的喜爱者和崇拜者，我只能由衷地祝愿您充分地发展您的才能、信心、力量和成就。如果您从容不迫、不慌不忙地工作下去，您一定会达到您的目的，对于这一点我深信不疑，而且我预先为您高兴。握您的手！

欠您一笔恩情的　安·契诃夫

---

① 伊·阿·别洛乌索夫（1863—1929），诗人和翻译家。
② 指别洛乌索夫从乌克兰文译出的《科布扎歌手选译》，1887年出版。

12 致符·加·柯罗连科[①]

1887年10月17日，莫斯科

尊敬的符拉其米尔·加拉克契昂诺维奇，我收到了您寄来的书，非常感谢您！现在我再把它重新读一遍。由于我的几本书您已经都有了，所以我只好向您写信道谢。

为了不让这封信写得太短，我要顺便告诉您：我非常高兴能够同您相识。这是我诚挚的由衷之言。首先，我很敬重和热爱您的才能，我有多种理由珍视您的才能。其次，我觉得，如果我和您都将在世上再活十至二十个年头，我们将来不会没有共同一致的地方。在当今所有在写作上得手的俄罗斯人中，我是最轻浮和最不严肃的，而我却受到了注意，用诗人们的话来说，我爱我纯洁的诗神，但我不尊重她，我背叛过她，不止一次把她带到了她不该去的地方。而您是严肃的、坚定的、可靠的。我们之间的区别，正如您现在所看到的那样，是很大的。然而，由于我读了您的作品，由于我现在已经同您相识，我想，我们彼此不是背道而驰的。我这么想是否对，我不知道，但是我很乐于这样想。

顺便寄给您《新时报》的剪报一条。您可以从剪下的报纸中了解这个托罗[②]，我将把他的作品剪下来，并替您保存好。第一章说明了这个作家是大有希望的：他有思想，他清新，而且独创一格，但他的作品比较难读，布局和结构令人难受，美的和丑的、轻松的和沉闷的思想堆砌在一起，互相挤压，眼看就会挤压得发出尖叫来。

在您来莫斯科时，我将把这个托罗的作品交给您，而现在就再见吧，我祝您健康。

我的剧本[③]大概将在柯尔希剧院里上演。如果情况属实，我将把演出的日期告诉您。也许，这一天正好会同您在莫斯科的时间相吻

[①] 符·加·柯罗连科（1853—1921），作家，批评家，著有《盲音乐家》、《我们的同时代人的故事》等。

[②] 指美国作家亨利·达维德·托罗的作品《在森林中》的第1章。

[③] 指《伊万诺夫》。

合，到时就恭候您光临。

您的　安·契诃夫

13　致尼·米·叶若夫

1887 年 10 月 27 日，莫斯科

最善良的尼古拉·米哈伊洛维奇！

　　您的来信都已收到，由于现在可以认为您的左眼和薪水问题①已经获得解决，所以我就不提它了，让我们来谈一谈日常事务吧。

　　您可以说是我的《伊万诺夫》的傧相②，所以我认为，把下述情况告诉您不会是多余的。《伊万诺夫》在 11 月底或 12 月初一定上演，已经同柯尔希订好了合同。伊万诺夫将由达维多夫扮演，使我高兴的是，他读了剧本竟喜出望外，立刻热心地干了起来。他对伊万诺夫的理解正好同我所要求的相一致。昨天我在他家坐到深夜三点钟，我已经相信，他确是一个了不起的艺术家。

　　如果像达维多夫这样的识家是可以相信的话，那么我是会写剧本的。原来是这么一回事，我连自己也没有发现，凭着本能和嗅觉我竟写成了一部相当完善的作品，而且没有犯一个舞台方面的错误。由此得出一条教训："年轻人，别气馁！"

　　您偷懒，少动笔，这当然是不好的。您是一个名副其实的"新手"，无论遇到什么困难，您都不该忘记：现在写下的每一行文字都是未来的资本。如果您现在不训练自己的手和脑，使它习惯于条理性和强行军；如果您不抓紧时间鞭策自己，那么过上三四年之后，就会悔之莫及了。我认为，您和格鲁津斯基③应当每天多多训练自己，像

---

① 10 月 19 日，叶若夫写信给契诃夫，要契诃夫为他作证，证明他曾在契诃夫处治眼疾，否则他将被扣发工资。

② 在《伊万诺夫》上演前，叶若夫读过这个剧本，并给予好评。

③ 亚·谢·拉扎烈夫（1861—1927），笔名格鲁津斯基，作家，曾和契诃夫一起合作写通俗喜剧。

训练马儿跑圆圈道一样。你们二位都很少写作。真该使劲鞭打你们，左右开弓地鞭打。我费尽口舌，怎么也说服不了格鲁津斯基为《周末增刊》写点儿东西！我同样也说服不了您为每期《花絮》① 提供短篇小说。你们二位究竟在等待什么，我简直弄不明白。如果你们少写、不敢写，如果你们不果断地工作，那么你们将一无所成，就是说，虽然你们什么东西都还没有写，你们就会文思枯竭了＊……

一句话，我真想揍你们俩，但又不能揍，因为你们可都是达官显要啊！

我们家里人全都安康，他们大家都向您问好。请您到我们家来过圣诞节。敬祝您身体健康，希望您别忘了。

您的　安·契诃夫

＊我的兄长阿加福波特② 就是一个实例。他很少写作，但他已经感到文思枯竭了……

14　致符·加·柯罗连科

1888 年 1 月 9 日，莫斯科

我无意中骗了您，十分善良的符拉其米尔·加拉克契昂诺维奇，因为我未能弄到我剧本的单印本。待书印好后，我把书给您寄去，不然我就当面奉呈，现在请您别生我的气。

我居然有兴致让人把昨天收到的格里戈罗维奇老人的来信③ 抄一遍，并把它寄给您一读。有许多原因使我把这封信看作如同黄金一样，我都不敢读它第二遍，以免丧失它最初给我留下的印象。您可以从这封信中看到，文坛的声望和可观的稿费并不能使人摆脱单调的小

---

① 1887 年 11 月 23 日，叶若夫写信告诉契诃夫，说他给列伊金的《花絮》撰稿不顺利，遭退稿。

② 指契诃夫的长兄亚历山大·巴甫洛维奇·契诃夫。

③ 1887 年 12 月 30 日，德·瓦·格里戈罗维奇写信给契诃夫，诉说他自己的病痛。同时，他又劝说契诃夫，要爱惜才能，别轻率写作。

市民生活，摆脱病痛、寒冷和孤寂；老人的生命行将结束。您还可以从信中得知，一片虔诚地教诲我走正道的不只是您一人，您还一定会理解我，我是多么羞愧。

我读完了格里戈罗维奇的信，就想起了您，我立刻感到害臊。我明白了：是我不对。我在信中把这一点告诉您，这是因为在我周围没有人需要我的真诚，也没有人有权听我倾诉这一番衷情，而您呢，我虽然没有征求您的同意，却在内心里和您结成了同盟。

我依从了您的友善的劝告，开始给《北方通报》月刊写一个不大的中篇小说①。作为开端，我着手描写草原、草原上的人们，也描写我在草原上的感受。是一个好题材，写来十分欢畅。但不幸的是，由于我不习惯于写长作品，由于我害怕写下多余的东西，我就陷入了极端：每一页都写得很紧凑，像一个小的短篇小说，画面壅塞挤集，互相妨碍，这就破坏了总的印象。结果是画面不成其为画面，因为这画面上的细节不像天空的星星一样融为一个总体，它倒像一份提纲，干巴巴地罗列了各种印象。从事写作的人，比如说您，是会理解我的，而读者呢，他会感到不耐烦，会表示嫌恶。

我在彼得堡度过了两个半星期，见到了许多人。好人见到了不少，但没有遇上一个识家，不过，这也许倒是一个好兆头。

我在等2月号的《北方通报》，想读一读您的短篇小说《同路》。普列谢耶夫说，书报检查机关狠狠地把您砍了一下。祝您新年好，祝您健康和幸福！

真心诚意忠实于您的　安·契诃夫

又：我觉得，您的《索科里涅茨》是近期里最出色的一个作品。好比一首好的乐曲，这作品是按艺术家的本能所暗示给他的全部规则写成的。总的说来，您在自己的书中是一个大艺术家，是一种巨大的力量，在您的作品里，甚至那些会把别的艺术家断送的巨大缺点也并不惹眼，例如，在您的书中女人自始至终固执地不露一面，而这一点我只是在不久前才嗅出来的。

---

① 指中篇小说《草原》。

15　致德·瓦·格里戈罗维奇

1888 年 1 月 12 日，莫斯科

尊敬的德米特利·瓦西里耶维奇，我不打算向您说明，对我来说您最近写的一封华美的信是何等的珍贵和具有多么巨大的意义。我坦白地说，印象太强烈了，以致我克制不了，把您的信抄一遍寄给了柯罗连科，顺便说一句，他是一个非常好的人。读了您的信，我倒并不特别感到羞愧，因为在信寄到的时候我正好在给大型杂志撰稿。我对您来信的主要部分的回答是：我已经动笔写大作品了。我已经写了两个多印张，我大约还要写上三个印张。我初次给大型杂志写东西，选了已经好久没有人描写的草原。我描绘草原：淡紫色的远方、牧羊人、犹太人、神父、夜间雷雨、客栈、车队、草原上的飞鸟，等等。每一章是一个单独的短篇小说，而相近的关系又把各章联在一起，就好像卡德里尔舞中的五段舞步型一样。我尽量使它们有共同的气氛和色调，这一点我可以比较容易地做到，因为在我的作品中有一个人物是贯串于各章的。我感到，我克服了许多困难，有些地方散发出干草的香味。但是，从总体上说我写出的是一种古怪和出奇的东西。由于我不习惯于写长作品，由于我一直习惯地害怕写下多余的东西，我就陷入了极端。我作品中的每一页都写得很紧凑，仿佛经过压缩机压缩的。许多印象壅塞和重叠在一起，互相压挤；而画面呢，用您的话说是"闪光的东西"，则又都紧贴在一起，一个画面接着一个画面，像一条不断的锁链，因而读来使人腻烦。总的说来，写成的不是一幅画，而是干巴巴的详细的印象罗列，就好像是提纲一般的东西。我献给读者的是一部"草原百科全书"，而不是对草原所作的完整的艺术描绘。凡事开头难。我并不因此而胆怯。再说，百科全书也许会有用处。也许，它将打开我的同时代人们的眼界，向他们展示，有多少美的富源和蕴藏尚未动用，而可供俄国艺术家们走的路子一点也不狭窄。如果我的中篇小说将使我的同行们想起被人们遗忘的草原，如果在我约略而又枯燥地勾勒出来的图案中哪怕只有一个能促成某个诗人深思，那么我也就应当心满意足了。我知道，您会了解我描写的草原的，并且会为它而原谅我无意中犯的错误，因为正如现在已经发现的那样，我还不善于写大作品。

夏天我将把那部中断了的长篇小说①继续写下去。这部长篇小说涉及到整个县城（贵族和地方自治局），涉及好几个家庭的私生活。"草原"多少是一个特殊和专门的题材。如果不是顺便而是专门描写它，那么它会以单调和田园式风光使读者腻烦，而在长篇小说中写的是一些普通人，有学识的人、女人、爱情、婚姻和孩子，——你读着这一切，会觉得好像在自己家中一样，不会感到厌烦。

17岁的男孩自杀，——这是一个不会叫你白费力气的诱人题材，但要知道写这种题材是一件可怕的事情！对一个把大家折磨到了极点的问题应该作出一个强烈到使人痛苦的回答，而我们有足够的内在力量吗？没有。您预言这个题材会受人欢迎②，您这是根据自己的情况作出的判断，但是你们这一代人除了有才能以外，还有渊博的学识，有阅历，有磷和铁，而当代的才子们身上却没有这一切东西，因此可以坦率地说，他们不去碰严肃的问题倒是一件应该为之高兴的事情。如果您把17岁自杀的男孩交给他们，那么，我有把握说，某甲会不知不觉地一片虔诚地去进行中伤、诽谤和诬蔑，某乙会提出毫无生气可言的浅薄意图，而某丙则会用精神病来解释自杀。您提出的那个男孩有纯洁和可爱的气质，他寻求上帝，他爱，他的心灵敏感，受过深深的凌辱。要把握住这样一个人物，就必须自己能够经受苦难，而当代的诗人们却只会唉声叹气和抱怨诉苦。至于说到我自己，那么，除了已经提到的特点之外，我还倦怠和懒惰。

符·尼·达维多夫前几天来看我。他在我的《伊万诺夫》中扮演一个角色，由于这个机会，我们交了朋友。他一知道我正打算给您写信，就鼓起勇气，在桌边坐下给您写了一封信，现在我就把这封信一起附上。

---

① 契诃夫说的这部长篇小说迄今仍未为人知。
② 德·瓦·格里戈罗维奇建议契诃夫以这个题材写作品，这样会涉及使社会重视的迫切问题。

您读柯罗连科和谢格洛夫①的作品吗？关于谢格洛夫，真是众说纷纭。我认为，他是有才能和独创性的。柯罗连科依然是读者和批评家们的宠儿，他的书十分畅销。在诗人中福法诺夫②脱颖而出，他确实有才华。至于其他的许多诗人，作为艺术家来说，就都是不值一提的了。小说家们还马马虎虎，诗人们简直是糟糕。这是一些没有教养、没有知识、没有世界观的人。牲畜贩子柯尔卓夫③虽然在写作中犯有一些语法错误，但同当代所有的青年诗人相比，他也比他们加在一起都更为严整、聪明和有教养。

我的《草原》将发表在《北方通报》上。我会写信给普列谢耶夫的，让他作出安排，给您留一份单印本。

我很高兴：疼痛已经不再纠缠您了。这疼痛是您的疾病的实质，其他的一切都不太重要。咳嗽并没有什么了不起，而且它跟您的疾病毫无关系。这无疑是由感冒引起的咳嗽，它将同寒冷一起消失。今天我得喝许多酒，为那些教会我解剖尸体和开药方的人的健康干杯。大概我也得为您的健康干杯，因为我们这里在每个纪念会上都要赞扬屠格涅夫、托尔斯泰和您。文学家们为车尔尼雪夫斯基、萨尔蒂科夫和格·乌斯宾斯基④干杯，而公众（包括大学生、医生、数学家等等，我作为一名郎中，也是公众中的一员）呢，他们依然默守旧习，不愿背弃一些亲切的名字。我深信，只要在俄罗斯还存在森林、峡谷、夏夜，只要鸫鸟还在鸣叫，田凫还在哭泣，人们就绝不会把您忘记，也不会把屠格涅夫和托尔斯泰忘记，就像他们绝不会忘记果戈理一样。您描绘过的人们会死去、会被忘却，但您依然会完整无恙。这就是您的力量，也就是您的幸福。

请原谅，我这封长信使您厌倦了，但我又有什么法子呢，信既然

---

① 伊·列·列昂捷耶夫（1856—1911），笔名谢格洛夫，俄国小说家，剧作家。
② 康·米·福法诺夫（1862—1911），俄国诗人，他的诗歌回避黑暗的社会现实，遁入虚无缥缈的世界，但其中也含有反映现实生活的成分。
③ 阿·瓦·柯尔卓夫（1809—1842），俄国诗人，自小帮助父亲经商，为贩运牲口奔走各地。他的诗歌真实反映农民的生活和愿望。
④ 格·伊·乌斯宾斯基（1843—1902），俄国作家，著有《破产》、《土地的威力》等，真实地反映资本主义关系在农村的发展。

写开了，就想同您多谈一谈。

　　我希望，这封信在您感到温暖、精神饱满和身体健康的时候寄到您的手中。请您在夏天到俄国来，大家都说，克里米亚的气候同尼斯①的气候一样好。

　　再次谢谢您给我写了信。祝您一切都好！

依然真诚地忠实于您的　安·契诃夫

16　致亚·彼·波隆斯基②

1888 年 1 月 18 日，莫斯科

　　敬爱的亚科夫·彼得罗维奇，我一连想了好几天，想着怎样才能更好地答复您的来信，但是我始终没有想出任何聪明的和有价值的东西，我只是得出了一个结论：我还不善于回答像您的信这样美好而珍贵的信件。您的信对我来说是一件意外的新年礼物。如果您还能想起过去，当您还是一个新手时的心情，那么您就会明白，这封信对我具有何等的价值。

　　我感到羞愧，不是我先给您写信。老实说，我早就想写了，但是我总觉得不好意思和胆怯。我感到，不管我们的交谈如何使我同您接近起来，但它尚未给我权利去享有同您通信的荣誉。请您原谅我胆怯和拘泥细节。

　　您的书和相片我已经收到。您的肖像已经悬挂在我书桌的上方，而您的小说我们全家都在阅读。您为什么说您的小说长了青苔和盖上了白霜呢？如果只是因为当代观众除了报纸以外什么都不读，那么凭这一点也不足以作出这样冷漠和凄切的评论。我是怀着坚定的信念读您的小说的，或者说是带着固有的看法来读的，这样说更正确一些，

---

① 当时德·瓦·格里戈罗维奇正在法国尼斯治病和疗养。

② 亚·彼·波隆斯基（1819—1898），俄国诗人，写有风景诗、爱情诗和长诗，也作小说。许多诗已谱成了歌曲。

因为还在我学习文学史的时候，我就已经知道了一种现象，而且我把它上升为差不多是一种规律：所有的俄国大诗人都能出色地驾驭散文。这个固有的看法您就是用刀子剜，也不能从我的头脑中把它剜走。当我在晚间读您的小说时，我一直没有放弃过这种看法。也许，我说的并不一定对，但莱蒙托夫的《达曼》和普希金的《上尉的女儿》，且不说其他许多诗人的散文，都直截了当地证明，富有表现力的俄国诗歌同优雅的散文有着十分亲密的关系。

您打算把您的诗篇献给我，对此我只能报之以叩首和恳求，恳求您同意我将来把我倾注了满腔的爱写成的中篇小说①献给您。您的宠爱使我深受感动，我永远也不会忘记。除了这种宠爱的温暖和作者献词所含有的内在魅力以外，您的诗篇《在门旁》对我来说还有一种特殊的价值，那就是它顶得上一篇由权威人士执笔的充满溢美之词的评论文章②，因为由于您的诗篇我将深受公众和同行们的器重。

关于为报纸和画报撰稿的问题，我完全同意您的看法。夜莺是在大树上还是在灌木丛中歌唱，这岂非反正一样？要那些有才华的人一概只给大杂志撰稿，这种要求是小器的，它如同一切偏见一样，有一点儿官气，而且是有害的。这种先入为主是愚蠢和可笑的。这种看法在过去是有意思的，那时主持刊物的是一些具有清楚面貌的人，如别林斯基和赫尔岑等这样的人，他们不只是支付稿酬，而且还吸引人，教导和培养人，在那时只给大型杂志撰稿的看法是有意思的，可是现在呢，现在许多刊物没有文学面貌，而占据这些刊物首席的又是一些灰不溜秋的人物和狗皮领子③，在这种时候偏爱大刊物是经不起批评的，再说最厚的杂志和廉价的小报之间的区别也不过是量上的差别而已，就是说从艺术家角度来看是一种不值得重视的差别。为大杂志撰稿有一点无可否定的方便：长作品可以一次全部发表，不必分散。我以后写了大作品，我就把它寄给大型刊物，至于小作品，我将听从

---

① 即《幸福》。
② 波隆斯基将诗篇《在门旁》献给了契诃夫。
③ "狗皮领子"是《蟋蟀》和《环球》这两本刊物的编辑叶甫盖尼·维尔涅尔的绰号。

微风和我的自由来摆布,随便在哪个地方发表都行。

顺便说一句,我正在写一部大作品,它大概将发表在《北方通报》上。在这部篇幅不长的中篇小说里我描绘了草原、草原上的人们、飞鸟、黑夜和雷雨等等。我写得很欢畅,但我在担心,由于我不习惯写长东西,我不时走调,我有点疲倦,说话吞吞吐吐,也不够严肃。作品中有一些地方无论是批评界,还是公众,都会理解不了的,他们会觉得这都是一些不值一顾的枝节。不过,我倒已经先高兴起来了,因为终归会有两三个文学"美食家"能理解和欣赏这些地方的,而这对我来说也就足够了。总的说来,我不满意我这个中篇小说。我觉得它累赘、枯燥、太专门化。对现代的读者来说,诸如草原以及草原上的风光和人们这类题材是过于专门了,意义不大。

3月初我一定到彼得堡来,同好友们告别后上库班河去。4月和5月我将生活在库班河上和黑海附近,夏天我将在斯拉维扬斯克或伏尔加河地区度过。夏天我不能老是呆在一个地方。

请允许我再次向您致谢,谢谢您的来信和献词。您的信也好,献词也好,我都是不配领受的。祝您健康、幸福!请您相信,我是诚挚地爱戴和尊重您的。

您的 安·契诃夫

又:前几天我已从农村回来。冬天在农村也很好。如果您能见到那阳光照耀、洁白得令人目眩的大地和森林,那该有多好!瞧着这景致会感到眼痛。在农村期间解剖了一头猝死的母牛。虽说我不是兽医,而是一名医生,但由于农村里没有专家,我有时也只好当兽医。

17 致阿·尼·普列谢耶夫[①]

1888 年 2 月 5 日,莫斯科

十分感谢您,亲爱的阿历克塞·尼古拉耶维奇!我昨天收到了

---

① 阿·尼·普列谢耶夫(1825—1893),俄国涅克拉索夫派诗人,翻译家,1849—1859 年间因参加彼得拉舍夫斯基小组的活动而遭流放。

75卢布，而且给普佳塔①送去了。这些钱来得正好，因为普佳塔虽说还病卧在床，但他正在快速地大步走向坟墓。

我的《草原》您收到了吗？它是给淘汰了还是已被纳入《北方通报》的怀抱？昨天我给您寄出了《草原》，不是像我原先打算的那样当包裹寄的，而是作挂号印刷品寄出的，这样它可以快一些寄到。我没有误事吧？

我渴望读一读柯罗连科的中篇小说。在当代作家中，他是我心爱的一个。他的作品色彩鲜明而浓郁，语言完美无瑕，虽说也有一些矫揉造作的地方。他的人物形象是气度高贵的。列昂捷耶夫也是一个好作家……他不像柯罗连科那么果敢和优美，但比后者热情、平和、娴雅……不过，天知道，他们两人为什么要专门化呢？柯罗连科总是舍不得他那些囚犯，而列昂捷耶夫呢，他老是以他的尉官们来飨读者……艺术中的专门化，如风俗画、风景画和历史题材画，这种专门化我是承认的，我也能理解演员专门扮演一定的角色，理解音乐家属于一定的流派，但我不能认可诸如囚犯、军官、教士这一类的专门化……这些已经不是什么专门化，而是一种癖好。在你们彼得堡许多人不喜欢柯罗连科，而我们这里不少人不读列昂捷耶夫的作品，但是我对他们两人未来的成就却深信不疑。如果我们有中肯的文学批评，那就好了！

谢肉节就在眼前。您几乎已经答应了要来，所以我在等待着您。

今天达维多夫举行纪念演出。他上演《贵族中的小市民》。剧院里很气闷、拥挤和喧闹，看戏后我会整夜咳嗽。我已经不跑剧院了。

如果我的《草原》未遭淘汰，那么请您便中替我说情，让他们经常给我寄《北方通报》。我非常想读读柯罗连科的《同路》。

我的信已经使您生厌了。

再见！向你们全家致敬。

整个心灵上属于您的　安·契诃夫

---

① 尼·阿·普佳塔（1851—1890），俄国文学家。

18　致尼·阿·赫洛波夫[①]

1888 年 2 月 13 日，莫斯科

尊敬的尼古拉·阿方纳谢耶维奇！

我读完了您的短篇小说，这个作品写得挺好，很可能会被采用，因此我认为尽快地先向您申述以下意见是必要的。如果您指望着这个作品，把它看作重大的步骤，并且把它当作步入文坛的第一部作品，那么从这个意义上看，我认为，它是不会受到欢迎的。原因倒并不在于情节和写作手法，而在于一些可以纠正的枝节上：您对作品的加工表现了纯莫斯科式的漫不经心，虽说作品中有一些实际上并不重要，但却刺眼的细节。

先谈那些比比皆是的像鹅卵石般笨重的句子。例如，在第二页上有一个句子："在半个钟头期间内他到我这儿来了两次。"又如："在姚纳的双唇上出现了持久的略带窘态的微笑。"不能说："不断的雨忽然下了起来"，因此您也会同意，"出现了持久的微笑"这个说法是不妥贴的。不过，这一切都还算不了什么……但有些说法却完全不是无谓琐事了，比如：您在哪儿见到过教堂督学西道尔金？不错，教会长是有的，但是任何"长"和任何"督学"，尽管他们都是一些非常有权势的商人，他们也没有权力把一个教堂执事从一个地方调到另一个地方……这是主教的职责……如果您笔下的姚纳只是因为酗酒而被从城里调到乡下，那倒会是更合乎情理的。

在一个地方您描写了姚纳像蜘蛛捉苍蝇似的在两俄亩土地上忙忙碌碌的情景，写得很精采，但是您为什么要描写他玩弄木犁的情景呢，这是一种几乎不可能的娱乐，您这么写就把这个场景的魅力给毁了。难道非这么写不可吗？您是知道的，一个生平初次耕田的人是搬不动犁的，这是一；而对教堂执事来说，把他的土地出租给别人耕种更为有利，这是二；无论您用什么样的面包去引诱，也不能把麻雀从

---

① 尼·阿·赫洛波夫（1852—1909），俄国小说家，剧作家。

村子里引向田野，这是三······

"我骑在横梁上，就是那根把农舍和杂物间连接起来的横梁（第16页）。"这是什么横梁？文牍员穿着短上衣，他的头发里沾着干草屑，这个人物是公式化的，而且是幽默刊物杜撰出来的。通常文牍员要比人们所想象的聪明一些，也更为不幸一些······

在短篇小说的结尾教堂执事唱道（这一点写得动人，而且恰到好处）："祝福吧，我的灵魂，我的主，让它高兴······"这样的祈祷是没有的。有的倒是这样的："我的灵魂，祝福主吧，我整个内心，祝福他神圣的名字······"

我最后要说的一点是：读作品时标点符号起着乐谱的作用。而您作品中的标点符号却好像是果戈理描绘的市长制服上的钮扣：大量的省略号，看不到句号。

我认为，这些枝节性的缺点会把您的乐曲糟蹋掉。如果没有这些缺点，您这个短篇小说会是一个完美的作品。您当然不会因为我说了这一番"教训人的话"而生我的气，您会明白，我作为一个受您委托的人写这些话是有目的的：鉴于上述一切，您不认为有必要对小说作一些修改吗？为了润饰和抄写，要花去两个小时，最多两个小时，然而短篇小说却会因此而增色了。

我再说一遍：姚纳写得挺好，即使不修改，也会被采用，但如果您当真想把它当作您步入文坛的处女作，那么就我对彼得堡的审判官们的了解来说，它是不会受欢迎的。

等着您的回音，请原谅我这种意外的干预。

祝您健康！

您的　安·契诃夫

19　致伊·列·列昂捷耶夫（谢格洛夫）

1888年2月22日，莫斯科

亲爱的上尉！我已经读完了您的全部作品，而以前我只是抽空读过一些，如果您想知道我的批评意见，那么请您听着。首先，我觉得，不该像一切评论您的人所做的那样，把您同果戈理、托尔斯泰和陀思妥耶夫斯基进行比较。您是一个有独特风格的作家，好像空中的雄鹰一样。如果必须进行对比，那么我倒宁愿把您同波米亚洛夫斯基①进行比较，因为他和您都是小市民作家。我之所以称您为小市民作家，倒并非因为您的全部作品都浸透了一种纯小市民的对副官以及参加招待会的人们的憎恨，而是因为您同波米亚洛夫斯基一样，醉心于把灰不溜秋的小市民阶层以及他们的幸福理想化。崔波契卡家的可口的西葫芦，戈利契对娜斯佳的爱情，士兵阅读的报纸，您出色地再现的小市民阶层的口语，还有描写姨母家招待会中明显流露的紧张和主观态度，——所有这一切合在一起都证实了我对您的小市民性的看法。

如果您愿意的话，我也许还可以把您同都德②进行比较。您对那些动人而美好的"爱马者"只是轻描淡写地加以勾勒，然而当他们一落入我的眼帘，我总觉得我这是在读都德的作品。

一般说，进行比较时应当谨慎小心，尽管这种比较是没有恶意的，它们却常常会在无意中对作者引起仿效以及伪造的责难和怀疑。看在上帝面上，您别相信您的那些检察官们，您继续像您以前那样写法写下去吧。语言也好，手法也好。人物性格也好，长段描写或细小画面也好，——这一切在您的作品中都是您自己固有的，独创的和美好的。

您最好的作品是《难题》。这是一部巨著。大量的人物，众多的境遇！旅馆生活，舒拉克一家，果洛夏波娃以及她那张由于多喝啤酒而浮肿的脸孔。雨，列尔卡和她的妓院，戈利契的梦，尤其是俱乐部化装舞会的描写，——所有这一切都写得异常精彩。在这部长篇小说中您不是一个木匠，而是一个镟工。

---

① 尼·盖·波米亚洛夫斯基（1835—1863），俄国作家，代表作是《小市民的幸福》、《神学校特写》、《莫洛托夫》。

② 阿·都德（1840—1897），法国作家，著有三部曲《塔拉斯孔城的达达兰》、长篇小说《富豪》、短篇小说集《月曜日故事集》等。

依作品的优点来说，排在《难题》后面的应该是《波斯彼洛夫》。这个波斯彼洛夫是一个新颖和别致的人物。整部中篇小说中有一种屠格涅夫风格，因此我奇怪，批评家们怎么会放过了这一点而不责怪您模仿屠格涅夫。波斯彼洛夫使人感动，他是一个有思想的人，是一个英雄。但令人遗憾的是，您太主观了。您不该描写您自己。真的，如果您能在途中悄悄给他塞上一个女人，并且把您的感情倾注给她，那么情况就会好得多……

我把《牧歌》放在末位，虽然我知道，您是喜欢这个作品的。它的开头和结尾写得很好，严谨而又沉着，但中部显得十分松散。首先，在小说的整个中间部分有许多方言和土语，这些方言土语糟蹋了整部作品。作品的语言大受损害，鲍姆包契卡这个人一再出现，而阿吉谢夫则稍显苍白……最好的地方是对玛祖卡舞所作的描写……

总之，我读了您的作品后，得出一个相当明确的印象，它强有力地说明您前途无量。现在，如果在您的这些作品之外再加上您的剧本《别墅里的丈夫》、《明奥娜》、《响尾蛇》，如果除此之外再考虑到您"贵族般的行动缓慢"以及对书室工作的嗜好（《俄国思想家》），那么就不能不作出结论：您是一个了不起的人物。姑且不说才华，您十分开阔，好像是一个老派演员，无论是演悲剧或喜剧，还是演滑稽歌剧或音乐话剧，都能演得一样好。这种多才多艺，阿尔博夫没有，巴兰采维奇和亚辛斯基①没有，甚至连柯罗连科也没有，这种多才多艺可不像一些批评家所认为的那样，是没有自制力的象征，不，它是内心世界丰富的象征。我由衷地向您致敬。

现在我有一事相求。有一个莫斯科文学家，他身患肺病，已经濒临死亡。他身无分文，但他有一个富裕的姊姊在彼得堡。可是她的住址不详。亲爱的，您能否在居民住址查询处找到她的地址？她的名字是医生夫人奥尔加·阿波隆诺芙娜·米特洛法诺娃。她的丈夫叫德米特里·瓦西里耶维奇。她是否还在人世？请您倾力相助，帮忙了解

---

① 米·尼·阿尔博夫（1851—1911）、卡·斯·巴兰采维奇（1851—1927）和伊·伊·亚辛斯基（1850—1931）都是契诃夫的同时代作家。

一下。

我什么事也不做。由于无事可做，我写了一部通俗喜剧《蠢货》。再见，祝您健康。我批评了您，请您原谅。

您的　安·契诃夫

20　致尼·阿·赫洛波夫

1888年3月22日，莫斯科

尊敬的尼古拉·阿方纳谢耶维奇！

我昨天收到了您的短篇小说后说把它读了一遍，那是在火车出发前一两个小时。最后两页我没有读完，因为没有时间读了。但是我认为，这个短篇小说写得比《第十一个》好。我把它交到苏沃林手中了。他答应我尽快把它读一遍。

现在来谈一谈《第十一个》。我抄一段普列谢耶夫老人信中的话给您："这个短篇小说写得不无幽默味道，本来可以把它发表在《北方通报》上，但是那儿编辑部里积下来的篇幅不大的短篇小说太多，整整一大堆，以致不知道在什么时候它才会得到发表。也许，要过上半年一载的，而这恐怕会不合作者的意吧？"

《第十一个》现在在布列宁①那儿。

我所知道的就是这一些。您愿意在彼得堡工作，我对此感到高兴，我衷心祝愿您成功，但愿您在这方面多一些顽强劲儿……只要有坚韧不拔的顽强精神，遇到挫折不要怯懦和畏缩，您的事业就一定会顺利，而这一点我是乐于担保的，因为您有才能。

请原谅您的同情者的说教。

安·契诃夫

---

① 维·彼·布列宁（1841—1926），《新时报》的记者和评论家。

21　致阿·谢·苏沃林

1888 年 4 月 3 日，莫斯科

尊敬的阿历克塞·谢尔盖耶维奇：

您告诉我弟弟，我弟弟也写信转告我，由于印书用的是优质纸张，我那本小册子的价钱差不多要贵一倍。如果我确信，我那本书将不会搁浅，书价贵一些倒也无所谓，但是，因为我没有这种信心。那么只得按老办法行事，也就是说用廉价纸来印我的书。这并不重要。而如果需要使书厚一些的话，那么我可以再寄一些作品给您，我这里作品多得很。我把装帧美观的希望完全寄托在《卡什坦卡》一书上，如果插图都很好，装帧很漂亮，那么受些损失也在所不惜了。

谢谢您寄来了克拉姆斯科伊①的作品，我现在正在阅读。他是一个多么有才干的人啊！如果他是一个作家，他一定会写得很长，很别致，很诚恳，因此我感到遗憾，他不是一位作家。我们的戏剧家们和小说家们喜欢在自己的作品中塑造艺术家形象。现在我读着克拉姆斯科伊的作品，才知道，那些小说家、戏剧家和读者们对俄国的艺术家了解得多么少，多么不够。我想，克拉姆斯科伊也不是唯一的一个。大概，在列宾②式的和巴卡洛维奇③式的人物的世界中可以找到不少优秀人物。

我认为，在这部书的"附录"里缺了一个部分，而这一部分对许多人来说可能是很重要的，就是说缺少一个概括而扼要的叙述，确切一些说，就是缺少了谢·彼·包特金④在医学协会中宣读的关于克拉姆斯科伊的病情和死亡的报告。

---

① 伊·尼·克拉姆斯科伊（1837—1887），俄国画家，巡回展览画派的创始人之一。
② 伊·叶·列宾（1844—1930），俄国画家，巡回展览派成员，名画《伏尔加河纤夫》表现了人民的强大力量和精神美。
③ 斯·符·巴卡洛维奇（1857—?），俄国画家。
④ 谢·彼·包特金（1832—1889），俄国内科医学家，俄国内科临床学学科奠基人之一。

谢谢维克多·彼得罗维奇寄来的关于迦尔洵①的杂文。听说迦尔洵想要写一部长篇历史小说，他大概已经开始写了。值得一提的是，在死前一星期他知道他要跳楼，并为这种结局作了准备。难以忍受的生活啊！而那张楼梯也真可怕，我看到过，又黑又脏……

　　近期的一些作家中，对我来说，有价值的只有迦尔洵、柯罗连科、谢格洛夫和马斯洛夫②。这些人都非常好，不狭隘。亚辛斯基的作品不好懂（这也许是一个虔诚的拾破烂的人，也许是一个老奸巨猾的人），阿尔博夫和巴兰采维奇是在黑暗中和潮湿的排水管中观察生活的，而其他的则都是一些平平庸庸的人，他们之所以钻到文学界中来，只是因为文学界是一个适于奉承拍马、便于赚钱偷懒的好场所。

　　请转告我的岳母安娜·伊万诺芙娜③我们一起在科罗文那里买的一块蓝色料子我妹妹很喜欢，非常喜欢。向娜斯佳和鲍里亚问好。我一定到费奥多西亚④来。我已在普肖尔河（第聂伯河的支流）畔的一个庄园里为自己租了别墅。从乌克兰到克里米亚是很近的。您要不要让我为您买一些渔具？爱好钓鱼的人有一种体验：渔具越便宜，钓的鱼越多。我一般都是买一些原材料，然后自己再用它做出所需的东西。

　　我的善意的批评者们对于我"脱离"《新时报》感到高兴。因此应该在他们的高兴劲儿尚未冷却之前，尽快地在《新时报》上登一篇东西，但我没有精力来写，我无论如何也结束不了那篇幅并不大的中篇小说（在木棚里和工程师们谈话）⑤，它把我的手脚全都束缚住了。

　　请原谅，这封信写了这么长，也请允许我再一次感谢您热情款待。真的，我真不想离开您。祝您万事如意！

真诚地忠实于您的　安·契诃夫

————————

① 符·米·迦尔洵（1855—1888），俄国作家，著有《四天》、《胆小鬼》、《艺术家》和《红花》等短篇小说。
② 阿·尼·马斯洛夫（1852—?），笔名别热茨基，俄国小说家，剧作家。
③ 契诃夫戏称安·伊·苏沃林娜为岳母，因为苏沃林有意让契诃夫在将来娶他们的女儿娜斯佳为妻。
④ 苏联克里米亚半岛上的一个城市。
⑤ 指《灯火》。

22　致阿·尼·马斯洛夫（别热茨基）

1888 年 4 月 7 日，莫斯科

最最善良的阿历克塞·尼古拉耶维奇：

趁我尚未离开这里的时候，给您写封回信。是的，我是一个慎重的人，也就是说我常常不能拿定主意说出和写下真实情况，但是我可以肯定地对您说，我丝毫没有向您隐瞒我和戈尔采夫①的谈话。在《俄国思想》杂志社里确实会欢迎您同他们合作的。没有任何理由会使他们不欢迎。

您不会收到戈尔采夫的信的。为什么呢？如果您愿意听的话，我可以不对您隐瞒：所有这些戈尔采夫们全是好人，善良的人，但他们是一些非常不客气的人。是不是他们在这方面没有受到好的教育？或者是他们不善于领会？或者是微不足道的声望蒙住了他们的眼睛？鬼才知道！不过，您不要等他们的信。也不要期望得到他们的同情和关怀……大概只有一样东西他们是乐于给予您和一切俄罗斯人的，那就是宪法，低于宪法的一切东西在他们看来都与他们的崇高天职不相称。我没有授权请他们给您写信。假如我建议他们给您写这封信，他们可能把我的建议看作请求，就可能摆起架子来。让他们见鬼去吧！

不瞒您说，我对他们这些人是抱无所谓态度的，甚至我也许还是同情他们的，因为他们完完全全是一些不走运的人，不幸的人，他们在自己的一生中吃了不少苦头……但是，他们作为出版家和文学家，我就几乎不能容忍他们。我一次也没有在他们那里发表过东西，没有亲身体验过他们那种令人沮丧的书报检查，但是我的心感受到，他们是在糟蹋着什么，窒息着什么，他们待人对己都绝顶虚伪。我觉得，这些文学界的达克斯狗（我觉得，体长腿短脸尖的达克斯狗是由家犬

---

① 维·阿·戈尔采夫（1850—1906），俄国政论家和社会活动家，1885 年起他实际上负责主编《俄国思想》杂志。

和鳄鱼杂交而生的，而莫斯科的那些编辑们则是由官僚-教授和平庸的文学家杂交而成），我觉得，这些达克斯狗儿们陶醉于自己的声望，陶醉于食客们的阿谀奉承，他们会在自己周围建立一个派别或集团，这个集团将会把莫斯科自古以来素享盛誉的文学欣赏力和文学观点（如同莫斯科花色面包素享盛誉一样）歪曲到不可辨认的程度。请您读一下马奇捷特①（他是这个学派的弟子，现在在莫斯科很出名）的作品，读一下《俄罗斯新闻》上刊载的杂文，您就会知道我心有不安是有道理的。

早就约请我为《俄国思想》撰稿，但我只在极端迫不得已的情况下才应约。我不能!!! 非常可能是我错了，因此请不要认为我写这封信是建议您别为《俄国思想》撰稿，虽然我得承认，如果我在任何一本彼得堡杂志上看到您的作品，会比在《俄国思想》上看到您的作品更高兴。

您口袋里只有 3 卢布，而我口袋里则有整整 300 卢布：这是在《草原》和《黄昏》发表之后所保存下来的全部钱财。但是，由于我妹妹把这笔钱藏了起来，以备到别墅去时使用，所以我现在是一无所有，光靠名声来维持。

至于说到您在题材面前感到畏惧，那么要医治好这种毛病是困难的。我请您服用溴化钾。我也不相信我的题材。不知为什么我觉得，为了要相信自己的题材和思想，得做一个德国人，或者得像巴兰采维奇那样，做一个有妻室的人，并且有 6 个孩子。

我曾建议您写一部喜剧，现在我再次向您提出建议。它不会给您带来害处，而会给您一些收入。我的剧作《伊万诺夫》，您可以想象得到，甚至在斯塔夫罗波尔也上演了。至于说到演出，那您就不必为之担心了。首先，您的语言是美好的口语；第二，虽然您不了解舞台，但这一缺陷完全可以由剧本的文学价值来补偿。不过，您别怕写女人，也别泄气。

---

① 格·亚·马奇捷特（1852—1901），俄国民粹派作家，他的诗篇《深受压迫之苦》后来谱成为革命歌曲。

瞧，我潦潦草草地给您写了多么长的一封信！我很想悠闲一下，因此一有机会给人写信或者遛遛大街，我总是很高兴的。

昨天我收到了《公民》杂志的约请。

请向苏沃林夫妇、维克多·彼得罗维奇以及彼捷尔森①问安。祝您身体健康！

有幸向您致敬！请您原谅我用一个说法：

文坛新手　安·契诃夫

23 致伊·列·列昂捷耶夫（谢格洛夫）

1888年6月9日，苏梅

亲爱的剧作家，我和阿·尼·普列谢耶夫爷爷一起向您躬身问候，他在我这儿做客已经一个月了。我们两个都读报，并注视着您的成就。我为您高兴，我羡慕您虽然同时也恨您，因为您的成就不让您到我这里来，到普肖尔河来。当然，各人的爱好不同，但依我看，住在普肖尔河畔，什么事情也不干，这要比做工作和有成就更能使人心宽，而和缪斯同居只有在冬天才是有趣的。

您无疑是个有才华、有文学气质的人，是一个在战斗风浪中受过锻炼的人，是机智的、不受偏颇的成见和体系约束的人，因而您可以相信，从您的剧本烘箱中是可以烘出不少好东西来的。我伸出双手祝福您并向您表示一千次衷心祝愿。您想把自己完全奉献给舞台，这很好，是值得为之花些力气的事，而且力气也不至于白花。但是……您的力量够吗？为了挑起俄国戏剧家这副担子，需要充沛的精力和韧劲。我担心，这样您会不到40岁就把自己折磨坏的。须知，每个戏剧家（即您想成为的那种职业戏剧家）每写十个剧本就有八个是不成功的，每个剧作家都得经受失败，有时这种失败会持续好几年，而您

---

① 符·卡·彼捷尔森（1842—1906），笔名为 H. 拉多日斯基，俄国新闻记者，《新时报》撰稿人之一。

有没有力量不计较这一点呢？按神经气质而言，您倾向于凡事不能出一点儿毛病，一个极微小的挫折也会给您带来痛苦，而这一点对于一个剧作家来说是不适宜的。我还担心的是，您不会成为一个俄国戏剧家，您只会成为一个彼得堡戏剧家。只有那种为做客才来彼得堡，而且不只是站在图奇科夫桥①上观察生活的人，只有这种人的剧作方能在整个俄国获得成功。您应该离开彼得堡，可是您未必下得了决心在某一天离开冻土带和男爵小姐。您写出了《在高加索的山上》，这是因为您到过高加索；您写出了几部关于军人生活的剧本，这是因为您漫游过俄罗斯。而彼得堡只让您写出了《别墅里的丈夫》……如果您要说，《难题》也是您观察彼得堡的产物，那么我是不会相信的。我之所以给您写了这些话，仍然还是为着一个险恶的目的：引诱您到我这儿来，哪怕是只来片刻也好。来吧！我向您许愿，提供您一打多题材和一百个人物性格。

关于我的中篇小说《灯火》的结尾，我允许自己不同意您的意见。心理学家该做的事情不是去理解他不理解的东西，心理学家尤其不应该假装他懂得谁都不懂的东西。我们不要欺骗人，让我们直接宣称，在这个世界上没有一件事情弄得明白。只有傻瓜和骗子才什么都知道，什么都懂得②。好吧，祝您健康和幸福。请给我来信，亲爱的，别吝啬。我已经开始习惯于您的笔迹了，并且看得一清二楚。

您的　爱格蒙特

我的小册子已经出版了。如果我弟弟尚未送给您，你们见面的时候，请您提醒他一下。

不要厌恶轻松喜剧。您可以成打成打地写这种戏。轻松喜剧是好东西。目前外地人全都以它为精神养料。

---

① 彼得堡一座桥的名称。
② 契诃夫用"这个世界上没有一件事情弄得明白"这句话结束他的中篇小说《灯火》。谢格洛夫读了这个作品后，在1888年5月29日写信给契诃夫说："对您最近的一个中篇小说《灯火》我不甚满意。我一口气把它读完了，——这是不用说的，因为您写的一切都是十分诱人地现实的，读来既轻松又愉快，但是小说的结尾显仓促。作家该做的事情正是特别要弄清楚人物的内心，否则他的心理状态就会弄不清楚。"

24　致伊·列·列昂捷耶夫（谢格洛夫）

1888 年 7 月 18 日，费奥多西亚

　　亲爱的船长，我从黑海岸给您写信。我在费奥多西亚，住在苏沃林将军处。这里闷热难受，风又干又燥，像是陷入了窘境一样，简直要喊救命了。在费奥多西亚没有树，也没有草，无处藏身。只有一个办法：游泳。我现在就游泳。海妙极了，蓝色的温存的海，温存得像是纯真少女的头发。在海边就是住上一千年也不会感到厌烦。

　　我们在谈话中消磨时光。夜里也是这样。我渐渐地变成了一架说话的机器。我们已经解决了所有的问题，又提出了新的、谁都没有提出过的问题。我们一味地谈呀、谈呀，看来最后的结局是：我们终将会由于舌头和声带发炎而死去。和苏沃林在一起不说话是办不到的，就像在巴尔金①那里不喝酒是不行的一样。的确，苏沃林是敏锐的化身。他是一个了不起的人。在艺术中他扮演的角色像是塞特猎狗在猎获田鹬时所起的作用一样，也就是说，他是凭灵敏的嗅觉来工作的，而且他总是热情奔放。他不甚了解理论，没有学过科学，有许多东西他是不懂的，什么东西他都是自学的，正因为如此他完全没有受到坏的影响，并保持了自己的严整性，也正因为如此他有自己的独立观点。由于他缺乏理论，他就很自然地要在自己身上发展大自然慷慨赋予他的东西，把他的本能发展成巨大的智慧。和他交谈是很愉快的。而如果理解了他的谈话方式，理解了他的诚恳（这种诚恳又是大多数交谈者所缺乏的），那么和他闲聊几乎是一种享受。而您的"德国佬苏沃林"这个说法我是非常理解的。

　　请给我寄来一本《剧院的麻雀》。如果您真的写出了一部喜剧，那您真是好样的，真是聪明人。您尽量写吧，您现在愿意怎么写就怎么写吧。想写悲剧，您就写悲剧，想写空洞的轻松喜剧，您就写轻松喜剧。您生就这副天性，您不会去适应别人的观点和判决。您应该遵循自己的内在情感，这种感情是神经过敏的人的最好晴雨表。您写出

---

① 巴尔金是彼得堡一家饭店的老板。

48

的剧本越多，那就越好。啊，我又说教起来了！请原谅，亲爱的……这不是说教，而是同您交谈。当我给您写信时，我看到了您的脸庞。

我要进城，到邮局去。再见。上帝保佑您！

您的 安·契诃夫

25 致阿·谢·苏沃林
1888 年 9 月 11 日，莫斯科

尊敬的阿历克塞·谢尔盖耶维奇，我想，您还可以在费奥多西亚收到我这封信。

我乐于承担你们出版的日历中关于莫斯科医学部分的校订工作，如果我适于做这项工作的话，我将很高兴。我尚未收到校样，但大概很快就会给我寄来的。我将按自己的主张校订，尽力而为，但是我担心，我校订出来的会和彼得堡的不一样，也就是说它可能更加充实一些或者比较单薄一些。如果您认为这种担心是有根据的话，请您电告印刷社，让他们给我寄来一份彼得堡医学部分的校样供我参考。如果在同一个部分里彼得堡被描绘得像一头干瘪的老牛，而莫斯科却像一条肥壮的大牛，或者正好相反，那就不好了。对两个首都应该给予同等的尊重，至多也只能让莫斯科少占一些分量……

利用这个机会我将在日历中增加"俄国精神病患者之家"这个内容。这是一个新问题，是医生和地方自治会所关心的问题。现在我只能简单地列出名称。明年如果您同意的话，我将承担你们日历中的整个医学部分，而现在我只是朝旧皮囊里倒一点新酒，更多的我也做不出什么了，因为我手头既无材料，又无计划。

您建议我不要同时追逐两只兔子，不要再想从事医学。我不知道，为什么不能同时追逐两只兔子？为什么甚至是按这句话的直义来说也不能？只要有猎狗，同时追是可以的。我这里显然是没有猎狗（现在我是在按转义来说了），但是当我感到我有两种工作，而不是一种时，我觉得更振奋一些，对自己也更满意一些……医学是我的发妻，而文学是我的情妇。一个使我厌烦的时候，我就在另一个那里宿夜。这虽然是不正派的，但却不那么枯燥，再说她们二者也完全不因我背信弃义而丧失什么。假若我不行医，我也未必会把闲暇时间和过多的思想全都献给文学。我是缺乏纪律性的人。

在给您的上一封信中，我写了许多乱七八糟的话（我那时心情不佳），但是，我诚恳地向您说明，在讲到我对您的关系时，我讲的不是您，而只是我自己。您让我预支稿费、您对我的好意等等都对我有着真正的意义。只有不了解您的人，同时他又是一个八十四成的疯子，才会怀疑您送的面包是一块石头。我议论自己心眼太多时，我指的只是我自己的一个可爱的特点，因为我有这样的特点，所以在报纸上发表了一篇小说后，我便不好意思很快接着发表另一篇，免得一些像我一样的正派人会认为，我过分频繁地发表作品是为了经常领取报酬……看在上帝面上，请原谅我无缘无故地掀起了这样一场不适宜的和不必要的"论战"。

今天我收到了阿历克塞·阿历克塞耶维奇①的来信。请向他转告我基于自己的经验所提出的建议：对画家先生们要严加控制并且要经常怀疑，无论他们是多么可爱和多么善于辞令。请转告他并且也顺便转告鲍利亚，我认识那个女骑手戈德弗鲁阿。她根本没有什么妙处。除了"上等"骑术和美好的肌肉以外，她什么也没有，其它的一切都是平庸的。如果从容貌来判断的话，那么她倒是一个可爱的女人。

那一位要我别上您那里去的小姐②（住在苏梅的那一位）说的是"流派"和"精神"，她指的完全不是您信中所写的那种毒害。她怕我会受到政治影响。是的，这位小姐很好，她心地纯洁。但是当我问她，她怎么会知道苏沃林的？她读不读《新时报》？——当我这样问她时她便不好意思起来，嘴唇微微一动，然后说："一句话，我劝您别去。"是的，我们的小姐们和她们的男伴——政治家们都是心地纯洁的人，但是他们的纯洁心灵十有九成是一钱不值的。他们的全部不

---

① 指苏沃林的儿子。
② 大约指的是娜·米·林特瓦列娃（1863 左右—1943），女教师。

起作用的圣洁和单纯是基于对一些人和头衔怀有模糊而幼稚的反感或好感之上，而不是立足于事实。如果你会仇恨你根本不知道的鬼，会喜爱你无法怀疑的神，那么要做一个纯洁的人倒是很容易的。

　　向大家问好！

您的　安·契诃夫

26　致阿·尼·普列谢耶夫

1888 年 9 月 15 日，莫斯科

　　亲爱的阿历克塞·尼古拉耶维奇，别斥责我，您让我把话说出！我答应过您为 10 月号提供一篇短篇小说，现在我才知道，当时我头脑中完全混乱了。我到莫斯科去时，决定在 9 月里为《北方通报》写一篇东西，在 10 月 1 至 2 日完稿，10 月 5 日以前寄出……就是"10月"这个狡诈的字眼在我头脑里与"10 月号"混在一起了。从 9 月初开始写，我是无论如何也赶不上在 9 月份就要排印的那一期的！恳切地请求您和安娜·米哈伊洛芙娜原谅我的漫不经心。11 月号上一定会有我的一篇小说①。这是毫无疑问的（如果您不淘汰它的话）。我在慢慢地写，这篇小说是气呼呼的，因为我自己在生大气。

　　至于迦尔洵文集的事，我不知道向您说些什么为好。连一个短篇小说也不提供吧，我可不愿意这么做。这首先是因为，像已故的迦尔洵这样的人，我是全身心地热爱的，而且我认为，我应该公开承认我对这种人的好感；其次，迦尔洵在去世前一段时间里在我身上花了许多功夫，我对这一点是忘不了的；再次，拒绝参加文集，就是不讲友情，就是下流。这一点我从骨髓深处感觉到了，但是请你想一想我的尴尬处境吧！我根本没有稍许适合于文集用的题材。

　　我这儿所有的东西不是太庸俗，就是太欢快，要不就是太长了……有过一个不太好的题材，但就连这个题材我也用来写了一篇小

---

① 指《命名日》。

随笔，寄给了《新时报》，因为我对这家报纸欠了满身债……不过，我这里还有一个题材：一个迦尔洵气质的年轻人，人品出众，正直而又十分敏锐，他平生第一次来到了烟花院。由于对严肃的事情应该严肃地谈，因此在这篇小说里对所有的事都得毫不夸张地说实话。也许，我会把它写得像我所希望的那样，使人产生一种窒息的印象；可能，我会写出一篇挺好的小说①，可以用于文集，但是，亲爱的，您能保证书报检查或者编辑部本身不会从小说中抽走我认为是重要的东西吗？因为这本文集是有插图的，因此它一定要经过检查。如果您能保证，一个字也不会被删掉，那么我用两个晚上的时间就能把这篇小说写好。如果您保证不了，那么请您再等一个礼拜，我会给您一个最后的答复的，也许我会想出一个题材来！

祝福多产的作家谢德林和谢格洛夫！当然，多做工作总比什么也不做为好，您对青年作家们的指责也完全是公正的②。另一方面，多写作也并非对每个作家都适宜。比方说，以我为例吧。在上一季度我写出了《草原》、《灯火》，一部剧本，两个轻松喜剧，还有许多短小的短篇小说，而且我还开始了一部长篇小说的写作……那又怎么样呢？如果把这一百普特③的沙子淘一淘，那就只能淘出（如果不把稿费计算在内的话）二十佐洛特尼克④多一点的黄金，仅此而已。

下个季度我仍然还得多写。我要拼命尽量多挣一些钱，以便夏天可以什么事情都不干……啊，我已经非常厌烦莫斯科了！秋天只是刚刚来临，而我已经在想春天了。

我已把买庄园的事情延迟到 12 月份去了。您担心我会被银行的锁链缠住身。这未必可能。问题在于我买的是小东西，而且我需要向银行支付的款项，不会多于我每年花在租借别墅上用的钱，即 100——150——200 卢布，而这点钱我还付得起。在中等收入的情况下，银行

----

① 指《神经错乱》。
② 9 月 13 日普列耶夫在信中赞赏了谢格洛夫和谢德林多产，尤其赞赏的是谢德林，说"这个有病的老人胜过许多年富力强的作家"。
③ 一普特相当于 16.38 公斤。
④ 一个佐洛特尼克相当于 4.26 克。

的债务可以在两三年之内还清。如果我想要造房子，那么造一幢有六、七间最好的房间（天花板较高的铺地板的房间）的房子，费用最贵也不会超过一千卢布，这笔款子我可以在夏天从三个地方预支到，或者在夏天到来之前直接挣出来。最初可以用草盖屋顶（在波尔塔瓦省这种草屋顶造得挺好看），地板和窗子我们自己来油漆（米沙能油漆得很好）。许多事我们都可以自己做，因为我们自幼就都养成了做事的习惯。最主要的是家具和陈设。如果没有安乐和舒适的家具，最好的房子也会变成鬼才知道的样子。而我正好没有家具。呜呼哀哉！

如果您关于柯罗连科的猜测是正确的，那真令人太惋惜了。柯罗连科是个不可替代的人。人们喜爱他，读他的作品，而且他还是一个很好的人。说句老实话，由于米哈伊洛夫斯基①也已不再为《北方通报》撰稿，我感到忧郁。他聪明，有才华，虽说最近他有一点儿无精打采。很难用普罗托波波夫②或 impacatus③ 去取代他，就好比用蜡烛去替代月亮是很难做到的一样。

大概，明年夏天，至少是在 7 月以前，我们又将住在林特瓦列夫④家里。我们不赞成您到克里米亚去，如果您想欣赏令人惊愕的自然风光，发出几声惊叹，那您就到高加索去吧。可以绕过像基斯洛沃茨克这样的休养地，顺着格鲁吉亚军用大道到梯弗里斯，然后再从那里到博尔若米，从博尔若米经过苏拉姆山口到巴统。这样比生活在日益犹太化的雅尔塔便宜一些。

若尔日克大概到音乐院去了。

问候你们全家和列昂捷谢夫。

祝你们幸福！

您的　安·契诃夫

---

① 尼·康·米哈伊洛夫斯基（1842—1904），俄国民粹派社会学家、政论家、文学评论家。

② 米·阿·普罗托波波夫（1848—1915），俄国文学批评家，民粹派。

③ impacatus 是一个拉丁词，其义为"不安的"。这是一个为《北方通报》撰稿的批评家的笔名，其真名不详。

④ 巴·米·林特瓦列夫（1861—1911），俄国地方自治会活动家，契诃夫的朋友。

11 月份我将到彼得堡去。

27 致阿·尼·普列谢耶夫
1888 年 9 月 30 日，莫斯科

哎，刚刚给《北方通报》写完了一篇小说，亲爱的阿历克塞·尼古拉耶维奇！由于不习惯，也由于夏天刚刚休息过，我感到非常疲劳。您很难想象，我疲劳成什么样子。我现在坐下来誊清，10 月 5 日您就可以收到了。小说写得长了一点（两个印张），有点枯燥，但是有生活气息，您可知道，还有"倾向"①。读完以后，请把您的意见写信告诉我。

苏沃林顺路来过我这里。他在我家待了一天。他请您把我的小说校样在被书报检查官玷污以前就给他寄去。

今天柯尔希剧院在上演伊万·谢格洛夫的《别墅里的丈夫》。极可爱的伊万由于激动而憔悴、疲惫和瘦削了。如果对他进行一番描写，可以写出一个比《别墅里的丈夫》更引人发笑的喜剧。

真的，如果别热茨基（马斯洛夫）投入《北方通报》的怀抱，那将是非常非常不错的。他是一个好人，无疑也是有才能的。他参加工作，这会对双方都有利：对《北方通报》，也对他自己。《北方通报》会得到一个有才华的小说家，而别热茨基也可以摆脱布列宁的严厉监督。马斯洛夫是年轻人，他想生活，而怀疑主义者布列宁在压抑他……我觉得，可以按一印张 150 卢布给他支付稿酬。须知这个数目并不大。

我忙于工作。祝您幸福！向您的全家问好！

您的　安·契诃夫

———————

① 指短篇小说《命名日》。

28 致阿·尼·普列谢耶夫

1888 年 10 月 4 日，莫斯科

我尊敬和亲爱的阿历克塞·尼古拉耶维奇！

　　为《北方通报》写的短篇小说我已经誊清，给编辑部寄去了。我疲劳了。现在我在等稿费。整个 9 月里我一文不名，典当了一些东西，真可说是如鱼撞冰，拼命挣扎。每年 9 月我总是拮据的，而今年夏天我没做事，靠未来的收入维持生活，所以这个 9 月份对我来说是特别黯淡的。我已经欠了苏沃林 400 卢布，以工作抵偿了 200 卢布……

　　有一次我从柯尔希剧院给您寄过一封信。如果《糊涂虫》将在柯尔希剧院上演，那么您别忘了签订条约，通过我或者通过您愿意的人都可以。柯尔希给每场演出支付报酬，创作的剧本付每场戏的收入的百分之二，译作——付百分之一。钱的数目不大，但毕竟是钱，所以不该放弃……在戏剧协会的目录里没有您的《糊涂虫》。顺便说一句，柯尔希付给戏剧协会的已经不是每场戏 6 个卢布，而是 5 个卢布。斯维特洛夫①是一个好演员，他为人也好。

　　今天巴维尔·林特瓦列夫在我们家。他是来考彼得罗夫美术研究院的。但是他这个可怜人看来是不会被录取的。因为他正处在监视之下。

　　让·谢格洛夫正在莫斯科做客。他的《别墅里的丈夫》在莫斯科演出不成功，但看来它在彼得堡和外地是会受欢迎的。在莫斯科这个地方，什么巴甫洛夫斯克，什么别墅丈夫、别墅仆役，什么厅局职员，——全都是难以理解的。《别墅里的丈夫》很轻松和可笑，但它同时又惹人生气：对别墅夫人的有衬垫的裙子也进行起吹毛求疵的说教来了。我的看法是：如果亲爱的让还将像他写《别墅里的丈夫》这样写下来，那么他作为戏剧家的前程不会超过上尉品级。不能老是千

---

① 尼·符·斯维特洛夫（真姓是波将金），死于 1909 年，自 1885 年起在柯尔希剧院当演员，直至去世。

篇一律地重复写一种人、一个城市、一种有衬垫的裙子。要知道，除了有衬垫的裙子和别墅丈夫之外，在俄国还有许多其它可笑和有意思的东西。我还有一点看法，那就是要抛弃廉价的说教。《在高加索的山上》没有进行说教的奢望，所以它大受欢迎。我劝让写一个五幕大型喜剧，但同时又不丢下小说写作。

您很快将会看到乔其。他正在去彼得堡的途中。

我给安娜·米哈伊洛芙娜写了信，请求她别删掉我短篇小说①中的任何一行文字。我提出这种请求并非出于固执和任性，而是出于一种担心，担心我的作品经过涂改后获得一种我向来害怕的色调。热烈地亲吻您。

衷心爱您和忠实于您的　安·契诃夫

问候您的亲人们。

29　致阿·尼·普列谢耶夫

1888 年 10 月 4 日，莫斯科

刚刚给您发出一封信，敬爱的阿历克塞·尼古拉耶维奇，就收到了您寄来的信息，这信息会使斯维特洛夫很不高兴。我将立即把您的答复告诉他，而且要竭力推荐《难看的人》②。

如果您的信早到两小时的话，那么我就会把短篇小说寄给您了，而它现在正在去巴斯科夫胡同③的半路上。

梅列日科夫斯基写了一些什么，我很乐于读一读④。您读完了我的短篇小说⑤后，写一封信给我。您不会喜欢这个作品的，但我不怕

---

① 指《命名日》。
② 普列谢耶夫在给契诃夫的信中说，斯维特洛夫可能演不好《糊涂虫》，建议他演《难看的人》。
③ 《北方通报》编辑部所在地。
④ 指俄国颓废派文艺创始人之一梅列日科夫斯基发表在《北方通报》（1888 年第 11 期）上的文章《就新天才谈老问题》
⑤ 指《命名日》。

您和安娜·米哈伊洛夫娜，我怕的是那些人，他们总要在字里行间寻找倾向，一定要把我看作自由主义者或保守主义者。但我不是自由主义者，不是保守主义者，不是渐进论者，不是修道士，也不是旁观主义者。我倒愿意做一个自由的艺术家，就是这么一点儿愿望而已。我抱憾的是，上帝没有赋予我成为这样一个艺术家的力量。我憎恨一切形式的虚伪和暴力，因此我同样地厌恶宗教法院的文书、诺托维奇[①]和格拉多夫斯基[②]。伪善、昏庸和专横不只是笼罩着商人之家和牢狱，我在科学界、文坛和青年人中间同样看到了这些现象……正因为如此，我对宪兵、屠夫、学者、作家和青年都一视同仁，对谁都不抱特殊的偏袒态度。我认为，招牌和标签都是先入之见。我认为最神圣的东西是人体、健康、智慧、才能、灵感、爱情和完完全全的自由，是摆脱强力和虚伪的自由，不管后两者是如何表现出来的。如果我是一个大艺术家，这就是我要恪守的纲领。

不过，我说得太多了。祝您健康！

您的　安·契诃夫

30　致阿·尼·普列谢耶夫
1888 年 10 月 9 日，莫斯科

请您原谅，亲爱的阿历克塞·尼古拉耶维奇，我用普通纸给您写信。信笺一张也没有了，而我又不愿意等人把纸从小店里买回来，再说我也没有时间等。

您读完了我的短篇小说[③]，最近还给我写了信，十分感谢！您的意见我是尊重的。在莫斯科我没有人可以交谈，因此我感到高兴：我在彼得堡有一些好友，他们并不因为同我通信而感到枯燥。是的，我

---

① 奥·康·诺托维奇（1849—1914），俄国记者，《新闻和交易报》的出版者和编辑。
② 格·康·格拉多夫斯基（1842—1920），俄国政论家，《新闻和交易报》的撰稿人。
③ 指《命名日》。

亲爱的批评家，您的看法是正确的！我那个短篇小说的中间部分是枯燥、黯淡和单调的。我写它的时候是既马虎又懒散。由于我已经习惯了写只有开头和结尾的小短篇，所以当我感到自己是在写中间部分时，我就厌烦，就开始唠叨。您并不隐瞒，把您自己的猜疑直率地说了出来：我是否担心人家会把我认作自由主义者？您在这一点上也是正确的。这就给我机会瞥视一下自己的内心。我觉得，可以责备我贪食、酗酒、轻佻和冷淡，甚至还可以爱怎么责备就怎么责备，但就是不该责备我有意装个什么样子或不装个什么样子，我从来不躲躲闪闪。如果我喜欢您，喜欢苏沃林或米哈伊洛夫斯基，那么我在任何地方都不掩饰这一点。如果我觉得作品的女主人公奥尔迦·米哈伊洛芙娜可亲，她思想开明、上过大学，那么我在小说中并不隐瞒这一点，而且我的这种态度似乎是相当清楚的。我也不掩饰，我尊重我所喜欢的地方自治会和陪审裁判制。的确，在我的短篇小说中有一种令人怀疑的意图：把长处和缺陷平衡起来的意图。但是要知道，我要平衡的并非保守主义和自由主义，这些东西在我看来并不重要，我要使之平衡的是主人公们身上的虚伪和真情。彼得·德米特利奇撒谎，在法庭上打诨作态，他脾气古怪、不可救药，但我又不想掩饰的是：他就本性来说是一个温柔可爱的人。奥尔迦·米哈伊洛芙娜到处造谣，但是没有必要加以掩饰的是，这种虚伪也给她带来痛苦。乌克兰主义者这个人物不能作为我的罪证。我写这个人物时所指的并不是巴维尔·林特瓦列夫。愿上帝保佑您！巴维尔·米哈伊洛维奇是一个聪明谦逊的人，他是一个胸有成竹的青年人，但他不把自己的想法强加给别人。林特瓦列夫这一家人的乌克兰主义是他们对温暖的天气、民族服饰、语言以及故土的热爱，这是一种动人和可亲的感情。而我指的是那些故作聪明的白痴，这些人谩骂果戈理，只因为他不用乌克兰文写作。这些人虽然是一些呆板、平庸、乏味的懒汉，他们虽然头脑和心灵都很空虚，却要努力装出一副高于中等水平并且在起着作用的样子，为此就朝自己额头上贴一些标签。至于说到那个60年代人，那么在描绘他的时候我力求谨慎和从简，虽说他倒是值得用一整篇特写来加以描绘的。我便宜了他。这是一个打着60年代旗号、萎靡不振、无所事事的庸人，他在中学五年级读书时捉住了五六个属于别人的见解，以后就躺在这些思想上停滞不前，顽固地唠唠叨叨，一直到老死。这不是骗子，而是傻瓜，他相信他自己念念不忘，但又知之甚少或者根本不懂的东西。他愚蠢、冷漠、无情。您能听一听他讲话就好了，他以他并不理解的 60 年代的名义抱怨自己对之视而不见的今天，他诽谤大学生和女中学生，诽谤妇女和作家，诽谤一切当代的东西，并认为这样做就是 60 年代人的实质所在。他像坑洼一样索然无味，而对于相信他的人来说他又像黄鼠一般有害。60 年代是一个神圣的时代，因而任凭愚蠢的黄鼠们打它的旗号就意味着把它庸俗化。不，我决不删去乌克兰主义者，也不删去这个使我讨厌的家伙！① 还在我读中学的时候，他就使我讨厌了。现在也讨厌。如果我描绘这类人物或议论他们，那么我想到的既不是保守主义，也不是自由主义，而是这类人物的愚蠢和自负。

　　现在我再谈一些细节。如果有人问一个军医学院的学生：他在哪个系学习，那么他会简短地回答说：在医学系。用普通的口语来向人们解释学院和综合大学之间的差别，这种事只有那种对此感兴趣而又不觉无聊的大学生才会做②。您的意见是正确的：同孕妇进行的一场交谈有一些托尔斯泰味道。我现在也想起来了。但这席交谈没有什么意义，我之所以插上这么一段，只是为了使我作品中写到的流产不显得 ex abrupto③ 罢了。我是一个医生，因此为了不叫自己出丑，我应当在作品中说明一切医学事例的理由。您对后脑壳的看法也是对的④。我在写作时也已经感觉到了这一点，但要我不写我观察所得的后脑壳，我勇气不够，因为我舍不得割爱。

----

① 阿·尼·普列谢耶夫在读了《命名日》的手稿后写信给契诃夫，建议他删去乌克兰主义者和 60 年代人这两个人物。
② 普列谢耶夫在信中对契诃夫说："在彼得堡没有医学系，而大学生两次对奥尔迦说他在医学系学习。"
③ 拉丁语，意为突然。
④ 普列谢耶夫在给契诃夫的信中写道："……奥尔迦·米哈伊洛芙娜同妇女们谈分娩以及她突然觉得丈夫的后脑壳很刺眼，——这么写有点儿模仿《安娜·卡列尼娜》的味道。"

您说，一个刚才哭过的人是不会撒谎的，您这么说也对。但您只说对了一部分。撒谎好比是酒癖。撒谎者即使在死的时候也要撒谎。几天前一个贵族军官自杀未遂，他是一位我们熟悉的小姐的未婚夫。这个未婚夫的父亲是一位将军，他不去医院探望儿子，而且在他得知社交界对他儿子自杀一事的态度之前不会去医院。

　　我获得了普希金奖金！哎，能在快乐的夏天获得这500卢布就好了，而在冬天这笔钱会全部化成灰烬。

　　明天我要坐下来写一个短篇小说，供纪念迦尔洵的文集用。我将努力写。当它稍许成形的时候，我会告诉您的，而且也会作出保证。它大约可在下星期日之后写成。现在我很激动，写不好。

　　请给林特瓦列夫一家订一本文集，给演员连斯基①也寄一本……不过，我还是寄一份我的订户的名单给您为好。文集要多少钱一本？

　　给斯维特洛夫的回音早已寄出。

　　孙巴托夫②的《锁链》写得好。连斯基演普罗波里耶夫这个角色演得太精彩了。祝您健康和快乐。奖金使我脱离了生活常轨。糊涂的想法从未像现在这样在我脑中乱转。我们全家都问您好，而我问候您全家。天气冷。

您的　安·契诃夫

31　致亚·谢·拉扎烈夫（格鲁津斯基）③

1888年10月20日，莫斯科

　　谢谢您对我的祝贺，最善良的亚历山大·谢苗诺维奇。就我所记得的来说，我从未骂您是阿谀奉承的人，也未曾同您进行过争辩。我只是对您讲过，凡是大作家也都要经受才思枯竭、茫然失措、令人

---

① 亚·巴·连斯基（1847—1908），俄国小剧院演员。
② 亚·伊·孙巴托夫（笔名尤仁）（1857—1927），俄国剧作家，小剧院演员。
③ 亚·谢·拉扎烈夫（格鲁津斯基）（1861—1927），俄国小说家、剧作家。

生厌、成为明日黄花的危险。而我个人就最易于经受这种危险，您，作为一个聪明人，我想，是不至于否认这一点的。首先，我是一个"出身卑微的幸运儿"，在文坛上我是突然从《娱乐》① 和《波浪》② 内部出现的波将金③，我是贵族中的平民，而这样的人是不能持久的，就像一根匆忙中拉紧的琴弦一样。其次，最易遭受出轨危险的火车是那种不顾天气好坏、燃料多少，每天不间断行驶的火车……

当然，获奖是一件大事，而且不仅对我一人来说是大事。我感到幸福，因为我给许多人指出了一条通向大型杂志的道路。现在同样使我感到幸福的是，由于我，这许多人也都能指望获得科学院的荣誉④。我写下的全部东西过上五年十年就将被人们遗忘，然而我开辟的道路却会完整无恙。这是我的唯一功劳。

叶若夫是好样的。他又为《周末副刊》寄来一篇东西。

我喜欢您那篇为《周末副刊》写的东西，尤其是它的中间部分，那里描写了母亲教小女孩的情景。

您附来了邮票。这又何必呢！

我已将您那篇供《周末副刊》用的东西交给了苏沃林。现在他正好在莫斯科。

您为什么不想再用拉扎烈夫署名了呢？

我喜欢读您的短篇小说。您写得一年比一年好，就是说写得更富才气，更明顺通达。但您有落后的危险，您应该加油。如果您不来它一个强行军，那么您就会遗失良机，而您的位置就会让别人占去。

请注意您的缺点：您不敢让您的禀赋在作品中自由驰骋，您害怕冲动和错误，就是说您害怕那种人们藉以识才的东西。您过多地舔舐和琢磨。凡是您感到大胆和尖锐的东西，您都急于把它们放进括弧和引号（比如，《在庄园里》）。看在上帝面上，请您抛掉括弧和引号吧！

---

① 《娱乐》是当年在莫斯科每周出版的幽默杂志。
② 《波浪》是莫斯科的文艺周刊。
③ 格·亚·波将金（1739—1791），俄国国务和军事活动家，女皇叶卡捷琳娜二世的宠臣和亲信。
④ 指契诃夫获得科学院颁发的普希金奖金。

您要写插入句，有极好的标点符号可供使用，那就是双重破折号。常常使用引号的作家有两种：胆小的作家和平庸的作家。第一种作家害怕他们自己的勇气和创新；而第二种作家（涅菲奥多夫①们是这样，包包雷金们部分地也是这样）把某个字放进引号，是想以此说明：你们瞧，读者们，我想出了一个多么独特大胆和新颖的字眼。

还有一点，那就是您不必仿效比里宾！应该刚劲有力，而您在描写蜜月之类的事情时沉溺于比里宾所特有的感伤——轻佻——婆婆妈妈的情调。不要这样写……您作品中的风景描写得不错；您害怕拘泥细节和墨守成规，在这一点上您是对的。但由于您不让您的禀赋自由发挥，因此您的作品没有手法方面的独创性。应该这样来描写女人，以使读者感觉到，您身上的背心未扣上钮子，而您也没有系领带。描写自然景色时也需要这样，请放松一些。

祝您健康！向您夫人问好。我平安无事。

您的　安·契诃夫

32　致阿·谢·苏沃林

1888 年 10 月 27 日，莫斯科

叶若夫不是一只小麻雀，倒不如说（借用猎人们的高尚语言来说）他是一头尚未长成为猎犬的小狗。他还只是在东奔西跑，这儿嗅嗅，那里闻闻，不分青红皂白地扑向飞鸟和青蛙。我现在还难于确定他的品种和能力。对他十分有利的是他年轻、正派和纯洁无垢（在莫斯科报刊意义上的纯洁无垢）。

我有时鼓吹一些离经叛道的东西，但我从未绝对否定过艺术中要提出问题这一点。在同从事写作的同行们交谈时，我总是主张：处理狭隘专门的问题不是艺术家的事情。如果一个艺术家从事他不懂的工作，那就糟糕了。我们这儿有各种专家来解决专门问题，他们的工作

———————————

① 菲·吉·涅菲奥多夫（1838—1902），俄国民粹派作家。

就是评判村社，判断资本的命运和酗酒的危害，评论皮靴的质量和妇女的疾病……艺术家呢，他应当评论的只是他理解的东西，同任何一个其他方面的专家一样，他的活动领域也是有限的，——这一点我是再三重提和一贯主张的。至于说在艺术家的活动范围中没有问题，只有答案，那么会这么说的只是那种从来不曾写作、从未同形象打过交道的人。艺术家进行观察、选择、推测和组合，——光是进行这些活动一开头就要提出问题，如果艺术家最初不向自己提出问题，那么他就没有什么好推测、没有什么可选择的了。为了讲得更加简炼一些，我以精神病学来结束我的说话：如果否认创作中有问题和意图，那么就必须承认，艺术家是即兴地、无用意地受了感情冲动的影响而进行创作的，所以，如果有哪一位作家向我夸口，说他事先并没有深思熟虑的意图，而是只凭一时灵感就写好了一部中篇小说，那么我就会把他叫做疯子。

您要求艺术家自觉地对待工作，这是对的，但您混淆了解决问题和正确地提出问题这两个概念。对艺术家来说，只有第二个概念才是必不可少的。在《安娜·卡列尼娜》和《奥涅金》中，并未解决任何一个问题，但它们却使您感到十分满足，只因为在这两部作品中所有问题都得了正确的提出。法官有责任正确地提出问题，至于解决问题，那就让陪审员们各按所好去解决了。

叶若夫尚不成熟。我要向您介绍的另一个作家是亚·格鲁津斯基（拉扎烈夫），他更有才气，也更聪明和深沉一些。

我送阿历克塞·阿历克塞耶维奇时叮嘱他说：别迟于半夜就寝。同在深夜大吃大喝一样，在夜间工作和谈话是有害的。在莫斯科时，他显得比在费奥多西亚时快活一些。我们生活得挺和睦，而且都是量入为出的：他请我听歌剧，而我请他吃蹩脚的午饭。

明天柯尔希剧院上演我的《蠢货》。我又写好了一部轻松喜剧，其中有两个男角色，一个女角色①。

您在信中说，我的《命名日》中的主人公是一个值得好好写一写

---

① 指《求婚》。

的人物。我的天哪，我并非无知的畜牲，我懂得这一点。我知道，我在宰割自己作品中的人物，在糟蹋他们；我知道，好好的素材在我手中白白浪费了……说句良心话，我很乐于为《命名日》坐上它半年。我喜欢安逸静处，不认为仓促发表作品是什么好事情。我乐于好好地写一写我整个主人公，津津有味地、亲切地、从容不迫地描写他一番，写一写他在妻子分娩时的内心活动，写一写他怎样受审以及宣布无罪后他的可厌感情，写一写助产士和医生们深夜喝茶的情景，还写一写下雨的情景……这样做只会给我带来乐趣，因为我喜欢挖掘和摆弄。但是我有什么办法呢？9月10日我开始写的时候就在想，我至迟应该在10月5日前写完这个短篇小说，如果我过期不交稿，那么我就会骗人，而自己则会没有钱用。我平静地写作品的开头部分，不使自己感受拘束，但写到小说的中间部分时我开始胆怯，我担心这作品会太长，因为我应该牢牢记着：《北方通报》编辑部钱少，而我又是它支付高稿酬的作者之一。正因为这样，我的作品一开头总给人以很大希望，好像是我开始写一部长篇小说；作品的中间部分总是胆怯地草率了事；而结尾呢，像短篇小说的结尾一样，烟火般地一闪而过。这样你在做小说时就不由自主地首先为它的框架操心：大量的主人公和次主人公中只取一个，妻子或丈夫，把这一个主人公放在背景上，专门描写他、突出他，而其他许多人物你就把他们散布在背景上，像一个个小钱币一样，结果就得出苍穹一般的东西：一个大月亮，月亮的周围是许多小星星。可是你未能把这个月亮画好，因为这月亮只有在其它的星星都一清二楚的情况下才是可以理解的，而这些星星却没有得到完美的加工。因此我写出来的就不是文学作品，而是某种像特里希卡的长襟外衣①般的东西。该怎么办呢？我不知道，不知道。我只好寄希望于包治百病的时间了。

　　如果再说一句良心话，那么我虽说已经获得了普希金奖金，但我

---

① 特里希卡是俄国寓言家克雷洛夫的一则寓言中的主人公。特里希卡的长襟外衣上尽是破绽，肘部破了，他剪下一段袖子打补丁；而为了补救袖子，他又剪一块下襟去补。

还没有开始我的文学活动哩。我头脑中有五部中篇小说和两部长篇小说的题材在受着煎熬。一部长篇构思已久，因而一些人物虽然尚未写成，却都已经不合时宜了。在我的头脑中有大批人物，他们要求出世，在等待着命令。同我想写出来的东西以及我会满怀喜悦地去写的东西比起来，我迄今所写的一切都是微不足道的。对我来说，我是写《命名日》呢还是写《灯火》，是写轻松喜剧呢还是写一封给友人的信，都无所谓，这一切都枯燥、机械和无生气，因而我有时为那个批评家感到懊恼，他居然会认为，举例说，《灯火》很有意义。我觉得，我以自己的作品欺骗了他，就好像我以自己这张过分严肃或过分欢乐的脸欺骗了许多人一样……我的作品受到欢迎，对此我并不高兴。那些存在于头脑里的题材懊恼地嫉妒着已经写成作品的东西，真叫人难过，荒唐的东西已经成书，而好东西却乱散在仓库里，像一堆无用的废书。当然，在我这一番慨叹中有许多说法是夸大了的，有许多东西不过是我觉着是这样，但其中也有一部分，而且是一大部分真情实况。被我称之为好东西的究竟是什么呢？是那些我觉着是最好的形象，我喜欢而且珍惜这些形象，不让它们为赶写《命名日》而被浪费和肢解掉……如果我喜欢错了，那么是我不对，但也有可能我并未错爱！要么我是一个傻瓜、一个过于自信的人，要么我当真是一个能够成为好作家的人，现在写出来的一切东西，我都不喜欢，令人生厌。而一切存在于我头脑中的东西却使我感兴趣，使我动心，——由此我得出结论：大家都在做着不该做的事情，只有我一个人才知道该怎么做的秘密。大概所有从事写作的人都是这么想的。不过，这些问题是混乱得连魔鬼也会感到棘手的……

我该怎么办？我该做什么？——金钱无助于我解决这些问题。再来上一千多卢布，也并不能解决问题；而十万卢布呢，——这笔钱还在天上飞着呢。再说，我一旦有了钱（也许，这是由于不习惯，我可不知道），我就会十分逍遥和懒惰起来，那时就连大海在我看来也不过是齐膝深……我需要时光，需要过孤独的生活。

请您原谅，我以我个人的事情让您分心了。写多了，笔头失控了。不知什么缘故，我现在干不成事情。

谢谢您，您发表了我的几篇小文章①。看在上帝面上，对这些小文章您别客气，您想怎么做就怎么做吧，删节、加长、改写、扔掉，都可以。正如柯尔希所说的，我给您充分的行动自由。如果我的文章不会侵占别人的位置，那么我是会高兴的。

请您读一读《百项决议》中的邮政规则——关于邮寄钱包的规则。这是阿历克塞·阿历克塞耶维奇编写的规则。他办的那个医学栏是不值一驳的——您可以把专家提的这个意见转达给他！

请您写信告诉我，安娜·伊万诺芙娜所患眼疾的拉丁文的学名是什么。然后我会写信告诉您：这眼病是否严重。如果给她的处方上写了颠茄碱这种药品，那么病是重的，虽说也并不绝对是如此。娜斯佳怎么样？如果您想在莫斯科解除烦闷，那只会是徒劳：这里的生活太无聊啦！许多文学家遭逮捕，其中有对什么事都要插上一手的写《第九交响乐》的作家戈尔采夫。瓦·谢·玛梅舍夫②正在为一个被捕者奔走，他今天到我这里来过。

请代问候你们全家！

您的　安·契诃夫

我房间里有一只蚊子在飞。它是从哪儿飞来的呢？

谢谢您为我的书登了醒目的广告。

33 致阿·谢·苏沃林

1888 年 11 月 3 日，莫斯科

您好，阿历克塞·谢尔盖耶维奇！现在我穿着一身燕尾服，应邀要前去参加文学艺术协会的开幕典礼。将举行一场真正的舞会。这个协会的宗旨是什么？它有多少资金？有一些什么人做会员？对诸如此

---

① 1888 年 10 月《新时报》发表了契诃夫的两篇文章：杂文《莫斯科的伪君子》和悼词《尼·米·普尔热瓦尔斯基》。

② 瓦·谢·玛梅舍夫（生卒年不详），俄国法院侦查员，苏沃林的连襟。

类的问题我一无所知。我只知道，写过许多剧本的作家费道托夫①是这个协会的主席。没有把我选作会员，对此我感到高兴，因为我很不想为了取得一个苦闷的权利而交付 25 卢布的会费。如果有什么有意思的或令人好笑的东西，我会写信告诉您的。连斯基将朗读我的短篇小说。

在《北方通报》（第 11 月号）上，诗人梅列日科夫斯基写了一篇有关我的文章。文章很长。我推荐您读一读它的结尾部分。文章的结尾部分是很有意味的。梅列日科夫斯基还很年轻，是个大学生，好像是学自然科学的。谁掌握了科学方法之道，并因而善于科学地思考问题，谁就会感到不少令人神往的诱惑。阿基米德②就曾经想把地球翻一个身，而现在的一些头脑发热的人想囊括从科学上说是无限大的东西，他们想要找到创作活动的生理规律，想要找到艺术家本能地感觉到的并循之创作乐曲、风景画、长篇小说等等的一般规律和公式。在自然界中这些公式也许是存在的。我们知道，在自然界中存在的字母 a、б、в、г；有音乐符号"哆"、"来"、"咪"、"发"、"嗦"；有曲线和直线；有圆和方；有绿色、红色和蓝色……我们知道，所有这一切东西在一定的组合中就构成诗篇、旋律和画面，就像一些简单的化学元素在一定组合中构成树木、石头和海洋一样。但是，我们只知道有这种组合，而对组合的程序却一无所知。谁掌握了科学方法，谁就会意识到，在一支乐曲和一棵树木之间有着某种共同的东西，它们两者都是依循了一些同样是正确而普通的规律创造出来的。于是就产生一个问题：这究竟是一些什么样的规律呢？由此也就出现了诱惑人的事情：写它一本创作生理学（包包雷金就有这种想法），而一些较年轻和胆怯的人则引证科学和自然规律（梅列日科夫斯基就是这样做的）。自然界中大概是存在创作生理学的，但对这种生理学的幻想却应该在它刚刚出现时候就打断它。如果批评家们立足于自然科学，那么这样

① 亚·菲·费道托夫（1841—1895），俄国演员，剧作家，和斯坦尼斯拉夫斯基一起建立文学艺术协会。
② 阿基米德（约公元前 287—前 212），古希腊学者。

做的结果是不会好的：人们将会损失十年大好时光，会写出许多于事无济的东西，把问题搞得更加糊涂和混乱，不过如此而已。科学地思考问题总是好的，但糟糕的是，对创作问题作科学的思考，这样做不管你是否愿意，但最终将导致对主管创作能力的"小细胞"或"中枢"进行追逐，而以后某个笨拙的德国人又会在大脑的颞颥部的某个地方发现这些"小细胞"，而另一个德国人会表示异议，第三个德国人会表示赞成；而有个俄国人只不过浏览一遍论述"小细胞"的文章，便会忽然在《北方通报》上发表一篇学术论文；《欧洲通报》就会着手分析起这篇论文来，于是一股无谓的争吵风就会一连三年回旋在俄国的上空，它会给蠢人们带来金钱和声誉，而在聪明的人们心中它只会激起忿恨。

在我看来，对那些醉心于科学方法的人、那些受上帝恩赐而具有科学地思考问题的罕见才能的人来说，出路只有一条：那就是创作哲学。可以把各个时代的艺术家创造的全部优秀成果汇集起来，并使用科学的方法从中找出那使它们相互近似，又决定它们的价值的共同性的东西。这种共同性的东西也就是规律。在那些被誉为不朽之作中有许多共同性的东西，如果从每部不朽之作中剔除掉这种共同性的东西，它就会丧失其价值和魅力。这就是说，这种共同性的东西是必要的，它是每一部要求成为不朽的作品的 condition sin qua non①。

对青年人来说，写批评文章比写诗更有利。梅列日科夫斯基的文笔流畅而有活力，但他在每一页上都显出胆怯，常常作一些保留和让步，而这正是他自己对问题尚不理解的标志……他尊称我为诗人，把我的短篇小说叫做 Новелла②，而我作品中的主人公们都被他称作失意者，这就是说，他这是在抱残守缺。是该抛弃"失意者"和"多余的人"等等说法的时候了，该想出一些什么有自己特色的说法来。梅列日科夫斯基把我作品中那个写赞美歌的修士③叫做失意者。他算什

---

① 拉丁文，其意为：不可缺少的条件。
② 意大利文中，"novella"的意思是故事、短篇小说。
③ 指短篇小说《复活节之夜》中的尼古拉。

么失意者呢？但愿上帝保佑，让每个人都能过他那样的生活吧：既信仰上帝，又生活富足，还会进行写作……把人们分成幸运儿和失意者，——这就是从狭隘的偏见看人的本性……您是不是幸运儿？我呢？还有拿破仑呢？您的瓦西里呢？评判的标准在哪儿呢？要能够一无差错地区分幸运儿和失意者，那可真得是神仙才行……好，我要去参加舞会了。

我已经从舞会回来了。协会的宗旨是"团结一致"。从前有过一个德国学者，他教会了猫、鼠、红脚隼和麻雀吃一个盘子里的东西。这个德国人有他自己的体系，而文学艺术协会却没有任何体系可言。简直是枯燥得要命，而大家却在房间里走来走去，做出一副他们并不感到枯燥的样子。有一位小姐唱了歌，连斯基朗诵了我的短篇小说（有一位听众说："一篇拙劣的小说！"连斯基愚蠢而粗暴地打断他说："这就是作家本人！请容许我向您介绍。"这位听众便羞惭得无地自容)，大家跳了舞，吃了一顿蹩脚的晚饭，钱都遭仆役们克扣了……如果演员、艺术家和文学家当真是社会的精华，那就令人遗憾了……如果社会的精华部分竟是如此缺乏光彩、心愿和意向，如此缺乏审美趣味，缺乏美丽的女人和主动的精神，那么这个社会也就大大地不妙了。在前厅里放上了一头日本假兽，房角里插上了一把中国雨伞，楼梯栏杆上挂了一条毯子，认为这也就够艺术的了。中国雨伞倒是有的，而报纸却没有。如果一位艺术家在自己的住宅布置上仅限于一头身上插着一把戟的博物馆式的假兽和一些挂在墙上的盾牌和扇子，如果这一切都不是出于偶然，而是倾注了感情、有意引人注目的话，那么这就不是一个艺术家，而是一头一本正经的猴子。

我今天收到了列伊金的信。他在信中说，他去过您家。这是一个善良无害的人，但他又是一个彻头彻尾的资产者。如果他到一个什么地方去或者说一些什么话，那么他一定别有用意。他说的每句话都经过深思熟虑，您的每一句话，尽管是无心说出的，他也都会把它牢记在心里，他深信，他列伊金非常需要这样做，否则他的书就会销不出去，他的敌手会兴高采烈，朋友们会把他抛弃，而信贷互助会会把他赶走①……狐狸时时刻刻都在为自己的性命战栗，列伊金也是这个样子。这是一个机敏的外交家！如果他讲到了我，那就是说，他要中伤那些败坏了我的"虚无主义者"（米哈伊洛夫斯基），要中伤他所憎恨的我的兄长亚历山大。他在给我的信中提醒我，吓唬我，规劝我，向我透露许多秘密……这是一个可怜的瘸腿殉教徒！他满可以安安静静地活到老死，但一个什么魔鬼总在找他的别扭……

我家发生了一个小小的不幸事件，见面时我会告诉您的。我的一个哥哥头上挨了一下霹雳，它使我失去了平静，不让我做事情②。我的天哪，当一个一家之长是多么麻烦呀！

法国女人出于卖俏，想要有一对大眼珠子，于是就把颠茄碱滴入眼中，——居然没有什么不良后果。

彼吉巴③在读马斯洛夫的剧本。柯尔希戏院里乱七八糟：一只蒸汽咖啡壶爆裂了，烫伤了雷勃钦斯卡娅④的脸，格拉玛-美谢尔斯卡娅⑤上彼得堡去了，索洛甫佐夫⑥的生活伴侣格列鲍娃生病了，等等。戏没有人演，说话没有人听，大家都在吵嚷和争辩……看来，一出需要布景和装扮的戏将遭到可怕的否决……而我倒希望把《诱惑者》排演出来。我不是为马斯洛夫张罗，我只是出于对舞台的怜惜，出于自尊心。应当尽我们的全部力量，使舞台从食品杂货商的手中转到搞文学的人手里，否则戏剧就没有希望了。

咖啡壶断送了我的《蠢货》，因为雷勃钦斯卡娅生病，就没有人可以演出了。

我们全家向您问好。我衷心问候安娜·伊万诺芙娜、娜斯佳和鲍里亚。

您的 安·契诃夫

---

① 列伊金是信贷互助会理事会的成员。
② 指契诃夫二哥尼古拉没有身份证一事败露。
③ 玛·玛·彼吉巴（1850—1919），俄国话剧演员。
④ 娜·德·雷勃钦斯卡娅（死于1920），柯尔希剧院演员。
⑤ 亚·亚·格拉玛-美谢尔斯卡娅（1856—1942），柯尔希剧院演员。
⑥ 尼·尼·费多罗夫的笔名是索洛甫佐夫（1856—1902），俄国法学家，作家。

又：轻松喜剧可以在夏天发表，在冬天不方便。夏天我将每月提供一部轻松喜剧，而冬天则应该放弃这种娱乐。
请您把我登记为文学协会会员①。我来到彼得堡的时候，我将参加协会的活动。

34 致阿·尼·普列谢耶夫

1888 年 11 月 13 日，莫斯科

哎！我总算把短篇小说②抄写完毕、包好后给您寄去了，亲爱的阿历克塞·尼古拉耶维奇！您收到了吗？读过了吗？也许，您在生气吧？这个作品完全不适宜于收入供家庭阅读用的文艺作品选本里，它不优雅，有一点儿排水管的潮湿味。但是我的良心至少平静了，因为，首先，我没有食言；其次，我向已故的迦尔洵献上了我愿意而且能够献出的贡品。作为一个医生，我觉得，我对精神病作了正确的描绘，符合精神病学的一切法则。至于说到妓女，那么在这方面我一度曾是大专家，不说远的，就在今年夏天我还曾由于在苏梅缺少某些机构而伤心过。

若尔什·林特瓦列夫在哪儿？他在干什么？

您收到短篇小说后，请您通知我一下：如果它对您不适用，那么我再加上"纪念迦尔洵"的题词后投到别的地方去。可千万别不适用呀！为了写这个作品我忙碌了不少时候。

我简直是一文不名，真要叫救命了。科学院答应过五六个星期后寄出奖金，而稿费呢，没有一个地方寄稿费来，因为我没有给任何地方写稿。如果要出版商寄钱到编辑部，请您交代一声，让他们迅即给我寄出，就是说用电汇汇给我。天呀，你们这些人多么不灵活！为什么你们把萨巴什尼科娃③嫁给了叶甫烈伊诺夫④这个怪物？为什么你

---

① 1888 年 12 月 19 日，契诃夫被选举为彼得堡俄国文学协会的会员。

② 指《神经错乱》。

③ 安·瓦·萨巴什尼科娃（生卒年月不详），《北方通报》（1890 年前）的出版者。

④ 格·亚·叶甫烈伊诺夫（生卒年月不详），俄国交通部部长助理。

们不等一等我？为了文学的利益我会乐于娶她为妻的。那时我的《北方通报》就有一万到一万五千个订户。我会把一半的嫁妆用于做广告，而且萨巴什尼科娃也不会生气。

柯罗连科没有到我家来。他把中篇小说寄来了吗？如果已经寄来，那我十分高兴，不然的话，契诃夫的作品我都读厌了，都快作呕了。

如果把梅列日科夫斯基的文章①看作为一种从事严肃批评的愿望，那么它倒是一种可喜的现象。文章的主要缺点是不朴素。第二个缺点是作者本人没有把问题搞清楚，而且他不够坚信，这一点可以从他几乎在每一页上都做出让步和混淆不同概念上看出来；有些地方是十分明显的牵强附会和含混不清。第三个缺点是编辑部加上的注释，可以把我打死，我还是不理解这个注释②。那上面说的是哪些撰稿人呢？那就请你们在普罗托波波夫的每一篇文章下面都加上注："尽管契诃夫不喜欢这篇文章，我们还是把它刊登出来。"编辑部要同作者一起为每一行文字负责，有过错的是编辑部和作者，第三者在这儿是多余的。谁不同意，谁可以专门写文章，但不该从峡谷中出袭。编辑部，不管它是怎么样的编辑部，它应当是绝对独立的，至少在公众的心目中是这样，不然它还算什么编辑部呢！

我倒是想去彼得堡看您，可就是没有钱。萨维娜③打算演我的《蠢货》，她到苏沃林家去过，拿了我的地址和一本载有《蠢货》的杂志。

小剧院的演员们争先恐后地读我的《命名日》。他们喜欢这个作品。它特别合乎妇女们的口味。

谢谢您，您愿意读我的短篇小说的校样。但是要知道，即使校对

---

① 1888 年，《北方通报》第 11 期上刊载梅列日科夫斯基的一篇文章，题名《就新天才谈老问题》，分析契诃夫的两个集子：《在昏暗中》和《短篇小说集》。
② 《北方通报》编辑部在发表梅列日科夫斯基的文章时加了这么一段注释："梅列日科夫斯基先生这篇文章只是在有关艺术的美学观的细节上和本编辑部一些同人的意见有分歧，而在其基本原则上则是与这些意见接近的，因此我们认为可以在《北方通报》上给予一定的篇幅。"
③ 玛·加·萨维娜（1854—1915），俄国亚历山大剧院的演员。

员是最好最理想的，印刷错误仍是不可能避免的。问题并不在于印错了哪一个字母。应当让作者自己读他自己的文章的校样。如果您将把我的校样寄给我，那么我保证不让它们耽搁一天以上。向你们全家致以衷心的敬意，但愿上帝以及他的全部天使都保佑您。

您的　安·契诃夫

35 致阿·谢·苏沃林

1888 年 11 月 28 日，莫斯科

亲爱的阿历克塞·谢尔盖耶维奇，《幸福的思想》不十分合适。在这种标题下，读者习惯于寻找贝尔南特①式的思想，这是一。其次，这个标题已经不止一次地被小报使用过。

我将在您家写完我的短篇小说。如果《新时报》用得上它，那我将十分高兴。本来我早就可以写好，但人们妨碍我工作，妨碍得比任何时候都厉害。来访的人没完没了……简直是受苦受难！多少莫名其妙的不必要的交谈啊！我发呆了，我向往着彼得堡，就像向往天国一样。我将蛰居在您的小房间里，不再出门。

这个短篇小说②有一点儿枯燥。我在学习写"议论"，在努力回避使用口语。在动笔写长篇小说之前，应该使我的手习惯于用叙述形式自由地表达思想。现在我正在进行这种训练。我还会拿给您读的。如果我的试验品还有一点儿用，那就拿去吧，如果不合适，那就请您告诉我。我有许多不适用的东西，所以我不会因为不予发表而感不快。短篇小说的情节是这样的：我给一位年轻太太治病，认识了她的丈夫，他是一个没有信念和世界观的正派人，由于他作为一个市民、情夫、丈夫和有思想的人的地位，不管他愿意与否，他碰上了一些问题，而且不管愿意与否都一定要解决这些问题。但是，既然他没有世

---

① Φ.-K. 贝尔南特（1813—1917），英国幽默作家。
② 指《枯燥乏味的故事》。

界观，他又怎样解决这些问题呢？怎样解决呢？我们的相识是这样结束的：他给了我一份手稿，这是他的由许多小篇章组成的"自传随笔"。我选择了一些在我看来是最有意思的篇章，把它们奉献给厚意的读者。我的短篇小说直接从第7章开始，用早就众所周知的东西作结尾：没有明确世界观的自觉生活不是生活，而是一种负担，一种可怕的事情。我写的是一个健康、年轻、多情的人，他会喝酒，会欣赏大自然，会发议论，他不是一个书呆子，也不是一个绝望的人，而是一个普普通通的男子汉。

结果写出来的不是短篇小说，而是一篇杂文。

我十分了解莫斯科剧院的院长。他造谣中伤了足足一半女人。

埃切加赖①的作品在小市民的客厅里就可以演，但为了演马斯洛夫的戏，必须建造礼拜堂和墓地，两者之间的差别是巨大的。如果马斯洛夫的剧本尽管还糟上两倍，但却是一部普通的描写日常生活的或者有个性的剧本，那么它早就会在柯尔希剧院上演了。足见问题不在于剧本是写得好还是糟！马斯洛夫从哪儿得出的结论，说彼吉巴是唐璜呢？这是一个迟钝的金玉其外的法国人。如此而已。

问候你们全家！您的信封太好了！如果我娶上一个有钱女人做妻子，那我要给自己买一百卢布的信封和一百卢布的香水。

您的 安·契诃夫

是否可以用《无题》来顶替《幸福的思想》？

36 致阿·谢·苏沃林

1888年12月23日，莫斯科

亲爱的阿历克塞·谢尔盖耶维奇，昨天晚上8点钟我收到了剧

---

① 埃切加赖·伊·埃伊萨吉雷（1832—1916），西班牙剧作家，著有《不是疯狂，就是神明》、《唐璜之子》、《狂神》等。

本①，但并不是像您原先许诺的那样，早两天以及似乎是应该早两天收到。尼古林娜心急得厉害，像发了疯似的，因此每延误一小时就会使她十分扫兴。昨天她没有派人来。这是不祥之兆。我担心，她会忍不住，已经吩咐人按老本子转抄台词。

昨天我给她送去了许多本台词，把老版本留在我自己这儿，以免弄错。今天她派人到我家来，邀请我5点钟去一次。昨天我写信告诉她："如果演员先生们想做一些变动或删节，那么作者（就是指您）可以给他们完全行动自由。作者只要求别碰他在给我的信中所指出的一些地方。"我要挽救的只是阿达舍夫②一人，为了不让整个剧本遭受破坏，做到这一点也就足够了。既然阿达舍夫将说话，列宾娜③不得已也总该回答他才行。

我又把您的剧本读了一遍，其中有许多精彩独到的东西，是以往的戏剧文学中从未有过的，但也有许多不好的东西，如语言。剧本的长处和缺点都是能够藉以发一笔小财的资本，如果我们在这儿有文学批评的话。但是这笔资本将白白地放着，一直到它变为陈旧的不受人重视的明日黄花。我们这儿没有文学批评。满口陈词滥调的达契谢夫④，蠢驴米赫涅维奇⑤和冷漠无情的布列宁——这就是俄国文学批评的全部阵容。为这个阵容写东西是不值得的，就好像不值得让一个患感冒的人去闻鲜花一样。我有时确实是意气消沉。我这是在为谁写作？我在为什么写作？为读者吗？但我看不见读者，我对他的信赖比我对家神的信赖更不如。读者没有学问，修养极差，而其中的优秀分子又对我们不真诚和不正直。这读者是需要我还是不需要我，——我弄不明白。布列宁说读者不需要，他说我写的尽是一些毫无价值的东西，可是，科学院却又给了我奖金，——真是就连魔鬼自己也弄不明白！为了钱而写作吗？可是我从来就没有钱，由于我不习惯于有钱，

———————————

① 指苏沃林的剧本《塔吉雅娜·列宾娜》。
② 阿达舍夫是这个剧本中的人物。
③ 列宾娜是这个剧本中的人物。
④ 谢·斯·达契谢夫（1848—1906），俄国记者和历史家。
⑤ 符·奥·米赫涅维奇（1841—1899），俄国作家，政论家。

我对钱是冷漠的。为了钱而写作，我提不起劲来。为了赞美而写作吗？可是赞美只能惹我生气。文学协会、大学生们、叶甫烈伊诺娃、普列谢耶夫、还有许多小姐们，——大家都极口称赞我写的短篇小说《神经错乱》，而看出我对一场初雪的描绘的却只有格里戈罗维奇一人。等等，等等。如果我们这儿有文学批评，那么我就会知道，我是一种材料（是好材料还是坏材料，这无关紧要），而那些致力于研究生活的人是需要我的，就好比天文学家需要星星一样。如果是这样，那么我就会努力工作，而且我也会知道工作的目的。而现在呢，我、您、穆拉甫林等人都像疯子一样，写书和写戏都是为了自己的欢乐。自己的欢乐——这玩意儿当然不差，而且在你写作的时候，你也能感觉到这种欢乐，可是以后又会怎样呢？然而……我要刹车了。总而言之，我为塔吉雅娜·列宾娜感到委屈，而且使我感到可惜的倒不是她服毒自杀，而是因为她生活了一辈子、痛苦地离开了人世，还徒然被人描写了一番，对人们没有丝毫益处。许多种族、宗教、语言和文化都无影无踪地消失了，只因为当时没有历史学家和生物学家。同样的情况是，现在我们眼看着许多人和许多艺术作品在消失，其原因就是完全没有文学批评。有人会说，我们这里文学批评无事可做，当代的作品都非常渺小和糟糕。然而，这种看法是狭隘的。生活不只是要从正面研究，而且也要从反面研究。说 80 年代没有出过一个作家，仅仅这一点就是可以写出五本书的材料。

剧本改得并不十分明显。没有特别的必要去中断独白，如果这独白将是由连斯基来朗读的话。不过这么一来列宾娜也许会沾光的。对一个厌腻了生活的年轻人来说，任何论据，无论是引证上帝，还是引证母亲等等，都没有说服力。厌腻生活——这是一种应当予以重视的力量。再说，列宾娜胃痛得难以忍受。她能不作声、不皱眉地倾听冗长的独白吗？不能。她说："您讲得不对，不对……"这句话是被您抓准了。但是在第 139 页上有"为了生活，为了生活"这么一句话，对此我并不理解。不必要叫她同意阿达舍夫的意见。如果说是痛苦促使她希望生活下去，那我还能理解，但我不信这会是阿达舍夫说话的作用。再说也不需要使他的话具有什么说服力。插进了一句有关母亲的温存的话（"我孤独，我孤独"），插得好。Merci①。第一场中，手里拿着花的那段独白短了一些，可以加长一些，写得生动一些。在您的剧本里，在列宾娜的台词中几乎就没有一句生动的话。第三幕的结尾掌握在叶尔莫洛娃②的手中。塔吉雅娜常常使用"该死的"这个词是不应当的，如：该死的欺侮人的人，该死的犹太人……第一幕里新加了列宾娜说她比较慷慨大度这一段话，很好，恰到好处，但柯捷尔尼科夫讲的金牛的故事却是随意之笔，成了不必要的装饰品。

刚才我收到了您的信。第四幕③结尾中没有萨莎，这使您感到太刺眼。其实倒是应该这么写的。让所有的观众都发现萨莎不出场吧！您坚持要她出场，说什么这是舞台法则的要求。好，那就让她出场吧，但她究竟说些什么好呢？说一些什么样的话呢？这种女郎（她不是姑娘，而是女郎），不善于说话，她们也不应当说话。从前的萨莎能说话，而且讨人喜欢，但新的萨莎上场只会惹观众生气。要知道，她可不能扑向伊万诺夫，搂住他的脖子说："我爱您！"可不是么，她并不爱他，而且已经承认了这一点。为了要在结尾时让她上场，那我必须从一开头就把她完全改写。您说，一个女人都没有，而这就使结尾干瘪。我同意能在结尾时出场并为伊万诺夫辩护的只有两个女人，两个真正爱他的女人：亲生母亲和犹太女人。但因为她们两人都已经死去，那当然就谈不上什么出场辩护了。孤儿么，就让他做孤儿吧，随他去吧。

《蠢货》正在印刷第二版。而您却认为我不是一个出色的戏剧家。我为萨维娜、达维多夫和部长们构思了一部题名为《响雷与闪电》的轻松喜剧。我迫使自治会医生达维多夫在深夜下大雷雨时到女郎萨维娜家去。达维多夫患牙痛病，而萨维娜的性格使人难以忍受。他们两人在进行很有意思的交谈，而雷声不时地打断他们的谈话。在剧本结束的时候我叫他们两个结婚。当我失去创造能力的时候，我将写一些

---

① 法语，其义为：谢谢！
② 玛·尼·叶尔莫洛娃（1853—1928），俄国小剧院演员，杰出的悲剧演员。
③ 指契诃夫的剧本《伊万诺夫》的第4幕。

轻松喜剧，并靠它们来维持生活。我觉得，我能每年写上它一百部轻松喜剧。许许多多轻松喜剧题材从我脑中朝外钻，就好像石油从巴库油田往外涌一样。我为什么不能把自己的这片油田让给谢格洛夫呢？

为了一百卢布我给胡杰科夫寄去了一个短篇小说①，我请求您别读这个作品：我为它害臊。昨天晚上我刚坐下给《新时报》写一则故事，来了一个女人②，她把我拖到了诗人巴尔明家，原来是这位诗人酒醉后跌倒，摔破了前额。我为他，为这个醉汉折腾了一个多到两个小时，我疲倦了，身上是一股可厌的碘味。我发了脾气，回到家里时我已经精疲力竭了。今天再把故事写下去时间就太晚了。总的说来，我的生活很枯燥，有时我会开始憎恨，这种情形对我来说从前是未曾有过的。冗长而空洞的谈话，客人，托我办事的人，一卢布、两卢布、甚至三卢布的布施，为不给我分文的病人支付车钱，——总而言之是一团糟，真想从家中逃走才好。一些人向我借钱，但从不归还；一些人把我的书拿走；一些人不爱惜我的时间……所缺的只是不幸的爱情了。

我从尼古林娜家回来了。当奥列尼娜这个角色交给了列什科夫斯卡娅③后，费道托娃④提出要演这个角色，但已经晚了。您瞧，四面八方的人是多么尊重您啊！甚至那些恨您的人也在设法讨好您。萨道夫斯基⑤演柯捷尔尼科夫。这已经决定了。戈列夫⑥在让步中，但尚未完全投降。您写的几行文字对他起了作用。尤仁在撒娇，但女士们喜欢他。您也太过分了！他演萨比宁会比达尔马托夫⑦演得好上一千

---

① 指《皮匠和恶魔》。

② 里·伊·巴尔明（1841—1891），俄国诗人。这里提及的"一个女人"是指诗人巴尔明的妻子。

③ 叶·康·列什科夫斯卡娅（1864—1925），莫斯科小剧院演员。

④ 格·尼·费道托娃（1846—1925），莫斯科小剧院演员。

⑤ 米·彼·萨道夫斯基（1847—1910），莫斯科小剧院演员。

⑥ 费·彼·戈列夫（真姓瓦西里耶夫）（1850—1910），俄国戏剧演员。

⑦ 瓦·潘·达尔马托夫（真姓鲁奇契）（1852—1912），俄国演员，戏剧家。

倍。佐宁什泰因由普拉夫金①扮演，拉伊莎这个角色的扮演者是梅特维杰娃②。萨道夫斯卡娅③演不来犹太女人，而这却是梅特维杰娃的拿手好戏。您一定会喜欢她的。阿芙道吉娅这个角色交给了雷卡洛娃④。尼古林娜在伤心，因为就为她举行的搭桌戏的主角来说，她的戏太轻了。这倒是真的。1月16日将为她举行搭桌戏。您再给尼古林娜增添一些什么吧！在16号以前您还来得及写上两三个不同方案寄给我。为了尼古林娜，请您把第二、三、四幕扩充一下吧。让她在第三幕中同萨比宁谈谈爱情和男人吧，用轻松、话泼和幽默的形式。您把几场戏的不同方案写好，寄给书报检查机关，一切也就了结。待搭桌戏演过之后，可以把它们扔掉。我已答应了尼古林娜，说我能劝服您的。让她在第四幕的结尾说话吧，让她去叹气或者做一些什么别的类似的事情。

我希望您能在1月16日以前到来，如果您不在场，演员们会生气的。他们都对您有好感，而那些恨您的人毕竟也是尊敬和重视您的。他们会比亚历山大剧院的演员们演得好。至少在综合演出方面会好一些。第二次排练后我要到连斯基处去一下，就有关删节的地方谈一谈，如果演员们需要这么做的话。

您将会在圣诞节的第一天收到这封信，因此我祝您节日好！您要好好休息！我妹妹向您、安娜·伊万诺芙娜和孩子们问好。我也同样向他们深深地鞠躬致意。

思念着你们的　安·契诃夫

节日里我将把《儿童》集⑤的材料给您寄去。这会是一本好书。我还将为第三本《短篇小说集》收集材料。一些卑鄙的艺术家朋友把我和《卡什坦卡》作弄了一下。一直到现在插图还没有画好。我将在

---

① 奥·安·普拉夫金（1849—1921），俄国演员和教员。
② 娜·米·梅特维杰娃（1832—1890），俄国演员。
③ 奥·奥·萨道夫斯卡娅（1849—1919），莫斯科小剧院演员，萨道夫斯基的妻子。
④ 娜·瓦·雷卡洛娃（1824—1914），莫斯科小剧院演员。
⑤ 《儿童》集于1889年3月出版，收入六个短篇小说：《儿童》，《万卡》，《事件》，《厨娘出嫁》，《脱逃者》，《在家里》。

3 月间给《北方通报》一个短篇小说。3 月份以前我只给您写东西。我向您保证。我感到不好意思。新年前我寄一个故事给您，1 月里寄上《公爵夫人》。

37　致阿·谢·苏沃林

1888 年 12 月 26 日，莫斯科

我感到难过，因为您在为《新时报》上没有我的作品而生气。但我该怎么办呢？把我自己也觉着卑劣的短篇小说寄给您吧，我办不到，不管给我世界上什么样的功名富贵我也办不到。不然的话，我会每星期都在贵报上涂抹一气而获得进益。不知您的看法怎样，但我将来仍将遵循这样的方针：不把我自己都感到讨厌的东西寄给您。应该爱惜哪怕是一份报纸，也要爱惜我自己在《新时报》的名声。而《彼得堡报》则什么稿子都照吃不误①。

您信中说，应该不是为批评界而是为读者写作，您还说我抱怨诉苦为时尚早。你是在为读者写作，——这么想当然是令人愉快的，但是我从哪儿知道，我是在为读者写作呢？由于我的工作微不足道和某种其它原因，我对自己的工作从未感到过满足，而读者（我并不说他们卑鄙）对我们的态度又不正直和不真诚，你从来也听不到他们说一句真话，因此你也就弄不清楚：他们是不是需要我。我抱怨诉苦确实是还嫌早，但是，问一问自己干的是事业还是无聊事，——这么做却是绝对不会嫌早的。批评界默不作声，读者们不说真话，而我的感觉告诉我说，我是在做荒诞无稽的事情。我这是在抱怨诉苦吗？我不记得我前一封信②的口气是怎么样的了，但即使是这样，那我也不是在为自己抱怨，而是在为我们大家抱怨，我是无

---

① 契诃夫没有给《新时报》的圣诞节号寄短篇小说，但给《彼得堡报》却寄去了一篇《皮匠和恶魔》。

② 指契诃夫在 1888 年 12 月 23 日写给苏沃林的信。

限可惜我的同行的。

这一周来我一直是恶狠狠的，像畜生似的。痔疮发痒和出血，许多人来访，巴尔明摔破了前额，心情烦闷……节日的头一天晚上，我照料一个病人，我眼看着他死去。总而言之，尽是一些令人不快的事情。凶狠——这是一种特殊的胆怯。我意识到了这一点，我骂我自己。我更恼恨我自己，因为我把自己心情忧郁的秘密告诉了您，这种忧郁的心情对我这样的年龄，朝气蓬勃、诗人们倍加歌颂的年龄来说，是十分无趣和有失体面的。

新年前我一定努力为您写好一个故事，1 号以后我尽快把《公爵夫人》寄出。

轻松喜剧只能在夏天发表，而不是在冬天。

您一定要我把萨莎放出来①。但要知道《伊万诺夫》未必会上演。如果这个戏能上演，那我就照您说的办。不过请您原谅，我要惩罚她一下，她这个坏女人！您说，女人常常出于同情和怜悯而爱，而出嫁……那男人们又是怎样的呢？我不喜欢一些现实主义长篇小说家诽谤女人，但我也不喜欢有些像尤仁那样的人，把女人抬到肩上，而且他们还竭力证明，即使女人比男人坏，男人也总是恶棍，而女人是天使。女人和男人是一对五戈比的硬币，是一样的，只不过男人更聪明和公正一些罢了。今天连斯基散戏后要来我家。我们将在一起谈谈《塔吉雅娜·列宾娜》。我将把一个样本给他，让他转交萨道夫斯基。

我的画家②的情况依然是老样子。

秋天我要迁居彼得堡，带上母亲和妹妹。应该认认真真做事情。

为什么您不喜欢您写的那一段？您写的一切都好。我在等 H. 拉甫列茨基③再写出一个短篇小说来。您要写！在您的《一夜的故事》

---

① 苏沃林认为，在《伊万诺夫》的第 4 幕中萨莎应该出场，参见契诃夫 1888 年 12 月 23 日致苏沃林的信。
② 指契诃夫的二哥尼古拉。
③ 是阿·谢·苏沃林的笔名，参阅本信最后第三段中的一句话："独白请用 H. 拉甫列茨基署名"。

中好东西有一大堆，因此尽管你有时会绊脚，你还是会兴味十足地读下去，而且对作者怀着巨大的好感。不过，您要这样写，使作品中曳集和堆积着一些好东西，而不要把什么都舐净和压平。我讨厌那些舐得干干净净的小说，就是读者读这种小说也会感到枯燥乏味。

请您别生我气，也请原谅我心情忧郁。我自己也不喜欢这种心情。它是由许多不同因素在我心中导发的，而这种种因素又不是我造成的。

您教训我吧，您别向我道歉！嘿，如果您知道我在自己的信中怎样教训年轻人就好了！这甚至成了我的习惯。我的句子冗长铺张，而您的句子却总是短短的。您的效果更好一些。

连斯基和妻子一起来过我们家。他说，叶尔莫洛娃很乐于演塔吉雅娜这个角色。第一幕戏将比在彼得堡演出时差一些，但我深信不疑的是，后面三幕要好得多。叶尔莫洛娃演喜剧时令人讨厌，不然的话第一幕演出也会是极其精彩的。您来吧！您可以散散心。剧本演出，受不受到欢迎、评论、修改等等，——这一切都会使您疲劳和气恼，但是这样挺好，而到了夏天回忆起来可高兴呢！

该是为外地提供一个剧本的时候了。请您寄 25 份来，我把它们交给拉斯索兴①。您报名加入协会吧！供达维多夫用的独白写好了吗？您写好后，请别交付铅印，而要送交石版印刷。演员们不会读铅印的东西，他们习惯于看石版印刷物。独白请用 H. 拉甫列茨基署名。到了夏天再把它发表在报纸上。

节日后开始排练。在尤里耶夫的葬礼上我可能会认识叶尔莫洛娃的，我将同她随便交谈。关于剧本已经几乎没有什么可说的了，因为一切都安排妥善。所以我这个全权代表也就不特别需要了。没有我，一切也都会安排得好好的。我偏爱彼得堡和您的剧本，我常常去彼得堡，——对这一切演员们和他们的夫人是这样解释的：您有一个大女

---

① 谢·费·拉斯索兴（生卒年月不详），戏剧家。这里提到向外地提供剧本，指的是《塔吉雅娜·列宾娜》。

儿，而我有意娶她为妻。

再见。请问候安娜·伊万诺芙娜和你们全家。

您的诚心的 安·契诃夫

38 致阿·谢·苏沃林

1889 年 1 月 7 日，莫斯科

我给您寄去一张公文，请您签字后寄还给我。您从 1 月 7 日起就是协会的会员，一直到您去世后 50 周年为止。然而这样使人开心的事情只花费了您 15 卢布。

今天给您寄去《伊万诺夫》的两个异文。如果演伊万诺夫的是一个机警和刚毅的演员，那么我将会作出许多补充和改动。我的手写开了。但是真可惜，演伊万诺夫的是达维多夫。这就意味着，应该写得短一些、黯淡一些，并且要牢记着一点：一切奥妙和微细差别都将融合为兴味索然的一团，令人生厌。难道达维多夫能做到一会儿温柔，一会儿狂暴吗？当他扮演严肃的角色时，他喉头有一具声音微弱和单调乏味的咖啡磨碎器，它在代他演出……我同情可怜的萨维娜，她要演出病弱的萨莎。我乐于一心一意为萨维娜着想，但如果伊万诺夫将懒洋洋地说话，那么不管我怎么修饰萨莎这个人物形象，都不会有什么结果的。萨维娜将在我的剧本里演一个天知道是一个什么样的角色，这简直叫我害臊。如果我当初知道萨维娜将扮演萨莎而达维多夫将演伊万诺夫，那么我将会把自己的剧本叫做《萨莎》，并以这个角色作为全剧的核心，而让伊万诺夫只当一名配角。但是当初又有谁能知道呢？

伊万诺夫有两段大独白，都是对剧本有决定性意义的独白：第一段独白在第三幕，另一段独白在第四幕的结尾。第一段独白应该唱，而第二段要怒气冲冲地读。对达维多夫来说，他既不会唱，又不会怒气冲冲地读。两段独白他都只会"聪明地"、也就是说十分无精打采地读上一遍。

费多罗夫①的名字叫什么？

我会十分愉快地在文学协会宣读一篇论文，谈谈我怎么会想到写《伊万诺夫》的。我会当众坦白。我本来抱有一个大胆的想法：把迄今写下的有关忧愁诉苦的人们的一切概括一下，并以我的《伊万诺夫》来使这类作品告终。我当时觉得，俄国所有的小说家和戏剧家都要求描绘垂头丧气的人，我还觉得，他们都只是凭着本能写的，并没有确定形象以及对事物的看法。就构思来说，我差不多击中了要害，但写出来的东西却毫不中用。倒是应该等一等的！我感到高兴：两三年前我没有听格里戈罗维奇的话，没有写长篇小说！我在设想，如果我听了他的话，我会糟蹋掉多少好东西！他说："才能和朝气能战胜一切。"才能和朝气会糟蹋掉许多东西，——这么说倒更为正确一些。除了丰富的材料和才能之外，还必须有一些什么别的同样重要的东西。首先，需要成熟；其次，还需要有人身自由感，而在我身上这种感觉只是在不久前才开始炽烈起来的。以前我并没有这种人身自由感，顺利地替代了它的是我的随便、散漫以及对工作的轻蔑态度。

贵族作家们天生免费得到的东西，平民知识分子们却要以青春的代价去购买。您写一个短篇小说吧，讲一个青年，农奴的儿子，他当过小店员和唱诗班的歌手，上过中学和大学，受的教育是要尊重长官，要亲吻神甫的手，要崇拜他人的思想，他为每一片面包道谢，他挨过许多次打，外出教家馆时他连套鞋也不穿，他打过架，虐待过动物，他喜欢在有钱的亲戚家里吃饭，他毫无必要地仅仅因为意识到自己渺小而既对神也对人们口是心非，——您写吧，写这个青年怎样从自己身上一滴一点地挤走奴性，怎样在一个美妙的早晨一觉醒来时感到，在他血管里流动的已经不是奴隶的血，而是真正的人的血……

在莫斯科有一个诗人巴尔明，他是一个非常吝啬的人。不久前他摔破了头，我给他医治。今天他来换药，带给我一瓶地道的伊兰-伊兰香精，价值三卢布五十戈比。这使我感动不已。

_____

① 费·亚·费多罗夫-尤尔科夫斯基（1842—1915），俄国亚历山大剧院的导演。

就写到这里吧，祝您健康，请原谅我写了这么长的一封信。

您的　安·契诃夫

39　致阿·谢·苏沃林

1889 年 2 月 8 日，莫斯科

评论①写得非常之好，我不是用黄金和钻石的分量，而是用我的心灵来评价的。我真诚地确信：我已经得到的大大多于我应该取得的。

您写到您同"居民"②谈话的那封信，我今天收到了。您认为，我不应该写"现成的"③伊万诺夫。我请求您把您自己想象成为我的剧本的作者，那么您的敏感性就会暗示您：您是多么地不公平。为什么您也写"现成的"列宾娜④呢？如果赫列斯达科夫⑤和恰茨基⑥也不是作为"现成的"写下来的，那又会写成个什么样子呢？如果说不是所有的人都觉得我的伊万诺夫面目清楚，那只是因为全部四幕戏都由一支不熟练的笔写成，而不是因为我把自己的伊万诺夫"现成地"写下来。托尔斯泰的人物也是"现成的"，他们的历史和面貌都是无人知道的，都是凭一些暗示去推测的，但您总不会说这些人物不能使您感到满意吧！问题的实质在于作者才能的大小——da ist hund hegraben⑦。我的伊万诺夫的轮廓是勾勒得正确的，是应该这样开始写他的，我的敏感性并未发觉有什么做作的地方；但我在

---

① 指苏沃林写的一篇评论《伊万诺夫》的书评。
② 居民是亚·亚·佳科夫（1845—1895）的笔名，俄国反动记者，《新时报》撰稿人。
③ 在当年评述《伊万诺夫》的书评和谈话中，有一种普遍的意见：契诃夫没有交代清楚，伊万诺夫怎么会成为现在这种样子的。
④ 苏沃林的剧本《塔吉雅娜·列宾娜》中的主人公。
⑤ 指果戈理的喜剧《钦差大臣》中的主角。
⑥ 恰茨基是格里鲍耶陀夫的喜剧《智慧的痛苦》中的主角。
⑦ 德文成语，其义为：这就是问题的症结所在。

涂绘阴影时失算了，而由于阴影没有描好，您就对轮廓也感到疑惑了。

我的剧本里用不着女人。我主要关心的是不让女人们模糊了处在她们之外的重心。如果说我已经成功地写出了她们的美貌，那么我就会认为我已经全部完成了我对她们所承担的任务。在伊万诺夫毁灭这件事情上，女人们是有份的……那又怎么样呢？难道还需要对她们有份这一点作冗长的解释吗？这种事情是一清二楚的，而且在我之前就已经有人讨论过上千次了。

我收到许多关于《伊万诺夫》的匿名信和署名信。有一个社会主义者（看样子是社会主义者）在匿名信中表示愤怒，他辛辣地指责我，他在信中说有一个青年在看了我的戏之后死了，他说我的剧本是有害的，等等。所有的信对伊万诺夫所作的解释都是一样的。显然，人们已经理解了，我为此感到高兴。

喀山人骗了您。把《塔吉雅娜·列宾娜》朝后面延期，原因只是叶尔莫洛娃疲劳了。演出倒是十分成功的。每一个包厢都已经有一百人预订，——这是连斯基告诉我的，今天我到他家去过。

有一个患精神病的外省妇女，她热泪盈眶地在特列奇亚科夫美术馆里跑来跑去，她以颤抖的声音恳求，让她看一看列宾画的＊塔吉雅娜，她听许多人讲过这个塔吉雅娜，由于这个塔吉雅娜她可真要大发一场癔病了。

莫斯科整个思想界都在指责您蓄意要刺激一下不值得尊重的坏人。人们以为，您是一个十分狡猾的人，他们并不知道，耍滑头的不是您，而是叶尔莫洛娃。有许多流言蜚语。我早就声明过，我不让莫斯科演我的《伊万诺夫》（虽说也并未有人来要求过），我这个决定是不能变更的。我讨厌，如果莫斯科开始议论起来，并作自以为是的理解和评判……我要同它斗。当然，用一枚别针去刺一头大象是可笑的。但毕竟在我死去之后，您可以在悼词中写上一句：有过这么一个人，他不买这个厨娘的账。请您别同我争论了。如果如此固执己见是愚蠢的，那就请您让我做一个蠢人吧，——谁也不会因此而受到什么损害。

十分可能，妹妹①将在谢肉节这个星期里到达彼得堡。

波捷兴②只上演了两次我的《伊万诺夫》，而且都是早场！他为什么要同我表示亲热？实际上多么令人失望！我等着到手的是一千卢布，而我能得到的只是六百到七百卢布……这钱就连买鼻烟闻都不够。显然，天公不愿意让我购置庄园。

我的痔疮正在厉害发作，令人难受。我以静坐和坦率谈心来支持它。用葡萄酒寻开心的作风应当抛弃了，真有点儿舍不得。

向安娜·伊万诺芙娜，娜斯佳和鲍里亚问好！祝您健康！请您别忘了忠实于您的

那个医生。

＊列宾在这里是第二格③。

40 致符·阿·吉洪诺夫④

1889 年 2 月 10 日，莫斯科

亲爱的戏剧家。尽管我十分想对批评家吉洪诺夫的处女作表示名副其实的欢迎，但我竟不能对您说上一句亲切的话，因为在莫斯科《星期周报》⑤十分罕见，就好比大白象一样罕见。我在哪儿都找不到这张报纸。能不能劳您的驾，把登载了您的评论的那期《星期周报》寄给我？我一定把它读完，并把它并到一大堆别人写的论文中

---

① 指玛·巴·契诃娃。
② 阿·安·波捷兴（1829—1908），俄国戏剧家，戏剧活动家。
③ 俄语中名词第二格有"……的"，"……写的"，"……画的"等意义。所以，"列宾画的塔吉雅娜"这句话中的画家列宾就应用第二格形式，而它的第二格形式读起来就成了"列宾娜"，这样一来，"列宾画的塔吉雅娜"其读音是"塔吉雅娜·列宾娜"）这句话听起来就同苏沃林的剧本名称《塔吉雅娜·列宾娜》的读音相同了。因此患精神病的妇女才会把苏沃林的剧本名称当作"列宾画的塔吉雅娜"，并且要到美术馆去找这幅画。
④ 符·阿·吉洪诺夫（1857—1914），俄国小说家，剧作家。
⑤ 《星期周报》是彼得堡的一张有自由派倾向政治文学报纸。吉洪诺夫在该报的 1889 年第 6 期上发表了一篇评论《伊万诺夫》的文章。

去，这许多评论文章在我的档案室里已经构成了篇幅很大的"伊万诺夫卷宗"。

依我在舞台上看到的您的那些剧本来推测，您未必能磨炼成为一个戏剧批评家。您是一个缺少魄力的人，您多愁善感、谦让随和、习性懒散、易受感动，而所有这些品质对于做一个严格公正的审判官来说都是不合适的。要善于写批评文章的话，性格上就应该有点儿像那个会非常厉害地打您的麻脸婆娘。苏沃林要是看到一个坏剧本，他就会憎恨作者，而我同您呢，我们只会激动和叹息，由此我得出结论：苏沃林适合于当审判官和"猎犬"，而大自然把我们这些人（我、您、谢格洛夫等）造就成了这个样子，以致我们只适宜于当被告和"兔子"。日有日的荣光，月有月的荣光①。

您还是写一篇论文吧，在戈罗霍夫街②宣读一下。情节多得很。

由于我在彼得堡拼命喝酒，我的痔疮大发作，失血很多。真可叹，桂冠和醉酒都要求付出代价！

祝您健康和快乐。向您的兄弟和我们大家的熟人问好！

您的 安·契诃夫

信笺没有了。

41 致伊·列·列昂捷耶夫（谢格洛夫）

1889 年 2 月 18 日，莫斯科

亲爱的让，《戏迷先生》我已经收到，谢谢您！其中一份我给了当教师的弟弟，另一份我把它纳入了我的公众图书馆（我之所以叫它公众图书馆，是因为公众十分热心于偷盗里面的藏书）。

您在信中就《伊万诺夫》一事劝慰我。谢谢您，但我向您肯定地

---

① "日有日的荣光，月有月的荣光。"这两句话出于《新约全书·哥林多前书》第15章。
② 俄国文学协会位于彼得堡戈罗霍夫街上。

88

说真话：我心情很平静，而且对我已经做了的和获得的东西感到十分满意，我做了我能够做和善于做的事，因此我是对的：干什么事都有一个限度，至于我所获得的东西呢，则它与我的实绩不相符，我得到的比我应得的为多。就连莎士比亚也听不到我所听到的那些言词。我还要什么呢？而如果说有那么百把个人在彼得堡耸肩、鄙夷地冷笑、推诿、唾沫横飞或伪善撒谎，那么这一切因为我都没有看见，所以它们不能使我心神不安。在莫斯科甚至一点儿彼得堡气味也没有。我每天要见到上百个人，但听不到谈论《伊万诺夫》的一句话，好像是我没有写过这个剧本，而我在彼得堡听到的欢呼和取得的成功，对我来说好像是一场不安的梦，而现在我已经从这场梦中清醒过来了。

关于欢呼和成功，我顺便说几句。这一切是多么动人视听，同时又是如此不能使人满意，所以结果是除了疲劳和一心想溜之大吉的愿望外，其它什么东西也没有……

我现在一心想着夏天和别墅，日以继夜地幻想着庄园。我不是波将金，而是辛辛纳图斯①。比起评论文章和鼓掌的楼座观众来说，在干草堆上睡一觉和一条上了钩的鲑鱼能更加显著地使我的情感得到更大的满足。显然，我是一个怪物和野人。

我正在写一篇博士学位论文，题目是：《论培养伊万·谢格洛夫厌恶戏剧的几种方法》。

您信中说，布列宁对您起着压抑的作用。就算是这样吧，但看在上帝面上，您别屈从于这种感觉，也别在大批评家面前甘拜下风。不管他怎么耍威风，胡说什么我们这些为糊口而写作的人不中用，他永远也不会是对的。世界上并不拥挤，所有的人都能找到安身立命之地，我们不妨碍布列宁生活，他也不妨碍我们。至于说到谁在世界上有用和谁不中用的问题，它不是布列宁，也不是我们所能解决的。别把您的神经和精力耗费到鬼知道是什么的东西上面去。

您写小说吧，它是您的爱妻，而戏剧只是一个涂脂抹粉的情妇。

---

① 罗马贵族，公元前 460 年为执政官，公元前 458、439 年为独裁官。传说辛辛纳图斯是谦虚、英勇和忠于职责的典范。

要么您成为一个奥斯特洛夫斯基①，要么您把戏剧抛弃，中间道路对您来说是不存在的。中间道路被一些剧作家占据了，而小说家们，像我、您、马斯洛夫、柯罗连科、巴兰采维奇和阿尔博夫，就是我们这些校级参谋去同那些戏剧尉官们进行生存之争，这是不体面的。小说家要么以将军的身份进入专业戏剧作家群，要么干脆就别进去。

您想逢场作戏一番，——这是另外一回事了。为什么不可以逢场作戏一番呢？但是您在戏耍时不该做出一本正经的样子，不该以一些严肃的思想去压抑自己。

您瞧，我变成了一个什么样的说教者啦！我甚至连大尉也不在话下，照样斥责他们。可您要知道，我是没有一官半职的呀！

我打算去参加舞会了。祝您健康！愿上帝保佑您！

您的 安·契诃夫

一个卢布买一本《戏迷先生》，贵了。应当开价为 25—30 戈比，那就好了。

向您妻子问好。我们全家问您好，也感谢您对他们的问候。

42 致阿·谢·苏沃林

1889 年 3 月 5 日，莫斯科

亲爱的阿历克塞·谢尔盖耶维奇，给您寄上《公爵夫人》。去它的吧，它已经使我讨厌了：它一直弃置在我的桌上，央求我把它写完。好，现在我已经把它写完，但不十分流畅连贯。如果您不打算在最近发表，那么请您把校样寄给我，我再锤炼一番。

我又在写一个短篇小说。我给迷住了，因此我几乎身不离桌。顺便告诉您一声：我买了一张新书桌。

---

① 亚·尼·奥斯特洛夫斯基（1823—1886），俄国杰出的戏剧家，名剧《大雷雨》的作者。

谢谢您答应给我寄词典。Казав пан-кожух дам, слово его тепло①……为了答谢您送我词典，我将给您寄去一本便宜而又无用的小礼物，但这是只有我才会送的那种礼物。您等着吧。关于您的大照和沙比罗给我拍的几张照片，我胆敢提醒您一句：如果沙比罗已经把这些照片寄给了您，那么请您给我寄来……

斯沃包金来过我这里。他说起，好像您收到了一个家长的信，似乎他的儿子看了我的《伊万诺夫》后开枪自杀了。如果这封信不是神话，那么请您把它寄给我。我将把它同那些我已经有的关于《伊万诺夫》的信放在一起。我不读《公民报》②，因为：（1）我没有这份报纸；（2）对《伊万诺夫》我已经讨厌透了。我不能读有关它的东西，而且每当人们头脑清晰和头头是道地议论它的时候，我总感到不自在。

昨晚我到城外去，听茨冈女人唱歌。这些野女人唱得可真好。她们的歌唱像是列车在暴风雪中从高堤上颠覆一样：有大量的激流、尖叫和敲击声……

您别相信列伊金。我没有吐血，没有患忧郁病，也没有发疯。如果相信在彼得堡谈到有关我的一切说法，那么我好像是流了许多血，已经发了疯，娶了西比里亚科娃③为妻，而且拿了两千万卢布嫁妆。

我在您的书店里买了陀思妥耶夫斯基的书④，现在正在读。写得好，但太长，而且无节制。过分地自负。

请问您，为什么要把奥斯特洛夫斯基的《大雷雨》交给法国人去嘲笑⑤？这是谁想出来的？上演这个剧本只是为了让法国人再有一次机会装腔作势，并且权威式地说三道四，说什么他们感到难以忍受的枯燥和不可理解。我可真想把所有这些翻译先生因不爱国和轻率而发配到西伯利亚去。

《林妖》我将在 5 月或 8 月间写。吃饭时我在室内走来走去，已

---

① 乌克兰俗语，意思是：老爷说，"我给你一件皮大衣"，老爷的话暖人心。
② 彼得堡的一张报纸，在 1887—1914 年间是日报，以后将改为周报、双周报。
③ 安·米·西比里亚科娃是彼得堡的百万女富豪，是西伯利亚一个金矿主的寡妇。
④ 指 1889 年圣彼得堡出版的十二卷本陀思妥耶夫斯基文集。
⑤ 1889 年 2 月 27 日《新时报》登广告：法国巴黎博马舍剧院将首次公演《大雷雨》。

经相当不错地构思好了前三幕，而第四幕我刚刚勾了一个轮廓。第三幕糟糕到了那种程度，以至您看后会说："这是一个狡猾而又无情的人写的。"

我向安娜·伊万诺芙娜和孩子们深深地鞠躬，祝他们身体健康！

您的　安·契诃夫

3月1日波将金没有中彩①！

43　致彼·阿·谢尔盖延科②
1889年3月6日，莫斯科

所有的日历本都胡说八道。我并不像在作家日历上所表明的那样住在涅瓦大街，看来你是从这个日历本上获得我的地址的。不，我是住在莫斯科，在库德林斯克-萨道沃街，在考尔涅夫家。我已经在这里住了多年了。

我很高兴为你效劳，今天就把诗篇给普列谢耶夫老人寄去，他在编辑《北方通报》，但我预言这件事根本不会成功。即使要登载你的诗篇，那也不会早于三四年之后，因为编辑部的全部书桌、抽屉和皮包里都早已塞满了许多诗篇，都没有地方可放了。再说你以及一切偶尔投稿的人也难以同当地的诗人们竞争，你也知道，这些诗人写了很多诗。任何一个编辑部都宁可把钱让自己人赚，而不让外人赚。我这是讲的大型杂志。《新时报》除了在每个星期日刊载福法诺夫③的诗作外，不发任何其他诗人的作品。

如果你寄来的是小说，那情况就不一样了。编辑部需要小说稿件，而且给小说的稿酬也比给诗的高一些。我得的稿酬是每行20戈比，换了诗的话就不会给我这么多。这一点你要牢记在心。

---

① 2月20日契诃夫写信给苏沃林，说他要从自己家的旮旯里找出二千卢布买彩票，而3月1日开彩时中奖得七万五千卢布。

② 彼·阿·谢尔盖延科（1854—1930），俄国小说家，契诃夫的中学同学。

③ 康·米·福法诺夫（1862—1911），俄国诗人。

我的《伊万诺夫》是两年前写好的。去年在莫斯科上演过，今年1月31日在彼得堡演出，十分成功。剧本发表在今年第3期《北方通报》上，如果你感兴趣，你就上编辑部去吧。

你说我写得很多，你是从哪儿知道这一点的？去年一年里，就是说在去年的夏天和冬天里，我连五个短篇小说都没有写完。我在靠已经出版的书和剧本生活。相反，我倒是应该多写一些，只是动力不足。莱蒙托夫28岁去世，但他写下的作品比我们两人写的东西加在一起还要多。一个人的才干不仅要凭质量来识别，而且还要凭他创作的东西的数量。

祝你健康，愿上帝保佑你。

你的 安·契诃夫

44 致符·阿·吉洪诺夫

1889年3月7日，莫斯科

最亲爱的好朋友符拉其米尔·阿历克塞耶维奇！

您的评论使我微微吃了一惊：我可没有想到，你对报章文字驾驭得如此之好。非常严谨流畅、如实无误、通情达理。我甚至有一点儿羡慕你，因为我从来没有掌握好报章文字。

谢谢您那些亲切的话语以及使我感到温暖的同情。我幼小时，很少有人抚爱我，因而现在我虽是成人，总觉得抚爱是一种生疏的、很少体验过的东西。正因为如此，我自己也愿意亲切地与别人交往，但我又不会：我已经变得生硬和懒散了，虽说我很清楚，我们这些人缺少了亲切是无论如何不行的。

关于柯尔希剧院的信息我一点儿也没有。我只知道，索洛甫佐夫已经离开剧院，好像是波尔达夫采夫①老头也要走。导演是阿格拉

----

① 叶·尼·波尔达夫采夫（？—1892），柯尔希剧院演员。

莫夫①。

愿上帝保佑，让在您心中孕育的那部喜剧获得成功，并给您带来您想要的东西。成绩越大，对整个我们这一代作家来说就越好。我与瓦格涅尔②相反，我相信，个别地来说，我们中每个人谁都成不了"我们中的大象"，也成不了别的什么猛兽，我相信，我们能够凭整整一代人的努力起作用，别无其它办法。人们将来会知道我们，但他们将知道的不会是契诃夫、吉洪诺夫和柯罗连科，也不是谢格洛夫、巴兰采维奇和别热茨基，而是"80年代"或"19世纪末期"的作家。从某种意义来说，是一个劳动组合。

我没有什么新作品。我打算写一篇类似长篇小说的东西，而且已经动笔了。我没在写剧本，而且不会很快就写，因为没有题材和兴致。要为剧院写作，那就得热爱这个事业；没有这种感情的话，就写不出什么好东西来。如果没有这种感情，即便是成就也不会使你感到满足。从下个戏剧季度起，我将认真地跑剧院，从舞台艺术方面培养自己。

向您的兄弟问好！我们全家都问候你，我友好地握您的双手，致以最衷心的祝愿。请来信。

您的　安·契诃夫

45　致亚·巴·契诃夫

1889 年 4 月 11 日，莫斯科

新的维克多·克雷洛夫③！

我这么长时间没有给你写信是因为我犹豫不决。我不想把一个不

---

① 米·瓦·阿格拉莫夫（真姓阿符拉莫夫，1893 年卒），俄国导演和演员。
② 尼·彼·瓦格涅尔（1829—1907），俄国动物学家，作家，自 1871 年起任彼得堡大学教授。
③ 维·亚·克雷洛夫（1838—1906），俄国戏剧家。契诃夫在这里戏称长兄为新的戏剧家。

愉快的消息告诉你。地平线上出现了乌云，会不会发作一场大雷雨？——天知道。是这么一回事：3 月 25 日我们家的斜眼①患了伤寒病，是一种轻型的伤寒症，但肺部感染使病情复杂化了。左肺的右叶呼吸音低沉，这是不祥之兆，还有啰音。我把斜眼转移到我自己这里来，并给他治病。今天举行了会诊，诊断是：病情严重，但不能作出确切的预言。一切取决于老天爷。

该送他去克里米亚，但是没有护照，也没有钱。

你已经写好了一个剧本？如果你想知道关于这个剧本的有价值的意见，那么你就把剧本交给苏沃林一读。今天我给他去信会提一下你的剧本，而你自己呢，你别忸怩，把剧本给他送去吧。你在作出修改以前，别送交书报检查机关，而这种修改你是一定要作的，如果你同有经验的人谈一谈的话，让苏沃林一个人读就足够了。我的建议是：在剧本中你要力求有所独创，要尽可能做到明畅通顺，但是你不用担心别人会以为你蠢。要有自由思想，但只有不怕写出愚蠢东西来的人才是有自由思想的人。你不要过分雕琢和磨削，你尽管显得粗笨和果敢。简练是才能的姐妹。你还要记住：什么求爱啦、丈夫和妻子变心啦、寡妇、孤儿和其他种种人的泪水啦，——这一切都早已有人写过了。题材要新颖，而情节倒是可以没有的。主要的是好爸爸和好妈妈要吃饭。你写吧！苍蝇澄清空气，而剧本则纯化风气。

向娜塔丽娅·亚历山大洛芙娜和你的孩子们问好。我感到遗憾，我不能在节前给他们做一些什么能使他们高兴的事情。我的遭遇是令人奇怪的。我每月要花上三百卢布，我为人又不凶狠，但我既不为自己又不为别人做任何令人高兴的事情。

祝你健康。

Tuus magister bonus

Antonius XIII ②

---

① 指契诃夫的二哥尼·巴·契诃夫。
② 拉丁文，意思是：你的好心的导师安东尼十三世。

46 致阿·谢·苏沃林

1889 年 5 月初，苏梅

　　我不相信自己的眼睛。不久前还是白雪和寒冷，而现在我却坐在敞开的窗户旁，倾听着夜莺、黄鸟、鸡冠鸟和其他有生之物怎样在绿茸茸的花园中不停地鸣叫。普肖尔河雄伟而温柔，天空和远景的色调暖和宜人。苹果树和樱桃树鲜花盛开。大鹅领着小鹅结群而行。一句话，春色满园！

　　斯蒂瓦没有派船来，不能乘船游逛。主人家的船只在看林人那里的一个什么地方，所以我只能在河岸上散步。我非常羡慕渔夫们，他们的小船在普肖尔河上穿梭似的来来往往。现在我早睡早起，吃得也多，写写东西，读读书。画家①在咳嗽和生气。他的情况不妙。由于这儿没有新书，我在重温一些早已熟读的书。顺便说一句，我在读冈察洛夫②的作品，我感到吃惊。我这是对自己感到吃惊：为什么我从前一直认为冈察洛夫是第一流作家？他的《奥勃洛莫夫》根本不是什么了不起的东西。伊里亚·伊里奇③本人是一个被夸张过火的人物，他并不那么出色，以至值得为他写上整整一本书。他是一个肥胖而皮肤松弛的懒汉，像他这样的人很多，他的性格不复杂，平凡而又卑劣，把这个人物拔高为社会典型，这样做是过分的。我问我自己：如果奥勃洛莫夫不是一个懒汉，那他又会是什么呢？我回答说：什么也不是。既然如此，那就让他去睡懒觉吧。其余几个人物都是微不足道的，他们都有一点儿列伊金作品中的人物的味道，写得粗枝大叶，倒有一半是杜撰的。他们并不说明时代的性质，也不提供任何新东西。斯托尔兹④呢，这个人物丝毫也不能使我相信他。作者说，这是一个出色的小伙子，但我并不相信。这是一个无赖汉，把自己想得很好，很自负。他一半是杜撰的，四分之三是矫揉造作的。奥尔迦⑤也是杜

----

① 指契诃夫的二哥尼·巴·契诃夫。
② 伊·亚·冈察洛夫（1812—1891），俄国作家，著有长篇小说《平凡的故事》、《奥勃洛莫夫》、《悬崖》等。
③ 长篇小说《奥勃洛莫夫》的主人公。
④ 冈察洛夫在《奥勃洛莫夫》中塑造的一个理想人物。
⑤ 长篇小说《奥勃洛莫夫》中的女主人公。

撰的，而且是非常牵强附会的。最糟糕的是整部长篇小说是冷冰冰的……现在我把冈察洛夫从我的半神名单中划去了。

可是果戈理多么真切有力，他是一个多么好的艺术家！光是他的一部《马车》① 就值 20 万卢布，读来令人心旷神怡。果戈理是伟大的俄国作家。《钦差大臣》中写得最好的是第一幕，而在《婚事》②中第三幕最差劲。我要读给我们家里人听。

您何时动身？现在我多么乐意去比亚利茨③，那儿在演奏音乐，那儿有许多女人。要不是画家在这里，那么我当真会追上您去比亚利茨。钱倒是会有的。我保证，如果我明年健康无恙，我一定到欧洲去一次。我真想向社长室勒索它三千卢布，并把长篇小说写完。

在苏梅车站您的书架上既没有《在昏暗中》④，也没有《短篇小说集》⑤，而且早就卖完了。而在苏梅我倒是一个吃香的作家，因为我就住在附近。要是米哈伊尔·阿历克塞耶维奇能送五十本书来，那准会一卖而光的⑥。

夜间狗叫得凶，不让人入眠。

我的《林妖》快写成了。

请转达我对安娜·伊万诺芙娜、娜斯佳和鲍里亚的衷心问候。昨夜我梦见了艾米莉小姐⑦。为什么？我不知道。

祝您幸福！您在作神圣祈祷时别把我忘了。

您的　阿加基·塔拉恩杜洛夫⑧

----

① 果戈理的一个剧本叫《马车》。
② 果戈理的一部喜剧。
③ 法国城市名。
④ 《在昏暗中》（1887）是契诃夫的短篇小说集。1888 年为这个文集契诃夫获帝俄科学院颁发的普希金奖金五百卢布。
⑤ 指 1888 年出版的契诃夫的短篇小说集。
⑥ 苏沃林的儿子，在各个铁路车站上销售苏沃林出版的各种书籍。
⑦ 指苏沃林的孩子们的家庭教师比若恩·艾米莉。
⑧ 虚构的一个场景的作者，契诃夫把这个场景用进了自己的小品文：《一份被迫的声明……马儿骤亡或俄国人民的宽大》。这篇作品发表在 1889 年 4 月 22 日的《新时报》上。

47 致阿·谢·苏沃林

1889 年 5 月 4 日，苏梅

  我捉了虾一回来就给您写信，亲爱的阿历克塞·谢尔盖耶维奇。天气好极啦！万物都在欢唱，都在开花，美不胜收！花园里一片葱绿，甚至连橡树也发出了嫩芽。为了防止虫蛀，苹果树、梨树、樱桃树和李树的树干都涂上了白色，这些树开的全是白花，因此它们极像一些举行婚礼的新娘：白色的衣裙，白色的花朵，一副天真烂漫的样子，好似由于有人在看她们而感到害羞。每天都有几十亿生物在诞生。夜莺、麻鹬、杜鹃以及其它禽鸟日夜不停地鸣叫，青蛙则为它们伴奏。白天和黑夜的每一个小时都各有特点。比如说，晚上 8 点钟左右花园里是一片小金虫的号泣声……夜间是皓月当空，白天是阳光灿烂……由于这一切我情绪很好。要不是时时咳嗽的画家，要不是连艾尔贝①的药方也驱赶不了的蚊子，那我可真是一个十足的波将金了。大自然是一种良好的镇静剂。它能使人不斤斤计较，就是说使人淡漠。而生活在这个世界上确实也需要淡漠。只有淡漠的人方能清晰地看待事物，方能公正，方能工作。当然，这是指聪明而高尚的人而言的；至于自私自利者和内心空虚的人，那么他们本来就已经够冷漠的了。

  您信中说到我变懒了。这倒不是说我比以前更懒惰了。现在我工作得同三五年前一样多。每天从早上 9 点到吃午饭，又从喝晚茶后到就寝，我每天在这段时间里工作，而且具有一个正在工作着的人的样子，——这已经成了我的习惯。在这方面我堪称是一个官吏。如果我的工作成果不是每月两部中篇小说或一年一万的收入，那么这过错不在于我懒惰，而在于我的心理气质特点：行医——我不贪财，写作——我激情不够，因而也就是才能不够。在我身上激情之火均匀而又缓慢，它不勃发，也不喧嚣，因而从未有过我一夜之间就写好三四

---

① 拉·康·波波夫（1851—1917），笔名艾尔贝，俄国新闻记者，科普读物作者，在《新时报》上提供"常用处方"。

个印张的情形，也从未有过我因醉心于写作而想睡却又不能入眠的情形，正因为这样我没有干过什么突出的蠢事和明显的聪明事。我担心，在这一点上我很像我并不喜欢的那个冈察洛夫，而就才能来说他比我优越得多。我激情不足，而且外加又有了这样一种精神病：近两年来我忽然对出版我的作品感到厌倦，对评论文章漠不关心。对文学讨论、流言蜚语、成功失败和巨额稿费我都冷淡了，——总而言之，我成了一个大傻瓜。我内心有种消沉的情绪。我以自己个人生活不振来解释这种消沉。我并非失望，也不是厌倦和忧郁，只是突然间不知为什么一切都变得不那么有趣了。该在我自己身子下补撒一些炸药了。

您知道吗？我已经写好了《林妖》的第一幕。虽说写得长了一些，但读起来倒还可以。我感到，比起写《伊万诺夫》那个时期来，我现在强多了。6月初这个剧本将可完成。社长室，要留神啊！五千卢布可是属于我的啦！这个剧本怪得骇人，连我自己也感到奇怪：我的笔下竟然出现了这种奇怪的作品。不过我在担心，书报检查机关不会放过它。我还在写一部长篇小说，对我来说它比《林妖》更可爱和贴心，在《林妖》中我有时得要滑头，装糊涂。昨晚我想起，我答应过给瓦尔拉莫夫写一部轻松喜剧。今天我写好了，并且已经寄出。您瞧，我在这儿打场脱粒，正忙着呢！您却在信中说：变懒了。

您终于注意到所罗门①了。以前当我同您谈到他的时候，您总是不知为什么漠不关心地附和。依我看来，正是《传道书》使歌德有了写一部《浮士德》的念头。

我非常喜欢您谈到利哈乔夫②的那封信的语气。我认为，这封信可以作为进行各种论争的典范。

――――――――――

① 契诃夫在 1888 年 11 月 15 日写给苏沃林的信中，提到他打算写一部有关犹太王所罗门的作品。在契诃夫的遗稿中有一段所罗门的独白。
② B. И. 利哈乔夫是彼得堡市长，曾支持过《新时报》。《公民》报等指责苏沃林在对待利哈乔夫的态度上忘恩负义，在《致编辑部的一封信》中苏沃林反驳了《公民》报对他的指责。

我到过苏梅的地方剧院，看了《第二个青春》①。演员们穿着这样的裤子，并且又在这样的客厅里演出，以至演出的好像是《仆役室》，而不是《第二个青春》。在最后一幕中后台击了鼓。将上演《塔吉雅娜·列宾娜》和《伊万诺夫》。我会去看的。我想象得出来，阿达舍夫会是个什么样子。

请您把《塔吉雅娜·列宾娜》给我寄来，如果它已经出版了的话。

哥哥说，他为自己的剧本苦死了。我很高兴。就让他苦一苦吧。他在剧院里抱着非常宽容的态度看了《塔吉雅娜·列宾娜》和我的《伊万诺夫》，而在幕间休息时他喝了白兰地酒，并且宽大地作了评论。大家都以那种语气来谈论剧本，似乎写戏是很容易的事情。他们不懂，写一个好的剧本是很难的，而写一个坏剧本则加倍地困难和痛苦。我真希望所有的观众都融合为一个人，并且写出一个剧本来，而我和您一起坐在"N字号"包厢里把这个剧本嘘上一通。

亚历山大为过多的改动而感痛苦。他十分缺乏经验。我担心在他的作品中有着许多不和谐的印象，他在与之斗争，而无效的斗争又使他颓唐。

请您从国外带一些被禁止的书报来。如果不是画家生病，我是会同您一起去的。

有一件事上帝做得很聪明：他把托尔斯泰和萨尔蒂科夫打发上西天了②，这样他就调和了在我们看来是不可调和的东西。现在他们两人的肉体都已腐烂，两个人都已同样地冷漠了。我听说，有人对托尔斯泰的死感到非常高兴，而我觉得这种高兴是一种强烈的兽性。我对那种基督徒的未来是不相信的，他们一方面憎恨宪兵，一方面又高兴别人死去，而且把死神看作天使——救星。您真不能想象，当女人们也为这死感到高兴时，这有多么讨厌。

---

① 戏剧家彼·米·涅维仁（1841—1919）的剧本。
② 米·叶·萨尔蒂科夫-谢德林于 1889 年 4 月 28 日去世，而在这前数日，即在 4 月 25 日，沙皇俄国的反动大臣之一，内务部长德·安·托尔斯泰死去。

您什么时候回国？以后又将上哪儿？

难道我将在普肖尔河边一直坐到秋天不成？啊，这太可怕了！可不是么，春天是不会久留的。

连斯基约我同他一起去梯弗里斯参加巡回演出。要不是画家在病中，我是会去的，但画家的病情不妙。

请转告安娜·伊万诺芙娜：我衷心祝愿她旅行快乐。

如果您要在转盘上赌钱，那么请您代我押上 25 个法郎，试试我的运气。

好，但愿上帝保佑您身体健康，万事如意！

您的　安·契诃夫

48　致阿·谢·苏沃林

1889 年 5 月 7 日，苏梅

我读了您介绍布尔热①的长篇小说《门徒》的内容的文章，也读了小说的俄文译本（《北方通报》）。我觉得，就是这么一回事情。布尔热是一个有才华的、聪明而又有教养的人。他对自然科学的方法十分熟悉，并且对它充满感情，好像是他曾在自然科学系或医学系学习过，而且成绩优良。在他着手经营的那个领域里，他不是个外行。这是他的一个功绩，是俄国的新老作家们没有的功绩。至于说到那种抽象的学术性的心理学，那么他同一切优秀的心理学家一样，也不甚了了。了解抑或不了解这种心理学，反正一样，因为它并不是一门科学，而是一种虚构，是一种类似炼金术那样的早该束之高阁的东西。因此我不打算说布尔热是一个好的心理学家或是蹩脚的心理学家。《门徒》这部长篇小说是有趣的。我把它读完后才明白，为什么它会那么吸引您。文笔隽永，耐人寻味，有些地方写得机智俏皮，还带有

---

① 保尔·布尔热（1852—1935），法国作家，长篇小说《门徒》批驳理智的仁爱，提倡宗教道德。

那么几分荒诞……要是谈它的缺点，那么主要的缺点是布尔热对唯物主义流派发动了虚浮傲慢的进攻。请您原谅，我不能理解这类进攻。它们从来是不了了之，给思想领域带来不必要的混乱。这是在向谁进攻？为什么要发动进攻？敌人在哪里？他又有什么危险？首先应该说的是，唯物主义不是一个学派，也不是狭隘的报刊意义上的流派；它不是某种偶然的中间站的东西；它是必需的、不可避免的，而且是人力所不能左右的。生活在大地上的一切东西都必然地是唯物的。在动物身上，在野人和莫斯科的商人身上，一切最高级的非动物性的东西都受制约于无意识的本能，而他们身上的其他一切东西都是唯物的，而且当然也不是取决于他们的意志。高级生物，思维着的人，他们也必然是唯物的。他们在物质中寻求真理，因为他们不能上别处去寻找，因为他们所见、所闻以及所感觉到的都只是物质。迫于必要他们只能在用得上他们的显微镜、探针和刀子的地方寻找真理……禁止一个人的唯物主义趋向等于禁止探求真理。在物质之外，没有经验、没有知识，就是说，也没有真理。西克斯特①先生到一个生疏的领域中去管闲事，胆敢从细胞学说出发去研究人的内心，也许，可能会觉得，他这么做很不好吧。但是，心理现象与生理现象惊人地相似，以致谁都弄不清楚，心理现象在哪儿开始，而生理现象又在哪儿结束，在这一点上西克斯特又有什么过错呢。我认为，在解剖尸体的时候，即使在唯灵成癖的人的头脑中也必然会产生一个问题：灵魂究竟在哪儿呢？再说，如果一个人知道肉体疾病与精神疾病异常相似，而且治疗这些疾病的药物也是一样的话，那么他就会迫不得已地要求不把灵魂同肉体分开。

至于说到"心理实验"、向儿童接种恶习以及西克斯特这个人物本身，那么这一切都是极端地夸张。

唯灵论者——这不是一种学术上的而只是一种荣誉称号。作为学者来说，他们是没有用的。至于在他们所做的以及力求达到的一切中，他们也都像西克斯特本人一样，是一些出于必然的唯物主义者。

---

① 长篇小说《门徒》中的主人公。

如果他们竟然会战胜唯物主义者并把他们从地球上消灭（这一点是不可能的），那么他们也会以这一胜利宣布自己是最伟大的唯物主义者，因为他们会摧毁整个偶像，会几乎摧毁一种宗教。

谈论唯物主义流派的危害性，尤其是发动反对它的斗争，——这么做至少是为时过早。我们没有足够材料来拟起诉书。理论和假设倒是有许多，但是缺乏事实，因此，我们的全部反感也不过是一种幻想的在地狱中焚烧罪人的火。商人的老婆厌恶这种火。为什么呢？不清楚！神甫们总推说什么缺乏信仰、道德败坏等等。但是缺乏信仰的人是不存在的。人们总是有所信仰的，就连小说中的那个西克斯特也是这样。至于说到道德败坏，那么公认的精巧淫棍和酒鬼倒并非西克斯特和门捷列夫①这样的一些人，而是一些诗人、修道院院长以及一些认真上大教堂的名人。

一句话，我不理解布尔热发起的这一场进攻。如果布尔热在进攻中同时又费心向唯物主义者们指出天上的那个没有形体的上帝，而且要使他们得以见到这个上帝，那么情况就不一样了，而我也就会理解他那番离题议论了。

请您原谅我发了一通议论。现在我要去邮局。向你们全家问好，祝您健康！

您的　安·契诃夫

49　致亚·巴·契诃夫

1889 年 5 月 8 日，苏梅

假戏剧家，我的桂冠使之不得安睡的假戏剧家！

我先从尼古拉讲起。他生的是慢性肺病，是一种不治之症。生这病的人会有暂时的好转、恶化和 in statu②。因此问题的提法应该是这

---

① 特·伊·门捷列夫（1834—1907），俄国著名化学家。
② 拉丁文，意思是：无病变。

样：这个病理过程将持续多久？而不是那样提：他何时会康复？尼古拉的精神比原先好一些。他常在园子里走动、吃饭、老是埋怨母亲。他可真是一个难以取悦的任性人。

我们让他坐了头等舱来到这里，现在我们什么东西都给他。他能得到他要求的和必需的一切。大家都称他将军，而他好像也相信自己是一位将军。他骨瘦如柴。

你问我，你能给尼古拉一些什么帮助。你要怎么帮助就怎么帮助吧！最好的帮助是给一些钱。如果没有钱的话，那么尼古拉现在就会躺在给杂务小工治病的医院里。因此，主要的是钱。如果你没有钱，那么也就只好算了。何况需要的是一大笔钱，五个、十个卢布是敷衍不了的。

我从苏梅给你写过一封信。顺便说一句，我那次是请你给我寄《新俄罗斯电讯》。现在不是要你为我效劳，而是我求你讲讲交情，把5月1日到5月15日的基辅报纸寄给我。先寄1日到7日的，然后再寄7日到15日的。当挂号印刷品寄。以后我不再麻烦你了。

现在来谈谈你的剧本①。你决心要描绘好一个不长吁短叹的人，但你害怕了。我倒觉得任务是明确的。只有冷淡的人方能不长吁短叹。而冷淡的人或许是一些哲学家，或许是一些浅薄而又自私的人。应当否定后者，而对前者则应当肯定。当然，至于那些冷漠的蠢物，那些甚至用烧红的铁去烙他们也仍然是麻木不仁的人，那就更不用说了。如果你理解中的不长吁短叹的人对周围生活并不冷漠，他们精神十足地忍受命运给予的打击，充满希望地注视着未来，如果你理解中的不长吁短叹的人是这样的人，那么任务也是一清二楚的。大量的改动不该使你感到惶惑不安，因为工作越是像拼花图案似的就越好。改动多对剧中人物来说只会有好处。主要的倒是你应当谨防个人因素。如果剧本中所有人物都与你相似，那么这个剧本就不中用了。从这方面看，你的《扑满》太不像样，叫人懊恼。为什么要写娜达莎、

---

① 1889年4月26日亚·巴·契诃夫在信中说，他在写一个剧本，但改动很多，写不下去。后来这个剧本下落不明，大概是亚·巴·契诃夫没有把它写完。

柯里亚和托西亚？似乎是除了你之外就没有生活?！谁有兴趣去了解我和你的生活、我和你的思想？要把人们，而不是把你自己写给人们看。

你要谨防对语言精雕细琢。语言应当是朴素和精炼的。仆人们的讲话要朴素，别用土俗语。红鼻子退役上尉、酗酒的采访记者、忍饥挨饿的作家、害痨病的妻子-劳动大姐、白玉无瑕的正派青年、品德高尚的女郎、心地善良的保姆——所有这些别人都早已写过了，应该像绕过坑洼似的绕过他们。我还有一点建议：去两三次戏院，好好看一看舞台上的演出。作一个比较，这是重要的。第一幕可以拖长，哪怕是足足演上一小时，但其余的几幕都不要长于30分钟。剧本的关键是第三幕，但这关键可别损害了最后一幕。最后你别忘了书报检查机关。它是严格而又慎重的。

我建议你，写剧本时采用一个笔名：赫鲁晓夫、谢列勃利雅科夫，或诸如此类的笔名。这样做，对你来说可以方便一些，而且在外省人们也不至于把你和我混同起来，也正好避开了你要同我进行比较，而我极端讨厌这种比较。你是你，我是我，但人们可不管这一点，他们忍耐不住。如果你的剧本写得好，我会沾光；如果写得不好，那就会够你受的。

你别急于把剧本送交书报审查机关，也别急于上演。如果不能在公家舞台上演，那么我们就在柯尔希私人剧院演出。演出别早于11月份。

如果我来得及写出个什么东西供舞台使用，那就正好：你可以把你的剧本同我的一起送去。书报检查机关里知道我，所以他们不会拖延。我的剧本他们一般不会拖上三五天的，而一些偶然送去的剧本往往会给卡上几个月。

向库基上尉们问好，也向娜塔丽娅·亚历山大洛芙娜转达我的衷心问候！祝你健康和灵魂得救。

你的 安·契诃夫

50 致阿·谢·苏沃林

1889 年 5 月 15 日，苏梅

　　既然您尚未出国，那我就来回答您那封讲到布尔热的信。我不啰嗦。您附带写道："让研究物质的科学走它自己的路，但也要让可以躲避那无所不在的物质的某种东西存在下来。"现在研究物质的科学正在走它自己的路，而可供躲避那比比皆是的物质的地方也好端端地存在着，因此好像没有什么人在侵犯它们。如果要说有谁受到了非难，那也只是一些自然科学，而不是人们躲避自然科学的那种圣地。比起您的信来，在我的信里问题提得比较正确，而且也少得罪人。我还比您更加接近"精神生活"。您讲到了这种或那种知识的生存权，我呢，我谈的不是权利，而是和睦共处。我希望人们别在没有斗争的地方看到斗争。各种知识一直是和睦共处的。解剖学也好，文学也好，它们有着同样高贵的起源、一样的目标和同一个敌人——鬼怪斗争，因而它们没有理由互相斗争。在它们之间没有什么生存竞争。如果一个人知道血液循环的学说，那么他的精神世界是丰富的；但如果他除此之外还学习了宗教史和情歌《我想起美妙的一刹那》，那么他的精神生活不是因此而更贫乏，而是更丰富；可见，这是有利无弊的。也正是因为这样，天才们从来不争斗，连在歌德身上，自然科学家也同诗人十分和睦地共处在一起。

　　互相争斗着的倒不是知识，不是诗学同解剖学在争斗，而是种种迷误，也就是各种各样的人在争斗。一个人如果不理解一样什么东西，他就会在自己身上感到一种不谐调；而他不在自己身上寻找这种不谐调的原因（好像是他本该在自己身上找的），却在自身之外去寻找，这样他就同他所不理解的东西干了起来。在整个中世纪，炼金术自然而又和平地逐渐完善起来，成为化学，而占星术则完善为天文学；当时的僧侣们不理解，认为这里有斗争，于是他们自己也就干将起来。我们的皮萨列夫①就是 60 年代的好斗的西班牙僧侣。

---

① 德·伊·皮萨列夫（1840—1868），俄国政论家和文艺批评家，革命民主主义者。

布尔热也在同人家斗。您说他不在斗，而我说他在斗。请您设想一下：他的长篇小说《门徒》落到了一个人的手里，而这个人的孩子是学自然科学的；或者是落到了一个主教的手中，而这个主教正在为周末传道寻找着题材。请您设想一下，在两种情况下产生的后果中，会有什么同和睦共处相似的东西吗？不会有的。请您再设想一下，这种长篇小说落入了解剖学家或者生理学家的眼帘。它绝不会把和平的气息送进任何人的心灵，它只会使懂行的人生气，只会把一些错误的概念传染给外行，如此而已。

　　您也许会说，他与之斗争的不是本质，而是各种偏离规范的现象。我同意，每个作家都应该同偏离规范的现象进行斗争，但为什么要败坏本质的声誉呢？西克斯特是雄鹰，但布尔热给他画了一幅漫画。"心理实验"是对人和科学的诽谤。如果我写了一部长篇小说，其中有一个解剖学家，他为了科学的利益而解剖自己活生生的妻子以及吃奶的婴儿，或是写一个女博士，她到尼罗河去，为了科学的目的而同一条鳄鱼和一条响尾蛇交媾，如果我这么写了，难道这部长篇小说不是一种诽谤？要知道，我是能写得饶有趣味和明顺通畅的。

　　布尔热的作品俄国读者读来津津有味，就好比干旱之后逢雷雨，这是容易理解的。读者在《门徒》中看到了比他自己聪明的人物和作者，看到了比他的生活丰富的生活；而俄国的小说家呢，他们比读者蠢，他们笔下的人物苍白而又渺小，受到他们鄙视的生活枯燥无味。俄国作家生活在下水道里，吃的是潮虫，喜欢的是粗鲁无耻的女人和洗衣妇。他不懂历史、地理、自然科学和祖国的宗教，也不知道什么行政机关和诉讼程序……总而言之，他真是一无所知。同布尔热相比，他只是一头蠢鹅而已。为什么布尔热会招人喜欢？这一点是容易理解的，但总不该由此得出结论，说西克斯特在念他的"我们在天之父"时是正确的，或者说，他在这时是真诚的。

　　好，我不会再为布尔热的事惹您讨厌了。至于说到您能紧凑地转述像《门徒》这种长篇小说的内容的才干，那么我是一边读，一边又为您高兴的。转述得非常之好。您出色地处理了这部长篇小说的哲学和科学部分的内容，而我过去不知道您有这种能力。如果是我来做这件事情，我会把一切都搞混乱，结果会写得比布尔热的作品更加长一些。

我感到寂寞。普列谢耶夫不会到我这儿来。如果他来的话，那就好了。他是一个非常好的老头子。

我很快将用法文和德文给您写信。请问候安娜·伊万诺芙娜，娜斯佳和鲍里亚。

祝您旅途幸福！

您的　安·契诃夫

51　致阿·尼·普列谢耶夫

1889 年 6 月 26 日，苏梅

您好，我亲爱的阿历克塞·尼古拉耶维奇！您的信是在尼古拉去世后第九天寄到的，就是说，收到您的信时，我们已经开始了正常的生活。我现在在给您写回信，我感到，正常的生活的确已经来到，现在已经没有什么东西妨碍我同您准时通信了。

可怜的画家死了。在卢卡的时候，他消瘦下去，像燃化的蜡烛逐渐缩小一样，所以当时对我来说，我是没有一分钟摆脱了灾难迫近的想法的……当时不能说定尼古拉将在哪一天去世，但他会很快死去，这一点我是清楚的。结局是这样发生的。斯沃包金在我家做客。当时我哥哥来了，他可以替代我照料尼古拉，我想趁他在这里休息四五天，换一换空气。我说服了斯沃包金和林特瓦列夫一家，同他们一起到波尔塔瓦省的斯马金①家去了。为了惩罚我离开了尼古拉，一路上寒风吹刮，天空昏暗，好像是进入了冻土地带。半路上下起雨来。我们到斯马金家时已经是深夜了。我们一个个淋得透湿，全身发冷。被窝是冷冰冰的，我们在冷雨的喧哗中入睡。第二天早晨仍是沃洛格达

①　亚·伊·斯马金（1930 年后去世），波尔塔瓦省的一个地主，地方自治会的负责人。

地方的可恨天气，我永远忘不了泥泞的道路、灰色的天空和树上的泪水，我之所以说忘不了，是因为早晨从米尔哥罗德来了一个农民，他带来了一份湿漉漉的电报："科里亚去世了"。您可以想象一下我的心情。我只好骑马回到火车站，以后又转乘火车，在几个火车站上等车就等了8个钟头……在洛姆纳赫我从傍晚7点一直等到深夜2点。由于闷得慌，我进城溜达。我现在还记得，我坐在一个花园里，天黑了，非常冷，感到无法忍受地苦闷。我坐在一垛褐色围墙旁，墙那面演员们正在排练一部充满悲欢离合的通俗剧。

在家里我看到了一幅痛苦的景象。我们家以前还没有死过人，这是第一次在家里看到了棺木。

我们隆重地安葬了画家。把他抬在手上，举着神幡……我们把他葬在一个乡村墓地上，在散发着蜂蜜芳香的草地下，从老远的田野上就可以看到十字架。好像他睡在那儿挺舒服。

我大约要外出走动走动。上哪儿去呢？我不知道。

苏沃林叫我出国。很有可能，我会到国外去一次，虽说我根本不想上那里去。我现在没有心思从事体力活动，我要休息。然而，要知道，逛博物馆，游览埃菲尔铁塔，从一次火车转到另一次火车，每天同能说会道的德米特里·瓦西利耶维奇①会晤，吃不能饱腹的午餐，喝葡萄酒，追逐强烈刺激，——这一切都是沉重的体力劳动。我倒很愿意在克里米亚找个什么地方住上一阵子，定居在一个地方，这样还可以做一些工作。

我的剧本②冻结了。没有时间来把它写完，再说我也不觉得有把它写完的必要。我在写一部长篇小说，写得很慢，而且与其说是在写，倒不如说是在涂。

您在写剧本吗？您倒不妨写一部独特的喜剧。您把它写出来，全权委托我在莫斯科安排演出。我将出席排练，将代您领取稿酬，还将代您做各种各样其他的事情。

---

① 指格里戈罗维奇。
② 指《林妖》。

如果我外出的话，我会在每个大站上给您寄明信片，而到了市中心就给您写信。

林特瓦列夫夫妇身体健康。他们好极了。而且每天在变，变得越来越好，也弄不明白，他们这么变下去会变成个什么样子。从慷慨和善良方面来说，在整个哈尔科夫省是没有人能比得上他们的。斯马金夫妇也都健康，他们也在变得好起来了。

我向《北方通报》表示祝贺，因为普罗托波波夫和柯罗连科又回到了《北方通报》。读了普罗托波波夫的评论文章后，谁也感觉不到温暖或寒冷，因为所有现在的批评家都是一钱不值的。这是一些最最无用的人。柯罗连科回到《北方通报》，这倒是一件令人高兴的事情，因为此人一定会写出许多好东西来。柯罗连科稍稍保守了一些；他遵循着过时的形式（在写作手法上）；他思考问题像是一个 45 岁的新闻记者；他身上缺少青春的朝气；但所有这些缺点都并不十分重要，而且在我看来都不是他所固有的缺点，在时代的影响下他会抛弃它们的。妹妹感谢您对她的问候，她嘱咐我向您问好。母亲也问您好。我亲吻您，拥抱您，祝您万事如意！祝您幸福和健康！

您的　安·契诃夫

52 致符·阿·吉洪诺夫

1889 年 9 月 13 日，莫斯科

您好，俄国的萨尔杜①！我在应答您：我在这儿！！知道您平安无恙，对此我感到高兴。不久我将高兴地看一看您的《阳光和乌云》②，关于这个作品我是在柯尔希那里听说的。一点儿新闻都没有。一切照旧，一切都同从前一样美好、安静和厌烦（这厌烦是乐观主义和消极主义的浓缩混合物）。

---

① 萨尔杜（1831—1908），法国剧作家，著有歌喜剧和历史剧等。
② 是符·阿·吉洪诺夫写的一部喜剧，1889 年 10 月 20 日在柯尔希剧院首次上演。

柯尔希说，您的《没有扁担和熨斗》①仍将在他的剧院里上演，我要去看一次，因为我还没有看过这个戏。再给您写一些什么呢？讲一讲这里的天气？天气不错，很好。

我写完了一部篇幅较长的中篇小说②。一部繁冗艰涩的作品，它真可以使人昏厥倒。它之所以是繁冗艰涩，倒不是因为印张的数目，而是由于质量。这是一种笨重和累赘的东西。在这部作品中我触及一个新的主题。

等您来，祝您健康！

您的　安·契诃夫

53　致阿·尼·普列谢耶夫

1889 年 9 月 14 日，莫斯科

让天上的雷霆和鳄鱼的牙齿落到您的敌人和债权人头上吧，亲爱的阿历克塞·尼古拉耶维奇！我先借用这句优美的东方问候语作为这封信的开场白，现在我对您的来信答复如下。对安娜·米哈伊洛芙娜打来的电报我回过一封信，信中我请求她等一等，等到第 11 期出版，我得到的回答是：“请按您的意见办吧。我们延期。”您会理解这个答复的全部价值和魅力的，如果您能想象得出那个正在写作、满头大汗的契诃夫先生的话，他正在修改自己的作品，他看到，中篇小说在他笔下蒙受了那些革命的变革和惨状之后并不变得好一些。我不是在写作，而是在骚动。您会同意我的想法的：在这种心情下不宜急于发表作品。

在我这部中篇小说里不是有两种心情，而是整整十五种心情。很有可能，您因此会把它叫作废物。它也的确是废物。但我以一种期望

---

① 1888 年 12 月 2 日，这个剧本在柯尔希剧院首次演出，在 1889—1890 年间的演戏季节里又重复演出过数次。
② 指《枯燥乏味的故事》。

来自慰：在作品中您会发现两三个新颖的使每个知识分子读者感兴趣的人物，会看到一两个新的论断。我还以下述期望来自慰：我这个废物会在敌人营垒里引起喧嚣和谩骂。这谩骂是少不了的，因为在我们这个时代——电报、戈烈娃剧院和电话的时代，谩骂乃是广告的亲姊妹。

至于说到柯罗连科，如果现在就要对他的未来作出结论，那还为时过早。我和他现在正处在这样一个阶段上，即命运之神正在决定着该打发我们上哪儿去：是向上走呢还是走下坡路。在这种阶段上发生摇摆完全是自然的。甚至出现暂时的停滞不前现象也是符合情理的。

我愿意相信，柯罗连科将成为胜利者，而且会找到他的立足点。他身体健康，观点冷静和坚定，头脑清晰而正确，虽说不无先入之见，但他并不囿于成见。我呢，我也不甘愿就缚于命运之神。尽管我没有柯罗连科所具有的一切，我还有着一些别的东西。我过去犯过柯罗连科未曾体验过的大量错误，而哪个人犯过错误，哪个人也就有了经验。此外，我的战场比较广阔，选择可能性比较大，除了长篇小说、诗和告密信之外，我什么都尝遍了。我写过中篇小说、短篇小说、轻松喜剧、社论、幽默小品，还有各种各样无价值的东西，直至为《蜻蜓》杂志写了苍蝇和蚊子。如果中篇小说我突然写不下去了，我可以写短篇小说；如果短篇小说写不好，我可以抓住轻松喜剧，就这么永无止境，一直写到老死。所以尽管我非常想以悲观主义者的眼光来看待我自己和柯罗连科，彻底认输，我还是丝毫不泄气，因为我还没有看到足以说明谁胜谁负的材料。让我们再等上个四五年吧，到那时就可见分晓了。

昨天彼·尼·奥斯特洛夫斯基[①]在我家，正好碰上一个彼得堡的地主索科夫宁。彼得·尼古拉耶维奇是一个聪明和善良的人，同他交谈是一件愉快的事情。但很难同他争论一些什么，就好像难于同心灵论者进行争论一样。他对道德、政治之类问题的看法好似一堆乱麻麻

---

① 彼·尼·奥斯特洛夫斯基（1839—1906），俄国工程师，他是著名戏剧家亚·尼·奥斯特洛夫斯基的堂兄弟。

的金属丝，理不出一个头绪来。你从右边看他，他是一个唯物主义者，而你从左边看，他又是一个共济会会员①。这种混乱状况常常可以在那样一些人身上发现，这些人想得很多，但学识不足，不习惯于下精确的定义，也不习惯于使用一些能使人们搞清楚自己所想所说的东西的方法。

戈烈娃的剧院简直荒唐，不值一提。活跃于剧院中的那些才子佳人全是毛发稀少的，像包包雷金的光头一样。这位包包雷金在一星期前对我来说还是一位可敬的大人物，现在呢，我觉得他不过是一个幼时遭妈妈打伤了的怪人。同他交谈一番之后，看一看他所做的事情，我失望了，就好像一个新郎听到了新娘在社交场合突然发出了不体面的声响一样。

听说阿布拉莫娃②那儿的情况挺好。我已经遇到过一些围着她的钱包转而骗取了不少钱的能干人。她预支报酬。

让③在干什么？他还活着吗？没有被人家暗中掐死吧？当他知道了将在他的《别墅里的丈夫》里演出的不是潘日科娃夫人，而是德姆斯卡娅-斯土尔斯卡娅第二夫人后，他没有吓死吧？如果您见到他，并且听到他的悲剧式的笑声，那么请您告诉他，说我还活着，顺便向他问好。

衷心问候你们全家。

祝您身体健康！但愿上帝赐与您幸福和一切最美好的东西。

　　　　　　　　　　您的 Antoine④　　他可是一个波将金

通讯处：塔夫里达，叶卡捷琳娜二世的卧室。

---

① 共济会是 18 世纪初产生于英国的宗教道德运动，其会员希图把全人类联合在宗教兄弟的同盟之中。
② 玛·莫·阿勃拉莫娃（1865—1892），真姓海恩里赫，俄国演员，私营剧团业主。
③ 指谢格洛夫-列昂捷耶夫。
④ 安东的法文读法和写法。

54 致阿·尼·普列谢耶夫

1889 年 9 月 30 日，莫斯科

您好，亲爱的阿历克塞·尼古拉耶维奇！谢谢您给我写了信，并作了指教。我读校样时一定用上您提出的许多高见。我不同意您的地方并不多。比方说，这部中篇小说的名字就不该换。您预料，那些卑劣的人会挖苦和取笑《枯燥乏味的故事》，但这些人并不十分机智和风趣，所以不必怕他们，但如果真有人打趣得当，那我倒会为能提供他一个嘲弄机会而感到高兴。关于卡嘉的丈夫，教授写不出什么来，因为教授不了解他，而卡嘉又向教授保守秘密，再说我的这位主人公有一个重要的特点，那就是他不注意自己周围的人的内心生活，因而当有人在他身边哭泣、做错事和撒谎时，他依然泰然自若地谈论着戏剧和文学，如果他是另一种性格的人，丽莎和卡嘉也许就不致于沉沦了。

您说得对，关于卡嘉过去的生活写得冗长和枯燥。但不这么写也不行。如果我努力把这个地方写得更有趣一些的话，那么您也会同意我的说法的，我这部中篇小说就会因此长出一倍。

至于说到米哈伊尔·费奥多洛维奇写的其中有半个字（他将"热烈"，写成"热列"）的那封信，那么这儿毫无勉强的东西可言。中篇小说同舞台一样，有它自己的条件。比如，我的嗅觉告诉我，在中篇或短篇小说的结尾部分我应巧妙地集中整个作品给予读者的印象，为此就要稍稍重提一下我在前面讲过的那些人，哪怕只是粗略地提一下也好。可能我的看法不对。

使您发愁的是，批评家们会骂我。那有什么关系呢？礼尚往来嘛，不是么，我的教授也骂了他们呀！

现在我在休息……作为休息，我选择了喧闹的戏剧领域，现在我正在这儿遨游。您是想不到的，我正在写一部大的喜剧——长篇小说，而且一口气写好了两幕半。写过中篇小说后，写喜剧很轻松。在这部喜剧中我引出一些好人，健康的人，其中有一半是令人同情的，喜剧的结局是皆大欢喜。总的调子是一首地地道道的抒情诗。这部喜剧的名字是《林妖》。

我请求您把稿费分成几份寄给我，主要倒不是出于客气（您过分夸大了这一点），而是由于我有我自己的小算盘。如果您把全部稿费一次寄来，那我会一下子把它花掉。当我知道我抽屉里有钱时，我总感到心头发痒，有一种诺兹德列夫①习性。您到办事处时，请您关照一声，我等着他们在 10 月 1 日给我寄来第一部分稿费，第二部分在 11 月 1 日寄，等等。我总是在月初同小铺子老板和肉店主人结账的。

我们家的人身体都好。他们都问候您。20 号以前我可以把《林妖》写好，寄给彼得堡，随后我就休息一个星期，再继续写我的长篇小说。

请代问候您们全家。祝您健康，再次向您表示深切的谢意。

您的　安·契诃夫

55　致阿·谢·苏沃林

1889 年 10 月 17 日，莫斯科

关于日历中医学部分一事我昨天已经给您写过信了。今天奥斯特洛夫斯基（关于他我也已经给您写过信）带来了一大包短篇小说，是他妹妹写的。

许多人在鞭挞和谩骂戈烈娃，这么做当然是不公平的，因为只有在做了坏事后才公开鞭挞和谩骂，而且即使这样也是有区别地对待的。但戈烈娃也的确是太糟糕。我到她的戏院里去过一次，差一点儿闷死。这是一个平庸的剧团，但又自负得令人感到压抑。

别为我在剧本中写了您而高兴。您高兴得太早了。还没有轮到您呢！如果我仍将活下去，我会描写我们一起在交谈中度过的那些费奥多西亚夜晚，描写我们在一起钓鱼的情景，当时您在林特瓦列夫家磨

---

① 诺兹德列夫是果戈理长篇小说《死魂灵》中的一个地主，他嗜好养狗养马、玩牌、狂饮和吹嘘。

坊旁烧过的草地上来回走动，目前我还不需要您更多的什么东西。而在现在这个剧本中并没有您，也不可能有您，尽管格里戈罗维奇凭他特有的敏感看到了正好相反的东西①。在这个剧本里讲了一个惹人厌烦的人，他自私和死板，讲了 25 年艺术，但对艺术竟然是一窍不通。这个人使大家败兴和郁闷，他不让大家说笑，也不让演奏音乐和做其它事情，可是尽管这样他还是感到非常幸福。您千万别相信这些老爷，他们到处挑毛病，以己度人，把他们自己的狐獴般的特征妄加到他人身上。嘿，这个格里戈罗维奇多么高兴！如果我在您的茶杯里撒上一些砒霜，或者如果我是一个在第三厅工作的特务，他们又都会多么高兴。当然，您会说，这全是一些不足介意的小事。不，不是小事。如果我的剧本上了舞台，那么观众都会托那些说谎成癖的无赖们的福看着舞台说："苏沃林原来是这样一个人！而他的妻子竟然是这么一种人！嗯……我们从前可不知道呀。"

我同意您的看法，这是无谓小事，然而世界正好会毁于这样的无谓小事。日前我在戏院里遇到一位彼得堡作家。两个人谈开了。当他从我口中知道，普列谢耶夫、巴兰采维奇、您和斯沃包金等人在夏天不同的时间里到过我家，他同情地叹了一口气说："您以为这是一种好的广告，您不该这么想。如果您指望他们，那您就大错而特错了。"

就是说，我请您来是为了有人写文章谈论了我，而我邀请斯沃包金，则是为了把我自己的剧本塞给他。正因为这样，在同这位作家谈话之后我嘴里有一种感觉：似乎我喝下的不是一杯伏特加，而是一杯浮有许多苍蝇的墨水。这一切都是不足介意的小事，但是如果没有这些无谓小事，人生就会欢乐无尽，而现在呢，现在这生活倒有一半是令人讨厌的。

如果请您喝咖啡，那么您不必在咖啡中找啤酒。如果我传送给您的是教授的思想，那就请您相信我，而且不要在这些思想中寻找契诃

---

① 苏沃林在给契诃夫的信中说，格里戈罗维奇认为，契诃夫在《林妖》中写了苏沃林及其妻子。

夫的思想。谢谢您别这么做。在整部中篇小说里，只有一个思想是我所同意的，这就是在教授的女婿、骗子格涅凯尔头脑中的一个想法："这老头子发疯了！"其余的一切都是臆想和捏造出来的……您究竟在哪儿发现了政论性的东西呢？难道您会对不管是什么看法都如此珍视，认为这些看法就是重心之所在，而不是表述这些看法的方式，也不是这些看法的来源？这么说来连布尔热的《门徒》也是政论？对作为一个作者的我来说，所有这些看法就其实质说是没有任何价值的。问题不在于它们的实质，这实质变化多端，而且又不新颖。全部真髓在于这些看法的本性，在于它们对外界影响的依赖性等等。应当把它们看作一些实物，一些征候，完全客观地看，既不赞同它们，也不与之争论。如果我描写了圣维特舞蹈，您总不会以舞蹈家的眼光来看待它吧？不会吧？对种种看法也应该抱这种态度。我根本没有想以自己对戏剧、文学等的奇怪看法来使您惊讶的奢望，我只想利用自己的知识，描绘一种无出路的窘境，一个善良聪明的人一旦陷入这种境地，尽管他非常愿意按生活本来的样子接受上帝赐与的生活，并像基督徒一样宽宏大量地去思考所有的人，他也会不由自主地像个奴隶一样发牢骚、出怨言，甚至在他强使自己给人好评的时候也会骂人。本想为大学生说话，但除了假仁假义和居民①式的漫骂外，一无别的结果……不过，所有这一切说来就话长了。

您的几个儿子都大有希望。《百条集》日历的价格提高了，但它的篇幅却缩小了。为了答谢我的短篇小说，本来答应给我一桶葡萄酒②，但欺哄了我，为了不让我生气，把我的照片同波斯王③的照片并排放在一起。关于波斯王顺便说几句。不久前我读了一首诗，诗名是《政治协约》，诗中讲到波斯王时大致是这么写的：波斯王一直是个古怪人，他为了要把〈……〉同埃菲尔铁塔相比，上巴黎去了。请

---

① "居民"是俄国反动记者，《新时报》撰稿人亚·亚·佳科夫的笔名。
② 契诃夫曾为 1889 年 1890 年两年的《百条集》日历提供了短篇小说，苏沃林为此答应给他"一桶葡萄酒"。
③ 1890 年的《百条集》日历上印有契诃夫和柯罗连科的肖像，契诃夫的肖像同当时正在欧洲旅行的波斯王纳塞尔-埃丁（1831—1896）的肖像并排印在一起。

您来莫斯科。我们一起去看戏。

您的　契诃夫

56　致阿·谢·苏沃林

1889年10月23日，莫斯科

　　我还是谈正经事儿。部长兄弟奥斯特洛夫斯基来过。他给您寄去了一包短篇小说和一袋画片。画得不好，但还可以。根据我的建议已经剔除了几幅画，您也淘汰它几幅吧，——这么做的话，书价会便宜一些。当我问到他的条件时，他说："一般的条件，就像您的条件一样……大家怎么样，我们也就怎么样，就是说百分之三十。"接着他吸完了一支蹩脚烟，烟浸润了全部家具，糟蹋了空气，他就走了……他是一个大好人。

　　在我们莫斯科出版了一本新杂志《演员》，它专门发表当前上演的剧本。杂志的封面相当好，但内容枯燥无味。杂志编辑部已经求过我20次，向我要发表在《新时报》上的轻松喜剧，而我每次都建议他们去求您。《演员》不想去找您，把此事委托我来做。您的意见怎样？如果您不同意，我不会损失一分钱，因为轻松喜剧发表时不会有稿酬；如果您同意，那么一定要他们在发表轻松喜剧时声明："这部轻松喜剧转载自第×期《新时报》。"否则就不发表，这就是我的意见。请您给我一封回信，我把您的信转给《演员》编辑部。《演员》不同意在发表时加一个说明。这是他们的事情。他们不要就算了，只是要他们别再提什么请求，这种请求已使我忙得不可开交了。

　　我为叶若夫高兴：他已经在《新时报》上发表作品。我顺便说一句，我并不知道他给您寄短篇小说。我没有读过这些小说的手稿。它们发表后我也没有读。如果我住在彼得堡，我会央求上您那儿去当小说部的编辑。我会对您和布列宁赞许了的短篇小说进行加工和润色，我也会保护那些看来是不中用的作品，它们经大幅度删节和校订后可以成为中等水平的作品。而我已经能够熟练地校订和删改手稿。我这么想，如果您不怕路远和无聊，请您用挂号邮件把您手头所有被您淘汰的小说寄给我。请您亲自交寄，不要委托别人办理，否则会毫无结果的。我读东西快。我记得，在一个冬夜我坐在您那里把柯尼①的一篇已遭淘汰的短篇小说修改后发表在《周末增刊》上，第二天许多人喜欢这个作品。

您那篇评述《心的力量》的文章写得很好，我喜欢，只是您不该提及《塔吉雅娜·列宾娜》，也不该提及一个什么人在什么地方指责过您。恺撒②的妻子不该受到怀疑，同样，像您这样的作家应该超脱于种种指责之上。再说您的做法也欠谨慎。既然文章一开头您就提到了《塔吉雅娜·列宾娜》，这样您也就自然而然地要同遭您责备的《心的力量》进行比较。

我给谢格洛夫写了信，说我为他的痛苦感到非常高兴。他这是活该！可不是么，使他悲伤的那个剧本正是由他的长篇小说《难题》改写而成的，就是说，这不是什么剧本，而是一种低劣做法。好端端的一部长篇小说，为什么一定要糟蹋它呢。而且这也是一种极端贫乏的表现，就好像没有什么题材可写了似的。

为了女人，当然，决斗，是不应该的，但也是可以的。爱情不是儿戏。如果为了女人而开枪决斗，那就是说对女人的态度是严肃的，而这一点是重要的。

我上次写信给您，并非谈我的中篇小说是好还是坏，而是说不该把人物发表的看法当作作品的 Status③，因为精髓不在种种看法之中，而在于这些看法的本性④。让它，让这部中篇小说见鬼去吧！它可能是一钱不值的，但问题并不在于它。

12 月 24 日我将庆祝我从事文学活动十周年。我能不能得到一名侍从？

---

① 叶·费·柯尼（1843—1892），著名俄国法律工作者阿·费·柯尼的兄长，为《新时报》、《闹钟》、《花絮》等撰稿。
② 恺撒（公元前 100—前 44），罗马的独裁者，统帅。
③ 拉丁文，意为：基础。
④ 见契诃夫在 1889 年 10 月 17 日写给苏沃林的信。

米沙①想写一部供孩子们读的历史长篇小说。

他想结婚。

我见到了薇洛奇卡·马梅舍娃②。她很幸福。

向安娜·伊万诺芙娜问好！

您的　安·契诃夫

请转告海③，希望他快一些康复；你们一起到莫斯科来吧！

57　致亚·谢·拉扎烈夫（格鲁津斯基）

1889 年 11 月 1 日，莫斯科

最善良的亚历山大·谢苗诺维奇！您的轻松喜剧④我已经收到，而且在顷刻间就读完了。这个剧本写得极好，但结构令人难以忍受。根本不适于上演。您自己想一想吧！达霞的第一个独白是完全不必要的，它像一个肉瘤讨厌地突出在那里。如果您想把达霞写成一个并非不重要的角色，如果这段使观众抱很大希望的独白是与剧本的内容和效果有关系，那么它倒会是合适的。在舞台上不可放一把装上了子弹的枪，如果没有什么人想开枪的话。不该让观众空抱希望。还是让达霞默不作声为好。

果尔希科夫话说得太多，以致卡沙洛托夫早已有一千次机会把他叫到一旁，悄悄地对他说："住嘴，老家伙！老婆在这儿呐！"但他不这么做……怎么会如此粗心大意呢？是性格特点吗？如果是性格特点，那最好加以说明……再说那个妻子，如果把她看作女主角，那么她就太贫乏了。她说话太少，少得可以让一个哑巴女演员来扮演她和达霞这两个角色。果尔希科夫这个人物写得好，只是他回忆往事的手法使人觉得有一点儿单调……要多一些使观众感到津津有味的东西，

---

① 指契诃夫的小弟弟米·巴·契诃夫（1865—1936）。

② 薇·瓦·马梅舍娃是苏沃林的连襟瓦·谢·马梅舍夫的女儿。

③ 指鲍·维·海依孟，《新时报》外事部主任。

④ 指拉扎烈夫-格鲁津斯基的第一部轻松喜剧《老朋友》。

多一些变化。例如，卡沙洛托夫谈到他所追求的女演员时，其语气就如同谈到纸牌和牢狱一样，语气的变化转换就如同算术级数一样……他满可以这么说："从前的女演员多好啊！就拿洛波列洛娃来说吧！她有才华、风度、姿色！她热烈得像一团火！求上帝保佑我的记忆，我有一次上你的房间去（你当时同她生活在一起），她正在练习自己扮演的角色……"等等。这种手法就是另一码事了。

一个精明的人处在您的地位的话，他会这样来安排剧本中的四个人物：一个得力的男角色，一个得力的女角色，另外两个角色当陪衬。您的剧本中已经有了一个得力的男角色，这就是果尔希科夫，而有力的女角色则可由妻子这个角色来改写，这一点容易做到。丈夫和达霞呢，应当把他们丢在一边。如果是我写的话，我就会这样写：丈夫走进房来，向妻子介绍自己在"里沃尔诺饭店"遇见的老友："亲爱的，你请他喝咖啡吧，我上银行去一趟，马上回来"；这时舞台上只剩下妻子和果尔希科夫；后者开始回忆往事，闲谈中泄露了本应该泄露的事情；丈夫回来了，他看到破碎的餐具和由于害怕而藏身桌下的老朋友；结局是：果尔希科夫感动而兴奋地看着狂怒的夫人说："太太，您会成为一个出色的悲剧演员！该由您来演美狄亚①才好呢！"夫妇俩争吵互骂，而果尔希科夫念着《李尔王》中那段可怕的独白，好像是一场暴风雨就在眼前……或者是别的类似的什么……再下我就不管了。

这就是我的意见。我等着您来信。请您选择：或者是我把现在这个样子的剧本送出去，因为即使是这个样子它也会发表，它毕竟比千百本别的轻松喜剧好一些，或者是我把剧本寄回，由您修改。没有必要着急，您还会同您夫人一起听到许多掌声的。

您当真在季格尔②家丢了钱？请您别开这种玩笑。

您打算为《周末增刊》撰稿，这使我感到高兴。如果我活着看不

①《美狄亚》是古希腊著名悲剧作家欧里庇得斯的名作，美狄亚是其中的一个能爱能恨的女主角。
② A. 季格尔是莫斯科银行营业所主人。

到的话，我的子孙会见到的，——因此我还要向您致谢。

祝愿您身体健康！

如果您不给我寄来邮票，那么无论是我还是文学，都不会因而蒙受损害。您这算是什么忘我精神？好像我真像泼留希金①似的，或者好像是真是穷得像第欧根尼②一样似的。您是否还打算顺便寄一些信笺和信封来呢？

我在读您的短篇小说。我发现您进步很大。只是请您抛弃"库齐亚"、"谢明"们的名字③以及您笔下的人物所具有的市侩——文官式的风度和腔调。要多一些花边儿、白芷香、丁香花，多一些管弦乐和响亮动听的言语……就是说，请您写得色泽鲜明一些。您的面貌已经形成，我为此向您表示庆贺。这很好，我为您的成就感到高兴。

祝您健康。向您夫人问好。

您的　安·契诃夫

您什么时候来？

请来信。

西伯利亚有一个巴拉汉斯克市④。

58　致玛·符·基谢廖娃

1889 年 12 月 3 日，莫斯科

非常尊敬的玛丽娅·符拉其米罗芙娜！

今天早晨从乌鲁索夫公爵⑤那儿来了一个滑头家伙，他请求我为乌鲁索夫公爵出版的《猎人》杂志写一篇短篇小说。当然，我拒绝

---

① 泼留希金是果戈理长篇小说《死魂灵》中的一个守财奴。

② 第欧根尼（锡诺伯的）（公元前约 400—前 325），古希腊犬儒哲学家，传说他生活在木桶中。

③ 拉扎烈夫-格鲁津斯基在他的作品中常常用"库齐亚"、"谢明-谢明诺维奇"等名字。

④ 在拉扎烈夫-格鲁津斯基的短篇小说《演员》中，故事发生在巴拉汉斯克市。

⑤ B. JI. 乌鲁索夫，莫斯科狩猎画报（周刊）的编者和发行者。

了，就像我拒绝所有到我台座下乞求的人一样。当今俄国有两座不可企及的高峰：厄尔布鲁士山顶峰和我。

公爵的使者遭到拒绝后很伤心，差点儿伤心死了，到后来他求我向他介绍几位熟悉狩猎生活的小说家。我想一下，非常凑巧地想到了一位女作家，她向往着能有一座纪念碑，而由于羡慕我的文学声誉她已经病了一年。简短一些说，我把您的地址给了他，因此日内您将会得到约请，要您在1月份以前写好一篇以狩猎为题材的作品，当然，篇幅不要大，但要充满诗情和画意。您不止一次地观察过狩猎，观察过养狗打猎的人等等，因此要写出一篇合适的东西来，这不会使您感到困难。比方说，您可以写一篇随笔《伊万·加甫里洛夫》或《受伤的麋鹿》。如果您没有忘记，在后面一篇作品里可以写，猎人们打伤了一头麋鹿，它像人一样注视着猎手，因而没有一个人下得了狠心把它杀死。这个题材不错，但很难避免感伤情调，从这方面来说它又是一个危险的题材，应当像作记录似的写，不用凄惨和怜悯的字眼，而且可以这样来开头："某天猎人们在达拉加诺甫斯克森林中打伤了一头幼小的麋鹿"……而如果您要洒下几滴眼泪，那您会使这个题材失去它的严峻性以及一切值得注意的东西……

我这是在教您写作了。您会说，真是傲慢无礼！就算是这么吧！您想象不出，意识到自己了不起以及对嫉妒者幸灾乐祸，——这会是一种多大的乐趣！

如果乌鲁索夫约您撰稿，而您又表示同意，那么别忘了在回信中写上："又及，至于说到我的条件，那么对您的杂志我也不能例外，我要求一印张30—100卢布的稿酬，而这是一般的杂志稿酬。"

您还不该恢复健康吗？

我患上了真正的流行性感冒。

请转达我对阿历克塞·谢尔盖耶维奇、瓦西丽莎和叶利扎维塔·亚历山大洛芙娜的衷心问候。

诚挚地忠实于您的　安·契诃夫

我们全家都向您问好。

59 致阿·谢·苏沃林

1889 年 12 月 20 日左右，莫斯科

〈……〉① 随笔、杂文、蠢话、轻松喜剧、枯燥乏味的故事我写过不少，有过许多错误和荒诞不经的东西，用完了好几个普特的纸张，得过科学院奖金，过着波将金式的生活，——然而却没有一行在我心目中是有严肃的文学意义的东西。我从事过大量的紧张工作，但没有认真地劳动过一分钟。目前我读完了别热茨基写的《家庭悲剧》，这个短篇小说在我心目中引起了类似对作者的怜悯心的东西，当我看到自己写的书时，我也体验到同样的感觉。在这种感觉中合乎真情的东西只有苍蝇般大的一点儿，但我的多疑性以及对别人劳动成果的羡慕心把它夸张到了巨象那般大。我非常想藏到一个什么地方去，藏上四五年，从事仔细而又认真的劳动。我应当学习，一切都从头学起，因为我，作为一个文学家来说，是一个十十足足的外行，我应该认真负责地写作，有感情、有理智地写，不是每个月写五个印张，而是五个月写一个印张。应该离开家，开始过一种每年花七百至九百卢布的生活，而不是像现在这样每年耗费三四千个卢布。对许多事情应该毫不在乎，但在我身上乌克兰人的怠惰性比果敢精神更强一些。

把《林妖》卖给了阿布拉莫夫。这是不应该的。我那颓唐的心灵是这么判断的：这样钱就够三四个月用了。这就是我这个乌克兰人的逻辑。唉，现在的青年人变得多么令人讨厌呀！

我们家里人的病都好了。我也已经不咳嗽了。十分想同您见面。我大约在 1 月初上您那儿去。

现在日间变长了。气候在向春天转了，而冬天还没有见到过。

1 月里我将 30 岁了。真糟糕。而我的心情却是这样的：好像我才22 岁。

---

① 信的开头部分未保存下来。

您别生病。也请您转告安娜·伊万诺芙娜，让她把自己的疾病送给别人吧！

我是否该到彼得堡去迎接新年呢？

您的　安·契诃夫

60　致阿·尼·普列谢耶夫

1889 年 12 月 25 日，莫斯科

您好，亲爱的阿历克塞·尼古拉耶维奇，向您祝贺圣诞节，也祝贺即将来临的新年！

我还是从头说起吧。有一次我在《演员》杂志编辑部，碰上一个编辑，他正在翻阅您的译作《生存竞争》①。编辑旁边还坐着一个人，样子像编辑部秘书或戈尔采夫。两个人坐在那里议论，说不准备发表您的译作。我担心他们可别向您瞎说一通，我请他们允许我坐下给您写信，把您译作的下落告诉您：将发表玛捷尔恩②的译文，早已答应他了。因此我感到十分奇怪，这个编辑部如此没有头脑，他们大约已经知道您的译作不可能发表，还给您找麻烦。我骂了他们一顿。现在再谈阿布拉莫娃的戏院。就我对索洛甫佐夫③及其伙伴的了解来看，他们根本不会上演《生存竞争》，虽然他们撒谎说节日后一定上演。总之一句话，《生存竞争》的最好译本将完全落空，这使我感到十分气愤。除了您的译本，我还知道有三个译本，它们在外省已经派了用场，译文不好，语言粗糙……听说，在柯尔希剧院上演的译本糟糕得令人好笑。这种情形，真见鬼！

---

① 是法国作家阿·都德的一个剧本。
② 艾·艾·玛捷尔恩（1854—1938），俄国剧本翻译家。
③ 即尼·尼·费多罗夫（1857—1902），俄国演员、导演，1889—1890 年间是阿勒拉莫娃戏院的经纪人。

悲剧《斯特鲁恩泽》①我已经收到。由衷地感谢您。我已经读完了。是一个好剧本，颇有色彩，像德国的托盘彩画。例如，描绘牧师的一些场景……剧本的结局我不满意。但总的说来我喜欢这个剧本。俄国也需要有自己的斯特鲁恩泽，就像它一度需要过斯佩兰斯基②一样……像拉恩察乌③这样的老爷们在我国有时在首席贵族中、在地方自治会和军队中都可以看到，但在彼得堡没有这种人。然而在彼得堡有许多凯莱尔④和宫廷太太，这些人在一切宫廷和所有剧本中都同样地平庸和有害。

我急切地想上彼得堡您那儿去，但是在戏剧家协会的会员会议召开前我走不了，我作为协会委员会的成员应该参加这个会议。这个会什么时候开，现在还不知道。大约是在1月初吧。在你们彼得堡开的会议上，对许多事情没有弄明白，而且把许多东西都搞乱了，因而要澄清倒是一件难事。我懊悔当初没有去彼得堡，委员会成员中倒是应该有人参加你们那儿的会议并作出说明的。待见面后我再告诉您，是怎么一回事。

12月27日我的《林妖》将在阿布拉莫娃剧院演出。

我看过排练。男演员总的说来我还喜欢，女演员我尚未看透。看来演出是会活跃的，演员们喜欢这个剧本。关于剧本的发表问题我们也在见面时谈。从排练的情况来看，这个戏在外省会受欢迎的，因为有许多喜剧因素，而人物都是活生生的，是外省人所熟悉的。

今年莫斯科的冬天糟透了。没有下雪。

我们家里人都很健康，我的身体也好。流行性感冒都已痊愈。您的近况怎样？您家的人都好吗？常常见到让·谢格洛夫吗？

我头痛。我要去散散步，呼吸一下新鲜空气。

我们家里人都问候您！妹妹问您好，并向您表示祝贺。我向你们

---

① 德国诗人和戏剧家米·贝尔（1800—1833）写的一部悲剧，由普列谢耶夫自德文译出。
② 米·米·斯佩兰斯基（1772—1839），俄国国务活动家，1808年起是沙皇亚历山大一世的亲信，主张自由主义改革。
③④ 悲剧《斯特鲁恩泽》中的人物。

全家人致敬，我祈求苍天，要它护佑你们一家不受任何敌人和恶棍的袭击。祝您万事如意！

你的　安·契诃夫

61　致阿·谢·苏沃林

1889 年 12 月 27 日，莫斯科

许多少女和天真纯洁的青年把他们的作品拿到我这里来；我从一大堆废物中选出一个短篇小说，作了一些改正，现在把它寄给您。请您读一读。一个小作品，不矫揉造作。也许，它对《周末增刊》来说会是合适的。这作品的题目是：《公证人果尔舒科夫的早晨》①。

我以让·谢格洛夫请求您同他谈戏剧的语气，求您"请允许我同您谈一谈文学!"在一封最近写给您的信②中，我同您谈到了托尔斯泰和布尔热，当时我想得最少的是美丽的宫女，是作家只该描写平静愉快的生活。我只是想说，那些我喜欢的当代最优秀的作家都在为恶效劳，因为他们都在破坏。他们中有些人，例如托尔斯泰，说："别享用女人，因为她们都有白带；妻子可厌，因为她口中有一种气味；生活是彻头彻尾的伪善和欺骗，因为人每天清晨要灌肠，而在临终前痛苦地坐在病人用的便壶上，并且看到自己瘦削的大腿。"而另一些人呢，他们还不是阳痿病患者，还没有餍足于肉欲，但都已经厌倦于精神生活，他们把自己的幻想发挥到令人头晕眼花的程度，并且发明了一个根本不存在的半神西克斯特和"心理"实验。不错，布尔热安排了一个圆满的结局，但这种陈腐的结局很快就被忘掉，而留在人们记忆中的只是西克斯特和"实验"，这些实验一下子杀害一百

---

① 指 И. 古尔里亚恩特的短篇小说，它后来发表在 1890 年 1 月 6 日的《新时报》上。
② 有可能是指 1889 年 12 月 20 日左右写给苏沃林的那封信的未保留下来的开头部分。

只兔子。他们破坏科学在群众心目中的声誉，而科学有如恺撒的妻子，是不该遭到怀疑的。他们还从作家尊严的高度鄙视良心、自由、爱情、荣誉和道德，使群众深信这一切遏制人身上的兽性，使之区别于狗，这一切经过长期与自然界斗争才获得的一切东西的名誉都会很快地被"实验"所破坏，如果不是在现在，那就是在将来会遭到破坏。难道这类作家"当真在叫人们寻求美好的东西，叫人们思考并确认恶劣为恶劣不成"？难道他们是在叫人们"更新和复兴"？不，他们是在使法国堕落，而在我国呢，他们是在协助魔鬼繁殖懦弱的无气节的人，这种人我们称之为知识分子。这个知识阶层萎靡、颓唐、冷漠无情，懒洋洋地空谈哲理，它怎么也设想不出一个像样的钞票图案，它不爱国，垂头丧气，平庸无力，喝上一小杯酒就会醉，常常游逛花 50 戈比就可入内的妓院；它发牢骚，乐于否定一切，因为对懒于动脑的人来说，否定比肯定更容易一些；它不结婚，不肯教育孩子，等等。颓唐的心灵，萎靡的肌肉，缺乏运动，思想摇摆，而所有这一切都是由于：生活没意思，女人有白带，金钱是罪恶。

哪里有堕落和消沉，哪里就会有性欲反常，冷漠腐化，堕胎流产，未老先衰，怨天尤人的青年，就会有艺术堕落，不关心科学，就会有各式各样的不公平。一个不相信上帝，但又害怕先兆和鬼怪的社会，一个否定一切医生但又假惺惺地哀悼包特金和崇拜扎哈陵①的社会，它绝不敢吭一声，说它是知道公正的。

德国没有布尔热和托尔斯泰这样的作家，这是它的幸运。在德国有科学，有爱国主义，有好的外交家，什么都有。它会打败法国，而法国的一些作家将会是它的盟友。

有人妨碍我写信，否则我今天会给您写上五大印张。以后有机会再写吧！

今天上演《林妖》。第四幕是崭新的。它之所以会有这一幕，要感谢您和符拉其米尔·涅米罗维奇-丹钦科，他在读完这个剧本之后，

_____

① 格·安·扎哈陵（1829—1897），俄国内科医学家。

给我提了一些很有实际意义的指示。男演员们不懂自己的角色，演得倒不错；女演员们理解自己的角色，却演得很糟糕。关于我的剧本的演出情况，无聊的菲利波夫①一定会写信告诉您的，几天前他还问我要过给您写信用的题材。真是一些无聊的人。

祝您节日好。

您的　安·契诃夫

由衷地问候你们全家。

62　致费·亚·库马宁②

1890年1月8日，彼得堡

最善良的费多尔·亚历山大洛维奇，您的信我已经收到，给您回信时我首先向您祝贺新年，祝您幸福，祝您有五千名新订户。

我离家的时候，请我弟弟到索洛甫佐夫处将已经过书报检查的《林妖》全文拿回。现在我们当然来不及把它刊登在1月号上了。如果您尚未将校样寄出，那就请您等一等，我将在1月12至13日到达。我把校样读完后，作一些修改，从莫斯科寄给书报检查处。

现在我有一个请求：您别刊登《林妖》了!! 对于《演员》这本杂志来说，《林妖》完全没有任何价值，因为莫斯科的观众不喜欢这个戏，演员们局促不安，记者们破口大骂……您把它还给我吧，它在《演员》杂志上不会引起人们注意，不会给任何人带来好处，而您的二百卢布将会像丢在水中一样。我再重复一遍：我的《林妖》对《演员》杂志没有价值。

如果您听取我的请求，我将永生永世感谢您，我将给您写短篇小说，您要多少，我就给您写多少，哪怕是一百二十万篇也行。

我认真地请求您。如果您同意的话，请快一点给我回信。如果您

---

① 谢·尼·菲利波夫（1863—1910），俄国戏剧评论家，小说家。
② 费·亚·库马宁（1855—1896），俄国戏剧批评家，《演员》杂志出版者。

不同意，那就会伤我的心，使我非常痛苦，因为这样会使我失去修改《林妖》的可能。如果已经开始排版，那么我来付排版费。否则我就投河，我就上吊……您想要怎么样……

什么时候到姑娘们那里去呢？

彼得堡的天气真要命。大家乘雪橇，可是没有雪。这不是天气，而是一种什么手淫。

祝您健康

您的　安·契诃夫

63　致尼·米·叶若夫

1890年1月23日，彼得堡

最善良的尼古拉·米哈伊洛维奇，请您原谅，我这么久没有给您回信。我一直打算去莫斯科，所以就寄希望于面谈，向您作口头答复。

（1）《人鱼公主》将刊登在《新时报》上。

（2）给您加了一个戈比的稿费。现在您写每一行字将得到八戈比稿费。

（3）已经吩咐给您寄报纸。

我非常喜欢《人鱼公主》，虽说您在写人鱼公主的父亲讲故事时有点儿落入了柯罗连科的调子（《森林在喧哗》）。您明显地进步了，说真心话，对此我感到非常高兴。您要多读一些书，您要在自己的语言上多下功夫，您的语言还显得粗糙和造作，换句话说，您应该培养自己对优美语言的鉴别能力，就像有些人培养自己对木刻、对动听的音乐等等的鉴别能力那样。您要多读一些严肃的书，因为这些书中的语言比小说中的语言更严谨和规矩，而且在读书过程中您同时也就积累了一些知识，这些知识对于一个作家来说不会是多余的。

这一建议可算是给您的下酒菜！

苏沃林向您表示歉意，他至今尚未吩咐给您寄报纸。

向您的妻子问好！

真诚地忠实于您的 安·契诃夫

您常去我们家吗？

64 致阿·尼·普列谢耶夫

1890 年 2 月 15 日，莫斯科

我一收到您的来信，亲爱的阿历克塞·尼古拉耶维奇，就给您回信。您的命名日已经过了吗？真是，我把它忘记了！！请您原谅，亲爱的，也请您接受我迟延了的祝贺。

难道您不喜欢《克莱采奏鸣曲》吗？我不说这是一部天才的不朽的作品，我在这方面不是裁判员，但是我认为，在当今国内外所创作的大量作品中，未必能找到在构思的重大性以及写作的美妙方面可以与之媲美的东西。且不谈这篇作品的艺术性，在艺术上它的一些地方确实是惊人的，只为这部中篇小说极其启发人思考这一点，我们就该感谢它。在读这篇小说时，很难抑制自己不喊出声来："这是真的！"或者"这真荒谬！"当然，这个作品也有它的一些令人遗憾的缺点。除了您所列举的那些缺点之外，还有一点是我们不想原谅作者的，那就是大胆，托尔斯泰大胆地解释他所不知道的东西，大胆地解释由于他固执而不愿意理解的东西。例如，他关于梅毒的说法，关于育婴堂的见解，关于女人厌恶交媾的说法等等，这些说法不仅是可以争辩的，而且还直接暴露了他的无知，在漫长的一生中都没有花力气读两三本专家撰写的书籍。但是，不管怎样，这些缺点好像羽毛遇到风一样都飞散了，这篇小说的优点遮盖了缺陷，你即使看出了这些缺点，也只是惋惜地想：这篇小说也未能避免人世间一切事情的必然命运——一切事情全都不是尽善尽美、没有瑕疵的。

我的彼得堡朋友和熟人们在生我的气。为什么呢？是因为我很少在他们中间讨他们厌吗？而我自己早就对此感到厌烦了。请您使他们的头脑冷静下来，请告诉他们，我在彼得堡吃过多次午饭和晚餐，但我没有吸引任何一个女人，我每天都深信我会乘晚间的特快列车离去，但是朋友们和《海军文集》①把我留下了，我得把《海军文集》全部读完，从 1852 年读起。我在彼得堡住了一个月，做完了我的年轻朋友们一年也做不完的事。不过，让他们去生气吧！

小苏沃林为了开玩笑，给我们家里人发了个电报，说我和谢格洛夫一起骑马到莫斯科去了，而我们家的人却都相信了。至于说各个部派了三万五千个信使到我这里来②，约请我当萨哈林岛的总督，那么这纯属一派胡言。我弟弟米沙写信给林特瓦列夫夫妇说，我正张罗着去萨哈林的事，他们显然把这一点理解错了。如果您见到加尔金-弗拉斯基，请他别为给他的报告③写书评这件事过分操心。我将在自己的书中详细地谈到他的报告，使他的名字永垂于世。他的报告并不怎么的：资料极好，而且很丰富，但写报告的官吏们不善于使用这些材料。

我整天坐着读材料，作札记。在头脑中和纸张上除了萨哈林以外，没有任何别的东西。精神错乱。Mania Sachalinosa④。

不久前，我在叶尔莫洛娃家吃饭。看到一朵杂在石竹花束中的野花，由于良好环境的影响它也变得更芬芳了。我也是如此，在明星家里吃了一顿午饭，之后整整两天感到自己脑袋周围有一个光环。

我在读莫·柴可夫斯基⑤的《交响乐》⑥。我很喜欢它。读完后就形成了十分明确的印象。这部作品该会获得成功的。

再见吧，亲爱的，请到我这里来。向您家里人问好。我妹妹和母

---

① 《海军文集》是俄国海军发行的一种月刊。1848 年在彼得堡创刊，1918 年以后改在莫斯科出版。
② 这个说法借自果戈理的喜剧《钦差大臣》第 3 幕中的赫列斯达科夫的独白。
③ 这里讲的"报告"指的是《监狱总局十年工作：述评，1879—1889》，而米·尼·加尔金-弗拉斯基（1834—?）则是俄国内务部监狱总局局长。契诃夫去萨哈林之前，曾请他为之出具证明，但结果他只字未写。
④ 意为：萨哈林岛迷。
⑤ 莫·伊·柴可夫斯基（1850—1916），俄国剧作家，他是著名作曲家彼·伊·柴可夫斯基的弟弟。
⑥ 这是莫·伊·柴可夫斯基创作的一部五幕话剧。

亲问您好。

您的　安·契诃夫

65　致莫·伊·柴可夫斯基

1890 年 2 月 16 日，莫斯科

　　亲爱的莫杰斯特·伊里奇，您的《交响乐》我很喜欢。我只有刚从剧院回来以后才会评判剧本的舞台美，因此请允许我现在不谈这一点。这部剧作的文学价值是毋庸置疑的。这是一部明顺通达、文化水平很高的剧本，它是用出色的语言写成的，给人以非常明确的印象。虽然有一半人物似乎是不典型的，而诸如米洛契卡这类人物又不过稍许触及，但生活画面鲜明，看了您的剧本，我现在对我原先不了解的那个阶层有了认识。这是一部有益的剧本。只可惜我不是批评家，否则我会给您写一封长信，论证您的剧本是一个好剧本。

　　好像是您曾经说过，观众会看不懂您的剧本，因为它描绘的是一个特殊的阶层。我在读这个剧本的时候，我承认，我曾经预料剧本中会有过分的地方，但是除了"交响乐、"歌剧"、"旋律"这几个字眼外，任何特殊的东西我都没有找到，因此我胆敢不同意您的顾虑。

　　叶莲娜这个人物写得好，虽然她在有的地方用男子的语言说话。正是由于她讲话风格像男人，所以她那段回忆曼海①的女歌手的话就不够热情。换了我的话，我会以另一种方式安排这段回忆中的标点符号，例如，在"手中拿着一个小小的手提包"这几个字后面我会打上省略号，然后我会把代名词"她"删去。不过，如果像叶莲娜这样的歌女都在男性化起来，那么我就说得不对了。这一切全是小节……

　　雅德林采夫像苏沃林作品中的阿达金夫②，霍迪科夫这个人物写得好极啦，大叔是个可爱的畜生……我最喜欢的是第一、二、五幕，

───────────

① 属今联邦德国境内的一个城市，位于莱茵河畔。
② 苏沃林的剧本《塔吉雅娜·列宾娜》中的一个人物。

最不喜欢的是第三幕，在这一幕中米洛契卡没有说过一句生动形象的长句子，好像总是在呜咽……结尾机智俏皮，不可能想出更好的结局了。

应该让斯沃包金演霍迪科夫这个角色。

我在想，您的《交响乐》在我们的小剧院上演的话，一定会演得很好。我们这儿的演员善于在舞台上交谈，而这一点是很重要的。他们会把第二幕演得妙趣横生的。

请原谅，鬼知道我写了些什么，前言不搭后语。我不善于表达自己的意见，虽然我也算是个文学家。

我将在 4 月份去萨哈林。如果您在这个时候以前来莫斯科，那么我恳请您光临我家。祝您身体健康！请您别忘记了您的崇拜者，别忘记了您有时同他一起小酌的酒友。

安·契诃夫

66 致亚·谢·拉扎烈夫（格鲁津斯基）

1890 年 3 月 13 日，莫斯科

最善良的亚历山大·谢苗诺维奇，现在我把您的邮票还给您，但不是原封不动，而是已经贴在这封信的信封上了。您写给苏沃林的信我把它打发到字纸篓里去了，但事先把干净的半页信笺撕了下来。我之所以作如此野蛮的处理，其原因在于：（1）取稿费不该写信给苏沃林，而应把信寄到办公室（涅瓦大街 38 号）去，在苏沃林那儿您的信会有搁置起来的危险；（2）所有的撰稿者（除了莎士比亚和我之外）最初在《新时报》发表短篇小说的稿费都是每行五戈比，这是一条规矩，很少很少破例。您想为您的小说《私奔》得每行七八戈比的稿费，想让我的说情能在这方面起作用，您就得再写两三篇短篇小说，然后开一个总账单。请您听我的话！

您的《私奔》是不错的，但写得太马虎了。您小说中有一个人既叫阿尼卡，又叫普罗霍尔。我改呀，改呀，但最后还是漏掉了一个普罗霍尔没改正过来。他还是留下来了，大概引起了不只是一个细心的读者的困惑。此外您还要把句子组织好，使之更生动和有味一些，否则您造的句子就像一根串连熏鲜鱼的棍子。一篇短篇小说应当写上它五六天，而且要一直想着它，否则您永远也写不出好的句子来。一个句子在写到纸上以前，应该让它在脑中存放一两天，让它油一油。很自然，我由于懒惰而没有遵守这条规则，但我十分乐于向你们年轻人推荐这条规则。因为我亲身体验过它的医疗作用，而且因为我知道，所有真正的写作大师的手稿都是涂了又涂、划来划去、剪剪贴贴的，而剪贴之处也是又涂又改的……

叶若夫常来我家。他倒霉：妻子病了。看来他的情况不妙，但他并不沮丧。

给《周末增刊》的稿子快一些写，您不要偷懒，也不要学那种小市民的样子：每天早晨在穿皮靴前总要久久地哎呀、啊唷一阵，而且还要搔搔腰。

祝您健康，愿上帝保佑您！

您的　安·契诃夫

我会给胡杰科夫写信的，请您放心！

67　致莫·伊·柴可夫斯基

1890 年 3 月 16 日，莫斯科

请允许我把第十三只燕子划去，亲爱的莫杰斯特·伊里奇："十三"是一个不吉利的数目。前几天《演员》杂志的编辑来找我，要我说尽一切好话，让您的《交响乐》在明年戏剧季节开始时发表在他的杂志上。我问他："您付过多少稿费？"他回答说："稿费不多，因为没有钱。"不管怎样，如果您同意的话，那么请您注意，为每一部在国家剧院舞台上演出的创作剧本，《演员》杂志支付 150 到 250 卢布稿费。（不是按印张数，而是按整个剧本付稿费，这些畜生！）由于

《交响乐》已经在拉索欣①的石印本上发表过，已经失去"童贞"，所以他们不会给250卢布的。您是否同意，请回信告诉我，但您别下保证，因为在入秋前您的计划可能会有变动，我建议您给他们一个模棱两可的回答。您就说，我将会考虑你们的要求。对他们来说这就够了。

我呆在家里，足不出户。我在读材料：1883年萨哈林岛上煤价是多少钱一吨，而上海煤是多少钱一吨；我还在读有关振幅、NO、NW、SO②以及其它风向的书籍，当我将在萨哈林岛的海岸旁观察我自己的晕船病时，这些风将向我吹来；我在读有关土壤、母岩和亚砂土等的资料。不过，我尚未发疯，昨天我甚至还给《新时报》寄去一篇短篇小说，很快我将把《林妖》给《北方通报》寄去。我很不乐于做后面这件事，因为我不喜欢看到自己的剧本发表出来。

过一个半至两个星期，我献给彼得·伊里奇的一本小册子③将要问世。我愿意当一名荣誉卫兵，日日夜夜地守在彼得·伊里奇的住房的台阶旁，我是多么地尊敬他啊。如果要讲等级的话，那么他在俄国文艺界占着第二个席位，仅次于早就独占鳌头的列夫·托尔斯泰。（第三个位置我给列宾，而我自己则排在第九十八位④）。我心中早已藏有一个大胆的宿愿：敬献一点什么给彼得·伊里奇。我想过，向他献书会稍稍地最低限度地表现出我对他的杰出才华的巨大评价，由于我这个不高明的作家没有音乐才能，我不能把这评价在纸上写出来。遗憾的是，我不得不以我并不认为是最好的一本书来实现我的宿愿。这本书是由一些特殊郁闷的精神病理学性质的随笔组成，而且它还有一个郁闷的名称，因此我这次奉献对彼得·伊里奇的崇拜者们以及他本人来说会是完全不合口味的。

---

① 谢·费·拉索欣（1851—1929），俄国戏剧活动家，编辑出版过许多石印版的剧本，其中也有契诃夫的剧本，总称为《拉索欣戏剧丛书》。
② 英语，意为：东北风，西北风，东南风。
③ 指契诃夫的短篇小说集《郁闷的人们》的第2版。
④ 莫·伊·柴可夫斯基在回信中说，他同意排到第三位，而第四个位置先让它空着，他估计这个位置将由医生契诃夫来占据。

您是一个契诃夫研究者？真不敢当。不，您不是契诃夫研究者，您不过是一个宽厚大度的人。祝您身体健康、诸事顺遂。

您的　安·契诃夫

莫斯科，库特利诺——这是地址。

68　致伊·列·列昂捷耶夫（谢格洛夫）

1890 年 3 月 22 日，莫斯科

　　您好，亲爱的让，谢谢您寄来了一封长信，也谢谢您信中充满的善意。我将高兴地阅读您的军事题材短篇小说。它将发表在复活节那一期上吗？我已经好久没有读您的和我自己的东西了。

　　您信中写道，您想狠狠地同我争吵一番，"尤其是在一些有关道德和艺术性的问题上"。您含糊地谈到我的一些什么罪过，应该受朋友的指责，您甚至还吓唬我说"要在报纸上大肆批评"①。如果把"艺术性"这个词去掉，那么放在括号之中的整个句子会明确一些，但是它的意思，说实在话，着实使我困惑不解。让，这是怎么一回事？我该如何理解？难道在道德观念上我和像您这样的好人有分歧？而且分歧是如此之大，以致我应该受到指责和特别的有影响的批评？说您指的是某种深奥的最高的道德吧，对此我不能理解，因为没有什么低级的、高级的和中级的道德，道德又只有一种，这就是很久以前给了我们耶稣，而今天不让我、您和巴兰采维奇偷窃、侮辱和撒谎等等的道德。如果可以相信我的安宁的良心的话，那么我一生中无论在言论和行动上，无论在思想和小说中，抑或是在轻松喜剧中都从未想占有他人的妻子、奴隶、耕牛和任何牲畜，我从未偷窃过，从未口是心非过，从未向强者献媚和谋求过什么，从未敲诈勒索过，也从未靠

------

① 列昂捷耶夫不满意契诃夫创作中出现的新倾向，说他失去了对自然景色的兴致，他认为《枯燥乏味的故事》和《神经错乱》是"臆造出来的枯燥无味的"东西，他责怪契诃夫违反了"创造吧，别自作聪明"这条艺术戒律。

姘妇养活过。不错，我消耗了我的一生，我欣喜若狂过，我贪食和暴饮过，我生活放荡过，但这一切都是我个人的事，它们并不妨碍我有权认为，在道德上并不以我的长处或缺点区别于普通平常的人们。我既没有丰功伟绩，也未干下流勾当，我是和大多数人一样的人。我有许多过错，但在道德上我并不欠债，因为这些过错给我引来了许多困窘和难堪，而这许多困窘和难堪也就是我为自己的过错付出的绰绰有余的代价。如果您因为我不是英雄而要狠狠地同我争吵一番，那么就请您把这股狠劲扔到窗外去吧，并把您的骂人话换作您可爱的悲剧式的笑声——这样会更好一些。

我害怕"艺术性"这个词，就像商人的老婆害怕那燃烧着的硫磺或树脂①一样。如果别人向我谈论有艺术性的或反艺术性的东西，谈论适宜或不适宜于舞台演出的东西，谈论倾向、现实主义等等，我就会手足无措，犹豫地随声附和，回答一些平庸无味和似是而非的话，这些话就连一个铜板也不值。我把所有的作品分成两种：一种是我喜欢的，而另一种是我不喜欢的。别的标准我没有，而如果您问我，为什么我喜欢莎士比亚，而不喜欢兹拉托符拉茨基，那么我回答不出这个问题。也许，随着时间的推移我会变得聪明一些，那时我会有一个标准，但目前一切关于"艺术性"的谈论都只能使我厌倦，我觉得它们是那种烦琐的谈话的继续，在中世纪人们常以这种谈话使自己腻烦。

如果批评界知道我所不知道的东西，而您是借其威望来说话的，那为什么它至今保持沉默？为什么它不向我们揭示真理和颠扑不破的规律呢？如果批评界知道这些，那么，请您相信，它早就会给我们指出一条道路，而我们也就会知道：我们该怎么办。福法诺夫也就不会呆在疯人院里，迦尔洵会活到今天，巴兰采维奇不会忧郁苦闷，我们也不会像现在这样烦恼和愁闷，您不会老是想上戏院，而我呢，我也不会一心想去萨哈林了……但是批评界庄重地缄口不言，或者是只以一些空洞糟糕的废话来敷衍了事。如果这个批评界在您看来

---

① 据基督教的说法，在地狱中用这来焚烧罪人。

是有影响的，那么这只是因为它愚蠢、不谦虚、粗鲁和大吹大擂，因它是一只空桶，你不由自主地要听到它发出的声响①……

不过，管它这一切干吗？我们还是来谈谈别的什么事吧。请您不要对我的萨哈林之行寄什么文学方面的希望。我去不是为了进行观察，不是为了什么体验，而不过是为了过上半年不同于我至今所过的生活。别指望我，大汉，我如果来得及并且能够做出一些什么，那就感谢上帝，不然的话，也请您别加追究。

过了复活节，我就动身。我会及时将我在萨哈林的地址告诉您，并将给您作出详细说明。

我们全家问您好，而我问候您的妻子。

亲爱的长胡子上尉，祝您身体健康、诸事顺遂。

您的　安·契诃夫

69　致阿·谢·苏沃林

1890 年 4 月 1 日，莫斯科

耶稣复活了！向您祝贺，亲爱的，也向所有您的亲人祝贺，并祝愿你们幸福。

我将在复活节后的第一个礼拜中出发，或者稍许迟几天，这要看卡马河什么时候解冻通航。不久我将开始告别性访问。动身前我将求您提供记者表格和款项。记者表格请您寄来，至于钱，那还得等一等，因为我不知道，我需要多少钱。我现在正在向土地收集归我所有的资金，尚未收齐，收齐后就清楚我还缺什么了。

家庭生活费用已经安排到 10 月份，在这方面我已经安心了。

是的，叶若夫有些粗鲁。他是一个平民百姓，相当缺乏教养，但

---

① 俄国寓言家克雷洛夫写过一篇题为《两只桶》的寓言。两只桶在地上滚动，一只桶内盛着葡萄酒，它滚动时毫无声响。另一只桶滚动时发出巨大响声，但桶内却空空如也，什么东西也没有。

他并不愚蠢，他正派。他一年比一年写得好，这一点我可以证明。您信中说，他的一篇杂文受人欢迎。如果您说的是那篇讲一个神甫的杂文，那我要急忙声明：我没有修改过这篇杂文。我认为，叶若夫作为一个工作人员，现在他不值什么钱，但过上五至十年，当他年长一些以后，他会是一个有用的人。主要的是他为人正派，又不酗酒。还有另一个人，拉扎烈夫，这也是一个好人。

昨天我把阿历克塞·阿历克塞耶维奇的来信读给叶若夫听，信中写道，您提出预支给叶若夫一百卢布。叶若夫的妻子在生肺病，需要把她送到南方去休养，所以他不会拒绝您的预付款项，而会认为它来得及时。他请求您把一百卢布给他寄去，他还请求，要办公室在扣留预付款项时别把全部稿费都扣除了，而只扣除稿费的一半。这一切都很好。但我请求您允许我干预一下这件事情：请别在现在，而是在他动身前把预付款给他。如果您同意的话，他来向我告别时，由我来给他一百卢布。提前付给他不行，因为他会把钱七花八花地花光，而他的生肺病的妻子就只好乘三等车了。

现在来谈有关奥斯特洛夫斯基的事。请您给我一个答复。您曾经答应过出版他妹妹的短篇小说。请您写信告诉我，这本书将在什么时候付印？奥斯特洛夫斯基全家都在为这件事情苦恼。

如果阿历克塞·阿历克塞耶维奇的确是鼻内长息肉，那么治好他的鼻炎就好比吸一根香烟那么容易。但他未必是鼻内长息肉。

请您把我的轻松喜剧《婚礼》寄还给我。如果您把它丢失了，那就只好这样了，让我们给这部轻松喜剧开一次追悼会吧。

昨天一个演员到我家来，他参加了马斯洛夫的剧本的演出。他没有骂人，这说明剧本演出成功。他一定要说服我：《塞维利亚的诱惑者》不是创作剧本，而是译本。

您为客观性而责骂我，称这种客观性是对善与恶的漠不关心，是缺乏理想和思想等等，您想让我在描绘偷马人时说：偷马是一种恶事。但是要知道，这一点不用我说就早已众所周知了。让陪审员去审判他们吧，而我该做的事情只是要展示他们是一些什么样的人。我写道：你们看到的是偷马人，你们要知道，这可不是一些叫化子，而是富裕的人，这是一些有所信奉的人。而偷马不是一种偷窃行为，而是一种癖嗜。当然，能够把艺术和说教结合在一起会是令人愉快的，但是对于我个人来说，由于技术条件的关系要做到这一点是非常困难的，而且几乎是不可能的。须知为了要在七百行文字的范围内描绘出偷马人来，我应当时刻按他们的格调来说话、思考，按他们的精神来感觉，不然的话，如果我加添一些主观性，形象就会变得模糊不清，而短篇小说也就不会像一切短小作品所应该作到的那般紧凑。我写作品的时候，我充分指望于读者，因为我想，小说中缺少的主观因素读者自己会加进去的。祝您万事顺遂。

您的　安·契诃夫

70　致武·米·拉夫罗夫①

1890 年 4 月 10 日，莫斯科

武科尔·米哈伊洛维奇！在《俄国思想》3 月号第 147 页上的图书简介栏里我偶然读到这样的文字："还在昨天，甚至那些献身于无原则文章和作品的人，如亚辛斯基②和契诃夫先生，他们的名字"等等……通常是不对批评作出答复的，而在目前这种情况下要谈的可能不是什么批评，简直就是诽谤。本来我对诽谤也不会进行答复，但日内我将离开俄罗斯很久，也可能一去就不复回，因此我没有力量克制住不作答复。

我从来就不是一个无原则的作家，或者换个完全一样的说法，一个无赖。

不错，我的全部文学活动是由许多不间断的错误组成的，这些错误有时还是严重的，但这可以在我才能的大小上找到解释，完全不该

---

① 武·米·拉夫罗夫（1852—1912），俄国翻译家、出版者。自 1880 年起编辑和出版《俄国思想》月刊。
② 伊·伊·亚辛斯基（1850—1931），笔名马克西姆·别林斯基，俄国作家。

用我是一个好人或者坏人来解释。我没有进行过讹诈，既没有写过诽谤书，也没有写过告密信，我没有献媚、撒谎和凌辱过别人，简言之，我有许多短篇小说和文章，由于它们毫无用处我很愿意把它们全都扔掉，但要我现在为之感到羞耻的文字一行也没有。如果可以作出假设，您理解中的无原则是一种令人悲伤的情况，即我这个有学识的经常发表作品的人，没有为我所爱的人做出任何好事，而我的活动对于，比方说，对于地方自治会、新司法制度、出版自由和一般自由等等毫无影响，如果您是这样理解无原则的，那么在这方面《俄国思想》应该公正地认我为自己的伙伴，而不应该责怪我，因为到目前为止这家杂志在上述诸方面作出的事并不比我多一些，——因而这并不是您和我的过错。

如果从表面来评判我这个作家，那么也未必应该公开指责我无原则。我至今一直过着闭塞的生活，住在四堵墙内，我同您两年才见一次面，而马奇捷特先生，比如说，我一生中都还从未见过他，——因此您可以判断，我多长时间才出一次家门。我总是坚决回避参加文学晚会、娱乐晚会和种种会议，不经邀请我也不去任何一个编辑部，我总是尽量让我的亲友们更多地认为我是一个医生，而不是个作家，简单些说，我一直是一个谦逊的作家，而我现在正写着的这封信是我十年来的活动中首次表现出来的不谦逊。我和同行们的关系都非常好，我从不充当他们的裁判，也不充当他们为之撰稿的报刊的裁判，我认为自己没有资格这么做，也认为在当今出版物全都处于不自由状态的情况下，任何反对杂志或作家的言语不仅是无情和不妥的，而且简直是不能容忍的。到目前为止，我决心拒绝为之撰稿的仅只是一些质量明显和确实低劣的杂志和报纸，而有时不得不在它们之间进行选择的话，我总是优先选择那些由于经济或别的什么情况而最需要我效劳的杂志和报纸，正因为这样我才不为您的杂志撰稿，也不为《欧罗巴通报》撰稿，而向《北方通报》供稿，也正因为如此我所得的报酬比起我如果对自己的责任持另一种观点而可能得到的报酬，要少掉一半。

您的谴责是一种诽谤。我不能请您收回它，因为它已经生效，就是用斧头砍也砍不掉了。我也不能把它解释为不慎重、轻率或者别的什么，因为据我所知，在你们编辑部里有着十分正派的和受过良好教育的人，我相信，他们不会不加考虑地做文章和读文章，而是意识到对自己的每个字都负有责任的。我只能向您指出您的错误，并请您相信，促使我写这封信给您的沉重心情是真诚的。至于说到在您对我作出这种责怪之后我们之间不仅不可能再有事务上的关系，而且甚至不可能有通常的点头之交，这是不言而喻的。

安·契诃夫

71 致阿·谢·苏沃林

1890 年 12 月 9 日，莫斯科

您好，我尊贵的人！

乌拉！① 我现在终于又坐在自己的书桌旁，向自己的褪了色的灶神祈祷，并且给您写信了。我现在情绪非常之好，好像我根本不曾离开过家一样。我身体健康。事事如意，真正是健康和如意。这就是我给您的十分简短的报告。我不是像您的报纸上所登载的那样在萨哈林待了两个月，而是三个月零两天。我在那里工作很紧张：我对萨哈林的所有居民进行了全面和详细的调查，除了绞刑以外，我什么都看到了。我们见面的时候，我会给您看一大箱来自苦役地的各种各样的东西，这些东西，作为原始材料，是极其珍贵的。我现在知道许多东西，心情呢，我带回来的心情却是不好的。当我还住在萨哈林岛上时，我的五脏六腑感受到的不过是某种苦辣味，就好像吃了变味的哈喇油一样，而现在呢，回想起来，我觉得萨哈林完全是一座地狱。我紧张地工作了两个月，不惜生命地干，到了第三个月，由于我上面讲到了的苦辣味和忧闷，也由于我想到霍乱病在从符拉迪沃斯托克向萨哈林蔓延，而这样我可能要冒在劳役地过冬之险，由于这一切，在第

———————————
① 俄语"万岁"，表喜悦。

三个月里我开始感到疲惫不堪了。但是，感谢上帝，霍乱病停止蔓延了，于是 10 月 13 日我乘轮船离开了萨哈林。我到过符拉迪沃斯托克。关于滨海地区，总的来说关于我们的东方沿海区域、它的舰队、使命以及太平洋幻想，我能说的只是一句话：极端贫穷！贫穷，愚昧和匮乏，简直可以叫人绝望。一百个人中只有一个诚实人，有九十九人倒是玷污俄罗斯名字的窃贼……我们绕过了日本，因为霍乱病正在日本流行，所以我没为您购买任何日本货，您给我买东西用的五百卢布全被我花费在自己的各种需要上了，为此您有权依法将我发配到西伯利亚当移民。我旅途中的第一个外国港口是香港。这港口妙极了，海上的运输十分活跃，这种情景我就连在画面上也没有见过。道路修得很好，街上行驶着有轨马车，铁路造到了山上，有博物馆、植物园。不管你朝哪儿看，到处可见英国人对自己的职员们的关怀，甚至还有海员俱乐部。我乘了人力车，即人拉的车，在中国人那里买了各种乱七八糟的东西，当我听到同行的俄国人骂英国人，说他们剥削外国人时，我很气愤。我想：是的，英国人在剥削中国人、西帕依人和印度人，但是他为他们筑路，铺设自来水管，造博物馆，传播基督教，而你们也在剥削，你们又给了一些什么呢。

我们一离开香港，轮船就摇晃起来了。船上载的人和货不多，摇晃的幅度达 38 度，因此我们很担心船会翻掉。我没有晕船病，这一发现使我惊喜不已。在开往新加坡的途中，把两具尸体扔入大海。当你看着用帆布卷起来的死人翻着跟斗朝水中飞，当你想到水面离海底有好几俄里深时，你会感到可怕，也不知为什么你会开始觉得，你自己也会死，也会被扔进大海。船上的牛生病了。根据谢尔巴克医生和您的忠诚仆人的判决，把牛宰后扔到海里去了。

新加坡我记忆不清，因为在我通过新加坡时，不知为什么我感到忧伤，我差一点儿哭出声来。接下来是锡兰，这是天堂一般的地方。在这个天堂里，我乘坐了一百多俄里的火车，饱览了棕榈林和紫铜肤色的女人，留下了深刻的印象。〈……〉离开锡兰后，船不停顿地行驶了 13 个昼夜，大家都闷得发慌了。我忍受得住炎热。红海很忧郁，看着西奈半岛，我深受感动。

上帝创造的世界真好。不好的只有一点，这就是我们。我们身上多么缺少公正和温顺！我们对爱国主义的理解多么糟糕！醉醺醺的放纵无度的酒鬼丈夫爱妻子和孩子，但这种爱有什么用处。报上写道，我们爱我们伟大的祖国，但这种爱表现在哪里呢？代替知识的是厚颜无耻和过分的自负，代替劳动的是懒惰和下流行为，没有公正，关于荣誉的概念只限于"制服的荣誉"，而这种制服是我们被告席位上的通常装饰物。应该工作，其余的一切都见鬼去吧。主要的是应该公正，而其它的一切都会随之办到的。

　　我非常想和您谈一谈。我的心在沸腾。除了您以外，我谁也不想找，因为只有和您才能谈话。普列谢耶夫见鬼去吧。演员们也都见鬼去吧。

　　我收到了您发来的几份电报，但都是不像样的，全都译错了。

　　从符拉迪沃斯托克到莫斯科一路上我和伊克斯库尔男爵夫人①（她姓维胡霍尔）的儿子同行，他是一个海军军官。他妈妈下榻在"斯拉维扬斯基市场"②。我现在就要上她那儿去，不知为什么她要我去。她是一个好人，至少她儿子是很赞扬她的，而她的儿子是一个纯洁和诚实的孩子。

　　我非常高兴：没有加尔金-弗拉斯基插手，一切都顺利解决了。关于我的情况他只字未提，所以我完全是作为一个陌生人来到萨哈林岛上的。

　　我什么时候能看到您和安娜·伊万诺芙娜？安娜·伊万诺芙娜身体好吗？请把一切都详细地写信告诉我，因为我在节前未必能上你们那儿去。向娜斯佳和鲍里亚问好。为了证明我服过苦役，我到你们家后，我要手中拿着刀、用粗野的声音喊着扑向他们。对安娜·伊万诺芙娜呢，我要烧她的房间，而对可怜的检察官科斯佳③我要鼓吹令人气愤的思想。

---

① 瓦·伊·伊克斯库尔-冯·希尔登班德（1854—1929），男爵夫人，社会活动家，出版供大众阅读的廉价书。
② 当时莫斯科的一家大旅馆。
③ 指康·费·维诺格拉多夫（1852 年生），俄国海军副检察官。

紧紧地拥抱您和您家里的人。"居民"和布列宁两人除外，对他们我只请您代为问候，这两个人早就该把他们发配去萨哈林了。

我常常同谢尔巴克谈起马斯洛夫。我很喜欢马斯洛夫。

愿上帝保佑您。

您的　安·契诃夫

72　致阿·谢·苏沃林

1890 年 12 月 17 日，莫斯科

我的亲爱的，我刚才发了一份电报，告诉您短篇小说①会写出来的。我有一个合适的短篇小说，但它既长又窄，像一条蜈蚣，需要对它删一删，再誊抄一遍。我一定会寄给您的，因为我现在是这样一个人，他不懒惰，他勤劳。

拥有二百万遗产的普列谢耶夫的样子我觉得是滑稽可笑的。我们瞧着吧，他将怎么用拖船拖他那百万家财。他要这许多钱财干吗？为了抽几支烟，一天吃它 50 个甜包子，喝塞尔查水②，一昼夜有三个卢布也就够用了。

我带回来了将近一万张统计卡和许多各种各样的文件。现在我倒很想娶一个有头脑的姑娘，让她帮助我整理这一堆乱七八糟的东西，把这工作推卸到妹妹身上不好意思，因为她的事已经够多了。

我的小腹大起来了，阳痿也出现了。从热带回来后我感冒了：咳嗽、傍晚体温增高，头痛。

格里戈罗维奇从未在佩斯基地方扫过院子，因此他才如此不珍惜天国。他在瞎说。

我觉得，永远活着会像永生不睡觉一样难。

如果在天国日落的景象同在孟加拉湾的一般美好，那么，我敢担

---

① 指以萨哈林之行的印象为素材的短篇小说《古雪夫》。
② 得名于德国的塞尔查矿泉。

保，天国是一个很好的玩意儿。

贝拉米①的短篇小说的内容科诺诺维奇将军在萨哈林岛上讲给我听过，一次我在南萨哈林某地过夜，读过这个短篇小说的一部分。现在，待我到达彼得堡后，我一定把它全部读一遍。

请您告诉我，列伊金什么时候能晋升为四级文官？这条文学界的白鲸写信给我说："夏天我叫自己减轻了16俄磅②体重"，他在信中谈到火鸡、文学和白菜。他的书信的语调出奇地平稳和安静。

我到了之后，会把一切都从头开始讲给您听。您当初曾经建议我别去萨哈林，您的看法是多么不对呀！现在我的小腹大起来了，还出现了可爱的阳痿，头脑里是不可胜数的小蚊蚋，各式各样的计划，还有各种玩意儿；要是我呆在家里的话，我现在会是一个多么萎靡不振的人。在萨哈林之行前，《克莱采奏鸣曲》对我来说是一件了不起的大事，而现在它在我看来是可笑的，而且似乎是糊涂的③。要么是我去萨哈林跑了一趟后精神上成长了，要么是我疯了，——鬼才知道我这是怎么一回事。

我认识了谢尔巴克医生。我认为，这是一个特别好的人。在他工作的地方，大家都爱他，而我同他几乎都成了朋友。在他的经历中有过不少乱七八糟的事，就连鬼都会陷下去出不来的。

好吧，祝您健康，别把您的病太放在心上：如果从来信看，没有什么了不起的病。如果是生了伤寒病或者肺炎，那就是另外一码事了。

　　　　　　　　　　您的　安·契诃夫

---

① 艾·贝拉米（1850—1898），美国作家。这里谈到的是他的社会空想长篇小说《回顾》。
② 一俄磅等于409.5克重。
③ 详见1890年2月15日契诃夫写给阿·尼·普列谢耶夫的信。

73 致阿·谢·苏沃林

1891 年 2 月 6 日，莫斯科

　　说歌德和爱克曼，他们就到①。不久前我在自己一部伟大的中篇小说②中提到了他们的谈话。我称这个中篇小说伟大，是因为它的确伟大，也就是说它既大又长，因此甚至我自己写它都写得厌烦了。我写得冗长和拙劣，而主要的是没有计划。不过也无所谓。就让布列宁又多一个新的口实，说年轻作家一点也不行吧。

　　小说离结尾还早着呢，可人物已经一大堆了。我贪图人物多一些。您来时小说将写好一半，也可能还多一些，我给您，请您读一读。您先享受一下读这个作品的喜悦吧，就像我预先领略您的批评，不过我并不害怕您的评论，因为您是一个很善良的人，而且您非常内行，——一个人兼备这两方面品质是难得的。

　　我没有去过波隆斯基家，倒不是因为我不喜欢他。只是我在忙碌中忘记了。为什么我没有祝贺安娜·伊万诺芙娜欢度她的命名日呢？这跟我未到波隆斯基那儿去是出于同一个原因。这可是教养的问题啦！可能是我没有受到很好的教育，就是这样。我要写一封痛哭流涕的信③给波隆斯基，而对安娜·伊万诺芙娜呢，等我到了彼得堡再向她请求宽恕，但我不会因此而变得更有教养一些。

　　是谁从莫斯科给波隆斯基写信谈到我的呢？是比比科夫。

　　您收到的那封有关对卡尔波夫④的匿名信是卑鄙的，如此而已。如果您还要说什么的话，还可说是愚蠢的。

　　卡尔波夫是一个愚蠢和凶狠的人，自尊心强得不得了，像阿韦尔基耶夫⑤一样。他最后还会用笔名来写一些批评杂文。

---

① 爱克曼整理的《歌德谈话录》，当时刚刚问世。
② 指契诃夫的中篇小说《决斗》。在小说出版后，作品中没有提及歌德和爱克曼的谈话。
③ 后来没有发现这样的信，也许，契诃夫根本就没有写这封信。
④ 叶·巴·卡尔波夫（1857—1926），俄国戏剧家。
⑤ 特·瓦·阿韦尔基耶夫（1836—1905），俄国政治家、戏剧家、翻译。

您写的关于托尔斯泰的文章①真妙极了。非常非常之好。既有力，又委婉。总的来说，这一期报纸特别成功：上面有您的文章，还有《弗兰苏阿扎》②。一个美妙的短篇小说。托尔斯泰加上的关于妹妹的一句话（"她是你的妹妹！"）并不像您所担心的那样，把作品给破坏了。不过由于有了这句话，小说好像失却了清新性。不过，这也无所谓。

祝您健康，愿上帝保佑您不受阴郁思想的干扰。难道又是（奥博）连斯基公爵③来扮演阿达舍夫？最好还是让切尔诺夫④演。他也是个木头人儿，不过好像是用比较软的木头制的。

我已经开始老了，我作出这样的结论是因为我很想"谈谈文学"。老成持重了。

向安娜·伊万诺芙娜、男孩们和大鼻子女孩问好。

您的　安·契诃夫

74　致契诃夫一家

1891 年 4 月 1〔13〕日，罗马

我到了罗马之后就上邮局，在那里一封信也没有找到。苏沃林夫妇俩每人都收到了几封信。我决定了要以同样的办法来回报你们，就是说根本就不给你们写信，但上帝保佑你们吧！我不是喜欢信的人，但在旅行的时候最糟不过的是情况不明。别墅问题你们是怎样解决的？獴还活着吗？等等，等等。

我到过了彼得庙，卡庇托林⑤，大斗兽场，古罗马广场。甚至还到过咖啡馆，但我没有得到我所指望得到的那种享受。天气不好。下着雨。穿秋大衣感到热，穿夹大衣又觉得冷。

---

① 苏沃林在这篇文章里，批评了列夫·托尔斯泰为《克莱采奏鸣曲》写的《跋》。
② 列夫·托尔斯泰意译了莫泊桑的短篇小说《港口》，取名为《弗兰苏阿扎》。
③ 连斯基（真实姓名是巴·特·奥博连斯基），是俄国亚历山大剧院的演员。
④ 亚·谢·切尔诺夫（真姓是施瓦茨希尔德），是俄国亚历山大剧院的演员。
⑤ 罗马城发源地的七丘之一。

旅行花费不多。有四百卢布，就可以去意大利旅行一次，回家时还可以买一些东西。如果我是一个人来旅游，或者假设我是和伊万①一道旅行的，那么我回家就会有这样一种信念：到意大利去旅行比上高加索花费少。但是，可惜我这次是同苏沃林一起来的……在威尼斯我们下榻在最好的旅馆里，好像是威尼斯共和国的元首。而在罗马我们生活得像红衣主教一样，因为我们住在孔季主教以前住的宫殿的沙龙内，现在我们又住在"米涅尔瓦"大旅馆，有两个大客厅、吊灯、地毯、壁炉和各种杂七杂八无用的东西，这一切一昼夜要花去我们四十法郎。

由于走路多，我的背有些酸痛，脚板在发热。真可怕，我们走多少路啊！

列维坦会不喜欢意大利，这使我感到奇怪。这是一个迷人的国家。如果我是一个独身的画家，并且手中又有钱，那么我就会在这里过冬。要知道，意大利，且不说它的自然景色和四季温暖如春，是唯一的，在这个国家里你会确信不疑：艺术真是一切的主宰，而这种信念可以使人精神焕发。

我身体好。也祝你们身体健康，并向你们大家问好。

你们的　安·契诃夫

75　致阿·谢·苏沃林

1891 年 5 月 10 日，阿列克辛

您的信收到了。Merci②。用"个体"来署名的是杰特洛夫——基根③，这是一个小说家和有意思的旅行家，我只听说过他，但没有读过他的作品。对，您说得对，我的心灵需要抚慰。我现在高兴甚至欢悦地读一些严肃的文章，倒不是只谈论我的文章，而是谈一般问题

---

① 指契诃夫的弟弟伊万·巴甫洛维奇·契诃夫（1861—1922），教师。

② 法语，意思是"谢谢"。

③ 符·路·基根（1856—1908），笔名为杰特洛夫，俄国小说家、文学批评家，他以"个体"署名，写了《文学笔谈：安·巴·契诃夫》一文。

的文章。我渴望读严肃的文章，然而当代俄国批评界不供给我精神食粮，它只叫我生气。我会非常高兴读一点有新意的谈论普希金或者托尔斯泰的东西，这对我闲散的头脑来说倒会是一种抚慰……

我也在思念威尼斯和佛罗伦萨，我会乐于再次登上维苏威火山，博洛尼亚在我的记忆中已经模糊和黯淡了，至于说到尼斯和巴黎，那么在回想到它们时，"我怀着厌恶的心情回顾我的生活"①。

在《外国文学通报》的最近一期中，发表了沃益达②的短篇小说，是我们家的米哈伊尔——税务督察员的译作③。为什么我不懂外语呢？我觉得，我会把小说译得十分出色，每当我读别人的译文时，我总会在自己头脑中变换一些字眼，调整一些句子，其结果是得出一种柔和、轻飘、类似花边的东西。

我在星期一、二、三写关于萨哈林的书，在其它几天里（星期日除外），我写长篇小说④，而在星期天我写短篇小说。我在兴致勃勃地写作，但是，可惜，我们家人口众多，所以我这个从事写作的人，就好比是一只虾，同许多虾一起呆在笸筛中，挤得慌。天气一直是非常之好，别墅所在地干燥而又有利于人体健康，树木很多……奥卡河中有许多鱼虾。我看得见来往的火车和轮船。一般说来，如果不是住得很挤的话，那么我会感到十分、十分满意的。

您什么时候到莫斯科？请您给我写信。法国展览会您是不会喜欢的，对这点您要有所准备。您会喜欢奥卡河的，如果我们在清晨 5 点钟在谢尔普霍夫乘上蹩脚的小轮船游向卡卢加去的话。

我不打算结婚。我现在想做一个秃顶的小老头，坐在一间好的书房里的大桌旁写作。

祝您健康和安宁。我向你们全家深深地鞠躬致意。请您给我写信。

您的 安·契诃夫

———————————

① 这句话是契诃夫套用了普希金的诗篇《回忆》中的一句诗。
② 沃益达（1840—1909），真名是路易莎·德拉拉梅，英国女作家。
③ 契诃夫的弟弟米哈伊尔译了沃益达的短篇小说《多雨的六月》。
④ 指中篇小说《决斗》。

我在写一部轻松喜剧。剧中人是：安娜·伊万诺芙娜、艾瓦佐夫斯基、波格丹诺维奇将军、伊万·巴甫洛维奇·卡赞斯基和书报检查官马卡罗夫①。

76 致阿·谢·苏沃林

1891 年 5 月 18 日，阿列克辛

　　现在欢乐吧，为圣饼柜高兴吧②。前一阵我住在一个农村别墅里，离奥卡河不远，步行 4 分钟就到了河边，四周都是别墅和来别墅休养的人，还有许多白桦树，别的什么也没有。我厌烦了。我认识了一个地主科洛索夫斯基，在他的荒芜了的充满诗意的庄园里，我租了一幢大石房的顶层。美极了，您真不知道有多美！房间很大，像是在贵族会堂里一样，有一个奇妙的公园，公园中的林荫道是我从未见过的，有河流，有池塘，还有供我的父母祈祷的教堂，什么设备都有。紫丁香和苹果树都开着花。总而言之，真是非常之好！今天我就要搬到那儿去住，原先租下的别墅不住了。租别墅花了 90 卢布，而为了借庄园又付了 160 卢布。今年夏天的花费可真不少。

　　您为什么就不能来钓钓鱼呢？这里鲫鱼和虾多得不得了。

　　罗舍福尔③家有两层楼，但对您来说房间和家具都会不够用的。再说交通不便，令人心烦：从车站出来，上别墅去要绕上一个差不多 15 俄里的大圈子。另外的别墅又没有，科洛索夫斯基的庄园呢，它只能在明年才可供您使用，到那时两层楼房都将修缮一新。一点也不错，一个有家眷的富翁要给自己找一座别墅，还不如骆驼穿针眼儿来

---

① 1891 年 1 月 31 日，契诃夫在给苏沃林的信中，建议苏沃林的妻子安娜·伊万诺芙娜邀请伊·巴·卡赞斯基（大学生）和书报检查官马特维耶夫一起过夏天。看来，这里提及的马卡罗夫就是马特维耶夫。关于这里提到的轻松喜剧没有发现任何其它材料。
② 复活节颂歌中的一句歌词，契诃夫写这封信时正好逢上过复活节。
③ 伯爵夫人，阿列克辛别墅的主人。

得容易一些。对我来说别墅有的是，而对您来说竟没有一个合适的。

我那头獴跑到森林里去了，一直没有回来。大约是它已经死了。

我曾经暗自决定，不在报纸和杂志上发表我的有关萨哈林的作品①，但现在，您才不知道呢，有一件事对我的诱惑可大哩。需要的话，我今天就可以寄给您价值一百金路易②的东西。

昨天我为萨哈林的天气折腾了一整天。这种玩意儿真不好写，但我毕竟还是取得了可喜的成绩。我给那儿的天气勾勒了这么一幅画面，谁读了都会觉得冷。而用数字来写又是多么令人讨厌！

我每天早晨5点钟起身，显然，到了老年我将在4点钟起床。我的祖先全都是早起的，比公鸡还早。而我发现，起身很早的人都是一些大忙人。就是说，我也将是一个爱张罗的不安静的老头子。

《马迈③入侵》是一部克雷洛夫④式的轻松喜剧，全剧没有一个完整的性格。有一种别墅里的丈夫的味道，而剧本的寓意是：西伯利亚的叔叔们不该上侄儿们的家作客。剧本是粗糙而又别扭地拼凑起来的。读者或观众期待着，客人会向主妇献一点殷勤，但是这一点在剧本中没有写，所有的三幕戏都是单调的。我还要说一句：常常写这种剧本，就等于每天上妓院，很快就会未老先衰的。

古列维奇⑤小姐和菲洛克谢尔⑥先生不会拿《北方通报》怎么样的，他们只会把犹太哲学家的精神带进《北方通报》，他们翻译了这位犹太哲学家的作品，但他们不会把他的智慧和天才带进去⑦，事情也就会只限于一股大蒜味儿而已。

应该把女学生⑧送进疯人院，而那个打骂了她的小军官应被送进

---

① 但后来契诃夫还是在《救济饥民》文集上发表了《萨哈林岛上的逃犯》这一章。
② 法国的古代金币。
③ 马迈（？—1380），鞑靼军事长官，发动向俄国的侵犯。
④ 维·亚·克雷洛夫（1838—1906），俄国戏剧家，他多产，但无才。
⑤ 留·雅·古列维奇（1866—1940），俄国作家、演员、翻译家。
⑥ 阿·里·弗莱克瑟（1863—1926），笔名是沃伦斯基，俄国文学批评家。契诃夫给他一个"菲洛克谢尔"的绰号（其义为蚜虫）。
⑦ 指古列维奇在1891年翻译出版了《贝·斯宾诺莎书信集》。
⑧ 指1891年5月10日彼得堡地区法庭审讯一个17岁的女学生的案件。

要塞，让他在那儿呆上 4 年，保留官职。〈……〉她开始缠上第一个见到的人〈……〉以后她又累得强拖着两条腿走路，还写了一封厚颜无耻的信，——所有这一切都是一种毛病，而且，不幸得很，是一种不治之症。〈……〉以后，当她父亲把她撵走的时候，她会进妓院，或者，在最好的情况下，进轻歌剧剧团，而到了老年，如果她不死于肺痨病的话，她会写一些劝谕性的杂文、剧本和寄自柏林及维也纳的书信，她的文笔表意明白，而且十分有文学味。

祝您健康。如果您突然想到我这儿来，那么请按下列地址发电报："阿列克辛，别兹杰特内医生，转交契诃夫"。您寄信请写：图拉省阿列克辛。

您的　安·契诃夫

77　致叶·米·沙芙罗娃①

1891 年 5 月 28 日，阿列克辛

女士，您的《错误》②确实是一个错误。这篇小说只有某些个别地方是写得好的，而其余的一切则是由沉闷和无趣构成的一个无法通行的密林：索尼亚、夭折的孩子、爸爸、妈妈；而后又是索尼亚、夭折的孩子；接着是罗木儿、奴玛·波姆比里、索尼亚、夭折的孩子、爸爸；接下来的又是索尼亚、夭折的孩子……令人眼花缭乱！"高尚的贫困"和姑娘们，您写得十分成功，您满可以只写米洛契卡和她的爸爸、肥胖的厨娘以及溜冰场的引诱，这样倒会写出一篇很好的小说来的。

您的《算命女人》已经发表了。您看到了吗？关于稿酬的事，请原谅，我没有同苏沃林谈过。虽然您的作品的价值应当是高于每行

---

① 叶·米·沙芙罗娃（1874—1937），笔名叶·沙斯东诺夫，俄国作家，演员，在写作上经常得到契诃夫的建议和帮助。
② 这是沙芙罗娃写的一篇关于儿童生活的短篇小说，她有意把这个作品献给契诃夫。

10 戈比，但我不想破坏《新时报》早已形成的规矩。这里都是从每行 5 戈比开始的，以后才逐步提高，就像公职人员提升职务一样，即使是莎士比亚本人也不例外。您将先领取 8 戈比一行的稿费，然后是 10 戈比一行，12 戈比一行，再下去是 15 戈比一行，一直到每行字领取稿费 3 卢布金币。当我到了 80 岁而您到了 90 岁的时候，我们写一行字就可得 3 卢布金币了。

当我在巴黎的时候，有人从意大利给我寄来了您的一封信。我读完后，双手一摊。我能回答您什么呢？关于利用巴尔捷涅夫案件①作为创作题材的想法，作为回答，我也许只会给您寄一张药方：酸盐钾……，每夜临睡前服用一匙。这几乎是神经病人的想法也甚至是疯狂的想法。第一，您同巴尔捷涅夫从前并不相识，您也没有可能认识他；第二，对诸如苦命女维斯诺夫斯卡娅这样②的一生如此复杂而又荒诞无稽的事情，也许只有陀思妥耶夫斯基一人能够搞清楚。再说您有什么必要想象着您去华沙，如果在您的身边就是莫斯科，而那里有着许多米洛契卡和各种各样的两脚动物？

我们该见见面就好了。您可以唱唱歌，而我可以听您唱，我们还可以在一起谈谈文学，谈谈克里米亚③……

祝您健康，愿上帝保佑您。

您的仆人　安·契诃夫

菲利波维奇④的情况怎么样？

对我的批评请您别生气，如果我写得和品头论足尖锐了一些，那只是因为我把您看作同行和作家，而不是把您看作一知半解的涉猎者，否则的话，我也许会对您的《错误》说上一大堆恭维话了。

---

① A. M. 巴尔捷涅夫，他曾被指控为杀害华沙剧院女演员维斯诺夫斯卡娅的凶手。
② 玛·维斯诺夫斯卡娅（死于 1890 年），华沙剧院演员，被巴尔捷涅夫杀害。多年后伊·阿·布宁以此事为素材写了短篇小说《骑兵少尉叶拉金案》。
③ 契诃夫同沙芙罗娃是在克里米亚的雅尔塔相识的。
④ 指亚·菲·费多托夫（1841—1895），莫斯科小剧院导演，亚·菲·费多托夫戏剧学校校长。

78 致费·阿·切尔温斯基①

1891年7月2日，包吉莫沃

我怎么也猜不透。为什么您把您写给我的信寄到塔干罗格去了？大家又根据什么说我现在住在塔干罗格？不仅是您，甚至萨哈林岛上的一个办公室也把一些公文材料包寄到塔干罗格去了……我弄不明白。我已经有六年没有到过这个城市，最近我甚至连想也没有想到过它。我现在也就住在那条塞兹兰－维亚泽姆斯基路上，在阿列克辛市附近。我的地址是：图拉省阿列克辛市。我和您是邻居。

我从未读过斯卡比切夫斯基②的作品。不久前我得到了他写的一本《现代文学史》，我读了一点就搁下了，因为我不喜欢这本书。我弄不懂：写这些东西干什么？斯卡比切夫斯基之流是一些苦行圣徒，他们志愿承担起一种奋不顾身的活动，沿街叫喊："皮匠伊万诺夫做的皮靴蹩脚！""木匠谢苗诺夫桌子做得好！"谁要听这种叫喊？皮靴和桌子绝不会因此而变得更好一些……总的说来，这些寄生虫并依赖别人劳动的先生们，他们的劳动在我看来完全是一种误会，至于说有人骂了您，这无所谓。别人越早向您射击，那就越好。

您的剧本发表在什么地方？我一直在旅行，什么也没有读。请您寄一份单印本给我。

还有，您可知道，是谁在编辑《法律通讯》和《法律年鉴》？如果您知道，请写信告诉我，我将非常感谢您。

祝您健康。

您的　安·契诃夫

---

① 费·阿·切尔温斯基（1864—1917），彼得堡的一位律师，文学家。
② 亚·米·斯卡比切夫斯基（1838—1910），俄国民粹派，文学史家和文学批评家。

79 致阿·谢·苏沃林

1891 年 7 月 24 日，包吉莫沃

谢谢您的邀请。我是会来的，但不会很快就来，虽说我非常渴望见到大海、沙滩，渴望同您夜谈，还向往着克里米亚—费奥多西亚地区的其他迷人妙处。我很忙，我写得很多，但写出来的页数却很少。您很快就能领略一次美的享受：我一定给您寄来一篇小说，这小说的一大半已经写好了，小说中包含有四五篇小品文①。

谢谢您，给我增加了每行五戈比的稿费。可惜它改变不了我的情况！为了要积累资财，像您在信中所说的那样，并从种种微末细小的忧虑和恐惧的无底洞中钻出来，对我来说只有一个办法，一个不道德的办法：同一个什么有钱的女人结婚，或者把《安娜·卡列尼娜》冒充为自己的作品。而由于这都是办不到的，我对自己的情况也就置之不理、听其自然了。

您有一次曾向我夸赞法国作家罗德②，您还说托尔斯泰喜欢他③。不久前，我有机会读了他的一部长篇小说④，我读后两手一摊，感到莫名其妙。他同我们的马奇捷特是一样的，只是他稍许聪明一些。他太自负，无聊，强求新奇，而艺术性却使人感到如此之少，就像我们在包吉莫沃时晚上煮稀饭时放的盐那么多⑤。在前言中，这位罗德忏悔说，他以前曾是个自然主义者，他还高兴地说，文坛新人的唯灵论成功地替代了唯物主义。这是轻率的吹嘘，而且是粗俗和笨拙的吹嘘。"左拉先生，纵然我们不像您那么有才华，但是我们相信上帝。"

我们这儿天气好极了。现在是早晨，但十分明亮，好像在五月里

① 指中篇小说《决斗》。
② 艾·罗德（1857—1910），瑞士作家，用法语写作。
③ 托尔斯泰在 1889 年 2 月 11 日谈到罗德的长篇小说《生活的意义》的日记中说："读了迷人的罗德的作品，有些地方讲战争和涉猎的地方，写得极好。"
④ 指罗德的长篇小说《三颗心》。
⑤ 俄国人煮牛奶稀饭时总要放上少许一点儿食盐。

一样。我很高兴。周围一片寂静。

《采蘑菇的人》① 我们已经收到了，但现在却没有蘑菇可采。咖啡是炒焦了的。昨天和前天都下过雨，但可恶的蘑菇就是不长出来，我们都绝望了。

我收到莱辛②的信。他在写文章。值得您敬仰。

普列谢耶夫在斯卡尔科夫斯基管的局子里干什么呢？杀了我，我也弄不懂。难道诗人梅列日科夫斯基和他的缪斯还在国外？唉，真可惜！

请问候安娜·伊万诺芙娜、娜斯佳和鲍里亚！祝您身体健康。

您的　安·契诃夫

80 致奥古斯丁·费尔扎尔③

1891 年 8 月 14 日，包吉莫沃

阁下！

根据您通过《新时报》书店转给我的要求，我向您提供自己的生平材料。

我于 1860 年出生在塔干罗格（在亚速海岸）。我的祖父是乌克兰人，是一个农奴。在解放农奴以前他就赎买了一家人的自由，其中也包括我的父亲在内。父亲是做买卖的。

我曾在塔干罗格中学受过教育，以后在莫斯科大学医学系受教育，从那里毕业时获医生学位。1879 年我开始从事文学活动。我曾为许多定期刊物撰稿，发表的主要是一些篇幅不大的短篇小说，这些

---

① 1891 年 6 月 25 日契诃夫在信中提及，要苏沃林带一本德·尼·凯戈罗多夫编写的袖珍书《采蘑菇的人》来。
② 契诃夫戏称亚历山大剧院的演员巴·玛·斯沃包金（1850—1892）为莱辛，因为后者喜欢谈戏剧理论和莱辛的著作《汉堡剧评》。
③ 奥·费尔扎尔（1864—1930），捷克的文学评论家，他把契诃夫的作品译成捷文。

小说以后就成了以下几本集子的材料:《五颜六色的故事》、《在昏暗中》、《短篇小说集》、《阴郁的人们》。我也写过剧本,这些剧本曾在国营和私营的剧院里上演过。

1888年皇家科学院授与我普希金奖金。

1890年我穿过西伯利亚到萨哈林岛旅行,目的是了解苦役劳动和流放移民区。待我写的关于萨哈林岛的书出版后,我寄一本给您,而为此也请您将您翻译的我的小说寄给我。

我名字叫安东·巴甫洛维奇(Anton Pavlovitsch)。

此致敬意,有幸为您忠顺地效劳的

安·契诃夫

81 致阿·谢·苏沃林

1891年8月28日,包吉莫沃

寄给您的一篇米哈伊洛夫斯基写的谈托尔斯泰的随笔①。您读一读吧,您也提高一下自己吧,随笔写得挺好,但奇怪的是,这种随笔哪怕写上一千篇,事情也不会进展一步,而且仍然不可解的是,所有这些随笔写出来究竟是为了什么?

随信寄上当日要闻——我们莫斯科的教授季米里亚泽夫写的小册子②。这本小册子引起了一场热烈的讨论。是这么一回事:在我们莫斯科和整个俄罗斯有这么一个教授波格丹诺夫③,动物学家。他是一个重要的大人物,把一切全都抓在自己手中,从动物学一直到俄国的报刊。这个人可以为所欲为而不受惩罚。于是季米里亚泽夫就开始征

---

① 米哈伊洛夫斯基在1891年8月23日发表的一篇随笔中说,托尔斯泰"讲了许多要爱同胞的话。但实际上在伯爵和这个需要爱和帮助的世界之间有着一条鸿沟,而且是一条越来越扩大的鸿沟"。

② 克·阿·季米里亚泽夫(1843—1920),俄国达尔文主义自然科学家。这里提及的小册子是《科学的丑剧》一书。

③ 阿·彼·波格丹诺夫(1834—1896),俄国动物学家,莫斯科大学教授。

讨他了。他在一本小册子里，而不是在报纸上发表了一篇文章，因为，我再重复一句，所有的报纸都控制在波格丹诺夫手中。如果有时犹太人或部长们把报刊抓在自己手中，那么为什么不能容许莫斯科大学这样做呢？因此以波格丹诺夫为代表的莫斯科大学就巧妙地抓住了……不过，关于这些事以后见面时再谈吧，因为一封信不能把所有的话都讲完。

我寄给您一篇短评①，作为对小册子的补充。季米里亚泽夫同江湖骗子的植物学作斗争，而我要说的是，动物学也配得上植物学。请您把这篇短评读完，不需要做一个植物学家或动物学家就能了解：在我们这里，那由于我们不了解情况而被我们称作崇高的东西有多么低贱。

如果这篇短评还合适，那么就请您将它发表；如果它不便于发表，那么，很自然，就让它见鬼去吧。您会觉得短评写得尖锐，但我在文章中没有夸大任何东西，我也丝毫没有撒谎，因为我使用的是文献资料。②

我用字母 Ц 署名，没有用真实姓名，理由是：第一，这篇短评不是我一个人写的；第二，作者应该不让人知道，因为波格丹诺夫知道，瓦格纳③和契诃夫住在一起，而瓦格纳又要答辩博士论文，等等，结果可能是为了我的过错而把瓦格纳的论文不作任何说明地退还给他。再说署我名又有啥用？

不必给我稿费，因为短评的一半是季米里亚泽夫的文章和文献材料的摘录。

就这么办，两个条件：对作者的名字作最严格的保密，一俄斤烟草代替稿费。如果您不同意哪怕是其中一个条件，我请求您别发表这篇短评。

有必要的话，可以对短评进行删节和文体上的改动。

---

① 指杂文《魔术家》，后来发表在 1891 年 12 月 9 日的《新时报》上。
② 符·亚·瓦格纳向契诃夫提供了杂文《魔术家》的材料。
③ 符·亚·瓦格纳（1849—1934），俄国动物学家，科学普及工作者。

我还在写我的萨哈林，我感到烦闷，无聊……我简直是活厌了。

从您的电报来看，我的短篇小说未能使您满意。您不该不把它退还给我。我会把它寄给《北方通报》的。顺便说一句，我从那里已经收到了两封信。在报纸上发表长作品是一件相当不愉快的事情。

9月2日或3日我将离开这里去莫斯科。

您的电报在火车站上耽搁了四天。您不应当把电报发到火车站上去。应该这样写地址：阿列克辛，契诃夫收。

我已经看了几处庄园。小庄园倒是有的，而大的、适合于您的却没有。有的小庄园要价一千五百、三千或五千卢布。花一千五百卢布，可以买一个有40俄亩土地的庄园，有一个大池塘，一座花园房子。

唉，这些病人真使我厌烦！邻村的地主中风了，就用龌龊而又颠簸的马车把我拉到他家里。最使我厌烦的是抱着小孩的村妇，还有那药粉，一份份称这些药粉真是索然乏味的事情。

亚历山大①家生了一个儿子。

荒年来了。大约会出现各种各样的疾病和小规模的骚动。

向安娜·伊万诺芙娜、娜斯佳和鲍里亚问好，祝你们诸事顺遂。

我游泳。水很冷。太阳炙人。

祝您健康。

您的　安·契诃夫

9月2日后写信，请寄到莫斯科，小德米特洛夫街，菲尔加恩克家。

阿历克塞·阿历克塞耶维奇的身体怎么样？感冒好了吗？

82　致阿·谢·苏沃林

1891年8月30日，包吉莫沃

您喜欢我那篇小说，那就感谢上帝了。最近一个时期我非常多

———————

① 指契诃夫的长兄。

疑。我总觉得，我身上穿的裤子不好，我不是像正常写东西那样在写作，我给错了我病人的药粉……这大约是一种精神变态。

如果拉德济耶夫斯基这个姓当真是不好的话，那么可以改一个称呼。就让他叫做拉吉耶夫斯基①好啦。冯·科列恩仍然是冯·科连恩吧！许许多多的瓦格纳、勃兰特、福塞克②等等姓氏否定了动物学中的俄国名字，尽管他们这些人全都是俄国人。不过，还有一个叫科瓦列夫斯基的。顺便说一下，现在俄国的生活都乱套了，所以不管什么姓氏都适用。

萨哈林一书的写作工作有进展。有时我想坐上它三五年，发狂地写，有时呢，在我产生疑惑的时刻，又真想把它一下子抛开。说真的，最好是能花三年时间在这本书上。我会写出许多荒唐的东西来，因为我不是专家，但我也确实会写出一些中肯有理的东西来。关于萨哈林的这本书好就好在它在我死后还要存在一百年，因为它对一切研究监狱和对监狱感兴趣的人来说会是一本文学史料和参考书。

阁下，您说得对，今年夏天我做了许多事情。如果再有这么一个夏天，那我就会写成一部长篇小说和买下一座庄园了。可不是在开玩笑，我不仅养活了自己，而且甚至还偿还了一千卢布的债务。我到莫斯科后，可以凭《蠢货》从协会③得到 150—200 卢布，瞧，上帝就这样养活着我们这些游手好闲的人。

我写的关于逃亡者和流浪汉的那一章有意思，也可资借鉴。如果在万不得已时我将分章发表萨哈林，那么我会把这一章寄给您的。

现在我有一事相求。亚·维·谢尔巴克④给我写信说，他希望在您那里出版一本带插图的书（顺便说一句，他的这些图画是很有意思的），他想把自己的全部杂文和论文都收集起来，合成一本书。他要

---

① 这里讲到的是中篇小说《决斗》中的主人公的名字，后来成书时这个主人公叫拉耶夫斯基。
② 这里列举的全是俄国的动物学家，但除了后文的科瓦列夫斯基之外，其他几位动物学家的姓全不是俄国人的姓。
③ 指俄国戏剧家和歌剧作曲家协会。
④ 亚·维·谢尔巴克（1848—1893），俄国医生和文学家，在《新时报》上发表过几篇有关萨哈林岛的特写。

我在您面前说说情。如果您同意，我就打电报到符拉迪沃斯托克去通知他。请您赶快答复，因为"彼得堡"号轮船很快就要到符拉迪沃斯托克去了。

我没有到费奥多西亚您家去，这对我的健康来说是一大损失。我的体重减轻了。

请您向我解释一下，您多次向我说起而不久前又在信中谈到的您的瘫痪症是怎么一回事？是进行性的吗？不，我的先生，您这不是什么瘫痪症，而是无聊，是一种可怕的东西。

《卡什坦卡》这本书怎样了？这本书压在您那里三年了，而我在这段时间里倒是可以赚上三千卢布的。

请转告阿历克塞·阿历克塞耶维奇，我羡慕他。我也羡慕您。我羡慕你们，倒不是因为你们的妻子都走了，而是因为你们能在海中游泳，能住在暖和的房子里。我的简陋空旷的房间里很冷。我现在很想有地毯、壁炉、青铜器以及学术性的交谈。唉，我这个人是永远也成不了托尔斯泰主义者的。在女人身上我首先是爱她的美，而在人类历史中我首先是爱文化，爱那表现在地毯、弹簧轮马车和思想敏锐上的文化。唉，最好还是快些变成一个小老头儿并端坐在一张大桌子旁吧！

向安娜·伊万诺芙娜和叶芙盖尼娅·康斯坦丁诺芙娜问好，并祝她们诸事顺遂。如果像您在信中所说的那样，安娜·伊万诺芙娜的病是游走肾，那么这是并不危险的。

愿上帝保佑您！

您的　安·契诃夫

又及：您回家时，给我带一点儿辣椒来，费奥多西亚地方的辣椒很好。请您带一点红辣椒和青辣椒。

对动物学的批评收到了吗？

拉德济耶夫斯基抄写的是什么东西？在省城里所有的抄写工作全是由小办事员们做的，给他们一些特殊报酬。而文官们和陪审员们只知道喝伏特加。

如果把有关动物学的交谈从《决斗》中删去，那么这个中篇小说是否会因此而生动一些？

现在写信请寄莫斯科：小德米特洛夫街，菲尔加恩克家。

83 致阿·谢·苏沃林

1891 年 9 月 8 日，莫斯科

我已经来到了莫斯科，现在坐在家里，足不出户。家里人在张罗着换房子，而我不作声，因为我懒得动弹。为了少出一些房租，他们想搬到靠近杰维契也波里耶那个地方去住。

对我的中篇小说①来说，您建议的标题《虚伪》是不合适的。这个标题只是在谈到有意识的虚伪时才是合适的，无意识的虚伪并不是虚伪，而是错误。至于托尔斯泰把我们有钱和吃肉都一概称之为虚伪，那就太过分了。

昨天有人告诉我说，库列平②得了绝症。他脖子上长了癌。在他死去以前，癌细胞将吞噬掉他半个头部，而且还要以神经痛折磨他。据说，库列平的妻子给您写过信。

死亡在悄悄地选择着对象。它知道它该做什么。您可以写一个剧本：一个老化学家发明了一种长生不老药，只要服用十五滴，就可以永葆青春，但是老化学家把盛放这种长命水的瓶子打碎了，因为他怕像他本人和他妻子一样的缺德东西都会长生不老。托尔斯泰否认人类永生不朽，但是，我的上帝呀，这中间有着多少个人的东西呀！前天我读了他的《后记》③。您可以把我打死，但我仍然认为这个《后记》比我所鄙视的《致省长太太的信》④ 更为愚蠢和令人窒息。当今世上

---

① 指中篇小说《决斗》。
② 亚·德·库列平（1847—1891），莫斯科记者，《闹钟》杂志的编辑，也为《新时报》撰稿。
③ 指《克莱采奏鸣曲》的后记。
④ 指反映了果戈理的落后、反动思想的《致友人书信选》中的第 21 封信：《什么是省长夫人？ 致 A. O. 斯米尔诺娃》。

一些伟大人物的哲学真是见鬼！所有的伟大贤哲都像将军们一样专横，都像将军们一样粗暴和生硬，因为他们都相信自己不会受到惩罚。第欧根尼朝着人家的胡子吐痰，因为他知道，他不会为此受到任何惩罚，托尔斯泰骂医生们是坏蛋，并且在一些大问题上行动鲁莽，因为他和第欧根尼是一样的，你总不能把第欧根尼扭送到警察分局去，也不能在报上骂他一通。所以，就让这世上的大人物们的哲学都见鬼去吧！所有这种哲学连同一切愚不可及的后记以及致省长太太的信，所有这一切东西的价值都抵不上《霍尔斯托梅尔》① 中的一匹牝马。

请代我向中学同窗阿历克塞·彼得罗维奇问好，祝愿他身体健康、情绪愉快和多做迷人的美梦。我希望他梦见一个弹吉他的西班牙裸体女郎。

敬向安娜·伊万诺芙娜和阿历克塞·阿历克塞耶维奇及孩子们问好。

祝您身体健康，别忘了我这个有过失的人。我十分想念您。

您的　安·契诃夫

84 致叶·米·沙芙罗娃

1891 年 9 月 16 日，莫斯科

我们这些老单身汉身上都有一股狗的气味吗？好，就算是这样吧！但是说到妇科医生在内心深处全是好向妇女献媚和厚颜无耻的人，关于这一点请允许我反驳几句。妇科医生是同那种十分平淡无奇的生活打交道的，这种生活您甚至做梦也想不到，而如果您是知道这种生活的话，那么您可能会凭您特有的凶恶想象，赋与它以比狗的气味更为糟糕的气味。谁一直在海上航行，谁就喜欢陆地；谁一直陷在平淡无奇的生活之中，谁就留恋充满诗意的生活。所有的妇科医生都

---

① 指托尔斯泰的一个短篇小说。托尔斯泰在这个作品中描写了一匹牝马的一生。

是理想主义者。您作品中的医生喜欢读诗，——您的感觉向您暗示了这么一个事实。我倒还想补充一点：他还会是一个自由主义者，有一点儿神秘主义者的味道，他还在幻想着有一个涅克拉索夫作品中那样的俄罗斯女人做妻子。著名的斯涅吉廖夫①在谈到"俄罗斯女人"时，声音总是颤抖的。我所认识的另一个妇科医生爱上了一个戴面纱的，他从远处看到神秘的陌生女人。还有一个妇科医生，每出戏的头场演出他总是要看的，戏散后他总要在衣帽间吵骂，要人家相信作者应当只塑造理想的妇女形象等等。您还忽略了一点，那就是愚蠢或平庸的人不可能成为一个好的妇科医生。智慧，即使是教会中学学生的智慧，它发出的光辉也比秃顶明亮，而您呢，秃顶倒是看到并且还加以强调了，而把智慧抛弃了。您还发现并强调了，一个胖子从自己身上排出某种脂肪，但是您完全忽略了一点：他是一个教授，也就是说，他思索了好几年，做过一些事情，而这使他高于成千上万的人，高于所有的薇拉和塔干罗格的希腊女人，高于各种各样的宴会和葡萄酒。诺亚有三个儿子：西姆、哈姆、第三个好像加阿菲脱。哈姆只看到了他父亲是个酒鬼这一点，他完全忽略了另一点：诺亚有天才，他造成了一艘方舟，拯救了世界。从事写作的人不该仿效哈姆。请您牢牢记住这一点②。我不敢请求您，要您喜欢妇科医生和教授，但我敢于提醒您要公正，这种公正对于一个尊重客观的作家来说比空气更为需要。

那个商人家的女孩您写得非常之好。医生在讲话中说到他自己不相信医学，这个地方也写得好，但是不必叫他每讲一句话都喝茶。喜欢尸体——这是激怒了您沉溺于其中的思想的结果。其实，您并未见过尸体。

现在我从局部的问题转过来谈总体。这里我可要喊一声救命了。这不是短篇小说，不是中篇小说，也不是什么文艺作品，而像是一长

---

① 符·菲·斯涅吉廖夫（1847—1916），莫斯科大学护理学和妇科学教授。

② 以上都是契诃夫对叶·米·沙芙罗娃的短篇小说《死气沉沉的人们》所作的批评。

排阴沉忧郁的兵营。您的结构艺术到哪儿去了？当初您的这种艺术曾使您忠诚的仆人为之心荡。轻快、清新和优雅的笔调都到哪儿去了？您可以读一读您的这个短篇小说：描写吃午饭的情景，接着描写路过的姑娘和妇女，然后描写同席的伙伴，接下来又是描写用午餐的情景……就这样没完没了的描写。描写，描写，根本就没有情节。应该直接从商人的女儿落笔，也在她身上下功夫，薇拉——把她去掉，把那些希腊女人——也去掉，除了医生和商人的后代之外，把所有的其他人物全都拿掉。

我们应该谈一谈。您不搬到彼得堡来吗？我本来希望能在彼得堡看到您的，听米沙说，您好像是打算搬到彼得堡来的。好吧，祝您健康！愿天使保佑您！您的想象变得很有意思。这封信写长了，请原谅。

您的　安·契诃夫

85　致阿·谢·苏沃林

1891 年 10 月 20 日，莫斯科

您的《不重要的信》① 写得何等之好！热切而又优美，而且思想也完全正确。现在来谈懒惰和酗酒等等问题是十分奇怪和不策略的，就像一个人正在呕吐或发伤寒症，而你却要向他讲大道理一样。餍足同一切势力一样，总是含有一定程度的无耻性。这首先表现于饱汉会教训饿汉。如果在非常伤心的时候劝慰会令人感到讨厌，那么说教又将会起何等作用。这种说教会使人觉得多么愚蠢和多么令人感到受辱。按照他们的看法，谁欠缴 15 卢布的税款，谁就是个轻浮的人，谁就连水也不该喝。而他们倒是可以计算一下，国家欠了多少债？首

---

① 这是苏沃林在 1891 年 10 月 19 日《新时报》上发表的一篇杂文，其中谈到下诺夫哥罗德省的省长 H. M. 巴拉诺夫的一次答记者问。苏沃林批评 H. M. 巴拉诺夫，怪他一味责怪农民欠税、懒惰和酗酒，而不关心农民们忍饥挨饿的痛苦。

席部长们欠了多少债？所有的贵族头目和主教们总共欠了多少债？近卫军又欠些什么？关于这一切只有裁缝们知道。

我的路线是这样的。首先把给《文集》的短篇小说①写完。这篇小说很长，有两个印张，属于枯燥和难写的那类作品，无头，也无尾，我把它写完后，就随它去了。接下来我要到巴拉诺夫将军任职的省里去，只好沿着伏尔加河航行，还得骑马。然后我再上您那儿去。我不想去扎赖斯克，我不会在冬天观看庄园。雪下盖着的东西和光秃秃的树木包围着的东西，对这种东西我是完全和绝对不理解的。

您已经盼咐给我寄 400 卢布了吗？Vivat dominus Suvorin!② 这么说，为《决斗》这个作品我已经从你们公司得到了稿费四百加一百再加四百卢布。我计算了一下，为《决斗》我总共该得一千四百卢布左右。也就是说，五百卢布将用来还债。这样也就谢天谢地了。在春天来到前，我该偿清全部债务，否则我将会枯萎的，因为春天我又要向所有编辑部预支稿费。我会突然跑到爪哇岛去的。

在维斯科瓦托夫③发表在《新闻》报上的答复中，有着某种挑衅的味道（例如尊称您为杂文家等等），看来，他这个人，就像他的俄语知识一样，并没有什么了不起的。但难道他当真作了伪造吗？而您的杂文的调子却是任何人都一清二楚的。瞧，教授们也要遭殃了。

唉，朋友们，多么苦闷呀！如果我是个医生，我就需要有病人和医院；如果我是个文学家，我就需要生活在人民中间，而不是同獠一起住在小德米特洛夫卡街上。需要有一点儿社会生活和政治生活，哪怕很少一点点也好，而现在这种关在四堵墙内的，脱离大自然、人群和祖国的，没有健康和食欲的生活，这不是生活，而是某种〈……〉，再也没有什么别的可说。

我请求您，看在您在自己的扎赖斯克庄园里捉到的那许多鲈鱼和

① 指短篇小说《妻子》。
② 拉丁文，其意为：苏沃林先生万岁！
③ 巴·亚·维斯科瓦托夫（1842—1905），杰尔普特大学教授，莱蒙托夫传记作者。他认为，他发现了长诗《恶魔》的新版本，但苏沃林认为，维斯科瓦托夫如果不是自己伪造了长诗的新版本，至少也是误把赝品当成了佳作。

梭鱼面上，您就出版英国幽默作家贝尔纳德的著作吧！请予发排吧！

向你们全家问好。祝您千年健康。

您的 安·契诃夫

又及：尼·米·叶若夫给您寄去了一个短篇小说《零星实物》。他现在问：这篇东西有用吗？

86 致阿·谢·苏沃林

1891 年 10 月 25 日，莫斯科

勒热夫斯卡娅主办的寄宿学校的女学生给《新时报》编辑部寄来了救济饥民的五卢布八十五戈比。请您吩咐把这件事报导一下，而钱我已经交给阿历克塞·阿历克塞耶维奇了。

我劝阿历克塞·阿历克塞耶维奇改变了去扎赖斯克的主意。首先，一个身患感冒的人要在凹凸不平的雪橇和车子都通不过的路上行走 25 俄里，这可不是一件很顺当的事情；其次，只是在要对庄园感到失望的情况下，才会在冬天去观看庄园；第三，他可以在 4 月间去那儿，庄园跑不掉，而计划是可以变更的；最后，还有第四点理由，我想同他一起明天去捷斯托夫①处吃午饭，而这是比什么都更为重要的事情。

请您别在一周内发表两次《决斗》，只要发一次。发两次的话，就会破坏报社的惯例，而且好像是我在侵夺别人一周发稿一次的权利似的，其实对我和我的中篇小说《决斗》来说，一周发一次或两次是完全一样的。

在彼得堡的文学同行中，全都在议论我动机不纯。刚才我得到一个令人愉快的消息：我娶富有的西比里亚科娃为妻子。总的说来我得到许多好消息。

每天夜间我醒来就读《战争与和平》。我怀着好奇心和纯朴的惊

---

① 捷斯托夫是莫斯科一家饭馆的老板。

讶读这部作品，好像我从前没有读过似的。写得简直好极了。只是我不喜欢有拿破仑在场的那些地方。拿破仑一出场，马上就出现了牵强附会的写法，出现种种古怪念头，为的是要证明他比实际生活中的拿破仑更愚蠢。彼耶尔、安德烈公爵或微不足道的尼古拉·罗斯托夫所作和所说的一切都好，都聪明、自然和动人；而拿破仑所想和所做的一切呢，都是不自然的、不聪明的，都是夸张的和毫无意义的。如果我将住在外省（现在我日日夜夜向往着这一点），那我将行医和读小说……

我不去彼得堡了。

如果我在安德烈公爵身旁的话，那我会把他医治好的。读着感到奇怪：公爵这么一个富有的人，日夜有医生做伴，还有娜达莎和索尼雅的照料，他的伤口竟会发出尸体的臭味。那时的医学真是糟糕透了！托尔斯泰在写这部大部头的长篇小说时，想是不由自主地浸透了对医学的憎恶感。

祝您健康。姨母①去世了。

您的　安·契诃夫

87　致阿·谢·苏沃林

1891 年 11 月 22 日，莫斯科

我的健康已有好转。咳嗽少了一些气力大了一些，情绪也更富有朝气了，而头脑呢，好似旭日东升，一片光明灿烂。我早晨醒来时精神欢畅，就寝时没有什么阴郁的思想，吃饭时我不任性耍脾气，也不说孟浪话冲撞母亲。

什么时候我上您那儿去？我不知道。pour manger② 的工作很多。要工作到春天，就是说无聊的空话要说到来年春天。在我的地平线上

---

① 指契诃夫的姨母菲·雅·多尔任科（1829—1891）。
② 法语："为了糊口"之意。

闪现了一丝自由之光。有了一点儿自由的味道。昨天我收到了一封从波尔塔瓦省寄来的信，信中说，替我找到了一个合适的庄园。一幢石屋，七个房间，屋顶是铁皮的。这屋子不久前才盖成，不需要做任何修缮，有马厩、地窖、冷藏间、六俄亩土地、一片极好的草地、一个古老的林荫花园和普肖尔河河岸。普肖尔河河岸是我的。河的那一边是辽阔的美妙景色。和索罗钦齐相邻。价格倒是合情理的。现在先付三千卢布，还有两千卢布在几年内分期付清。一共是五千卢布。如果老天爷怜悯我，庄园得以买成，那么我在三月间就完全搬过去住，以便九个月生活在寂静的大自然怀抱之中，而一年的其余三个月住在彼得堡。我派妹妹去观看这个庄园。寄信给我的自治会长官，由于我未来的"公爵领地"而喜出望外。

啊哈，自由呀，自由！如果我以后一年的生活开支不超过两千卢布（这只是在庄园里才办得到），那么我就可以完全不受任何金钱上收支情由的拘束了。我那时将写作和读书，读书……一句话，那将是美味的果糕，而不是一般的生活。

为什么您认为，从《卡什坦卡》这本书中我得不到什么好处？我会得到的，哪怕只是 25 个卢布。如果能不断出售，如果发行工作做得好，这本书能有许多好处的。

也许，我将在 12 月 10 日以后到您那里去。

我在等短篇小说①，以便幸灾乐祸一番。

祝您身体健康。

您的　安·契诃夫

88　致阿·谢·苏沃林

1891 年 11 月 30 日，莫斯科

现在我将您通过代理处寄来的两篇手稿还给你。一个短篇小说是

---

① 指苏沃林的短篇小说《在世纪末梢》。

印度神话。荷花、桂花编织的花冠，夏夜，蜂鸟——这是在印度呀！从渴望青春的浮士德开始，以托尔斯泰式的"真正生活的幸福"而告终。我删去了一些地方，把作品弄得妥帖一些，结果成了一篇童话，虽说不太好，但很轻松，读来很有趣。另一个短篇小说写得文理欠通，胡诌八扯，粗制滥造，但有情节，有一点儿辛辣的意味。您可以看到，我把它压缩了一半。两篇小说都可以发表。而且我还觉得，如果多收集一些这样的短篇小说，然后把它们修改一下，那倒可以出版一期有趣的丰富多彩的圣诞号。我顺便说一句，第二篇小说中是有圣诞树的。

叶若夫看到的东西较少，知道的也较少，但请您别急于给他下结论。也许，他和拉扎烈夫会写出一些什么名堂来的。拉扎烈夫挺聪明，他不会写有关莫斯科报纸的事情的。如果下周六以前我写出一篇以莫斯科生活为题材的杂文，您该不至于反对吧？我很想重操一下旧业。

我一直在幻想，在幻想。我幻想着在 3 月间从莫斯科迁居到庄园，而在 10 月间来到彼得堡，住到第二年的 3 月。真想在彼得堡过冬，哪怕是过上一个冬天，而这只有当我在莫斯科没有安身之窝时才能办到。我幻想着，在整整五个月中我将怎样同您交谈文学，并为《新时报》做我能做的事情。而在庄园里我将尽全力行医。

包包雷金到我这儿来过。他也在幻想。他告诉我，他想写一本类似俄国长篇小说生理学这样的东西，讲长篇小说在我国的起源及其发展的自然进程。在他说话的时候，我无论如何也摆脱不了一种想法：我在自己面前看到一位狂人，但这是一个在生活中把文学摆在高于一切地位上的文学狂人。在莫斯科，我在自己家中很少看到真正的文学家，因此同包包雷金的一席交谈对我来说好似天降的甘霖，虽说我并不相信长篇小说生理学及其自然发展进程，也就是说，可能在自然界有这样生理学，但是我不相信，用现成的一些方法就能捉摸到这种生理学。包包雷金用双手挥逐果戈理，他不愿承认果戈理是屠格涅夫、冈察洛夫、托尔斯泰……的鼻祖。他把果戈理单独放在一旁，把他置于俄国长篇小说发展的长河之外。这一点我可理解不了。既然是站在自然发展的观点上看问题，那么不仅不能把果戈理置于这条长河的河床之外，甚至连狗吠声也不能把它置于河床之外，因为自然界中的一切都是相互影响的，甚至我现在打了个喷嚏这件事也不会不影响到周围自然界。

您说过，我们将在一起写一个短篇小说。如果是这样，那么请您别写完，留一点儿给我①写。如果您已经改变了一起写的主意，那么您就赶快把它写完，并开始写一篇新的小说。夏天我们一起来写上它两三个短篇小说，供夏天的读者们阅读：您写开头的部分，我写结尾②。

今天我们安葬了库列平。《新时报》送了一个花圈。在 6 个花圈中，这是最大的一个花圈，但并非最美丽的一个。以后你去看新戏，但已经不能在剧院中看到戏院的常客库列平，不知怎么的一想到这点就感到有些奇怪。

您害怕流行性感冒？但是您感冒已经痊愈了。您的神经虽说不好，因为它们都已过度疲劳和紧张，但您的身体强壮，对这一点我越来越深信不疑了。您还要再活上 26 年零 7 个月③。

祝您身体健康！我正在读谢德林的《外省人的日记》。写得多么冗长和枯燥！但同时又多么像是真的一样。

向安娜·伊万诺芙娜躬身问候。

您的　安·契诃夫

89　致阿·谢·苏沃林
1891 年 12 月 3 日，莫斯科

我一收到《卡什坦卡》的校样，就立即作了一些订正，而且还写

---

① 指短篇小说《在世纪末梢》，但这个作品是苏沃林一个人写完的。
② 这个打算后来没有成为事实。
③ 契诃夫的这句笑话后来几乎得到了应验：当时已被人称作"老头子"的苏沃林后来又活了 21 年。

了新的一章。我把这篇故事的各章重新分了一下，章数多了一些。现在已经不是四章，而是七章。新的一章多写了几页，也许会有一点儿什么好的结果。家庭的朋友和不贞的妻子，当然，都让我给删去了。我现在把校样寄给您，而您再把它寄给乌波科耶夫，同时说明为什么增写了新的一章。如果您觉得这一章似曾相识，那就请您把它扔掉。

两篇手稿①您收到了吗？

昨天乌鲁索夫公爵②到我这儿来了，他从傍晚 7 点钟一直坐到深夜 12 点半，讲了许多法国文学家的事情。这是个保养得很好的有钱人，他迷恋福楼拜③和〈……〉，看来他挺自负。但他的头脑中也有着一根木刺，就像您以为自己患了进行性瘫痪症一样，他一直在想，他得了脊髓痨。这是一个使他痛苦不堪、但又毫无根据的 idée fixe④，痛风病以及经常和医生交谈使他一直保持着这个固定观念。

从彼得堡、雅尔塔以及俄国的各个城市给我寄来许多信，谈《决斗》这部中篇小说。信全是一些不相识的人写的。这是一些非常诚恳和深表同情的信。外省报纸对《决斗》的批评在发表了第三篇小品文⑤之后就开始了。可以指望，这本书不会亏本的。

《卡什坦卡》出版后，请您吩咐寄一百本给动物保护协会理事会。

昨天一个大概很年青的人从沃罗涅日寄给我一份稿件，大约有四十印张，写满了密密麻麻的小字。是一部长篇小说。标题很别致：《精神贫乏的人们》。年青作者恳求我读完这部作品，并把自己的意见写信告诉他。您可以想象得出我的惊讶心情！夜间我开始翻阅这部长篇小说，原来其中写的是正派人的过去、为民众服务、共同一致的利害关系、落山的夕阳……另一个人已经年纪不轻，是一个退休的上校，他给我拿来了两篇稿子：《不邀而来的教化者，或愚昧的果实》

---

① 指契诃夫在同年 11 月 30 日给苏沃林的信中提到的两篇手稿。
② 亚·伊·乌鲁索夫（1843—1900），俄国文学家，司法工作者，1890 年契诃夫从萨哈林回来后才与之相识。
③ 古·福楼拜（1821—1880），法国作家，著有长篇小说《包法利夫人》、《情感教育》等。
④ 法语，意思是：固定观念。
⑤ 参阅契诃夫在 1891 年 7 月 24 日写给苏沃林的信。

和《著名的马车夫》。第二份手稿中描写了一个有理想的青年，他由于贫困而当上了马车夫（责备冷漠的社会，它把自己的一些优秀代表弄到了如此可怕的地步），就是这位马车夫，他坐在赶车人的座位上同自己的乘客们聊天，谈马克思，巴克尔①和穆勒②的《逻辑体系》。

古列维奇不预支稿费。她怎么样？当然，我并不发愁，但她的处境不妙呀！可怜的她没有钱，但她应该付钱给印刷厂，买纸要付钱，还要付钱给作者们，给弗莱克瑟……她为我的一个短篇小说该付给我六百卢布。我已写信告诉她，要她别感到不好意思，她什么时候方便就在什么时候把稿费寄给我。顺便说一句，我"已经苦出头了"。我写完了这么多的作品，如果能准时把稿费寄给我的话，那么我可以过起小康的生活来，一直过到去别墅那一天。

愿上帝保佑您！莫斯科的阿卡基③完全配当一名《新时报》的编内撰稿人。

您的　安·契诃夫

90 致阿·谢·苏沃林
1891 年 12 月 13 日，莫斯科

现在我明白了，为什么您夜间睡不好觉。如果是我写了这么一个短篇小说④，那么我会一连十夜合不上眼。最可怕的地方是瓦丽雅像个妖精一样扼住男主人公的咽喉，向他介绍神秘的阴曹生活的那一段。写得既令人害怕，又符合召鬼术的要求。从瓦丽雅的讲话中，尤其是他们俩骑在马上时讲的那一段，一个字也不该删掉。别删。短篇小说的思想是好的，内容荒诞而有趣。

我能够改正的只是一些校样上的错误：我用"已经"代替了

---

① 亨·托·巴克尔（1821—1862），英国历史学家，实证论社会学家。
② 约·司·穆勒（1806—1873），英国哲学家，经济学家。
③ 苏沃林有时戏称自己是莫斯科的阿卡基，写信时还以此署名。
④ 指《在世纪末梢》，这个短篇小说后来发表在 1891 年 12 月 25 日的《新时报》上。

"已"，用"拼命地跑"代替了"全速地跑"，用"齐特拉琴"代替了"曼陀林琴"。此外我没有发现什么不合适的东西。要说的话也只是一个建议：请您把题词的结尾删去。这段题词是想得很恰当的，但我划去的那一段却使它太长了。您的短篇小说的目的是要多多少少吓唬一下读者，叫他们心神不宁，那么您为什么要说"我们这个神经质的世纪"呢？说真的，根本就没有什么神经质的世纪。人们从前怎样生活，现在还是那样生活，而现在人们的神经不比阿夫拉姆的、伊萨克的和亚科夫①的神经差一些。把题词的结尾扔掉，但要把题词保留下来。

由于您已经写好了小说的结尾，所以我如果寄上我写的结尾，也不会干扰您。我兴奋起来了，忍不住不写。请您读一读，如果您有愿望一读的话。

一般说来，短篇小说之所以好，是因为可以执笔写它几天而又不察觉时光在流逝，同时又可感到某种类似生活的东西。我这是从卫生的角度说的。而从效益和其它观点来看，写出一个不坏的有内容的短篇小说，让读者有十一二分钟有意思的时间，这正像吉利亚罗夫斯基②所说的那样，可不等于是牡羊打喷嚏呀！为什么您很少写短篇小说？为什么您不在夏天写短篇小说？要知道，想象力您有的是——谢天谢地！

我今天头又痛得难受。我不知道，该怎么办？哪能不呢，大概是人老起来了，如果不是人老起来了的话，那就是有了什么更糟糕的东西。

今天一个小老头给我送来一百卢布，是捐献给饥民的。

我将在 17 号或者在节日的第二天到您那里。钱——我有。20 号妹妹将去看庄园，我想送一送她，再说也舍不得把两个老人孤单单地留下过节。不管怎样，我将在你们家迎接新年。这是一定的。

---

① 三个名字全是《圣经》中的人物名字。
② 符·阿·吉利亚罗夫斯基（1853—1935），俄国作家。

我把您的短篇小说给了玛莎①，让她在就寝前读一读。

祝您身体健康、万事如意！

您的　安·契诃夫

校样我随此信同时寄出。

91　致谢·阿·安德烈耶夫斯基②

1891 年 12 月 25 日，莫斯科

我们先从心理学谈起。从您最近的一封信来判断，您身上有一种易受刺激性，这种特征只是神仙、诗人以及受娇宠的美女们才有的。三个女神需要听一个普通牧人的意见③，一个美女在听了音乐、看了鲜花和受了男子的爱抚之后突然间想要吃酸白菜和荞麦米，您也是这样，您要听一听我的批评意见。这证明您是一个诗人。

我非常仔细和十分满意地读完了您写的几本书④。我记得，柳托斯坦斯基案我是在农村里、在充满诗意的环境里出声朗读的，以后关于您又谈了好久。整个夏天里您的诗篇一直放在我的圆桌上，我和所有有机会走近这张圆桌的人都读了这些诗篇，读了一整个夏天。现在您的书已经都装上了书皮，和我的许多其它珍贵物件一起放在箱子里，等着我把它们打发到索鲁钦齐去，这是果戈理出生的地方，而我将要去那里安家落户。

但我能给您写些什么呢？我尊重您写的书和您的作者感情，这就是说，我应该认真地写，不胡闹。任何谩骂都不会像浅薄的议论那样侮辱作者和把他的作品庸俗化。而我呢，说来也难为情，我应该承认，这种浅薄正好是我在自己的书信中表现出来的一个特点。我只是

---

① 指契诃夫的妹妹玛·巴·契诃娃。
② 谢·阿·安德烈耶夫斯基（1847—1919），俄国律师，诗人，文学批评家。
③ 古希腊神话中，赫拉、雅典娜和阿佛洛狄忒三个女神来找牧人帕里斯，请他评判她们中谁最美。
④ 指《谢·阿·安德烈耶夫斯基的辩护词……》等书。

在惹起我议论或在我面前提出个别问题的时候，才善于议论。也许，我的智慧是和斯帕索维奇①的智慧一样的，我头脑中有思想，但它们不会一泻千里地倾注到纸上。我尝试过给您写篇东西，但写出来的是一种报章体的东西，像斯卡比切夫斯基的那种格调。

关于您的辩词，要么是应当大写而特写，要么是一句话也不写。而我不善于大写特写。对我来说，像您、柯尼②以及别的一些法律家的发言有双重的意义。首先，我在这些发言中寻找艺术上的长处和技巧；第二，我在其中寻找那在学术上或审判实践上有意义的东西。您那篇关于杀害自己同学的士官生的发言③妙极了，它优美、朴素而又生动，发言中提到的人一个个都是活生生的，而且我甚至看到了那个峡谷的底部。关于纳扎罗夫一案的发言从适用性方面看是一篇最聪明和有益的发言。但要知道这是严肃的，因此关于这一点要写的话也应该严肃和展开来写。

我一定把自己的书寄给您，不然我就自己带来。以前没有把它们寄给您，是因为我当时不知道您是否要这些书，部分地还因为我以为或我觉得，我已经把这些书给您寄去了。

为什么您不写它几部剧本呢？

27 号以后我将到彼得堡去。

您的　安·契诃夫

92　致莉·阿·阿维洛娃④

1892 年 2 月 21 日，莫斯科

亲爱的莉吉娅·阿历克塞耶芙娜，我收到了并且已经读完了您的

---

① 符·达·斯帕索维奇（1829—1908），俄国法律家，文学家。
② 阿·费·柯尼（1844—1927），俄国法律家，作家，社会活动家。
③ 士官生梅尼希科夫谋害同学未遂，契诃夫在这里说"杀害"是不确切的。
④ 莉·阿·阿维洛娃（1864—1943），俄国作家，契诃夫常常在创作上帮助她，向她提出种种建议。

短篇小说。您不愿意和我见面，为此我的确应该把您的短篇小说好好地骂一通，但……让上帝原谅您吧！

这篇小说写得好，甚至是很好，但如果我是作者或是编辑的话，我一定会坐上一两天对它加加工。首先，要加工的是结构……应当直接从"他走近窗子"……这几个字开始写起。接下来男主人公和索尼雅不该在走廊里谈话，而是应该在涅瓦大街上，而且他们的谈话应该从半中间写起，让读者以为他们已经交谈很久了。等等。第二，小说中的冬尼娅应该是个男人。第三，关于索尼雅应该多讲几句……第四，没有必要让小说中的人物全是大学生或家庭教师，——这么写陈旧了。把主人公写成税务司的一个官员，把冬尼娅写成一个军官，是否合适？……巴雷什金娜这个姓不美。《归来》这个标题太雅……不过我发现，我没有抑制住自己，我还是向您进行了报复，因为您像叶卡捷琳娜女皇时代的女官那样对待我，就是说您不愿意让我口头上而不是书面上对您的短篇小说进行评论。

如果您愿意的话，我就把您的短篇小说交给戈尔采夫，他将在3月1日前到我这儿来。但还是做一些改动比较好，反正没有什么好急的。您把小说再重写一遍，您就会看到发生了什么样的变化：它会更加鲜明和丰满，而人物也会更加明朗。

至于说到语言和笔法，那么您是个能手。如果我是编辑的话，那我会付给您每印张不少于二百卢布的稿费。

请您今天就给我写封信，告诉我：您打算怎么办？我恭候您的指示并乐于效劳。

安·契诃夫

您笔下的人物好像太匆忙了。请您把"理想"和"冲动"这些词去掉。去它们的吧！

如果你在批评别人写的东西，你会觉得自己像将军一样。

93 致莉·阿·阿维洛娃

1892 年 3 月 3 日，莫斯科

为什么您生我的气了，尊敬的莉吉娅·阿历克塞耶芙娜？这使我感到不安。我担心，我上次提出的批评措词尖锐、含混而又肤浅。我再说一遍，您的短篇小说是很好的①，而且我好像完全没有说过什么"根本性的"修改。只要用另一个头衔替换掉大学生就可以了，因为不该支持人们的一种迷误，似乎思想只是大学生和贫困的家庭教师才有的，这是第一点；再说现在的读者不相信大学生，不把他看作英雄，而是看作应当学习的孩子，这是二。愿上帝保佑您，不用写军官了，我向您让步，您就把冬尼娅留下吧，不过请您把她的泪水擦去，请您吩咐她擦些香粉。就让她成为一个独立自主的生气勃勃的成年妇女吧，读者也许会相信她的。现在呀，太太，大家都不相信那些好哭哭啼啼的人了。再说这样的女人都是独断专行的。不过，关于这一点可不是三言两语就说得清的。

我想把稿子交给戈尔采夫的目的只有一个：在《俄国思想》月刊上看到您的短篇小说。我在此顺便向您列举一些我随时可以和乐意把您的作品寄去的大型杂志的名单：《北方通报》、《俄国思想》、《俄罗斯评论》、《劳动》等，还有《星期周报》大概也行。您威胁说，编辑们永远也别想看到您的稿子。您这么想就不对了。既是蘑菇，就要进篓②。既然您要认认真真地搞文学，那您就要排除万难而闯上前去，不瞻前顾后，遇到挫折也不灰心丧气。请您原谅我说了几句有教训意义的话。

我将在星期三或星期四离开莫斯科。我的地址（供普通邮件用的地址）是：莫斯科-库尔斯克铁路，洛帕斯尼亚车站。我买下了一座庄园。过一两年它将被拍卖掉，因为我是以转移银行债务的方式买下

---

① 见 1892 年 2 月 21 日契诃夫写给阿维洛娃的信。
② "既是蘑菇，就要进篓"是一句俄国谚语，意思是：说到就要办到，挑上了重担就要挑到底。

这座庄园的。我这是做了一件蠢事。如果您不再生我的气，而且愿意把手稿寄给我，那就请您用平信形式寄到洛帕斯尼亚，或者用挂号邮件方式寄到谢尔普霍夫。

祝您诸事顺遂如意。请您代问候娜杰日达·阿历克塞耶芙娜！如果我去彼得堡，那我一定会去她家。谢尔盖·尼古拉耶维奇的天鹅美极了！我是在展览会上看到的。

真诚地尊敬您和忠实于您的　安·契诃夫

94　致阿·谢·苏沃林

1892 年 3 月 11 日，梅利霍沃

工人的劳动变得不值钱了，几乎跌到了零点，因此我觉得很好。我开始懂得了资本主义的妙处。拆掉仆人住的下房中的炉台，然后在那里造一个设备齐全的烹饪用炉，然后再拆去住房中的厨房间，代之以新造的荷兰式壁炉，——这总共才花 20 卢布。两把铁锹的价钱是25 戈比。造一个冷藏室，每个短工一天 30 戈比。雇一个年轻的工人，他识字，不酗酒，不吸烟，他要耕田、擦皮靴、照料温室，一个月只需付给他 5 卢布工钱。擦地板、擦隔板、糊墙壁，——干这些活花的钱比蘑菇的价钱还便宜。因此我感到自由自在。但如果我为这些劳动支付的报酬哪怕是等于我在闲暇时间挣得的收入的四分之一，那么我会在一月之间破产，因为炉工、木匠、细木工等等的数量像循环小数一样永远不会完结。阔绰的不封闭在四堵墙内的生活，要求有阔绰的钱袋。我已经使您厌烦了，但我还要告诉您一点：三叶草的种子值一百卢布，而花在燕麦种子上的钱还多于一百卢布。这就有你周旋的余地了！向我预言有好收成和财富，但这对我有什么用处？现有的五个戈比比未来的一个卢布强。我只得坐下来工作。至少得挣上五百卢布，才能对付各种各样的小费。我已经挣到了一半。雪在融化。天气暖和，鸟儿在歌唱，天空晴朗，一派好春光。

我在阅读大量的东西。已经看完了列斯科夫①的《神话般的性格》，刊载在《俄罗斯评论》1月号上。绝妙，引人入胜。美德、虔信和荒淫混为一体。但很有意思，请您读一读，如果您还没有读过的话。我又读了皮萨列夫评论普希金的文章②。幼稚极了。这个人使奥涅金和塔吉雅娜声誉扫地，而普希金却依然完好无缺。皮萨列夫是包括布列宁在内的所有当代评论家的爷爷和爸爸。他们在揭露别人缺点时都拘泥细节，他们都有冷酷和自私的小聪明，他们待人都同样地粗暴和无礼。这倒不会由于皮萨列夫的根本不存在什么思想而失去人性，而是由于他那粗暴的口气。我觉得，他对塔吉雅娜，尤其是对她那封可爱的信（我温柔地珍爱这封信）的态度简直是可厌的。他的批评文章散发出一股惹人厌烦的吹毛求疵的检察官的臭气。算了，去他的吧！

您什么时候到我这儿来？在报喜节以前乘雪橇来？还是节后坐车子来？我们差不多已经把房子完全打扫好了，只是供我用的书架尚未做好。等我们装上框子后，我们就把什么都油漆一下，到那时屋子就会相当漂亮了。夏天我们再要安上一个冲水厕所。

花园中有菩提树林荫道，有苹果树、樱桃树、李树和覆盆子树。

有一次您在信中说，要我向您提供一部喜剧的题材。我非常希望您能动笔写喜剧，我愿意向您提供我头脑中所有的题材。您来吧，让我们在空气新鲜的地方好好地谈一谈。

祝您身体健康，万事顺遂。我向你们全家问好。阿历克塞·阿历克塞耶维奇到乡下去了，这很好！

您的　安·契诃夫

---

① 尼·谢·列斯科夫（1831—1895），俄国作家，著有长篇小说《走投无路》、《结仇》、《神职人员》等。
② 指皮萨列夫写的《普希金和别林斯基》一文。

95 致莉·阿·阿维洛娃

1892 年 3 月 19 日，梅利霍沃

尊敬的莉吉娅·阿历克塞耶芙娜，如果您想把您的短篇小说刊登在有插图的杂志上，那么可以把它寄给《北方》或《世界画报》。在《北方》当编辑的是符·吉洪诺夫，而在《世界通报》任编辑的好像是亚辛斯基。他们两个都是与人为善和关心别人的人。

您的短篇小说《在途中》我已经读过。如果我是个有插图的杂志的出版者，我会十分乐意地在自己杂志上登载这篇作品。不过我向您提出我作为一个读者的建议：您描写苦命人和可怜虫，而又希望引起读者怜悯的话，您自己就要尽力冷淡一些，这会给别人的痛苦一种近似背景的东西，那种痛苦在这种背景上就会更明显地表露出来。而如今在您的作品里，您的主人公们在哭，您自己也在叹气。是的，应当冷心肠才行。

不过，您别听我的，我是一个蹩脚的批评家。我缺乏明确地表述自己的批评思想的才能。有时我会胡说八道，简直是要命。如果您希望通过我向画报编辑部投稿，那么我可继续为您效劳。不过，请别把您的稿子寄到洛帕斯尼亚去，否则它们会同其它的挂号信和印刷品一起积压在谢尔普霍夫，一直压到夏天，这些邮件在那里经等我好久了。挂号邮件请您按下列地址寄：图拉省阿列克辛市，米·巴·契诃夫收。我弟弟每星期都来这儿，信不会在阿列克辛市积压起来。

您的信使我伤心，使我不知所措。您信中谈到了某些"奇怪的事情"，并说这些事情似乎是我在列伊金家讲出来的，您还请求我为了尊重女人而别"这样"讲您，最后您甚至还写道："单单为了这种轻信就容易溅上一身烂泥……"这个话是什么意思？我和烂泥……我的人格不许我为自己辩护，再说您的指责也太含糊，我无法从中看清楚需要作自我辩护的要点。就我所能理解的来说，您谈到的是一个什么人编造的谣言①。是这样吗？我恳切地请求您（如果您对我的信任不

---

① 阿维洛娃在一封失传的写给契诃夫的信中责怪作家，说他在 1892 年 1 月 1 日的纪念晚会上，在酒馆里夸口，要把阿维洛娃从她丈夫手中带走。

亚于对诽谤者们的信任的话），别相信那许多坏话，在你们彼得堡总是这么议论人的。如果说您不能不相信，那么就请您相信全部坏话，不是零零星星地相信，而是一揽子全都相信：相信我和一个有五百万家财的女人结婚，相信我和我的亲密朋友们的妻子鬼混，等等……看在上帝的面上，您就放心吧。如果我还不足以使您相信的话，那请您同亚辛斯基谈一谈，他在纪念晚会后同我一起到过列伊金家。我现在还记得，我们两人，我和他，谈了很久，谈到您和您的妹妹是非常好的人……纪念会上我们两人都略有醉意，但如果我当时果真醉得像鞋匠或者发了疯的话，那我也不至于卑贱到"这样"和"烂泥"的程度（您竟举得起手来写出"烂泥"这个字眼），因为我受到正派习惯的节制，受到对母亲、妹妹以及一般女人的依恋心的节制。能讲您坏话吗，而且是在列伊金面前?!

不过，让上帝保佑您吧！受到诽谤后为自己辩护，这等于求犹太人借钱给你作保：毫无用处。关于我您要怎么想就怎么想吧。

我只有一个过错。是这么一个过错。有一次我收到您的信，信中您询问我关于我的没有什么价值的短篇小说的思想。由于我当时对您不很熟悉，由于我忘了您的夫姓是阿维洛夫，我把您的信扔到了一边，而邮票则占为己有。我一般是这样处理询问信的。尤其是女人们写来的询问信。以后在彼得堡您向我暗示了这信封的事情，我记起了您的署名，我感到了自己是有过错的。

现在我住在乡下。很冷。我向池塘里抛雪，并高兴地想着自己的决定：永远也不去彼得堡了。

祝您一切都好。

真诚地忠实于您并尊重您的　安·契诃夫

96 致阿·谢·苏沃林

1892 年 3 月 31 日，梅利霍沃

前一阵天气冷，大家都泄气了，鸟儿又重新飞回南方，因此我没

有给您写信，免得我以自己的坏情绪感染您。现在鸟儿回来了，所以我也就给您写信了。一切都和以前一样：不枯燥，也不欢乐。我过的生活主要是枯燥乏趣的生活，有一个念头总是叫我的生活败兴，这念头就是：必须写作，永远写作。我正在写一个中篇小说①。在发表前，我想把它寄给您审阅，因为您的意见对我来说是像金子一样宝贵的，但应当抓紧一些，因为我没有钱用了。在这个中篇小说里有许多议论，但缺少爱情成分。有情节，有开端和结局。倾向是自由主义的。篇幅有一两个印张。但应当同您商量一下，否则我担心会胡说乱写出令人感到无聊的琐事。您的鉴别力很高，我相信您的第一个印象，就像我相信天空中有太阳一样。由于不急于刊登我的小说，而且能给我一两个月时间进行修改，那就请允许我寄校样给您。按现在的时势看，这种谨慎是必要的。要是让·谢格洛夫在发表他那篇野蛮和迷信的中篇小说《接近真理》② 以前，能把它给您或我读一读的话，那么现在这篇小说就可能不会产生对青年作家们来说不足赞赏的印象了。如果把自己闭锁在自尊而又自私的贝壳中，如果只是间接地参与思想运动，那就会有胡诌上一大堆废话的危险，尽管你自己并不愿意这样。您允许我把校样寄给您吗？

不管怎么样，请您尽可能在到费奥多西亚之前将自己的散文发表出来。请通过我弟弟伊万寄一册精装本给我，要不您就自己带来。请您在我的花园开花的时候来我家，这正好也是青蛙和夜莺举行音乐会的季节。关于住处您不必担心。

在农村生活比在城里省钱，但我是在最不合适的时候来到农村的。燕麦的价格本是 15 戈比，现在却需 80 戈比，没有干草，而牧草还是 in spe③ 的东西，我们家有六辆载货马车，家禽还不算在内。它们都把我吃光了。

我多么想有一个养蜂场！我这里有一个很好的地方可以做养蜂

---

① 指《第六病室》。
② 伊·列·列昂捷耶夫（谢格洛夫）在这部中篇小说里，对"媒介"出版社作了诽谤性的描绘。
③ 拉丁文，意思是"指望中的"。

场。可以放两百箱蜂。这是非常有趣的事。

我身上仍然表现出乌克兰人的本性。我已吩咐下去，从井上拆去那架压水时吱吱作响的文明压水机，我想安上一根略吱咯吱响的压水吊杆，这种吊杆将会使这里的农民困惑不解。我还吩咐把下房也粉刷一下。"吩咐"这个词的地主气息太重了；确切一些说，该是说"请"，因为所有粉刷和修理各种小东西等活儿全是我家老老少少在米沙带领下干的。温室里的东西是我们自己栽种的，没有雇工。春天我们还打算自己种树，菜园也自己动手种。这样毕竟省钱一些！起初体力劳动使我浑身酸痛，现在已经无所谓了，习惯了。作为一个干活的人，作为一个帮手，我这个人是根本不管用的。我只会向池塘里扔雪，只会挖小沟。我就是钉一只钉子也总是会钉歪的。

我现在写得很多，所以我曾想寄一个短篇小说给您，供复活节号用。但我没有来得及，节后一定寄上。

这封信您大概在复活节前夕收到。耶稣复活了！愿上帝保佑您诸事顺遂！向安娜·伊万诺芙娜和孩子们致以衷心问候和一个个良好祝愿。以后在我写剧本的时候，我要用白尔尼①的书。在哪里可以买到他的书？这是一个非常聪明的思想家，犹太人和小范围里的一些人十分喜爱这种思想家。

都德的新作中篇小说《离婚之后》描绘了三个卓越的女人，但这部小说是虚伪的，至少它的结尾是虚伪的。如果起来反对离婚的是一个分裂派教徒或者是一个阿拉伯人，那我是能理解的，但都德以道德说教者身份出现，要求已经互相厌恶的夫妇不离异，他这是非常可笑的。法国人对裸体少女已经厌倦了，因此现在为了换一换胃口，而要弄起道德来了。

您的　安·契诃夫

---

① 留·白尔尼（1786—1837），德国进步政论家和文学评论家，他反对反动的封建势力、民族主义和市侩行径。

97 致叶·米·沙芙罗娃

1892 年 4 月 6 日，梅利霍沃

您高兴吧，《米哈伊尔·伊万诺维奇》找到了。您只附了两张邮票，而应该附的是五张邮票，因此您的邮包被送到了谢尔普霍夫，以后又从那里给我寄来通知书，要罚我 42 戈比。

而对您呢，应该罚您 42 卢布，因为您笔下的那个作家在鼓吹不道德的思想。他对米哈伊尔·伊万诺维奇说："请您记住，任何样子的人都是上帝需要的。"不对，上帝完全不需要那种靠女人养活的黑发男子。根据现成的概念来说，上帝是最高德性的表现，只有完善的人才可能是他所需要的。如果是化学家或生物学家在说，在自然界没有任何不纯洁的东西，一切存在的东西都是必需的，那么这种说法是可以理解的，这是自然科学家的观点，而不是道德家的观点。而您笔下的列宾呢，他是在进行着道德说教。

您的这个短篇小说照例写得可爱，又风趣，主人公是一个活生生的人，但结构没有搞好。主人公一会儿躺在罗圈椅上摇来摇去，一会儿吃午饭，一个儿玩牌，一会儿散步，——简单些说，地点和时间变换得如此之多，以至人们期望着看到许多情节，而情节就是没有。您是从主人公躺在罗圈椅中开始写的，似乎该以吃午饭来结束这个作品。

向您祝贺复活节。正在我这儿做客的弟弟也向您躬身问候，他和我一起祝您诸事顺遂。

忠实于您的　安·契诃夫

98 致莉·阿·阿维洛娃

1892 年 4 月 29 日，梅利霍沃

尊敬的莉吉娅·阿历克塞耶芙娜，我有生以来从未写过诗。不过，只有一次我在一个小女孩的照相集里写过一首寓言，但这已是很久很久以前的事情了。这首寓言一直流传到现在，许多人还会背它，但这女孩已经20岁了，而我自己呢，我服从于一般规律，已经把自己装扮成一个文学老手，高傲而又轻蔑地看待没有诗才的人写的诗。大约是一个同姓的人或者一个冒充者在用我的招牌。姓契诃夫这个姓的人是很多的。

是的，农村里现在很好。不只是很好，甚至是好得令人惊叹。真正的春天已经到来，树木都已发芽，天热乎乎的。夜莺在歌唱，青蛙在此起彼伏地鸣叫。我身无分文，但我认为：富足者并非是手中有许多钱的人，而是现在有资格生活在光华清朗的早春环境中的人。昨天我到莫斯科去了一次，但我在那里差点儿闷死，那儿生活太无聊，还有各种各样伤脑筋的事情。您可以想一想，一个我认识的女人，42岁，她认为我在《跳来跳去的女人》（载《北方》杂志，第1、2期）中写的20岁的女主人公就是她，所以整个莫斯科都在责怪我诋毁别人。主要罪证是一个表面的相似之点：这个女人画油画，她的丈夫是医生，而她同一个画家住在一起。

我正在结束一部中篇小说，一部很枯燥的中篇小说，因为其中根本就没有女人，也没有爱情成分。我不喜欢这样的小说，我好像是预料不到地写成的，不加思虑地写成的。如果在6月份以后我知道您住在什么地方的话，我会寄一个单印本给您。

我真想写一部喜剧，但关于萨哈林岛那本书的写作工作妨碍我这么做。

祝您万事如意。而最主要的是，祝您身体健康！

是的，有一次我在信中对您说过，如果写凄婉的短篇小说，应当保持冷漠。而您却没有理解我的意思。为小说可以哭泣，也可以呻吟，可以和自己作品的主人公一起痛苦，但是，我认为，这一点要做得让读者看不出来。越是客观一些，产生的印象就越强烈一些。这就是我想要说的意思。

真诚地忠实于您的　安·契诃夫

99　致阿·谢·苏沃林

1892 年 6 月 4 日，梅利霍沃

您没有顺路到我这儿来一下，因为，正像您在信中所说的那样，三位姑娘使您不好意思来。但是，第一，那三位姑娘早已离开，第二，不管有多少姑娘在我家，我的两个房间任何时候都能为您效劳，因为这两个房间是既不让小伙子们住，也不让姑娘们住的。

难道我们在秋天以前就不能见面了吗？这是令人难过的。总的说来，我并不高兴，现在再加上没有希望能很快见到您，那就更苦闷了。您至少别忘了把您的地址寄给我，以便我能给您写信。

天气热，不下雨。大自然受着折磨，人也感到困倦。我们这里稞麦已长得有一人高了，再过 20 天就要收割了，而燕麦呢还只有一俄寸高。不像会有好的收成。但是这儿没有蚊子。当我得知让·谢格洛夫选定符拉其米尔这地方作为自己的永久住处时，我简直惊呆了：要知道，那儿的蚊子会把他咬死的，再说那里的生活无可补救地枯燥，这是历史上传下来的枯燥！在所有的省城中符拉其米尔是最枯燥的一个城市，甚至连戏院也没有一个。他要是去图拉或沃罗涅日，那倒还比较好些。

我在写一个中篇小说——一个篇幅不大的爱情故事。我很乐意地写着，感到写作过程本身是一种快慰，而我的写作过程是麻烦和缓慢的。如果我头痛，或者如果有人在我身旁胡言乱语，那我就咬着牙写。我的头经常痛，而更为经常的是要听那些胡言乱语。我有一个有趣的喜剧题材，但是结局还没有想出来。谁能为剧本想出许多新颖的结局来，谁就开辟了新纪元。这些结局真可恶，就是写不好。主人公不是结婚，就是自杀，没有别的出路。我的这部未来的喜剧叫做《烟盒》。如果我想不出一个同开头一样奇特的结局的话，我不会动笔写它。而结局一想出来，我花两个星期就可以把这部喜剧写好①。

---

① 这部喜剧的构思后来没有实现。

男爵斯塔利·冯·戈尔施泰因[1]的未来的岳丈是一个枯燥乏味的人。这是一口棺材，而棺材越是装潢得阔气，它就越是枯燥乏味。这是第一千零一次的证明，证明幸福并不在于金钱。这是一条庸俗的真理，但它毕竟还是真理。魏贝格[2]说话很有趣。我喜欢他的两只狡黠的眼睛。

我倒是乐于到费奥多西亚的。当然，是 solo。不管怎样，请您写封信去，免得那里的人把我看成冒充者。我一写完中篇小说，就上那儿去写喜剧。我喜欢大房子。还不妨到海里去洗洗澡，因为我的身体不太好。您几月里回来呢？看在老天爷面上，我们能不能一起在费奥多西亚度过 9 月或者 10 月呢？对我来说，这会是妙极了，我会感到自己上了九重天。如果我还没有使您感到讨厌的话，那您就考虑一下，并给我一个回音。秋天我的经济状况将会顺顺当当，我不会老是唠叨说"该写东西去了"。如果我们能预先在信中商定，那么我将在费奥多西亚迎接您。

我们家女用人原来是一个职业小偷，她曾以勤劳而使我们惊叹不已。她偷了钱、头巾、书籍、照片……每个客人都会丢失 5 至 10 个卢布。我在想象，她偷走了我多少钱！我没有锁抽屉和数钱的习惯。我想，她大约已经偷了我两百左右卢布，因为我记得，在 3 月和 4 月这两个月里我总是觉得奇怪：我的钱花得那么多。

《俄罗斯评论》没有出版。

我收到了斯沃包金的信。他抱怨说，蚊子把他吃掉了。他是住在符拉其米尔省的。

请您给我来信，写得长一些。

请向您妹妹和彼得·谢尔盖耶维奇问好。请您告诉讨人喜爱的助产士：她是个很漂亮的女人。

愿上帝保佑您！

　　　　　　　　　　　　　　　　您的　安·契诃夫

---

① 阿·尼·普列谢耶夫的女儿的未婚夫。
② 彼·伊·魏贝格（1831—1908），俄国诗人，新闻记者，翻译家，文学史家，赫尔岑主编的《钟声》报的通讯员。

100　致阿·谢·苏沃林

1892年11月25日，梅利霍沃

您的意思并不难以理解，您不必责骂自己表达得不清楚。您是一个不可救药的酒徒，而我却请您喝柠檬汽水。您呢，您在对汽水作出应有评价的同时，公正地指出：它里面没有酒精。在我们的作品中缺少的恰好就是那会使人陶醉、会征服人的酒精，这一层意思您也清楚地让人们理解了。为什么不是这样呢？撇开《第六病室》和我本人，让我们来谈一般的情况，因为这样谈更有意思一些。我们来谈谈一般原因，如果您不感到枯燥的话，让我们抓住整个时代来谈。请您说一句良心话，在我的同龄人中，也就是说在年龄在30—45岁间的人中，有谁向世界提供了哪怕一滴酒精呢？难道柯罗连科、纳德松①以及所有当代的戏剧家不全是柠檬汽水？难道列宾或希什金②的画卷使您为之昏眩了吗？它们动人、有才气，您对它们大加赞赏，但您同时又无论怎样都忘不了：您真想抽烟。现在科学和技术正经历着一个伟大的时代，但对我们来说，这个时代是疲沓的、抑郁和枯燥的。我们自己也是抑郁和枯燥的，只会生养一些橡皮孩子③，而对这一点视而不见的只有斯塔索夫一人，他生来就有一种难得的才能：喝汩水也会喝醉。原因并不像布列宁所想的那样在于我们愚蠢、无能和厚颜，而在于一种疾病，对于艺术家来说这种疾病比梅毒和阳痿还要坏。我们缺少"一点儿什么"，这么说是公正的，这就是说，您一提起我们的缪斯的裙裾，您就会看到那个地方是平平的。请您回忆一下，那些我们称之为不朽的或简称之为好的作家，那些使我们陶醉的作家，他们都有一个共同的而且非常重要的特征：他们在朝着一个什么地方走，而且召唤您向着那个地方走，而您感觉到，不是您头脑，而是您整个身

---

① 谢·雅·纳德松（1862—1887），俄国诗人，他的抒情诗反映了一个正直而远离革命斗争的知识分子的情思。
② 伊·伊·希什金（1832—1898），俄国巡回展览派画家。
③ 这是暗示德·瓦·格里戈罗维奇写的短篇小说《橡皮孩子》。

心感觉到，他们都有着某种目标，就像哈姆雷特的父亲的幽灵一样，这幽灵不是无故来临和惊扰人的想象的。他们中的一些人，按各自不同的大小才干，有最近的目标：废除农奴制度，解放祖国，政治，美好的事物，要不干脆就是伏特加，像杰尼斯·达维多夫①一样，而另一些人则有遥远的目标：上帝，九泉下的生活，人类的幸福等等。他们中的优秀分子都是现实主义的，把生活写成它本来有的样子，但由于每一行文字都像浸透了浆汁似的浸透着目标感，您除了生活本来的样子外还感到那种应该有的生活，而这一点也就使您心醉。至于我们呢？我们啊！我们是把生活写成它本来有的样子，再往前呢，就一动也不动了……再往前您可以用鞭子抽打我们，也不会动一动。我们没有最近的目标，也没有遥远的目标，我们的心中一无所有。我们没有政治活动，我们不相信革命，我们没有上帝，我们不怕幽灵，而我个人呢，我连死亡和双目失明也不怕。谁什么也不要，谁什么也不指望，什么也不怕，谁就不能成为一个艺术家。这是不是一种病？——问题并不在于名称，而是应该意识到，我们的情况遭透了。我不知道，过上十年、二十年之后我们会怎么样，也许，到那时情况会有变化，但眼前就指望我们写出什么真正有用的东西来，那就会是轻率的，这是不以我们是否有才气为转移的。我们只是屈从于古已有之的规矩在机械地写作，依照这个规矩一种人当差办事，另一种人做买卖，第三种人从事写作……您和格里戈罗维奇认为我聪明。是的，我至少在这些方面是聪明的：我不向自己隐瞒我的病，不向自己撒谎，不用诸如60年代思想这类别人的破烂来掩盖自己的空虚，等等。我不会像迦尔洵那样跳楼自杀，我也不用对美好未来的希望迷惑自己。我患这种病不是我的过错，也不是我能治好自己的毛病，因为这种毛病，应当这样认为，有它自己的不为我们所知的良好目标，而且上帝也不是无缘无故地把这种病赐与我们的……它并非无缘无故、并非无缘无故和一个骠骑兵在一起②的！

好，现在来谈谈智慧吧。格里戈罗维奇认为，智慧能够遏制天

---

① 杰·瓦·达维多夫（1784—1839），俄国诗人。
② 契诃夫略作改动，借用莱蒙托夫讽刺短诗《致托尔斯泰娅》中的一句诗文。

才，拜伦的智慧可以抵得过一百个魔鬼，但他的天才却完好无损地保存下来了。如果有人对我说，某人胡说八道是由于他的智慧遏制了天才，或者是由于相反的原因，那么我会说：这就意味着，某人既没有智慧，也没有天才。

阿姆菲捷阿特罗夫①的杂文比他写的短篇小说好得多。像是从瑞典文翻译的一样。

叶若夫写信给我说，他汇集了，确切一些说，他选择了一些短篇小说，想请求您出版他的书。他在患流行性感冒，他女儿也得了流行性感冒。这个人萎靡不振了。

我将到您这里来，如果您不撵我走的话，我将在彼得堡住一个月左右。也许，我还要抽空去芬兰一趟。我什么时候到？现在我还不知道。一切都取决于我何时能够写好一部五印张篇幅的中篇小说②，以便春天无须再借债。

愿上苍保佑您！

您去瑞典和丹麦的事情怎么样了？

您的　安·契诃夫

101 致阿·谢·苏沃林

　　1892 年 12 月 3 日，梅利霍沃

最新一代作家和艺术家在创作中没有目的，这是完全合情合理的有趣现象，因此如果萨佐诺娃③无缘无故地被可怕的东西吓坏了，那么这并不意味着我在自己的信中耍了诡计和昧了良心。您自己发现我信中不诚恳是在她给您写了信之后，否则您也不会把我的信寄给她④，在我写给您的许多信中，我说话常常不公正和幼稚，但我从来

① 亚·瓦·阿姆菲捷阿特罗夫（1862—1938），俄国杂文家，短篇小说家。
② 这里指的可能是中篇小说《三年》。
③ 索·伊·萨佐诺娃（1852—1920），先在《祖国纪事》工作，后为《新时报》撰稿人。
④ 苏沃林把契诃夫在 1892 年 11 月 25 日写给他的信转寄给女友萨佐诺娃看。

不写那不合我心意的东西。

如果您想看到不诚恳的东西，那么萨佐诺娃的信中就有上百万普特的不诚恳的东西。"最伟大的奇迹这就是人本身，我们任何时候也不会对研究人感到厌倦"……还有："生活的目标——这就是生活本身"……还有："我相信生活，相信生活的光明时刻，为了这些时刻不仅可以，而且应当生活下去，我相信人，相信他心灵的好的方面"①，等等。难道她说的这一切都是诚恳的？都有一点儿什么意义？这不是什么观点，而是果汁块糖。她强调"可以"和"应当"，因为她害怕讲现有的东西和必须重视的东西。让她先讲一讲现有的东西，然后我再听一听什么可以，什么应当。她说，她相信"生活"，而这意味着她什么也不相信，如果她是一个聪明人的话，或者呢，她干脆就是相信农民信仰的上帝，并在黑暗的地方划十字，如果她只是一个婆娘的话。

在她那封信的影响下，您就在给我的信中写"为生活而生活"。我衷心地感谢您。要知道，比起我的信来，她那封富有人生乐趣的信更像坟墓，一千倍地更像。我在信中说到没有目标，而您是明白的，这些目标在我看来是必要的，而且我会乐意地去寻找这些目标。而萨佐诺娃写的是：不该以种种幸福去诱惑人，人任何时候也得不到这些幸福……"要重视已有的东西"，因而在她看来，我们的全部不幸就在于，我们总在寻找某种崇高和遥远的目标。如果这不是婆娘的逻辑，那就是绝望的哲学。谁真诚地认为，崇高和遥远的目标对于人来说就像对于牛一样很少需要，而"我们的全部不幸"又全在于这些目标，——谁真诚地这么认为，谁就只好吃吃、喝喝和睡睡了，而一旦这些也都使他厌烦了，他就只好先跑上几步，然后一头撞在大箱子的角上。

我不是在咒骂萨佐诺娃，我只想说，她远不是一个热爱生活的人。看来她是一个好人，但您毕竟不该把我的信交给她看。对我来说

① 11月26日，萨佐诺娃写信给苏沃林说，契诃夫的信给了她"不好的"印象。她认为，契诃夫的信不诚恳。她在信中唱高调，说什么："最伟大的奇迹就是人……"，"生活的目标——这就是生活本身"，"我相信生活……我相信人"等等。契诃夫认为，萨佐诺娃这些话不是什么严肃的观点，而是"果汁块糖"。

她是个外人，因此我现在感到不好意思。

我们这里马车行驶时车轮都已套上履带，人们已开始吃胡瓜鱼清汤了。已经下过两次大雪，路一度都不好走了，而现在一切都平平静静，已经有圣诞节的气氛了。

您是否在《俄国思想》杂志上读到了维·克雷洛夫谈外国戏剧的文章？这个人喜爱戏剧，因而我相信他，虽说我并不喜欢他写的剧本。

似乎我有点儿对不起您。我勾引了一个年轻人，就是叶若夫这个颇具名声的小说家：有一次我和他谈过出版他的书的事情，并为此事通过信，但都未肯定。今天我突然收到他一封信，信中说他已经把他的短篇小说给您寄出，供排版用。书名是《云彩和其它小说》。云彩！这倒像是苹果。

听说有 12 位莫斯科文学家给您寄了抗议书，反对阿姆菲捷阿特罗夫。这是真的吗？

祝您身体健康！任何时候别给我写信说，您比我更坦率一些。祝您万事如意！

您的　安·契诃夫

102　致阿·谢·苏沃林

1893 年 2 月 5 日，梅利霍沃

父亲在生病：他背部有剧痛，手指发麻，——并非一直如此，而是阵发性的，有点儿像狭心症。他好发空洞的议论，吃东西他一个人顶得上十个人，而且没有任何力量可以说服他：对他来说最好的医药是节制饮食。我在自己行医和家庭生活中通常发现，如果你建议老年人少食，那他们几乎会把这看作人身侮辱。对素食制的攻击，尤其是布列宁对列斯科夫的讨伐①，我觉得在这个意义上是可疑的。如果您

---

① 布列宁 1893 年 1 月间发表过两篇杂文，讥笑列斯科夫，说他有意出版一本素食烹调。

开始宣传吃米饭，那人们准会群起而嘲笑您。我想，高兴的大概只是一些贪食者。

亲爱的，我有一件倒霉事：妹妹生的好像是伤寒病。可怜的她是在莫斯科开始病倒的。当我把她带到家时，她的声音完全嘶哑了，她全身虚弱和疼痛，体温40度，她烦恼……我陪了她两夜。她不时发出呻吟："我完啦！"这使我们全家都害怕起来，尤其是母亲。有过这样的时刻，似乎玛莎马上就会死去。现在她头部剧痛已经是第四昼夜了，连动弹一下都痛。没有什么比给自己人治病更为难过的事了。你做了一切该做的事，但你时时刻刻都觉得，你做的不是那么回事。

我的毕业证书——我不知道放在哪里了。但护照在我家里。如果需要，我可以寄证明来，证明我是医生。但请您等一等，等到3月底[①]。我心里犹豫不决起来。我便中说一句，我现在觉得，《海鸥》[②]这个名字不合适。光辉，田野，闪电，箱子，螺旋锥，裤子……这都不合适。我们就把它叫做：冬天。也可以叫做：夏天。叫月亮也可以。是不是可以干脆就把它叫做《十二》？

在《劳动》1月号上刊载了梅列日科夫斯基的剧本《雷雨已过》。如果没有足够的时间和愿望去读整部剧本，那就请您领略一下剧本结局的滋味，在这个结尾中梅列日科夫斯基甚至压倒了让·谢格洛夫[③]。文学上的伪善是最令人厌恶的伪善。

为什么您对雷赛布[④]及其一伙如此严厉？法国人是个严厉的民族。他们有断头台，从他们的监狱中走出来的尽是些身体衰弱的白痴，他们有一套恫吓的办法，但就连他们也认为判决是过严的，或者是他们至少出于客气说，他们似乎觉得判决是严厉的。雷赛布一伙从高处摔了下来，他们已经受到了判决，他们的头发在一夜间就变白

---

① 苏沃林有意主办一个杂志，让契诃夫任编辑，所以向契诃夫要证件，以办理手续。
② 打算为这本尚未办起来的杂志起的刊名。
③ 契诃夫在这里指的是谢格洛夫在中篇小说《接近真理》中诋毁"媒介"出版社这件事。
④ 菲·雷赛布（1805—1894），法国工程师、企业家，主持巴拿马运河股份公司，开凿巴拿马运河，进行了一场骗局，使数万名股票所有者破产。

了。依我看，宁可被人家指责为过分温厚和不懂政治，也不冒残酷无情的险。您发出过一份的确是残酷无情的电报。五年监禁、剥夺权利等等——这是最高的惩罚了，它甚至使检察长也感到满意，然而在电报中却写道："我们认为这是过分宽容的。"天哪，那么究竟需要什么惩罚呢？又是为了谁要如此进行惩罚呢？

太阳很好，有了春天的气息。但是这春天的气息不是在鼻子里，而是在心中一个什么地方，在胸部和腹部之间。夜间很冷，而白天屋顶上有雪水下滴。

女天文学家在彼得堡，为此我有幸向您祝贺。我希望她能上您那儿去，坐上八个钟头。她想上什么地方去学习，她的女友，一位医生，很相信她日后会大有出息。

如果您当真将出国，如果您能在那里见到普列谢耶夫，那么请您告诉他，让他给我买六把椅子。他不买，我决不罢休。我倒不是需要几把椅子，而是要他有所感觉。关于贞操问题也请您打听一下。

住在您家的时候，我胖了些，也结实了一些，而现在我在这里又萎靡和软弱下来了。我非常生气。我这个人不是生来尽责任和神圣义务的。请您原谅我如此厚颜无耻。那位医生（他是我中学的同学，我倒已经把他忘记了）做得对，他突然从高加索一个穷乡僻壤寄给我一封信。他在信中说："一切优秀的知识分子都欢迎您从泛神论转到人类中心说"①。人类中心说是什么玩意儿？我生来从未听见过这个字眼儿。

我仍然在吸雪茄烟。

请您一定告诉安娜·伊万诺芙娜，说我向她问好，不然她总说，我在给您的信中通常是笼统地说一句"问候你们全家"了事。我向她深深地鞠躬致谢，谢谢她对我的款待，对此我永生不忘。我在你们家过得非常好。

但愿青天、太阳、月亮和星星都保佑您。请来信。

没有什么新闻。祝您一切都好。

您的　安·契诃夫

———————

① 指约·伊·奥斯特洛夫斯基在给契诃夫的一封信中说的话。

103 致约·伊·奥斯特洛夫斯基^①

1893 年 2 月 11 日，梅利霍沃

十分尊敬的约瑟夫·伊萨耶维奇！日前我从彼得堡回来，收到了您的信。这封信是从莫斯科给我寄来的，您把信寄到莫斯科去，而我自去年春天起就不住在那里了。因此我的为时已晚的医道上的帮助已成为不必要的事情了，但这不是我的过错。病人已经健康了，谢天谢地！我的一个朋友去看望过她，这是一个非常好的人，也是医生。我把您的委托转给了他，他十分乐意地完成了您的委托。我自己呢，我未能去看望拉科夫斯卡娅夫人，因为我住在谢尔普霍夫县，在自己的庄园里，而主要的原因还是我家里人生病，我不能离开他们。

您问起我的哥哥尼古拉。唉！他在 1889 年生肺病去世了。这是一个有才华的受欢迎的画家，而且是大有前途的。他的死是我生活中的一大损失。关于别的中学同学我知道的情况太少了。萨韦利耶夫在顿河地区的一个什么地方做医生；津布拉托夫也在当医生，在库尔斯克铁路线上；艾恩高尔恩在彼得堡歌剧团演唱，改姓为切尔诺夫；谢尔盖延科住在莫斯科，在地方报馆工作，不无成就；乌纳诺夫（但不像当时报上写的那样，不是奥纳诺夫）已经生霍乱病去世了；库库什金是小歌剧团的歌手，过着流浪汉似的生活；沃尔肯施泰因兄弟俩都是律师；马尔克·克拉索在罗斯托夫做医生。还有谁呢？关于别人我没有消息了。听说，西贝洛夫已经死了。

我的 curriculum vita^② 的主要点可以说您是清楚的。医学是我的发妻，文学是我的情妇。它们俩当然互相妨碍，但是还没有到互相排斥的程度。1884 年我在大学（莫斯科大学）毕业。1888 年获普希金奖金。1890 年我去过萨哈林，关于这个萨哈林岛我要出一整本书。这就是我的履历表。不过，还有一点：1891 年我游览了欧洲。我是单

---

① 约·伊·奥斯特洛夫斯基生卒年月不详，契诃夫在中学求学时的同班同学，医生。

② 拉丁文，意思是：传记。

身汉。不富，纯粹靠工资生活。年纪越大，我写得越少，而且越懒于写作。我已经感到自己老了。健康情况不佳。至于说到泛神论①，关于它您讲了我几句好话，但我能对您说的是：什么都有个限度，眼睛再高也高不过额头。谁爱怎么写，谁就怎么写。我很想上天堂，但是无能为力。如果文学作品的质量完全只取决于作者的善良愿望，那么，请您相信，我们就会成十和成百地来数一数好作家了。问题不在于泛神论，而在于才能的大小。

拉赫曼·扎哈尔（在中学时大家都叫他泽尔曼？）这个人我还记得很清楚。请您向他转达我对他的问候和祝愿，我祝愿他成功。

谢谢您邀请我上您那里去。如果我上高加索去，我一定要利用您对我的邀请。而现在请允许我表示谢意，谢谢您还记着我，谢谢您的善良感情。我祝您万事顺遂。如果您又想托我办什么事情，那我将竭力为您效劳。

您的 安·契诃夫

104 致阿·谢·苏沃林

1893 年 2 月 13 日，梅利霍沃

瓦格纳的唯物主义思想使您感到害怕了吗？您也算是找到了一个唯物主义者了！他是一个婆娘，是一个无能的人。如果要谈他的倾向，那么他更像是一个狂热的唯灵论者，甚至是一个托尔斯泰主义者。比起他来，我还要更加唯物主义百万倍。不过问题不在于此。如果杂志不中意，那就不该出版它。我完全同情您。虽然我不知道，您将如何才能摆脱瓦格纳。的确不能这么说："你们走开，傻瓜们！"得想出一个什么理由来，哪怕是这么一个理由：您把一切都推到我身

---

① 奥斯特洛夫斯基在给契诃夫的信中说，他和一些读过《第六病室》的知识分子都认为，契诃夫在这部作品中由泛神论转到了人类中心说。他还说，他们都为此感到高兴。

上，您就说："契诃夫本来答应做杂志的副主编（或秘书），但现在他拒绝了。而没有他，我是不同意出版这本杂志的，因为我忙得喘不过气来，不能料理外部事务……等等"。您就把我交给这些自然科学家们吧，让他们来宰割我吧，这样做是公正的，因为和瓦格纳结识是从我这儿开始的。

我们这里没有任何新闻。您信中谈到了一个巴西随员，而我们这里没有什么随员，甚至连情妇也没有。在我住在此地的整段时间里，只发生过一件糟糕的事：一头公绵羊用角撞伤了一头牛犊。这就是我可以用来同您交换的全部新闻……

您喜欢《十二》① 这个名字？啊，我的先生！请允许我伤一下您的心，叫您失去一年七万五千卢布的收入。我认为，办这本杂志为时过早，倒不是说这本杂志，而是说我自己当编辑的事。我无条件地拒绝当编辑。如果您要这样做，我可以在冬季的三个月里为杂志工作，但是我不能当编辑，没有这份才干，再说显然我也懒得干。

我们这里冰雪已经解冻过，已经闻到春天的气息，而现在又是三九严寒的天气，鬼知道这里含着一种什么意味。禽鸟和牲畜都在受罪。

我写了一份去年的医疗情况总结报告给局里，除了一些数字之外，我还乘机说了几个了不起的想法。总结报告是不完整的，因为去年我这儿治病的病人有一千多，而我只来得及登记了六百人。

星期三我在医疗站门诊的时候，送来了一个三岁小男孩，他坐到一只盛满沸水的铁锅里去了。吓人的景象。烫得最厉害的是他的臀部和生殖器官。背部也全烫伤了。

妹妹的情绪好一些了，但体温还有 38 度。看来，她不是得了流行性感冒，而是生了伤寒病。

我们家的人都在读从您那儿拿来的皮谢姆斯基②的作品，他们认

---

① 一本打算编辑和出版的杂志的名称。参见 1893 年 2 月 5 日致苏沃林的信。
② 阿·菲·皮谢姆斯基（1821—1881），俄国作家，著有长篇小说《一千个农奴》和剧本《苦命》等。

为，皮谢姆斯基已经陈旧了，读他的作品很吃力。我在读屠格涅夫。妙绝了，但比起托尔斯泰的作品来，淡薄无味多了！我认为，托尔斯泰永远也不会陈旧。语言会陈旧，可是他永远是年轻的。不过，我们还是让文格罗夫①去评判这些，而我们自己来谈一些更加迫切的问题吧。您的耳朵怎样了？在皇村中的住宅怎么样？您什么时候去外国？

列伊金来信说，彼得罗夫斯基②派人去他那里，付现款取走了1600本书。切尔特科夫③写信说，他想出版我的《恐惧》（圣诞节故事）和其它8个短篇小说。乌鲁索夫公爵打电报说，不久将举行一次文学晚会，他邀请我去参加，为了这份电报我付了1个卢布送报费。区警察局要求付4个卢布60戈比欠交的税款。还有诸如此类的其它事情。信件一大堆。

父亲在吃素守斋，像一个苦行僧。一个星期来他什么都不吃，只是早上喝点茶。

啊，我还没有给您写雪茄烟的事呢！这些雪茄已经完全控制我了，别的烟我都不抽了。我现在一天不是抽3根雪茄，而是抽4根，因为这里的早晨不同寻常地长。

我在写一个中篇小说。给移民文集寄去了一个短篇小说。事情就是这么一些。请给我写信，请您原谅我现在信写得如此糟糕。我头脑中有这么一种感觉，好像是洗衣妇突然把我的脑子在碱水里刷了一下似的。

愿上帝保佑您！祝您幸福！

您的　安·契诃夫

现在有两本杂志读起来挺舒服，它们是：《历史导报》和《一周新书》。在《历史导报》中有杜罗夫、波尔托拉茨基、茹德罗的文章，有关于萨比宁的文章，还有亚辛斯基等人的作品，都是很有意思的。

---

① 谢·阿·文格罗夫（1855—1920），俄国文学史家，目录学家。
② 谢·亚·彼得罗夫斯基（生卒年月不详），《俄罗斯新闻》报的编者和出版者。
③ 符·格·切尔特科夫（1854—1936），列夫·托尔斯泰的朋友，"媒介"出版社的编辑之一。

在《一周新书》中，甚至连您这个大忙人也不妨读一读《在霍乱流行地带》这篇特写和短篇小说《希望荣誉和幸福》，看来，这个短篇是莫斯科的一位律师写的，他善于讥讽。有一条注释：《在霍乱流行地带》是一位侨居国外的医生写的。特写中对我国的医生说了许多挖苦话。马纳谢因而与之进行了争论。

请您给商店打个电话，要他们安排一下在《俄罗斯新闻》上登一则关于《第六病室》的广告。这是他们答应过的。

105　致阿·谢·苏沃林

1893 年 2 月 24 日，梅利霍沃

《俄国思想》月刊我还没有看到，但我已有预感①。我不喜欢普罗托波波夫：这是一个好议论和用心机的人，他有时候是公正的，但淡薄无情。我个人同他没有交往，从来没有见过他，他常常写文章谈论我，但我一次也没有读过。我不是个新闻记者，对于谩骂，不管骂的是谁，我都有一种生理性的厌恶，我之所以说是生理性的，是因为在读了普罗托波波夫、"居民"、布列宁以及其他一些人类审判官的文章后，我嘴里总留有一种铁锈味，而且一天的心情也就好不了。我简直觉着心痛。斯塔索夫骂"居民"为臭虫，但是为什么，为什么"居民"又要骂安托科利斯基②呢？要知道，这不是批评，不是世界观，而是憎恨，是动物性的不知厌足的敌意。为什么斯卡比切夫斯基骂人？为什么用这种口气？倒好像他们不是在评论艺术家和作家，而是在审判犯人。我受不了，受不了。

请您别答复普罗托波波夫，因为，第一，不值得答复；第二，在普罗托波波夫写的东西里有着拉夫罗夫和戈尔采夫的过错，就如同在

---

① 在 1893 年第 2 期《俄国思想》上，普罗托波波夫发表文章评述《新时报》、苏沃林以及他的儿子。

② 马·马·安托科利斯基（1843—1902），俄国雕塑家。

202

布列宁的文章里有您的过错一样；第三，您一开始就采取了一种不正确的观点。您在给我的信中表示愤怒，因为人家骂了您的儿子，但是要知道，骂的不是儿子，而是阿·阿·苏沃林，是一个新闻记者，他写过《巴勒斯坦》①，他在为《新时报》撰稿，他自己曾经骂过马腾斯②，曾经以俄国出版界的名义在巴黎讲过话，而且自己署名发表巴黎之行的随笔。他是一个独立的人，能够自己为自己讲话。从您的信来看，似乎阿历克塞·阿历克塞耶维奇是独立于《新时报》的，他没有参与报馆的事，而现在他却要接受惩罚。不，请您不要答复。不然的话，答复以后会有问题，这种问题和答复会把您引入森林，而在您从这个森林中走出来之前，您的头要先痛上十来次。普罗托波波夫的诽谤性的，或者说得轻一些，不审慎的文章既不会增添什么，也不会减少什么：您的朋友和敌人的数目不会变。而我是理解您的心情的，非常理解……随他们去吧！

顺便再讲几句有关阿历克塞·阿历克塞耶维奇的话。请您转告他：他寄给我的手稿仍在我那儿放着，我不知道该拿它怎么办，但也许我还能采取一些什么措施。请他别为耽搁了一段时间而生气。愿上帝保佑他！就是要他别学抽烟。我不过是吸两支雪茄，也患上了支气管炎。

我的中篇小说将在3月号上登完。"待续"替代了"完"的字样，——这是我的过错，因为我在读最后一次校样时，该写上"完"字，而我却代之以"待续"了。小说的结尾部分您是不会喜欢的，因为我是草草收场的③。本该写得长一些的。但写长了也会有一定的危险，因为作品中人物少，如果闪现在二三页上的总是那两个人物，那会令人感到枯燥乏味的，而这两个人物也会模糊不清。不过，关于我们这些老头儿有什么好多谈的！您什么时候把您那部长篇小说寄给我？我渴望着为您写一篇长长的评论文章。

---

① 阿·阿·苏沃林曾去巴勒斯坦旅行，有关这次旅行的短篇小说《巴勒斯坦》发表在1892年的《新时报》上。
② 菲·菲·马腾斯（1845—1909），俄国法律家和外交家。
③ 指的是中篇小说《无名氏的故事》。

我的天呀！《父与子》① 好极啦！好得简直要命！巴扎洛夫生病那一场的感染力如此之强，以致我也感到气力减退了，而且有这样一种感觉，似乎我从他那儿传染上了疾病。还有巴扎洛夫的死，那一对老人，还有那个库克新娜，——鬼才知道这一切都是怎么写出来的！简直是妙极了。《前夜》中的一切我都不喜欢，但叶琳娜的父亲和小说的结局除外。这结尾部分充满了悲剧气氛。《狗》写得很好：语言令人吃惊。请您读一遍这个作品，如果您忘了读的话。《阿霞》动人，《风平浪静》写得少头无尾，不能令人满意。《烟》——我完全不喜欢。《贵族之家》比《父与子》差一些，不过它的结局也令人惊奇不已。除了巴扎洛沃村的老婆子，即叶甫盖尼的母亲以及其他母亲，尤其是上流社会的贵妇，虽说她们都彼此相似（如丽莎的母亲，叶琳娜的母亲），还有拉夫列茨基的母亲，她本来是个农奴，还有那些普通的农妇，除了这些人以外，屠格涅夫笔下的全部女人和姑娘都叫人受不了，她们都装模作样，而且，请原谅，都很虚伪。丽莎、叶琳娜——这不是俄罗斯姑娘，而是一些皮提亚②，她们发出庄严的预言，有着许多不符合身份的奢望。《烟》里的伊丽娜，《父与子》中的阿金左娃，还有那些迷人的女人，她们一个个都是炽热的、诱人的、贪婪的、追求着什么的，——所有这些女人全是胡诌出来的。只要一想起托尔斯泰的安娜·卡列尼娜，屠格涅夫的这些贵妇人连同她们迷人的肩膀就全都见鬼去了。一些反面的妇女典型（对她们屠格涅夫或略加讽刺，如库克新娜，或稍示嘲弄，如他对舞会的描写）却都写得很出色，而且是如此地成功，就像通常所说的那样无可非议。对自然景色的描写是好的，不过……我感到，我们正在改掉这种描写自然的笔法，我感到，需要一种什么别的写法。

妹妹的身体在复原中。父亲也是这样。我们在等着霍乱传过来，但我们并不害怕，因为我们已作准备，但不是准备死，不，而是准备

---

① 这以及下文谈的都是屠格涅夫的作品。
② 希腊神话中的预言女祭司。据说，她们都坐在阿波罗神庙的金殿上，如痴若狂地高声谵语，而男祭司们把这些谵语奉为阿波罗的意旨，并作出解释。

花自治会的钱。如果这里真发生霍乱病，那它将占用我许多时间。

　　祝您健康、平安。请特别转达我对安娜·伊万诺芙娜的问候。

全身心都属于您的　安·契诃夫

给我们寄来了许多乌克兰油脂和香肠。真是无上的幸福！

　　为什么您关于小说家午餐会只字不提？要知道，这些午餐会是我出主意举办的。

106　致亚·巴·契诃夫

1893 年 4 月 30 日，莫斯科

富丽堂皇的阁下[①]！

　　我从春天景色写起。天气热起来了，所有的植物都从地里钻出来了，各自表现出自己的个性。坏天气已经成为回忆，但抑郁的心情却依然存在，因为我仍未摆脱痔疮的痛苦。关于痔疮的事我是否写信告诉过你？奇痒、紧张、刺激，还有污秽之物。你可以同一个上了年纪的官员谈谈，他会告诉你，这是怎么一回事。

　　我现在把孩子们穿的衬衫寄去。寄晚了，请原谅。母亲只给小米沙缝了一件衬衫，因为，第一，来不及，第二，不知道他的个儿大小。

　　还寄去你的手稿——稿——稿！你想个办法——办法——办法！首先想办法更改一下短篇小说的名称。要删节，兄长，要删节！直接从第二页开始删节。可不是吗，那位商店顾客与小说中的情节无关，为什么要给他整整一页的篇幅。删去它一半还嫌留得多一些呢！请你原谅，一般说来，我反对那些未经涂改的短篇小说。应当狠狠地涂改。你可以这样告诉王子[②]：我把这个短篇小说不是寄给编辑部，而寄给了你，因为我认为，作者会比我更好地修改它。为了使小说不搁

[①] 契诃夫在给他哥哥亚历山大·巴甫洛维奇写信时，常常用一些戏谑的称呼。

[②] 指苏沃林的儿子阿历克塞·阿历克塞耶维奇·苏沃林。

浅，你对他说：我给你寄了一个完整的修改方案，而你很感谢我，等等。

你在信中说过，你愿意到梅利霍沃来。好啊！我很高兴。你5月份来吧，在降灵节来也可以，——这一天我肯定会在家的。

干公差我已经厌烦了①。我是不是该提出辞呈？你认为怎么样？

你得把你的别墅地址寄来，以备我写急信时用，或者供我突然上彼得堡时用。

我收到了老苏沃林从国外寄来的几封信。已经给他写了回信。就是说，一切重又照旧了。

我现在喝果子水。

祝你健康。向你俯首行礼。

您的　安·契诃夫

107　致维·亚·戈尔采夫

1893年12月28日，梅利霍沃

波塔片科②和丽卡③刚才来到。波塔片科已经在唱歌了。但是，你没能来，多么叫人伤心啊！天气好极了，我这儿还有葡萄酒，但主要的还是可以摆脱一下莫斯科的气氛，休息一下，看来你对那儿的生活气氛早就厌烦了。另外我们不妨聊聊天，比方说，谈谈那份在这儿等着你来临的校样，由于没有能等到您，它现在躺下睡大觉了。不过，我会把它寄给你的，而且在新年前就寄。

唉，《俄罗斯新闻》编辑部把我的短篇小说④那么认真地剃了一

---

① 1893年3月契诃夫曾被内务部医务厅录用为编制外的下级医务官。1893年11月12日被解职。

② 伊·尼·波塔片科（1856—1929），俄国小说家，戏剧家、杂文家。

③ 指契诃夫家的女友丽·斯·米济塔娃（1870—1937），契诃夫在给她的信中常常称之为丽卡。

④ 指短篇小说《大沃洛嘉和小沃洛嘉》。

剃，以致连头和头发一起割掉了。真是童贞般的纯洁，惊人的胆小怕事。如果他们只是删掉几行，那倒还不算什么，而现在他们把中心段切去了，把尾部咬掉了，以致我的短篇小说一点都不精彩了，甚至还令人作呕。

好，我们姑且假定这个短篇小说猥亵下流，那就根本不该将它发表，不然，公正一些的话，也该向作者说一声或者同他进行书面商谈，更何况小说没有登入圣诞号，而是被搁置了一段时间的。不过，这一切都没有什么意思。请你原谅，我使你厌烦了。

波塔片科向你问好。他现在安逸闲散，他感叹说：我终于来到了不预付款项的国度！（这句话是根据他的口述写的。）

写信告诉我，你什么时候来。要知道，除了新年之外，我们还有一个主显节。我们可以谈谈剧本的事情，如果你乐意的话，这个剧本我们也许能写出来。我是乐意的。你再想一想。

没有钱，没有钱，而且不会很快就有，这可诅咒的钱。我本来指望《俄罗斯新闻》1月份寄钱来，可是在我那篇小说出了意外之后，我对这笔钱已经完全没有兴趣了。你什么都不要对萨布林①说。如果我要避免同他继续合作，那么最方便和稳妥的办法是推说没有时间，把这一点说成主要原因。

你把女儿也带来。我家的达克斯狗生仔了，她想要的话，我们送一条小狗儿给她。我们还可以一起乘乘雪橇，游逛一番。

31 号午夜你做祈祷时提我一下，我也将在祷告中提到你。祝你身体健康，亲爱的。

您的 Antoine②

丽卡也唱起歌来了。

---

① 米·阿·萨布林（1842—1898），俄国统计学家，社会活动家，《俄罗斯新闻》的编委之一。
② 安东这个名字的法文读法和写法。

108 致阿·谢·苏沃林

1894年1月25日，梅利霍沃

请您把《医生》周刊的第1、2期要来，读一读上面刊载的文章《谈性交问题》。文章的作者是一个温厚的人，"由于妻子提出的十分公正合理的要求"他没有署上自己的姓名。这符合您的兴趣，就是说在这篇文章中您将找到对您来说是亲切的思想。这里谈到了性交留给青春和人类才能的痕迹。您在自己的作品①里写过一个姑娘，她在同人交媾后变得面容枯槁和情绪低落，您应该给这位温厚的作者送去一个飞吻。请您一定读读这篇文章。

我心理上似乎是健康的。不错，我没有特别的生活愿望，但这暂时还不是真正意义上的疾病，而多半是一种过渡性的日常生活中的自然现象。在任何情况下，如果作者描绘一个精神病人，那么这不是说作者自己有病。我写《黑衣僧》时没有任何灰心和泄气的念头，而是在经过冷静的思考后写的。只不过是我有兴致描写一下夸大狂罢了。那个在田野上空飘荡的和尚是我梦见过的，而我在早晨醒来后就讲给米沙听过的。因此，请您告诉安娜·伊万诺芙娜，谢天谢地，可怜的安东·巴甫洛维奇还没有发疯，而是晚饭吃得太多了，因而才梦见了和尚。

我总是忘了写信告诉您：请您读一下登载在去年12月号《俄国思想》上的埃特尔②的短篇小说《幻视者》。有诗意，还有一种古老童话式的可怕味道。这是一条最好的莫斯科新闻。如果您还想知道一些什么新东西，那我告诉您：伊·伊·伊万诺夫被任命为戏剧文学委员会委员，《每日新闻》订户众多，《莫斯科小报》的订阅数下跌。还有一条新闻：那些过去到莫斯科的格里戈罗维奇处吃饭的人现在都说，在吃饭的时候他们撒了许多谎，他也撒了许多谎！

---

① 指长篇小说《在世纪末梢·爱情》。
② 亚·伊·埃特尔（1855—1908），俄国作家，曾因参加革命活动而被禁闭在彼得堡罗要塞，后流放特维尔（1885—1888）。

小说家们何必把自己的一月举行一次的午餐会叫做"阿尔扎马斯"①。这显得暧昧。

我马上要去谢尔普霍夫参加卫生会议，在会上我将感到非常无聊，因为议论所及的尽是一些日常事务。

如果您听我的话，想读《医生》周刊，那么就在那两期上您还可以找到埃里斯曼②的一篇关于素食制的讲话。我弄不明白：这可怜的素食制究竟又妨碍了谁③？

愿大大小小的天使都保佑您。

您的 安·契诃夫

109 阿·谢·苏沃林

1894 年 3 月 27 日，雅尔塔

您好？我住在雅尔塔已经差不多一个月了。雅尔塔乏味极了。我住在"俄罗斯"饭店 39 号房间，而住在 38 号的是您喜爱的女演员阿巴里诺娃④。这里的天气已是春天的天气了，暖和晴朗，海阔天空，然而这儿的人们却是非常沉闷的，无精打采，没有生气。我做了一件傻事：把整个 3 月份都交给了克里米亚。应该到基辅去才对，在那里瞻仰圣地和静观乌克兰大好春光。

我咳嗽还没痊愈，但 4 月 5 日我仍然要北上，回老家。我不能再在这里呆下去了。再说钱也没有了。我随身只带了 350 卢布。如果除去来回的路费，那就只剩下 250 卢布，而用这几个钱是吃不胖的。如果我有一千或者一千五百卢布，我就会上巴黎去了，而这从各方面来看都会是很好的。

---

① 1815—1818 年活动于彼得堡的一个文学小组，主张感伤主义和浪漫主义。
② 菲·菲·埃里斯曼（1842—1915），俄国医生，卫生学家。
③ 列夫·托尔斯泰提倡素食后，在俄国科学界引起了一场争论。埃里斯曼批评素食是反科学的。
④ 安·伊·阿巴里诺娃（1840—1901），彼得堡亚历山大剧院女演员。

总的说来我是健康的，只是某些部分有病。例如，咳嗽，心律不齐，痔疮。有一次，心律不齐持续了6天，感觉一直非常糟糕。自从我戒烟后，忧郁和惶恐的情绪已经没有了。也许，由于我不吸烟了，托尔斯泰的教义不再感动我了，现在我内心深处对它没有好感，而这当然是不公道的。在我身上流着农民的血，因此凭农民的一些美德是不能使我感到惊讶的。我从小就信仰进步，而且也不能不信仰，因为在打我和不再打我这两个时代之间，存在着巨大的差别。我喜爱聪明的人，喜爱礼貌、机智和神经过敏。对于一些人挖老茧，而他们的包脚布散发出臭气，——对于这一切我是抱无所谓态度的，就同我对小姐们早上戴着卷发纸走来走去毫不在乎一样。但托尔斯泰的哲学曾经强烈地感动过我，它控制了我六七年，而且对我起作用的并非一些基本论点，因为这些论点我以前也知道，而是托尔斯泰的表达方式，他的审慎明智，可能还有他那种独特的魅力。现在呢，我心中有一种东西在抗议，算计性和公正感告诉我：对人的爱，在电力和蒸汽中比在贞节和戒绝肉食的做法中多一些。战争是罪恶，法院是罪恶，但由此并不得出结论说，我应当穿树皮鞋，应当跟长工和他的老婆一起睡在炉台上，等等。但问题并不在这里，不在于"赞成和反对"，而在于对我来说，不管怎样，托尔斯泰已经消失，我心灵中已经没有他了，而他在从我心中出走时说：我把您的空房子留下来。现在没有什么人留宿在我的心灵中了。各种各样的议论都使我厌烦了，而像玛克斯·诺尔道①这样一些只说空话不干实事的人所写的东西，我读了就反感。发寒热的病人不想吃饭，但他们还想吃些什么，于是他们就这样表达自己的模糊愿望说："给我一点儿酸酸的东西吃。"同样现在我也想要一点儿什么酸酸的东西。而且这并非偶然，因为我在周围人们身上发现了同样的情绪。好像是这样，以前大家都在热恋之中，而现在都不再爱了，都在寻找新的情人和爱物。很可能是这样，也很像是这样：俄国人又要迷恋自然科学了，唯物主义运动又流行起来了。现在

---

① 玛克斯·诺尔道（1849—1923），德国作家和哲学家。契诃夫尖锐批评他把"世纪末"的种种现象扭合在一起，并认定它们是人类精神堕落的象征。

自然科学正在创造奇迹，它们会像玛玛依①那样，推向民众，并以自己的巨大和宏伟征服民众。不过，所有这一切全在上帝的手中。你要是空谈起来，你的头脑就会发昏。

一个德国人从斯图加特②寄给我 50 马克，因为他译了我的一个短篇小说。您喜欢这种做法吗？

我是赞成签订国际③协约的，但竟有那么一个下流坏在报上发表文章说，似乎我在一次谈话中反对签订国际协约，而且还将一些我都说不出口的话强加到我头上。

写信给我的话，请寄到洛帕斯尼亚。如果您要发电报，那么我还可以在雅尔塔收到电报，因为我在这里要住到 4 月 5 日。

祝您安康。您的头很痛吗？比以前痛得多些还是少些？我的头痛病少发了，因为我现在不吸烟了。

请转达我对安娜·伊万诺芙娜和孩子们的诚挚的问候。

你的　安·契诃夫

110　致阿·谢·苏沃林

1894 年 8 月 15 日，梅利霍沃

我们这次伏尔加河之行终究是相当奇怪的。我和波塔片科先到了雅罗斯拉夫尔，以便从那里航行到察里津，然后到卡拉奇，再从那里沿顿河去塔干罗格。从雅罗斯拉夫尔到下诺夫哥罗德沿途风景秀丽，但这一带的景色我以前看见过。而且当时船舱里很热，在甲板上呢，风又直往脸上打。周围的人不是知识分子，他们在身旁会使人恼火。谢尔盖延科，他是列夫·托尔斯泰的朋友，在下诺夫哥罗德迎接我们。由于天气炎热，吹着干风，市场上又闹哄哄的，还由于谢尔盖延

---

① 俄文俗语，意为：暴徒、斗殴者、劫掠者。
② 现联邦德国城市，在内卡河畔。
③ 指 1894 年 2—6 月俄国出版界讨论俄国是否加入那些保障作家著作权的国家行列这件事。

科不停地说话，我突然感到气闷、厌烦和恶心，我拿起自己的箱子，可耻地跑了，跑……向车站。波塔片科跟在我后面跑。我们乘上了回莫斯科的火车。但一无所获地回去是不好意思的，于是我们决定到一个什么地方去一下，哪怕到拉普兰①去也可以。要不是因为有妻子的缘故，那么我们会选中费奥多西亚的，但是——呜呼！……在费奥多西亚有一个我们的妻子②住在那儿。我们想了一想，谈了谈，数了数手里的钱，就上普肖尔河去了，到您所熟悉的苏梅去了。

路过洛帕斯尼亚时，我收到了商店里送来的一包账单。在账单中我发现总数有错，与以前的账单不一致，还发现了一些遗漏的项目。例如，您向《北方通报》付给古列维奇太太的四百卢布就给遗漏了。还有一些不清楚的地方。

不管怎么说，从去年8月份以来我的债务增加了一倍多。从保存在我这里的去年的账单看，到1893年8月13日止我欠债5159卢布，当时应该付给我的是1669卢布。如果从5159卢布中减去1669卢布，那么还有3490卢布。这就是我在一年前所欠的债。但是我的书在去年一年中卖出了不少。我只取了300卢布（我还没算那未入账的400卢布），而债务却增加了4077卢布!! 这就是说，从1892年我为买庄园支取五千卢布以来，我只归还了600卢布的债务！确实是这样：1892年我欠债8170卢布，而现在我欠债7567卢布。换言之，从1892年2月以来，我的书只给了我600卢布的收入。我把这一切写信告诉您，是寄希望于会计处把账算错了，而我的财务情况并不那么糟糕。在我到您那儿去以前，请您别打破我这个模模糊糊的希望，等我到了您那儿以后，我们再一起好好看一看账单，一起了解一下真实的情况。不管怎么样，请您别用不信任的话去难为会计，因为我并不确信是会计算错了，而您的会计又是个才接手不久的新人。

普肖尔河美妙极了。这里真是太富有诗情和画意了！暖和，宽阔，水量充裕，绿树成荫。这里的人也非常之好。我们在普肖尔河畔

---

① 瑞典、挪威、芬兰北部和苏联科拉半岛西部的自然区域。
② 指波塔片科的第一个妻子。

住了6天，吃、喝、玩，什么事也不干。闲逸的生活是我的幸福理想，这一点您是知道的。现在我又在洛帕斯尼亚了，在梅利霍沃了……阴冷的雨……铅灰色的天空……泥泞的道路。收到了从塔干罗格寄来的一封令人悲伤的信。叔父看来已不久于人世了。应当到他那儿去一下，去看看他的家属，给他治治病，安慰安慰他。

我将从塔干罗格上您那儿去，但是有一个条件，就是您别带我到艾瓦佐夫斯基①家去做客。请写信到塔干罗格来，告诉我你们那里的天气怎样。不过，您别写信，我们交换电报吧。

有时会有这种情况：走进三等餐厅，看到一条炸出了很久的冷鱼，你会想：这条引不起食欲的鱼有谁要吃呢？然而，没有疑问，这条鱼自会有人要，自会有人吃，也有人会认为它是可口的。关于巴兰采维奇的作品也可以这么说。这是个市民阶层的作家，他纯粹是为乘三等车的人们写作，对这些人来说托尔斯泰和屠格涅夫的作品就过分奢侈了，太贵族化了，还有点儿格格不入，难于消化。这些人津津有味地吃蘸着芥末的咸肉，他们不买洋蓟和龙须菜的账。您只要站到这些人的立场，想象一下那灰色的一无生气的院子、酷似厨娘的知识妇女、煤油灯的气味以及贫乏的兴趣和嗜好，您就会理解巴兰采维奇和他的读者了。他的作品没有鲜明色彩，这部分地因为他所描绘的生活是灰不溜秋的。他的作品是虚伪的（如《好书》），这是因为市民阶层的作家不可能不虚伪。这是改良了的黄色作家。黄色作家和他们的读者一起作孽犯罪，而市民阶层的作家则同读者一起假充正经，而且逢迎他们的狭隘美德。

再见吧，阁下。祝您身体健康。向安娜·伊万诺芙娜致以衷心问候，我祝她万事如意。

您的　安·契诃夫

您怎么说我喝伏特加喝得太多了呢？其实我一次连三杯伏特加都喝不了。

---

① 伊·康·艾瓦佐夫斯基（1817—1901），俄国画家。

111 致叶·米·沙芙罗娃

1894年11月22日，谢尔普霍夫

　　接到您的信后，我马上就开始读《侯爵夫人》。我发现，叶·沙芙罗夫①先生有很大进步。我很喜欢这个短篇小说。在这篇小说中，除了才能（这才能即使在以前就不容置疑地表现出来）以外，还使人感觉到作者的成熟。只不过标题使我感到有点儿矫揉造作的味道。女主人公这个人物写得十分朴实，所以"侯爵夫人"这个绰号就有点儿是多余的附件，就好像您是给一个农夫的嘴唇穿上一个金环一样。如果不用这个绰号，如果把涅莉叫做达莎或者娜塔莎，那么小说的结尾就会更风趣一些，而人物也会更丰满一些……您瞧，这不是什么评论，而是非常主观的议论，您完全有权不理睬这种议论，虽然用您的说法来讲我是一个很重要的人物：是您的老师。如果您要我指出缺点，那么我可以向您指出一点，在所有您的短篇小说中重复出现的一点：画面上占首要地位的是许多详细的描绘。您是一个观察力强的人，您舍不得丢掉这些细节，但有什么办法呢，为了整体就应当牺牲这些细节。生理条件就是如此：细节，甚至是非常有趣的细节，也会使人的注意力疲劳，您应当在写作的时候记住这一点。

　　不过，您可以不同意我这点看法。

　　我刚从区法院回来，一连审理了三个案件，而我都是首席陪审员。我疲劳了，所以我可能胡说一气。

　　我们未能在雅尔塔一叙，对此我比您更感遗憾。第二天我就从雅尔塔到国外去了。

　　您可以把我杀了，把我吊死，但我这里没有您的短篇小说。我只记得，我把这些小说都包扎好后寄到您吩咐我寄的地方去了。而究竟寄到哪里去了，我已经记不得了。有一个短篇小说，我记得，发表在《每日新闻》上，稿费捐赠给饥民了。如果您的这些短篇小说都遗失

---

① 叶·沙芙罗夫是叶·米·沙芙罗娃的笔名。

214

了，那是很可惜的，虽然不能说这已是无可挽救的不幸。您可以凭记忆将它们重新恢复起来。

谢谢您想起了我。请您往后也不要忘记这些老头子。现在请允许我祝您一切都好。

您的 安·契诃夫

我的地址照旧，即：洛帕斯尼亚车站。

112 致维·维·比里宾
1895 年 1 月 18 日，莫斯科

亲爱的维克多·维克多罗维奇，请您原谅，我把信纸弄脏了。

您最近的一封信我在莫斯科时没有收到，后来这封信就好像以押解的方式逐级送到了我居住的谢尔普霍夫市，一星期之后乡警又把它从那儿带到了乡政府，乡政府又把它送给我，而我当时已经不在家了。最后还是妹妹把这封信又给我带到了莫斯科。

您向我祝贺新年。太好了。我也向您祝贺新年，向您，安娜·阿尔卡吉耶芙娜和你们的至尊的继承者们致以一千个最诚恳的祝愿。祝愿您幸福，而最主要的是祝您身体健康，我记得，您以前一直抱怨身体不好。

我不在写剧本，而且我也不想写。老了，已经没有那股热情了。我很想写一部大部头的长篇小说，有一百俄里那么长。您的剧本写好后，请来信告诉我，是否需要得到柯尔希那儿的关照。

我住在农村，偶尔上莫斯科去看看，在那儿吃一点儿牡蛎。我在老起来了。没有钱。没有勋章。没有官衔。债务倒是有的。

我有时读一点您的作品，回想过去的生活，而每当我在路上遇到某个年轻的幽默作家，我就读《波罗金诺》① 给他听，并对他说"你

---

① 指莱蒙托夫的一首歌颂 1812 年反拿破仑入侵的英雄们的诗，诗人对当代青年的消沉表露了不满。

们不是勇士"！我同您曾是非常自由主义的人，但不知为什么当时人们却认我为保守分子。不久前我看了一下旧的多半已被人们忘却的《花絮》，对当初您和我身上那股子旺盛的血气惊讶不已，在如今最新的一些天才中任何一个人身上都没有这种血气。

为什么我们不能互相通信呢？哪怕是每月一次也好。我的心跟从前一样向着您，自从您明智而又宽大地解决了您的家庭问题①后，我除了对您表示尊敬外，又增添了一点儿妒嫉之心，这当然不是演员的妒嫉心，而是抒情诗人的羡慕心。

写信请寄洛帕斯尼亚火车站。躬身问候安娜·阿尔卡吉耶芙娜，也感谢她对我的问候。

祝您身体健康。

整个儿都属于您的　安·契诃夫

113　致莉·阿·阿维洛娃

1895 年 2 月 15 日，彼得堡

虽然马尔孔尼和巴蒂斯基尼②在隔壁房间里唱歌，但我还是十分专心地读完了您的两个短篇小说。《权力》是一篇动人的小说，但是如果您描绘的不是一个地方自治会长官，而只一是个地主，那么就会更好。至于说到《命名日》，那么这不是短篇小说，而是一样东西，而且是一样笨重的东西。您堆砌了那么多的细节，可说是整整一座山那样多的细节，而这座山把太阳都遮掉了。要么应当写一个大的中篇小说，有那么四个印张的篇幅，要么就写一个小小的短篇小说，从一些人把老爷抬进屋子那个地方写起。

Резюме：③您是个有才华的人，但是您变得臃肿笨重了，或者用

---

① 指比里宾的第二次结婚。
② 契诃夫当时住在苏沃林家，他写这封信时，苏沃林家举行音乐晚会，两个意大利歌手正在唱歌。
③ 原来是法语中的一个词，意思是：小结，简短总结。

通俗一些的话来说，您发虚胖了，您已经属于虚胖作家的行列了。您的语言像老头子的语言一样，矫揉造作。这是为什么您的女主人公有必要用手杖去试探雪的表面的坚固性？而且为什么是坚固性？倒好像是在讲燕尾服和家具（应当用"结实"这个词，而不是用"坚固性"）。再说，"雪的表面"这个说法也是很别扭的，就如同"面粉的表面"和"砂土的表面"这种说法一样。然后又遇到了这样的几手高招："尼基福尔由大门柱分离开了"或"他叫了一声，就由墙壁分离开了"。

您写长篇小说吧。写它一整年长篇小说，然后花半年功夫压缩它，然后再将它发表。您对自己的作品很少加工和修饰，而女作家应当不是在纸上写字，而是在纸上绣花，以求工作仔细和从容不迫地进行。

请您原谅我这些说教。有时会想要装出一副一本正经的样子去教训教训人。今天我留下来了，或者说得确切一些，我被留下来了，明天我一定走。祝您一切、一切都好。

真诚地忠实于您的　安·契诃夫

114　致叶·米·沙芙罗娃

1895 年 3 月 25 日，梅利霍沃

您的 cher maitre① 非常对不起您。我早已读完了您的短篇小说，而且我很喜欢这个作品，可是我拖延了给您回信，和白雪一起拖延着，这雪还不打算马上融化，它使我产生一种抑郁的心情。

您最近一个短篇小说中人物很多，这既是优点，又是缺点。这些人物是有趣的，但他们挤在一起，把读者的注意分成了一千份。这些人物在一张不大的"公文纸"范围内渗散开来，不给读者留下鲜明的形迹。要从两种做法中选择一种：要么少写一些人物，要么您就写长

---

① 法文，意思是：亲爱的老师。

篇小说。请您选择。依我看，应该写长篇小说。看来，命运本身在驱使您写长篇小说，既然您每次想写短篇小说时总有一大群形象起来诱惑您，而您又怎么也不肯放弃把它们统统塞在一起的乐趣。

请您为我做神圣的祈祷。

忠实于您、愿为您效劳终生的　安·契诃夫

115　致亚·符·日尔克维奇①

1895 年 4 月 2 日，梅利霍沃

十分尊敬的亚历山大·符拉其米洛维奇，在我们这个车站上是不能领取挂号邮件的，正因为这样您的信就一直呆在谢尔普霍夫，要不是那个每星期六进城的乡警帮忙，那您就还得久久等待我的批评意见。

我十分喜欢您的这个短篇小说②。这是一篇良好的十分有修养的文学作品。实质上真是没有什么可以批评的，除非只能就一些小地方提几点不重要的意见。今天是复活节的第一天，许多人在我身旁挤来挤去，我只好时写时停，因此请允许我为了方便起见一条一条地说明我的意见：

小说的标题《反对劝说……》，取得不好。这标题不朴素。在引号和省略号中有一种矫揉造作的东西，因而我怀疑，这标题是斯塔休列维奇③先生自己想出来的。我倒愿意用一个词给它取个名字：《笞打》，《中尉》。

（2）描写自然景色的手法是因循守旧的。这个短篇小说应当从这句话开始："显然，索莫夫心中忐忑不安。"而在这句话以前谈到的满布天空的乌云、麻雀和伸展出去的田野等，这一切全是墨守成规。您

---

① 亚·符·日尔克维奇（1857—1927），俄国法律家和作家。

② 指刊登在 1892 年 3 月号《欧罗巴通报》上的短篇小说《反对劝说……》。

③ 米·玛·斯塔休列维奇（1826—1911），俄国历史家和政论家，《欧罗巴通报》杂志的发行者和编辑。

对大自然是理会的，但您对自然景色的描绘就同您的理会不一样。景色描写首先应当是生动的，要使读者在读完作品后一闭上眼睛就能想象出书中描绘的风景来。把黄昏、铅色、水洼、潮湿、银色的白杨、乌云密布的地平线、麻雀和远方的草原等等因素堆砌在一起，这并不就是一幅画，因为尽管我非常想这么做，但我怎么也不能把所有这一切东西想象成一个和谐的整体。依我看，像您的作品一样的这类短篇小说里，自然景色描写只是在下述情况下才是合适和不致于坏事的，那就是如果它们是恰到好处的，只能像音乐或者由音乐伴奏的朗诵那样帮助您向读者传达一定的心情。如，在发出晚间集合信号，士兵们唱起"我们的父亲"的时候，在团长夜归的时候，后来在早晨押解士兵去接受惩罚的时候，风景描写都是十分恰到好处的，而且您在这方面是个大师。远处骤起的闪光给人以强烈的印象，但只要一次提及闪光就够了，好像是无意间提及的，什么也不强调；否则的话印象就会削弱，而读者的情绪也会模糊不清了。

（3）在许多描写中有因循守旧的手法，比如："墙边的架子上书籍呈现出五光十色"。为什么不可以干脆写成为"书架"呢？您还说：普希金的几卷书"隔开了"，廉价丛书"受紧压"……为什么要这么写呢？您钳制了读者的注意，使它厌倦，因为您迫使读者的注意力滞留下来，去想象那五光十色的架子或受紧压的《哈姆雷特》，这是一；第二，所有这些写法都不朴素，不自然，而且作为手法来说已显陈旧。现在只有一些太太才会写："戏报云"，"镶入发框中的脸"，等等。

（4）有许多方言用语，例如"挑拣"、"茅棚"等。在一个篇幅不大的短篇小说里，不只是方言用语会显得艰涩生硬，就连"口径不同的"这种少用的词也是如此。

（5）童年和基督受难都写得可爱动人，但却是已经被人用过许多许多次的笔调。

这就是我的全部意见。但这全部意见都是无谓小事！关于我提出的每一点您都可以说："这是个人趣味问题"，而且您这么说会是对的。

您的索莫夫依然惩罚了兵士，虽说他想到了基督受难，虽说他经历了斗争。这是艺术的真实。总的说来，这个短篇小说使人产生了应有的印象。它写得"既有才华、有理智，又气度高贵"*。

衷心地感谢您赠我照片，也感谢您的溢美的题词。我自己的相片待我收到后会寄给您的。

天气使人讨厌。

我祝您一切都好。向您祝贺复活节。

您的　安·契诃夫

* 这话取自我的一个中篇小说①。如果有人要骂我，一般都引用这句话，在后面加上"但……"。

116　致阿·谢·苏沃林

1895 年 4 月 13 日，梅利霍沃

您问：我是否收到了那封信？是的，我已经收到了，而且在彼得堡就已经告诉了您。在那封信中您加倍地不能令人信赖，因为您对现在和过去都抱着批判的态度。您回想一下，想您过去关于叶卡捷琳娜二世和丝绸衬衫写了些什么吧！我寻找这封信的时候，我顺便很快地翻阅了一下您寄来的全部信件，并把它们稍许整理了一下。这些信中有多少美好的东西啊！尤其光辉的是在您上演《塔吉雅娜·列宾娜》，而我上演《伊万诺夫》的那段时间，某种沸腾的生活是一目了然的。

我正在费劲地读着显克微支的《波瓦涅茨基一家》。这是波兰式的番红花夹心的甜乳渣糕。如果在保罗·布尔热的作品上加一点波塔片科的作品，洒上一点华沙制造的花露水，再把它一分为二，这就会得出显克微支的作品了。《波瓦涅茨基一家》无疑地深受布尔热的《国际都市》、罗马城和婚礼（显克微支不久前结了婚）的影响。在显克微支的这部作品里，有耶稣教地下经堂，有为唯心主义叹息的古怪

---

① 指中篇小说《枯燥乏味的故事》，这句话是小说中的主人公老教授说的。

老教授，有成为圣徒的李奥十三世①及其非凡人所有的脸孔，有建议回到祈祷书上去的劝告，有对于一个颓废派的诽谤，这个颓废派死于吗啡中毒，他在临终前做了忏悔，进了圣餐，也就是说他为教会忏悔了自己的迷误。书中有许多关于家庭幸福生活的描写，关于爱情的议论多得不得了，主人公的妻子十分忠实于丈夫，她非常细致地"一心一意"地领会上帝的意志和生活，以致最后使人觉得好像是接了一口流着唾液的吻，太甜了，不好意思。显克微支看来并未读过托尔斯泰的作品，也不了解尼采，他谈论催眠术，像一个小市民；不过他书中的每一页上闪现着鲁本斯②、博尔盖西③、柯勒乔④、波提切利⑤这些字眼，这是他要在资产阶级的读者面前显示一下自己的学问并偷偷地嘲弄唯物主义。这部长篇小说的目的是：催资产阶级安睡，做黄金梦。忠实于妻子吧，同她一起按祈祷书祷告，积攒钱财、喜爱运动吧，——这样，无论是在人间，还是在彼岸世界，你总是会一切顺利的。资产阶级非常喜欢所谓的"正面"典型以及有美满结局的长篇小说，因为这种小说使资产阶级心安理得地认为，可以既积攒钱财，又保持清白；既做野兽，又过幸福的生活。

我们这儿的春天好像是可怜巴巴的。田野里依然积着雪；乘雪撬也好，坐马车也好，都不方便；而牲畜呢，它们都已经在想念青草和自由了。昨天，一个喝醉了的老农民脱光了衣服在池塘里洗澡，他的衰老的母亲在一旁用棒头打他，而所有其余的人都围在池塘边哈哈大笑。洗好澡后，农民赤着脚踏雪朝家里走，母亲跟在他的后面。有过这么一次，这个老妇人来找我医治身上的瘀青伤痕，——这全是她儿子打出来的。把教育愚昧群众的事情束之高阁，这简直是十分卑鄙的行径。

亚沃尔斯卡娅和柯尔希分居了。他在吃她的醋，这是事实。文学

---

① 李奥十三世（1810—1903），1878—1903 年间的罗马教皇。
② 彼·巴·鲁本斯（1577—1640），佛兰德斯画家。
③ 博尔盖西是建造于 17 世纪的一座罗马别墅，以收藏有古代和近代的艺术作品而著称。
④ 柯勒乔（1489 左右或 1494—1534）是意大利文艺复兴时代的画家。
⑤ 萨·波提切利（1444—1510），意大利文艺复兴时代的画家。

戏剧小组的那场戏演得怎么样？

我祝您万事顺遂！我向您祝贺日中媾和①，我希望能尽快得到东方的不冻的费奥多西亚并修筑好通向那里的铁路。这真是没有麻烦去找麻烦。我觉得，为了这个不冻港，我们将为自己招来许多麻烦。我们将为它付出的代价恐怕要比我们突然想去征服整个日本而付出的代价昂贵。不过，futura sunt in manibus deorum②。

米沙来过了，他说起他获得了一枚三级斯坦尼斯拉夫奖章③。

您的　安·契诃夫

117　致阿·谢·苏沃林
1895 年 10 月 21 日，梅利霍沃

谢谢您的来信，您的热情话语和邀请。我会来的，但大约不会早于 11 月底，因为我的事情多得不得了。首先，春天我将为我在那儿当督学的村庄建造一所新的学校，为此要预先订好计划，编好预算，到处奔跑，等等。第二，您可以想象，我在写一部剧本④，看来，要写完这个剧本也不会早于 11 月底。我写得挺欢，不无乐趣，虽说我是在完全不顾舞台条件地瞎扯。这是一部喜剧，三个女主角，六个男角色，四幕，有风景（湖上风光），剧中有许多关于文学的谈话，情节很少，有五普特爱情。

我在报上读到了有关奥泽洛娃⑤失败的消息。我为她感到惋惜，因为没有什么事情会比失败更痛苦。我在想象，这个犹太女人在读《彼得堡日报》，她看到报上把她的演出干脆称作荒谬的演出，她会哭得多么伤心，感到多么心灰意冷。我也看到了有关《黑暗的势力》在

---

① 指 1895 年 4 月初中日双方在打了 8 个月仗之后签订了和约。

② 拉丁文，这句话的意思是：未来掌握在上帝手中。

③ 当时契诃夫的幼弟米哈伊尔·巴甫洛维奇·契诃夫在乌格利奇做税务稽查员。

④ 指剧本《海鸥》。

⑤ 留·伊·奥泽洛娃（生卒年月不详），俄国话剧演员。

您的剧院上演成功的消息。当然，所好的是多马绍娃①扮演了阿纽特卡这个角色，而不是由"小娃娃"扮演的，这"小娃娃"（照您的说法）是那么讨您喜欢。这小娃娃应该演玛特列娜。8月里我去过托尔斯泰家，当时他洗脸后一面擦手，一面对我说，他不打算修改《黑暗的势力》这个剧本。现在我回想起这一点时，我想，他那时已经知道，会完全允许上演他的剧本的。我在他那里住了一个半昼夜。印象好极了。我感到轻松自在，好像在自己家里一样，而我同列夫·尼古拉耶维奇谈得也很轻松。见到您时我再详细谈。

《俄国思想》第11期将刊出短篇小说《凶杀》，而第12期上将发表我的另一个短篇《阿里安德娜》。

我十分焦急，是为了这么一回事。在莫斯科出版一种《外科年鉴》杂志，这是一本非常好的杂志，甚至在国外也受到欢迎。是由著名外科专家斯克里弗索夫斯基②和季亚科诺夫③编辑的。订阅这本杂志的读者每年都在增加，但每到年底总要赔钱，这笔钱每次（1896年1月以前）总是由斯克里弗索夫斯基承担的。但是最近一次，由于他被调到了彼得堡，他失去了开业行医的机会，他没有多余的钱了，因此现在他不知道，世上也不会有人知道，谁将来偿付1896年的债务。如果会有这么一个人来偿付债务，那么按前几年的情况类推，亏损将在一千到一千五百卢布之间。当我得知这家杂志要倒闭时，我感到愤慨。真是荒谬！一家不可缺少的杂志行将倒闭，这家杂志在三四年后就能获利，而现在却由于一笔不大的亏损要倒闭，——这种荒谬的事情打昏了我的头，我一时冲动竟答应了另找一个出版人来出版这本杂志，当时我完全相信，我一定能找到这个出版者。于是我认真地寻找，求人，低声下气，四处奔走，鬼知道我同什么人一起吃饭，但是我一个人也没有找到。只剩下一个索尔达琼科夫④了，但他现在在

① 玛·彼·多马绍娃（1875—1952），俄国女演员。
② 尼·瓦·斯克里弗索夫斯基（1836—1904），俄国杰出的外科医生。
③ 彼·伊·季亚科诺夫（1855—1908），俄国外科医生，莫斯科大学教授。
④ 科·捷·索尔达琼科夫（1818—1901），俄国工业资本家，他用自己的钱财支持过科学和文化事业。

国外，12 月以前回不来，而问题又得在 11 月前解决。我感到十分可惜：您的印刷厂不在莫斯科！如果在莫斯科的话，我就不必扮演如此可笑的不成功的经纪人角色了。见面时我会详细地向您描绘我体验过的焦急心情的。要不是我正在筹建一个学校，要花费我一千五百卢布左右，我会用自己的钱来出版这个杂志，因此我是多么痛苦，多么难以容忍这种明显的蠢事。10 月 22 日我将去莫斯科，我将建议杂志编辑们向政府请求资助，每年一千五百—二千卢布，我将把这个建议作为最后一个办法提出来，如果编辑们对此表示同意，我马上到彼得堡去张罗。这种事情是怎么办理的？您能教我吗？为了挽救这个杂志，我愿意到任何人那里去求情，站在前室里恭候。如果我能够成功，我将轻松而又满意地叹一口气，因为挽救一家好的外科杂志跟成功地做两万次手术一样有益。不管怎么样，请您出个主意：我该怎么办？[1]

星期日以后来信请寄莫斯科。莫斯科大饭店，5 号房间。

波塔片科的剧本怎样了？一般来说，他的情况怎样？让·谢格洛夫给我写了一封情绪低落的信。女天文学家日子不好过。其他方面目前一切都顺当。在莫斯科我将去听轻歌剧。白天我忙着写剧本，晚上就去听轻歌剧。

向您躬身问候。请来信，我求求您。

您的　安·契诃夫

118 致阿·谢·苏沃林

1895 年 10 月 26 日，莫斯科

芬加尔就是波塔片科，路过这里的斯坦纽科维奇[2]把这一点告诉了莫斯科人。是的，您说得很对，在芬加尔写的东西中没有"神经"。

---

[1] 后来，苏沃林寄给契诃夫一千五百卢布，但契诃夫没有用这笔钱，因为《外科年鉴》杂志由于其他原因而未能继续出版。

[2] 康·米·斯坦纽科维奇（1843—1903），俄国作家。

波塔片科是个厚道的人，我觉得，他完全不适合于作冗长的议论，他应该用形象写作。如果他在自己的杂文中能越快地转向阿塔瓦①式的小说体或半小说体，那他能越早地抓到他想抓到的点子上。

不，没有必要的话就请您别诱惑我，11月份以前我是不能来的。不把剧本写完，我不会动身的。而到了彼得堡后，我也不住在你们家，我将在大莫尔斯科依街"法兰西"饭店下榻，因为我有许多工作要做，如果住在您那里的话，我就会跑来跑去，找个什么人谈谈，这样过上一个星期我就会催促自己离开彼得堡，会对自己无所事事的生活感到害怕。我打算在彼得堡住一阵子，不少于一个月。如果您坚持着要我住在您处，那我就要瞒着您上彼得堡，先在"法兰西"住三个星期，然后装出一副刚从火车站出来的样子到您那儿去，在你们家住上一个星期。

托尔斯泰的几个女儿都很可爱②。她们崇敬自己的父亲，狂热地相信他。而这意味着，托尔斯泰的确是一种伟大的道德力量，因为，如果他不是真诚的和无可非议的，那么首先是他的女儿们会对他抱怀疑态度，因为女儿们就好像一些小麻雀，用谷壳是骗不了它们的。……未婚妻和情妇可以任意欺骗，在心爱的女人眼中，甚至一个笨伯也会被看成一个哲学家，但女儿们呢，女儿们则是另一回事了。

您信中写道："凭这张便条从书店代她领取一百卢布。"但在您的信中却没有附上这张便条。再说我也见不到女天文学家③本人，听说，她到巴统去看姊姊了。至于说到《外科年鉴》杂志，那么这本杂志本身、所有的外科器械、扎带、装苯酚用的瓶子，——所有这一切东西都在向您躬身下拜。当然，这是一件大喜事④。我们决定这样做：如果关于请求政府资助的想法得以实现，那我就该动身去张罗，

---

① 阿塔瓦是作家谢·尼·捷尔皮戈列夫（1841—1895）的笔名。
② 契诃夫在1895年8月8—9日访问雅斯纳亚·波良纳时认识了托尔斯泰的几个女儿。
③ 指契诃夫在五天前写给苏沃林的信中提及的"日子不好过"的"女天文学家"，即奥·彼·昆达索娃（1865—1943）。
④ 苏沃林在收到契诃夫于1895年10月21日写给他的信后，寄给契诃夫一千五百卢布，资助《外科年鉴》。

待得到资助后就把这一千五百卢布还给您。11 月份我将与斯克里弗索夫斯基见面，并将上维特①那儿去，如果这是可能的话，解救这些非常天真的人们②。这些人都像是小孩子。很难找到比他们更不善于处理实际问题的人了。不管怎么样，这一千五百卢布我们迟早总会归还您的。为了答谢我为杂志所作的奔忙，他们将为我免费切除痔疮结，这个手术对我来说是逃不了的，它现在已经开始使我感到紧张了。至于您呢，他们将百般地颂扬您，而当您来莫斯科时，他们将让您观看造在新圣母修道院附近的新医院。这座医院是值得一看的，就像墓地和杂技场是值得一看的一样。

请来信。汇一千五百卢布时请写上我的名字，如果可能的话，请别邮汇，而是通过商店给我。波塔片科的剧本演出情况如何？安娜·伊万诺芙娜、娜斯佳和鲍里亚都好吗，我在想象，鲍里亚已经长得很高了。请代我问候大家，也问候艾米莉小姐。

您的　安·契诃夫

119 致叶·米·沙芙罗娃

1896 年 4 月 19 日，梅利霍沃

十分尊敬的叶列娜·米哈伊洛芙娜，我向您逐条作出答复。

（1）《秋老虎》我读过了，而且还给别人看了。是好作品。不过您，夫人，是不是该扩大一下您的视野了呢？您几乎在每一个短篇小说中这样或那样地重复着《秋老虎》的主题，而且您所描绘的那个小天地早已都被人写过了，举例说，被谢德林在他的一个军官和妈妈的通讯（请看《金玉良言》和短篇小说《信札补遗》）中都写过了。真的，您倒是真该去漫游一次澳大利亚！同我一起去！！

（2）请把您的一个新的短篇小说寄来。我等着。我们这儿邮路已

---

① 谢·尤·维特（1849—1915），在 1892—1903 年间他是俄国财政大臣。
② 指契诃夫打算向维特请求，要政府资助《外科年鉴》杂志。

通，所以您可以用挂号邮件把它寄来。我将十分乐意地读完这个作品。

（3）在单印本上我找不到您的亲笔签字，这字您哪怕是出于对亲爱的教师的尊敬也是该签上的。请您另寄一份来。

（4）《俄国思想》付给您的稿费不多，但也不算少。这是一般的稿酬。"文学泰斗"的稿费是每一印张 100 至 250 卢布，而新手们的稿酬则是 50 到 75 卢布。

（5）我的信笺①不怎么样好，而且它当然比不上"Sport"② 但它却是我在 Rue de la Paix③ 买来的，就让它成为和平信笺吧！如果在彼得堡时我曾使您觉得是个"很不善良的"人，那么现在就让这信纸的鲜明颜色使您流下几滴宽恕的眼泪吧！

（6）我的身体不太好。昨天我出席了一次地方自治会的会议（我是议员），在会上我感到自己像是"不必尊重——洗衣槽"④。

（7）那个小阁楼该把它忘记了。

（8）请您猜猜看：这信笺是谁送给我的？

祝您诸事顺遂，而主要的是祝您精力更加充沛。您要不断地写，否则您将总是一个新手。

我们这里已经是春天，雪都融化掉了。真高兴。

忠实于您的亲爱的教师　安·契诃夫

120　致阿·谢·苏沃林

1896 年 6 月 20 日，梅利霍沃

《传教士山格》⑤ 是一个动人和有趣的作品，读来像一部明顺通

---

① 契诃夫这次写信用的是雪青色信笺。
② "Sport" 是一个英文词，其意是"运动"。沙芙罗娃给契诃夫写信时用了一种运动员使用的信笺。
③ 法文，意思是：和平大街。
④ 果戈理的长篇小说《死魂灵》中的一个农奴的名字。
⑤ 指挪威剧作家比·玛·比昂松（1832—1910）写的一个剧本，这个剧本通常译为《人力难及》。

达的作品，虽说译文不成样子，而剧本本身也写得马虎，显然，作者是一口气就把它写好的。但对剧院来说这个剧本不适合，因为不好演：没有情节，没有生动的人物，没有戏剧趣味。无论是作为一个剧本还是作为一般的文学作品，这个剧本都没有意义，这主要是因为思想不明朗。结局简直是模糊的，甚至似乎是奇怪的。不该让自己的人物去创造奇迹，如果作者自己对奇迹还没有十分明确的信念的话。

《卡尔·比尤林》① 就不一样了。这全然是一个剧本，它生动、清新、轻松和有理，不过，最后一幕除外，这一幕写得有点儿脂粉气，有点儿索·伊·斯米尔诺娃② 的味道。如果您愿意，如果您将到费奥多西亚去，那我们就一起把这个剧本改写一下，使之符合俄国人的风尚习俗。但只要三幕就够了。题名《几个女人》标新立异，又耸人听闻，它促使观众期待着剧本给他剧本中没有的而且也是剧本所不能提供的东西。还是把它叫做《女提琴手》或《在海边》为好。多写一点大海，就给它这么一个题名。不必打耳光，骂一声"坏蛋"或"说谎的人"就足够了。俄国的公众喜欢打架，但他们受不了侮辱，像打耳光、当众辱骂为流氓等相当厉害的侮辱。再说我们的公众也不太相信赏人耳光是高尚的举动。

这个剧本我用挂号邮件给您寄去。

我到过莫斯科③，在那儿溜达了亚拉姆、埃尔米塔日等大饭店，两夜没有睡觉，现在还感到有点儿不舒服。如果一个人长时间不睡觉，他的时间观念就会搞乱，所以我现在在觉得，我在莫斯科附近度过的那几个潮湿的灰溜溜的早晨是六年前的事情。

我这儿玫瑰花盛开，还有许多草莓，但我还是想到什么地方去跑跑。据说，在下诺夫哥罗德有一个极好的展览会，它的豪华和严肃使人吃惊；在这个展览会上很枯燥，因为完全没有低级趣味，——这就是我那些看过展览会的熟人对它的反应。但我不太想去下诺夫哥罗

---

① 德国女作家玛尔戈利姆·劳拉（1854—?）写的一个剧本。
② 索·伊·斯米尔诺娃（1852—1921），俄国女作家。
③ 指契诃夫写这封信的前几天，即 6 月 17 日—19 日。

德。我担心在那里会遇上谢尔盖延科，他会说服我，说我应该到巴兰诺夫①家去吃早饭。

代我问候安娜·伊万诺芙娜，娜斯佳和鲍里亚。我梦见了你们，在梦中我和安娜·伊万诺芙娜及鲍里亚两人谈了话。

我在造一个钟楼。我们向四面八方发出募捐的呼吁。农民们在一张张大纸上签字，并盖上黢黑肮脏的印章，而我从邮局把它们寄出。好，就这样吧，祝您诸事顺遂，多喝一些约尔什酒，少淋一些雨水，在特维尔省几乎每天都下雨，这使人感到十分厌烦。

您的　安·契诃夫

121　致塔·利·托尔斯泰娅②
1896 年 11 月 9 日，梅利霍沃

十分尊敬的塔吉雅娜·利沃芙娜，您瞧，我到什么时候才给您写回信。您的信我是在从克里米亚回来后收到的，在 9 月份的下半月。当时天气好，情绪也好，而我却没有给您写回信的劲，因为我深信，我不会在今、明两天就去雅斯纳亚·波良纳。但后来开始寄来许多信件和电报，坚决要求我去彼得堡，当时正准备上演我的剧本③。我去了，显然，剧本演出并不成功，——现在我又在家里了。户外尽是雪，现在上雅斯纳亚·波良纳去已经晚了。

您在信中问过我：有没有写好了的新作品？能不能带给您读一读？夏末我写好了一个五印张篇幅的中篇小说，《我的一生》（别的题名我未能想出来），当时我就打算把它带到雅斯纳亚·波良纳，是校样。现在这部中篇小说已经发表在《田地附刊》上，而我对它已经感到讨厌，因为书报检查局已经对它犁过一遍，以致许多地方都已面目

---

① 尼·米·巴兰诺夫（1837—1901）是下诺夫哥罗德省的省长。
② 塔·利·托尔斯泰娅（1854—1950），托尔斯泰的长女。
③ 指《海鸥》。

229

全非，不可辨认了。

在彼得堡我见到了德·瓦·格里戈罗维奇。他毫无生气的样子使我吃惊。面孔是土黄色的，像癌症病人的脸色。他说，他在下诺夫哥罗德展览会上累坏了。

请允许我感谢您的来信以及您对我的友好态度，请您相信我，我对您这种态度的评价远高于我口头上所能表达的。向列夫·尼古拉耶维奇①和你们全家问好，祝你们诸事顺遂。

真诚地尊敬您的　安·契诃夫

122　致符·伊·涅米罗维奇-丹钦科

1896 年 11 月 20 日，梅利霍沃

亲爱的符拉其米尔·伊万诺维奇，你瞧，我也不是马上写回信的人。玛莎现在仍住在去年她住过的地方：苏哈列夫斯卡娅-萨多瓦娅街，基尔希霍夫家。

是的，我的剧本《海鸥》在彼得堡首次演出时遭到了巨大的失败。整个剧院都气冲冲的，由于忿恨空气非常紧张。而我呢，按照物理学的规律，我像一颗炮弹一样飞出了彼得堡。这完全是你和孙巴托夫②的过错，因为这是你们怂恿我写剧本的。

你对彼得堡的反感越来越强烈，这一点我是理解的，但彼得堡毕竟还有许多好东西。比如说，晴朗日子里的涅瓦大街，又如，我认为是最出色的女演员，科米萨尔热夫斯卡娅。

我身体还不差，情绪也还可以。但我的情绪恐怕很快又会坏起来，因为拉夫罗夫和戈尔采夫坚持要在《俄国思想》上发表《海鸥》，这样的话文学批评界又会对我进行鞭挞。而这是令人厌恶的，就像在秋天走进水洼里一样。

---

① 即列夫·托尔斯泰。
② 亚·伊·孙巴托夫（1857—1927），俄国演员和戏剧家。

我又要麻烦您了。塔干罗格市图书馆打算开设一个咨询部。请你把你们音乐协会的章程和文学基金库的章程寄给这个咨询部，还有在你手头可以找到的而又认为有咨询作用的一切都可以寄去。请原谅我给了你这么一个有趣的任务。

请代我向叶卡捷琳娜·尼古拉耶芙娜问好，祝您健康。

您的　安·契诃夫

盼来信。

123　致叶·米·沙芙罗娃

1896 年 11 月 20 日，梅利霍沃

尊敬的同行，首先请允许我从严扣款。为什么您去买了薄伽丘①? 为什么? 您的这个举动我不喜欢。

但是您的短篇小说②我却非常非常喜欢。这是一篇动人而又高深的好作品。但是，像您常常作的那样，情节展开得呆板了一些，因此连这个短篇小说有些地方似乎也是呆板的。请您想象一个大池塘，只有细细的一股水从池中往外流，因而肉眼觉察不出池水的运动；请您再想象一下，池水水面有各式各样的细碎东西——木片、木板、空桶、树叶——由于水流微弱，所有这一切东西也似乎是不动的，并且聚集在那股流水的出口处。在您的小说中也是这种情形：动作少，细节多，这些细节都堆积在一起。但由于我刚才起床，我的脑子还不好使，所以请允许我一条一条地表述我的批评意见：

（1）第一章我会从下面一句话开始写："一辆不大的带篷马车刚刚……"这样写朴实一些。

（2）第一章中有关钱（三百卢布）的议论可以删去。

① 沙芙罗娃买了薄伽丘的《十日谈》，后来契诃夫把此书寄给了塔干罗格市图书馆。
② 指《皇帝的妻子》。

（3）"在自己的所有表现之中"——这句话不需要。

（4）新婚夫妇把房子布置得"和所有人家一样"，——这使人想起《战争与和平》里的贝格夫妇。

（5）有关孩子的一段议论（从"好，就拿侄女来说吧"开始，一直到"放弃"这句话为止）写得动人，但在这个短篇小说里它并不协调，反而碍事。

（6）两姊妹和科里茨基——这三个人物是否需要？关于他们只要提一下就可以了。要知道，他们也只会碍事。如果需要让沃娃看到孩子，那就没有必要叫她上莫斯科。她如此经常地去莫斯科，读者难以赶上她。

（7）为什么沃娃是公爵小姐呢？这只能是多一个累赘。

（8）"如此得体 distinguée①"——这种写法该注销了，就像"卖弄风情"这个说法已被注销了一样。

（9）远道赴婚礼是不必写的。

（10）在教授家——这一部分写得很好。

（11）如果是我写的话，我就不会在第七章结尾提到安德留沙，因为月夜奏鸣曲的徐缓调已经说明了一切需要说明的东西。

但是如果您当真非常需要写安德留沙，那么就请把第九章割爱吧。它使作品显得累赘。

（12）您别让安德留沙演奏。这么写甜得腻人。为什么他有一副大力士的肩膀？这太……该怎么说？——这太刻板了。

（13）作品正文中请您保留皇帝和皇帝的妻子的说法，但作为标题：《皇帝的妻子》不——合——适……是的，太太……既不得体，又不合适。

（14）请您把短篇小说寄给《俄国思想》，以您自己的名义寄。那里大家都认识您。贴上五戈比邮票，装在信封里寄。我会到编辑部去的，我会了解该做什么的……

请您记住，皇帝和他的妻子是小说的中心人物，别让安德留沙和

----

① 法文，文雅、精致的意思。

两姐妹把他们遮住了。把斯马拉格多夫这个人物也拿掉。多余的姓名只会是累赘。

我再重复说一遍，这是一个很好的短篇小说。丈夫这个人物您写得十分成功，不能再好了。不过已经没有地方了①。《海鸥》将发表在《俄国思想》的第 12 期上。

祝您健康！！

亲爱的教师　安·契诃夫

124　致米·奥·梅尼希科夫②

1897 年 4 月 16 日，梅利霍沃

亲爱的米哈伊尔·奥西波维奇，我的两叶肺出了一点儿小毛病。3 月 20 日我去彼得堡，但在途中我就开始咯血，只好耽搁在莫斯科，住了两个礼拜医院。医生的诊断是：肺尖发生病变。他们禁止了我的一切有意思的活动。

请您向莉吉娅·伊万诺芙娜和雅莎转达我的衷心问候和感谢。我十分珍视他们的厚意和友好的关心。

今天我头疼。这一天过不好了，而天气却是妙极了，花园里挺热闹。客人，钢琴声，欢笑声，——这一切都是在屋里，而户外是许多惊鸟在鸣叫。

书报检查机关从《农夫》身上挖走了一大块③。

多谢您。紧握您的手并祝您幸福。妹妹向您问好。

您的　安·契诃夫

坏事变好事。我住在医院时列夫·托尔斯泰来看过我，我们进行了一次非常有趣的谈话。这次谈话对我来说是非常有趣的，因为我听

---

① 沙芙罗娃的这个短篇小说后来发表在《俄国思想》的 1897 年第 12 期上。
② 米·奥·梅尼希科夫（1859—1919），俄国政论家。
③ 书报检查机关从契诃夫的中篇小说《农夫》中删掉了整整一页正文。

得多，说得少。我们谈到了永生的问题。他承认康德所赞成的那种永生：他认为，我们大家（人们和动物）都将存在于起因（理智，爱）之中，而这个起因的本质和目的对我们来说是一种秘密。而在我看来，这个起因或力量好像是一团轮廓模糊的胶状物。我的"我"，即我这个个人，还有我的意识，——它们都将同这一团轮廓模糊的胶状物融为一体，这种永生我并不需要，我也不理解它。而列夫·托尔斯泰对我这种不理解感到惊讶。

为什么您的书至今仍未出版？伊·列·谢格洛夫到医院来看过我。他的身体好一些了，健康的确在恢复着。他即将迁居彼得堡。

125　致亚·伊·埃特尔

1897 年 4 月 17 日，梅利霍沃

亲爱的朋友亚历山大·伊万诺维奇，我现在住在家里。过节前我在奥斯特罗乌莫夫医院住了两个星期。我咯血。医生诊断我的肺尖发生病变。现在我自我感觉非常之好，哪儿也不疼，体内也没有任何东西在烦扰我，但医生禁止我喝 vinum①，运动和谈话。他们命令我多吃，禁止我行医，因此我现在好像感到无聊。

关于人民剧院的事我什么也没有听到。代表大会上谈过这件事，但谈得含糊其词，提不起人们的兴趣，而自告奋勇编写章程和开始工作的那个小组看来也有点儿心灰意冷了。这大概是因为春天的缘故吧。小组成员中我只见到了一个戈尔采夫，但没有来得及同他谈一谈剧院的事②。

什么新闻也没有。文学界暂时平静。几个编辑部里都在喝茶，喝廉价的葡萄酒，喝得没有味道，随便喝喝，显然是因为无事可做。托

① 拉丁文，意思是：葡萄酒。
② 1897 年 3 月 20 日在舞台工作者代表大会上通过决议，筹建人民剧院。大会希望，剧院应该是全民的，"剧院应该为艺术服务，而不是为了娱乐和运动"，"剧院应该真正是人人都能享受的，而且逐步做到全部免费"。

尔斯泰在写一部关于艺术的书①。他到医院看过我，他说他把长篇小说《复活》放下了，因为他不喜欢它，他现在只写关于艺术的书，而且已经读完了60本论述艺术的著作。他的思想并不新，以前许多世纪来所有聪明的老人都以不同的方式反复谈过这个思想。历来老人们总是倾向于看到世界的末日，并且说，道德堕落到了 nec plus ultra②，艺术变得庸俗了，退化了，人们也都衰弱了，等等。列夫·托尔斯泰想在自己的书中使人相信，艺术现在已经进入了它的最后阶段，进入了一个死胡同，它已经没有出路（向前）。

我现在什么事情也不做，我在用大麻籽喂麻雀，每天修剪一枝玫瑰。玫瑰经过我的修剪后开得鲜艳茂盛。我不管家务事。

祝你健康，亲爱的亚历山大·伊万诺维奇，谢谢你给我写信，也谢谢你的友好关心。看在我体弱多病这一点上吧，你要来信，你别怪罪我回信不及时。今后我尽量在读完你的来信后立即写回信。

紧握你的手。

你的　安·契诃夫

126　致阿·谢·苏沃林

1897 年 5 月 2 日，梅利霍沃

打电报给我的地址短一些，只要写：洛帕斯尼亚，契诃夫收。

关于《农夫》一事我赞成③，但这部作品连十个印张也不满，只好不理会书报检查机关的意思了。要不要再加上几个写农民生活的短篇小说？我这儿倒是找得出一些来的，比如说，短篇小说《凶杀》，其中我描绘了分裂派教徒，或者找些别的什么类似的东西。

我会去彼得堡的，但不早于 5 月末或 6 月，因为我的生活还没有

---

① 指《什么是艺术》一书。
② 拉丁文，意思是到了极端。
③ 指出版中篇小说《农夫》的单行本一事。1897 年出书时，原来被书报检查机关删去的地方基本上得到了恢复。

走上正轨，另外还有一些刻不容缓的需要我在场的事情要处理。我给您发过电报，说我娶一个富有的寡妇为妻。唉，这不过是一种甜蜜的幻想！现在绝不会有一个傻瓜嫁给我，因为我住过了医院，而这大大地败坏了我的名声。

您打算上那儿去？您将在什么地方度过夏天？您去不去费奥多西亚？我完全不知道：我该怎么办？什么东西对我的健康有好处，是宪法呢还是加上辣姜的鲟鱼肉①？我打算在8月份以前一直住在家里，不过要有一个条件：要天气还可以，要天气干燥；然后我再去俄罗斯南部，以后在入冬前去外国或者上索契（在高加索），据说，在索契冬天暖和，而且没有气温上的大波动。

我的自我感觉不差，体重没有减轻，对未来我充望希望。天气好极了。钱几乎没有。

阿波克里夫②是个什么样的人？

给我写些什么吧，要不发份电报来谈点儿什么，不然的话太无聊了，甚至寂寞到了耳鸣的程度。我敬向安娜·伊万诺芙娜、娜斯佳和鲍里亚问好。愿上苍保佑你们。

目前我见到了小说家柯罗连科。他的神经活动严重紊乱。谢格洛夫来过我这里。他谈到了他的妻子、歌喜剧以及他的一片爱国之心。他在《俄罗斯通报》上发表剧本。这剧本写的是俄国文学家的生活，它思想上充满了憎恨的情绪，而且虚伪，给人这样一种印象，似乎写这个剧本的不是幽默作家谢格洛夫，而是一头猫，文学家踩住了这头猫的尾巴。

我收到许多信，谈及我的身体健康状况以及中篇小说《农夫》。

您的　安·契诃夫

5月间您会不会在莫斯科？

---

① 谢德林笔下的一些胆怯的自由主义知识分子侈谈宪法，但他们对宪法的幻想很容易被他们对辣姜鲟鱼肉的向往所替代。这种自由主义知识分子在《塔什干的老爷们》等作品中都有。契诃夫在这儿开玩笑似的借用了这个说法。
② 阿波克里夫是青年批评家菲·艾·施佩尔克的笔名。在契诃夫写这封信的前两天，《新时报》上发表了施佩尔克写的一篇论述普希金的文章。

127　致叶·米·沙芙罗娃

1895 年 5 月 17 日，梅利霍沃

十分尊敬的同事！两三天前我把稿子给您寄去了，现在我估计您已经回到了莫斯科，我给您写信。斯捷波契卡、穆辛卡、戈尔连科这些人物对我来说并不是新的，他们已经在从前的一部稿子中出现过，但尽管这样我还是十分乐意地读完了您的中篇小说。您明显地成长了，坚强起来了，写得一次比一次好。这个中篇小说我整部都喜欢，但那个我觉得有点儿单薄的结尾部分除外，在小说结束时斯捷波契卡的温厚和善良不见了，他变成了一个 Bel-Ami①。不过，这是趣味问题，这并不重要。如果谈缺点，就不该对一些不值得注意的细节吹毛求疵。缺点，您有一个，而且在我看来是一个大缺点，这就是：您不对作品进行加工，因此您的作品在有些地方显得冗长、累赘，缺少那种使短小的作品生动起来的紧凑。在您的中篇小说里有智慧、才华和散文特色，但艺术性不够。您塑造人物时线条正确，但缺乏表现力，您不愿或者是您懒于用雕刻刀把一切多余的东西剔除掉。要知道，用大理石刻造一个人脸，这就意味着把那不是人脸的东西从这块大理石上剔除掉。

我把意思表达出来了吗？您明白吗？有两三个尴尬的说法，我已把它们标出来了。神父们做彻夜祈祷也好，做日祷也好，都不诵读使徒行传的。"写作狂的癖好"这个写法不行，因为"写作狂"这个词本身已经包含有"癖好"这个概念在内，等等……

我去考了一些男孩子②，回来后感到自己精疲力尽，就好像赫耳库勒斯在建立了一项最惹人注意的功绩之后一样。高等女校的学生在

---

① 法文，意思是"漂亮的朋友"，契诃夫在这里指的是莫泊桑的长篇小说《漂亮朋友》。

② 5 月 17 日塔列日日村的小学生考试，契诃夫前去主考。

这种情况下会说：我倒毙了！

我不能再多写了，请您原谅。我赞成您选的几个剧本①。对谢尔普霍夫这个地方来说《手套》是十分合适的。知识分子会来看您演出的。

祝您一切都好。祝您健康、平安。

您的　安·契诃夫

关于中篇小说最好能谈一谈。是一部好作品。

128　致阿·谢·苏沃林

1897 年 7 月 12 日，梅利霍沃

画家还在给我画像，他画呀画的，因此我不认为，他会像原先答应我的那样，在 14 号以前画好。他大概还要忙碌上一个礼拜。不管怎么样，我还要去彼得堡，这一点我已经完全决定了，只有您的信才会阻止我成行，如果信中说您又将出国。

今天我把《我的一生》的校样寄回去了。所以一直到现在我还不清楚，您是怎么决定的，就是说，那本书将由哪些短篇小说组成。目前涅乌波科耶夫受您的委托给我写信，谈到了校样的问题。他问，怎样给我寄校样，是版面和印张一起寄呢，还是只寄版面。我希望，既寄版面也寄印张（已拼版的）给我读校样。这样做更好一些。

我身体好极了，因为天气依然暖热和干燥。

我在读梅特林克②的作品。已经读完了《盲人》，《不速之客》，正在读《阿格拉凡和赛莉塞特》。这尽是一些奇怪和不可思议的东西，但影响巨大，因此如果我有剧院的话，那我一定会上演《盲人》。这个剧本里有极妙的布景：大海和远方的灯塔。观众中有一半是愚昧

---

① 沙芙罗娃选了几个剧本供演出用，征求契诃夫的意见。
② 莫·梅特林克（1862—1949），用法语写作的比利时剧作家、诗人。他的象征主义剧作充满诗意。

的，但是可以避免演出的失败，如果在海报上写明剧本的内容的话。当然，要写得简短，可以这样写：这个剧本是比利时的颓废派作家梅特林克的作品，讲的是，有一个老头儿，他是一群瞎子的领路人，他不声不响地死了，而瞎子们对此一无所知，他们坐等着他回来。

我每天在《世界回声》上读到有关《新时报》的消息，而在《新时报》上则读到有关亚沃尔斯卡娅的报导。显然，她每天都是很完美的①。

我家中有许多客人。亚历山大②把他的几个男孩子都丢在我这儿，也不给他们留下衬衫和外衣。现在他们住在我这里，谁也不知道，他们将在什么时候离开，好像是一直要住到夏末，也许，甚至会一直住下去。他们的双亲也确实是太有礼貌啦。我的一个堂兄弟从南方来了。

叶若夫（非杂文家）在信中说，他打算到我这里来，等等。

我已经好久没有收到您的信了。您现在在哪儿？身体好吗？阿历克塞·阿历克塞耶维奇的自我感觉如何？

祝您身体健康和诸事如意。

您的　安·契诃夫

129　致莉·阿·阿维洛娃
1897 年 11 月 3 日，尼斯

莉吉娅·阿历克塞耶芙娜，嗨，我津津有味地读完了您的《几封遗忘的信》。这是一个美好、聪明而又雅致的作品。这是一个只有兔子尾巴般长的小作品，但其中含有无限的艺术和才华，因此我不明

---

① 7 月份的《新时报》上，在《戏剧和音乐》栏几乎每天都报导亚沃尔斯卡娅的演出。

② 契诃夫的大哥。

白，为什么您不继续这么写下去呢？书信形式是一种不成功的枯燥乏味的形式，但它却容易写。不过，我现在讲的是笔调，是真挚而又热烈的感情，是优美的语句……戈尔采夫是正确的，他说过，您的才能是惹人喜爱的才能，因此，如果您一直到现在还不相信这一点，那是因为您自己不好。您很少写，也懒得写。我也是一个懒惰的乌克兰人，但您该知道，和您相比的话我写出的作品有山那么高了！除了《几封遗忘的信》外，在您所有的短篇小说中，字里行间都明显地显露出稚嫩、犹豫和怠惰。您一直到现在还没有成为一个像俗话所说的那样的"老手"，所以您写起东西来仍像一个初学者，像一个描瓷的姑娘。对自然景色您是有感受的，您描写得也好，但您不善于撙节，它常常会在不需要的时候投入读者的眼帘，甚至有这种情形：从小说的开头到（几乎到）它的中部堆砌了大量描绘景色的片断，以致一个短篇小说会就此完全消失。在语言上您不下功夫，而语句却是应该锤炼的，艺术也正好就在这里。应当把多余的东西都删去，把"由于"、"藉助于"之类的说法从句子中清除掉，要关心语句的音乐性，在一个句子中别把"开始"、"停止"几乎并排地写在一起。亲爱的，要知道，诸如"没有毛病"、"精神垮台"、"如入迷宫"之类的字眼简直叫人伤心。把"好似"和"涉及"① 这两词放在一起，我倒还能容忍，但"没有毛病"这种说法粗糙了一点儿，显得呆板，只适用于口语。粗糙了一点儿，这您应该是能够觉察到的，因为您有音乐感，您敏锐，《几封遗忘的信》就是明证。我会把载有您的短篇小说的报纸保存好，一有机会就捎上，而您呢，请您别对我的评语介意，再整理一些作品出来寄给我。

在天气好的日子里，一切都很顺当，现在呢，天下雨了，冷了，我的喉咙又发痒了，又咳血了。真可恶！

我在写，但尽是一些小玩意儿。我已经给《俄罗斯新闻》寄去了两个短篇小说②。

---

① 这两个词在俄文中读音相似。
② 指短篇小说《在故乡》和《佩彻涅格人》。

祝您健康。紧握您的手。

您的　安·契诃夫

130　致菲·德·巴秋什科夫①

1897 年 12 月 15 日，尼斯

最尊敬的费奥多尔·德米特利耶维奇，给我打电报的话，写下列地址就可以了：尼斯，古诺德九号，契诃夫。

我在为 *Cosmopolis*② 写一个短篇小说③，进展缓慢，写写停停。我写东西通常是慢的，精神总是很紧张，现在呢，我住在旅馆里，坐在别人的书桌旁，写起来就更加困难，而在天气好的时候又想到户外去，因此我不能答应在两个星期之内给您一个短篇小说。1 月 1 号之前我给你寄去，然后劳您驾把校样寄给我，它放在我这儿的时间绝不会超过一天，这样您可以计划把它安排在 2 月号上，别早于 2 月号。您看，我可真是一个乌克兰人啊！

谢谢您寄给我二百卢布，您真善良。现在我不很需要用钱，所以就把这二百卢布存进了 Crédit Lionnais④，它们将一直存放到我去提用的时候为止。为了今后不再重谈稿费问题，我再提两点意见：（1）别再邮汇稿费，请通过 Crédit Lionnais，用普通汇款的办法汇到该处，那里会给您一张汇票，而您就用挂号信把汇票寄给我⑤；（2）在我没有提出要求之前，请别再给我寄预支的稿费。就这么办。再说一遍：谢谢您，您的关心使我十分感动。

我想，不会有什么东西会妨碍我写完短篇小说并像我在上面说的那样及时（在 1 月 1 日以前）把它给您寄去。祝您身体健康，工作顺

---

① 菲·德·巴秋什科夫（1857—1920），俄国教授，西欧文学史家，批评家。
② 法文，意思是：国际青年。
③ 指短篇小说《在友人家》。
④ 法文，意总是：里昂信用所。
⑤ 这么做既便宜，又简易。——原注

利。杂志我已经收到，谢谢！我还没有读，读过后我会写信给您的。我已经给科瓦列夫斯基①写好了应该写的东西。

真诚地尊敬您的 安·契诃夫

您在一封信中表示过一种愿望，要我寄一个以此地的生活为题材的国际短篇小说给您。这种小说我只有在俄国凭回忆才能写出来。我只会凭回忆写东西，而且从未直接按实际情形写生。我要让我的记忆把题材过滤一番，以便在记忆里就像在过滤器中一样只剩下重要的或典型的东西。

131 致阿·谢·苏沃林

1898 年 1 月 4 日，尼斯

我的计划是这样的：本月底或者 2 月初去阿尔及利亚和突尼斯等地，然后回到尼斯，在那里等候您（您在信中说要来尼斯），住一阵子后再一起去巴黎，如果您愿意，从那里乘上"闪电"列车回俄国过复活节。您最近一封信寄到这儿时是拆开的。

我很少去蒙特卡洛，三四个星期去一次。最初，当索博列夫斯基②和涅米罗维奇在这里的时候，我赌过钱，但相当有节制，小玩玩（rouge et noir③），有时带回五十法郎，有时——一百法郎，后来由于它使我感到厌倦（体力上），就不赌了。

德莱福斯案件④活跃起来了，但尚未走上正轨。左拉是一个高尚的人，他的激情使我（工团的成员，已经从犹太人那里得到一百法郎）高兴。法国是一个非常好的国家，它的作家也是非常好的。

新年前我给您寄过一份贺电。我想，它没有准时寄到，因为当时

---

① 玛·玛·科瓦列夫斯基（1851—1916），俄国法学家，历史学家。
② 瓦·米·索博列夫斯基（1846—1913），俄国法学家，政论家，社会活动家。
③ 法文，意思是：红与黑。
④ 1894 年法国反动军阀诬告法国犹太血统的军官德莱福斯充当了德国间谍。著名作家左拉伸张正义，为无辜的德莱福斯辩护。

邮局里积压了许多电报，——既然我有这种想法，所以我为以防万一在这里再次向您祝贺新年。

请来信告知，要不要等候您来尼斯，但愿您没有改变主意。

哈尔科夫的一位眼科医生吉尔什曼在这儿，他是个有名的慈善家，科尼的朋友，为人忠诚。他是来看望患肺结核病的儿子的。我常同他见面，我们在一起交谈，但他的妻子妨碍我，这是一个忙忙碌碌、浅薄狭隘的女人，她枯燥乏味，像许多妻子一样。这里有一位女画家，她给我画漫画，每天要画上十至十五次。

从发表在《新时报》上的摘录来判断，列夫·尼古拉耶维奇谈艺术的文章没有什么意思。这一切都陈旧了。说什么艺术已经衰颓，走进了死胡同，说它不是它应有的那个样子，等等，这就等于说：吃喝的愿望已经陈旧，不合时宜，不是所需要的东西。当然，饥饿是一种老把戏，在想吃这一方面我们进入了死胡同，但吃东西依然是需要的，而且我们以后也还是要吃东西的，不管哲学家和气鼓鼓的老头子们在那儿扯些什么。

祝您身体健康。

您的　安·契诃夫

132　致菲·德·巴秋什科夫

1898 年 1 月 23 日，尼斯

最尊敬的费奥多尔·德米特利耶维奇，我把校样寄还给您。印刷厂没有留下页边空白处，所以我只好做了一些粘贴工作。

请把您在信中说起过的您那篇文章的单印本给我寄到尼斯来。在这里我大约要住到 4 月份。我会感到寂寞，因此您的文章将会带给我双重好处。

我们这儿谈论的全是左拉和德莱福斯。大多数知识分子站在左拉一边，相信德莱福斯是无辜的。左拉在人们的心目中长高了三俄尺，他的那些抗议信好似吹起一阵清新的风，它使每一个法国人都意识到：在人世间还有正义，真是谢天谢地，如果无辜的人受到了惩处，就会有人出来声援他。法国报纸读来非常有意思，而俄国的报纸完全可以丢开不看。《新时报》简直是可憎。

请您别拒绝把我的短篇小说的单印本寄一些给我的妹妹，地址是：莫斯科省，洛帕斯尼亚，玛丽娅·巴甫洛芙娜·契诃娃收。

这里的天气非常好，是夏日的天气。我一冬来未曾穿过一次套鞋和秋季大衣，我在这里的所有日子里，只有两次外出时打过伞。

请允许我祝您万事如意，谢谢您对我的关心，我十分珍惜这种关心。紧握您的手，等着您寄来文章。

真诚地尊敬您的　安·契诃夫

133　致亚·亚·霍恰英采娃[①]

1898年2月2日，尼斯

在隔壁房间里住进了一位46岁的太太，她不出来用早餐，因为她一直要打扮到3点钟。她想必是一位女画家。

我每天晚上到亲爱的"洋娃娃"那儿去做客，喝茶，吃奶油面包。

您问我：我是否依然认为左拉做得对？我倒要问您：难道您把我看得这么坏，以至您会怀疑（哪怕是只怀疑一分钟），我不是站在左拉一边的?! 我认为，所有那些现在在巡回法院里审判他的人，所有那些将军和高贵的证人，他们都抵不上左拉的一个手指上的指甲。我在读速记报告，我不认为左拉做得不对。我也不明白，这个案子还需要什么 Preuves[②]。

Le rire[③] 收到了。Merci!!

---

① 亚·亚·霍恰英采娃（1865—?），俄国女画家，契诃夫家的好朋友。
② 法文，意思是证据，证明。
③ 法文杂志《笑》。

244

这里在游行。很热闹。今天我在科瓦列夫斯基家吃午饭。

您身体好吗？有什么最新的消息？

蠢骡在叫喊，但不是时候。

天气妙极了。

祝您幸福。

您的　安·契诃夫

134　致亚·巴·契诃夫

1898 年 2 月 23 日，尼斯

兄长！！

政府好像是想表示它不反对你追求剧院姑娘，已经布置了在 2 月 13 日上演我的《伊万诺夫》[①]。而霍列娃[②]也是如此，她在同多马绍娃商量好了之后，为了使你感到满意，下命令停演你的《普拉东·安德烈耶维奇》，上演我的《求婚》。你瞧，一切都顺利极了。

我的健康情况也是如此，所以你们，我的遗产继承者们，只能感到高兴。牙医弄断了我一颗牙，接着他又拔了三下，结果就引起了上颌感染性骨膜炎，疼痛难忍。由于发烧，我得以体验了一下我在《伤寒》中十分艺术地描绘过的心情，而知识分子们在看你的《普拉东·安德烈耶维奇》时也体验了这种心情。一种肥胖感，令人憎恶。前天做了切开手术，现在我又在伏案写作了。遗产呢，你就得不到了。

我将在 4 月间回家，大约在 4 月 10 日左右。在这以前地址不变。

我从雅罗斯拉夫尔获悉，米沙[③]家里添了一个女儿。刚做爸爸的米沙好像是登上了天堂。

---

① 这是一句笑话。当时《伊万诺夫》在亚历山大剧院上演。
② Н.И. 霍列娃，她负责安排苏沃林剧院的演出剧目。
③ 指作家的幼弟米哈伊尔·巴甫洛维奇·契诃夫。

在左拉案件中《新时报》的表现简直无耻。我和老头①就这个问题在信中多次交换过意见（语气是相当温和的），之后双方就都沉默了。我不想写信，也不想收到他的信，他在信中为自己的报纸所表现的不识分寸进行辩护，说他热爱军人，——我不想收到他的信，因为这一切早已叫我感到厌烦。我也爱军人，但如果我办报的话，我就不会容忍"仙人掌"们在副刊上不付稿酬地发表左拉的长篇小说②，同时又在报上朝同一个左拉身上泼污水。而且又是为了什么朝他身上泼污水的呢？是因为他身上有着"仙人掌"这伙人中任何人都从来不熟悉的东西，即崇高的激情和纯洁的心灵。另外，不管怎么说，在左拉受审判的时候骂左拉，——这么做是没有文学家气味的。

你的照片我已经收到，我把它送给了一个法国女人，写的题词是〔……〕她还会想，这指的是一篇你讲妇女问题的文章。

请来信，别不好意思。问候娜塔丽娅·亚历山大洛芙娜和孩子们！

L'homme des lettres③ A. Tchekhoff④

135 致莉·阿·阿维洛娃
1898 年 7 月 23—27 日之间，梅利霍沃

客人多得不得了，怎么也抽不出身来回答您最近的一封来信。我想写得长一些，但一想到每分钟都可能有人进来妨碍，手就提不起笔来了。确实是这样，正当我写"妨碍"这个词时，进来了一个小姑

---

① 指阿·谢·苏沃林。
② 《新时报》的插图副刊在 1897—1898 年间连载左拉的长篇小说《巴黎》，不支付稿酬是因为当时与法国没有文学协定。"仙人掌"们显然是指《新时报》副刊的一些工作人员。
③ 法文：写信人。
④ "安·契诃夫"的法文拼写。

娘，她报告说来了一位病人。我该去一下。

财政问题已经妥善解决。我从《花絮》上剪下了我的一些小小说，把它们卖给了瑟京①，卖十年。此外我还可以从《俄国思想》编辑部拿到一千个卢布，顺便说一句，那里还给我提高了稿酬，以前付250卢布，现在付300卢布。

写作已经使我厌烦了，我不知道该怎么办。我倒很乐意行医，找一个什么工作的地方，但体力的应变性已经不够了。现在当我在写东西的时候，或者当我想到应当写东西的时候，我就感到憎恶，好像是我吃了一盘掉进了一只蟑螂的菜汤，请您原谅我打了这么一个比方。我厌恶的倒不是写作本身，而是这个文学 entourage②，你怎么也避不开这个环境，它到处跟着你，就好比大气层老和地球在一起一样。

我们这儿的天气好极了，哪儿都不想去。应该为《俄国思想》第8期写东西③，已经写完了，应该定稿。祝您身体健康和诸事如意。信笺写满了，就连一条耗子尾巴也搁不下了，那么署名就让它像兔子尾巴吧。

您的　安·契诃夫

136　致阿·谢·苏沃林

1898 年 9 月 5 日，梅利霍沃

星期三中午我将到莫斯科。如果您没有改变要来莫斯科的主意，就请您发一个电报到新巴斯马恩纳娅街，克列斯托沃兹德维任斯基家。我大概将在莫斯科度过星期四和星期五，两天之后我就去南方。

---

① 伊·德·瑟京（1851—1934），俄国革命前最大的出版商。
② 法文，意思是：环境。
③ 指短篇小说《醋栗》和《关于爱情》。

天气很糟糕，雨雪交加。但又不想远离。

不管怎样，请您发一份电报来，告诉我您是怎么决定的，来还是
不来。

祝您健康和幸福。

《智慧的痛苦》① 中的索菲雅②如此地像塔吉雅娜③，就同母鸡像
雄鹰一样。索菲雅写得很糟糕，这甚至不是一个人物，而只是维克托
尔·克雷洛夫④格调的小角色。请原谅我这种异端邪说。

叶若夫在旅行之后活跃起来了。

星期三之前我在家，在洛帕斯尼亚。如果您能在星期一收到这封
信，请把电报发到洛帕斯尼亚（洛帕斯尼亚，契诃夫收）。

您的　安·契诃夫

137　致亚·谢·梅尔佩特⑤

1898 年 10 月 29 日，雅尔塔

十分尊敬的亚科夫·谢苗诺维奇，目前一切都很好。只是请您
把用绿色铅笔勾出的那个字删去。我觉得，在生平细节的交代中有
些多余的东西。如果是我来写，我就不会提及兄弟和老师们，因为
这么写的话只会使文章累赘。在时代的标明方面，我倒会采用另一
种办法。"在 1839 年"，对法国人来说，这个写法并不说明多少问
题，倒不如代之以下述说法更为好些："在陀思妥耶夫斯基 20 岁的
时候"，还有一点，如果对陀思妥耶夫斯基先生开始创作生活的时代
作一明快而简短的历史-文学性的概述，这么做不会是多余的。应该

---

① 俄国现实主义文学奠基人之一亚·谢·格里鲍耶陀夫写的一部喜剧。
② 《智慧的痛苦》中的女主人公。
③ 亚·谢·普希金的诗体长篇小说《叶甫盖尼·奥涅金》中的女主人公。
④ 维·克雷洛夫是剧作家维·亚·亚历山德罗夫（1838—1906）的笔名。
⑤ 亚·谢·梅尔佩特，俄国学者，翻译家。他在巴黎讲授俄国文学，1898 年 1
月他写信给契诃夫，请后者阅读和修改他写的有关陀思妥耶夫斯基的讲稿。

指出，他是在如此这般的情况下，在尼古拉一世统治的年代、在别林斯基和普希金（后者对他的影响是巨大的、压倒一切的）主宰文坛的时代开始写作的。再说，依我看来，别林斯基、普希金、涅克拉索夫这些名字，作为年代来说，其意义比一些数字的意义深远得多，因为数字通常只能勉强地为听众的注意力所接受，而且并不说明什么问题。

您的论文笔调流畅、可爱，有说服力。

我将等着读您的续篇。

如果您能见到伊万·雅科夫列维奇，请代我向他问好。

您的 安·契诃夫

普希金的作品我已经用包裹给您寄去。我想，您已经收到了吧。

138 致阿·马·彼什科夫（马·高尔基）

1898 年 11 月 16 日，雅尔塔

最尊敬的阿历克塞·马克西莫维奇，您寄来的信和书①早已收到，我早就打算给您写信，但是总有各种各样的事情打扰我。请您原谅。只要我一有空，马上就坐下来给您详详细细地写一封信。昨天我临睡前读了您写的《戈尔特瓦的市集》，我十分喜欢，想要给您写上这么几句，免得您生气和把我想得很坏。我非常非常高兴：我们俩相识了。我非常感谢您和米罗夫②，是他在信中向您讲起了我。

就这样吧，到我稍微空闲一些和便于写信的时候再谈吧！祝您一切都好，友好地握您的手。

您的 安·契诃夫

---

① 指高尔基在 1898 年 10 月或 11 月初写给契诃夫的第一封信以及赠书两卷《特写和短篇小说集》。

② 即维·谢·米罗留包夫（1860—1939），俄国记者。

139 致阿·马·彼什科夫（马·高尔基）

1898 年 12 月 3 日，雅尔塔

非常尊敬的阿历克塞·马克西莫维奇，您最近的一封信①使我十分高兴。我诚心诚意地感谢您。《万尼亚舅舅》在很久很久以前就写好了，我从来没有在舞台上看到过它。最近几年来在一些省城的舞台上常常演出这个戏，也许，这是因为我出了一个戏剧集的缘故。我对自己的剧本一般说是持冷淡态度，我早已同戏剧脱离关系，已经不想给剧院写东西了。

您问起我对您的短篇小说的看法。什么样的看法呢？无可怀疑的天才，而且是真正的巨大的天才。举例说，在《在草原上》这个短篇小说中，您的才华异常有力地表现出来了，而我甚至因为它不是我写的作品而嫉妒起来。您是一位艺术家，是一个聪明人。您的理解力极好。您善于塑造形象，就是说，如果您在描写什么东西，您的眼睛能看见它，您的手能摸到它。这才是真正的艺术。这就是我的看法，而且我感到十分高兴，因为我能把这些看法告诉您。再说一遍，我感到十分高兴，因此如果我们能够见面，能够谈上一两个小时，那么您就会确信，我对您的评价有多高，而我对您的才能又寄托着多大的希望。

现在要谈缺点吗？这倒并不容易。要谈一个天才的缺点，这就好比要谈一棵长在园里的大树的缺点一样，要知道，这里问题不在于大树本身，而在于那个观看大树的人的兴趣和爱好。不是这样吗？

我先谈一点。依我看，您没有分寸。您好像坐在剧院里看戏的一个观众，他任性地表露自己的喜悦，以致阻碍了他自己和别人听戏。这种不能自制的缺点在对自然景色的描写中特别容易感觉到，您常常以这些描写打断人物的对话，读着这些描写，总希望它们紧凑一些，简练一些，写那么两三行也就可以了。不住地提到静谧安逸，悄悄细

---

① 高尔基在 11 月下旬写信给契诃夫，告诉他自己在看了《万尼亚舅舅》后的感受。

语，温柔悦耳等等，就会使这些描写显得浮丽和单调，它们会使读者扫兴，并且几乎会厌倦。在您对女人（《玛尔娃》，《在筏上》）和恋爱场面的描绘中，同样可以感觉到您没有分寸。这不是气魄宏大，也不是笔触雄浑，而正好是没有分寸。此外，您经常使用一些完全不适用于您写的这种短篇小说的字眼。"伴奏"、"圆面"、"和谐"，——这些字都碍眼。您常常写到波浪。在您对知识分子的描写中可以感到一种紧张的心情，好像您是很谨慎小心似的。这并非由于您对知识分子观察不多，不，您是熟悉他们的，但您没有把握，不知道该从哪一面去描写他们。

您几岁了？我对您不了解，不了解您出身何处，也不知道您是怎样一个人，但我感到，乘您现在年轻，您应该离开下诺夫哥罗德，到文坛和文人周围生活它两三年，也可以说厮混它一阵子；这么做倒不是为了向我们这种雄鸡们请教，使自己更熟练和娴巧，而是为了完全埋头于文学，并且爱上它；再说省城的生活使人早衰。柯罗连科，波塔片科，马明①，埃特尔，——这都是一些卓越、杰出的人；在您同他们相处的最初一段时间里，也许，您会感到枯燥，但过上一两年之后您会习惯的，会对他们的长处作出正确评价的，而同他们交往又会向您重利偿还京城生活带来的麻烦和不适。

我急着去邮局。祝您身体健康，事事如意。紧握您的手。您给我写了信，我再次向您道谢。

您的　安·契诃夫

140　致阿·马·彼什科夫（马·高尔基）

1899 年 1 月 3 日，雅尔塔

亲爱的阿历克塞·马克西莫维奇，我一下子回答您两封信。首先

---

① 德·纳·马明-西比利亚克（1852—1912），俄国作家，他的作品真实地描绘了 19 世纪下半叶乌拉尔和西伯利亚的生活习俗，尤其是工矿企业中的生活情景。

向您祝贺新年，祝您获得新的幸福。我诚挚地祝您幸福，至于这是旧的幸福，还是新的幸福，那就听从尊便了。

显然，您对我的意思有了一点儿误解。我在信中同您谈的不是您的文笔粗野，我讲的只是那些外来的，非地道俄国的或者少用的字眼会令人不快。例如，"宿命般的"这种词，用在别的作家的作品里并不刺眼，但您的作品音调优美，结构严整，其中稍许有一点儿艰涩和生硬的东西，就会惹人注目。当然，这是个人的欣赏趣味问题，而且也许就是由于我太易受刺激，或者是说明了我的一种保守作风，一个人染上了特定习惯后就会有这种作风。对描写中出现的"八等文官"和"二级上尉"我倒还能容忍，但"弗里尔脱"① 和"钦姆皮昂"② 之类的外来词，如果它们是出现在描写中的话，却总会使我反感。

您是自学成才的吗？在您的作品里，您是一个地道的艺术家，而且的确是个有学识的人。您身上最缺少的正好是粗野，您聪明，您的感情细腻和雅致。您最好的作品是《在草原上》和《在筏上》，——这一点我在信中对您说过没有？这是两个非常好的代表作，从中可以看出您是个很有经验的艺术家。我认为，我这句话并不错。唯一的不足是缺乏分寸和欠优雅。如果一个人为完成一项具体的工作花费最少的活动量，那就是优雅。但在您的消耗中，却使人感到您没有节制。

您对自然所作的描绘是有艺术性的，您是个地道的风景画家。只是您经常把自然比作人（拟人化），例如，海在呼吸，天空在眺望，草原在懒洋洋地消闲，大自然在嘟哝，在说话，在忧愁，等等。这种比拟使描写有点儿单调：有时甜得腻人，有时含混模糊，自然描写中的鲜明和传情只有靠朴素才能达到，要靠这样朴实无华的句子，如："太阳下山了"，"天黑了"，"下起雨来了"，等等。这种朴素是您固

---

① ② 这两个词都是外来词，前者是"卖弄风情"的意思，后者的意思是"拥护者"。契诃夫不赞成在作者的描绘和叙述过程中用外来词，而在人物言语中出现外来词，他认为是可以的。

有的特点，而且是一个非常强烈的特点，在别的小说家身上是罕见的。

我不喜欢更新后的《生活》杂志①第1期。这是某种不严肃的东西。奇里科夫的短篇小说幼稚而又虚伪，魏列萨耶夫的短篇小说是对某个作品的粗糙仿造，有点儿像仿造您的《奥尔洛夫夫妇》，既粗糙，又幼稚。靠这种作品杂志是办不好的。在您写的《基里尔卡》中，地方行政长官这个人物把一切都给毁了，但作品的基调是严整的。您永远别描绘地方长官。没有什么比描绘讨厌的长官更为容易的了。读者喜欢这种东西，但这是最令人不快和最平庸的读者。对一些最新式的人物，如地方行政长官②这种人物，我是讨厌的，就像我讨厌"弗里尔脱"这类字眼儿一样，因此我也许是不对的。但我在农村里生活，我熟悉所有的地方行政长官，我们县的和邻县的，我早就熟悉他们，我认为，他们的辞藻和活动完全没有代表性。根本不令人感兴趣，——因此，我觉得，在这方面我是对的。

现在再谈一谈漫游的问题。漫游是一件诱人的好事情，但一个人上了年纪就会不知怎的变得不好动，老粘在一个地方。而文学这种职业本身就会磨掉人的锐气。光阴在挫折和失望中迅速流逝，而你却连真正的生活都没有看见。以往的岁月，当我曾是十分自由的那些岁月，现在好像不是我，而是某个别人的生活。

邮件送来了。应该读信和报纸了。祝您健康和幸福。谢谢您给我写了信。全靠您我们的通讯往来才如此容易地走上正轨，为此还要向您道谢。

紧握手。

您的　安·契诃夫

---

① 《生活》杂志于1897年1月创刊，起初它并没有什么明确的倾向，但从1898年底起它成了"合法马克思主义者"的机关刊物。
② 1889年以后由俄国贵族担任的公职人员，负责监督各农民社会管理机关的活动和对农民的司法初审。

141 致伊·伊·戈尔布诺夫-波沙多夫^①

1899 年 1 月 27 日，雅尔塔

　　亲爱的伊万·伊万诺维奇，差不多一个星期以前，我给您寄了一封信到莫斯科，一封在商业上很重要的信。现在我发现，您没有收到这封信。是这么一回事情，我把自己的全部作品和所有权卖给，或者说几乎已经卖给了马科斯，《田地》周刊的出版者。在上面提及的那封信里，我把这件事情告诉了您，而且请您寄个材料来，说明在您处还剩余多少本书。劳您驾，请您写信告诉我：您那儿印了我哪些短篇小说？在出售中的有多少本？现在我们该怎么办？彼·阿·谢尔盖延科在进行谈判。他的莫斯科地址是：卢比亚恩卡，"别利维尤"饭店。他的名字叫彼得·阿历克塞耶维奇。劳您驾，也给他寄一份材料去，因为他受委托结算全部账目。

　　这一切都好像一只花盆从窗台上掉到我头上一样。早就有消息传到我耳中，说是马科斯要把我的作品买下来，但我怎么也没有想到，这件事会发生得如此之快，以致我突然间无缘无故将成为一个马克思主义者了^②。

　　这样就清楚了，您打算为知识界读者出版我的三个最新的短篇小说^③的想法现在无法实现了。契约我还没有读过，但谢尔盖延科已经在电报中说，契约中预先说明，今后我印自己的书要付大量的赔偿金，所以这个契约我现在觉得是一个狗窝，一条凶恶的毛厚而蓬松的老狗在狗窝中张望着。

　　苏沃林在他的信中称谢尔盖延科为掘墓人。

　　我 4 月间将在梅利霍沃，整个夏天将住在那里，到秋天我大约再去克里米亚。在梅利霍沃也好，在克里米亚也好，我都将等待您来我

---

① 伊·伊·戈尔布诺夫-波沙多夫（1864—1940），俄国作家，列·托尔斯泰学说信奉者，"媒介"出版社主持人。
② 书商马科斯的姓和卡尔·马克思的姓在俄文中写法一样，故而契诃夫在此戏称自己是"马克思主义者"了。
③ 指《出诊》、《出差》和《宝贝儿》。

家。您答应来我家，为此我衷心向您致谢。您是我们家期望的客人。关于您来我处的事情，我们在 4 月份通信商定吧。

所谓作者应得的书请您别寄给我，请您只给我寄：《妻子》和《命名日》各一本，《第六病室》——五本。如果您那里又出了一些什么新书，那请您也给我寄来。

在我写《宝贝儿》的时候，我怎么也没有想到，列夫·尼古拉耶维奇①会读它。谢谢您，我怀着真正的欣喜之情读了您信中关于列夫·尼古拉耶维奇的那几句话。

紧握您的手。祝您和您的妻子一切都好。祝您身体健康和事事如意。

您的　安·契诃夫

142　致彼·彼·格涅季奇②

1899 年 2 月 4 日，雅尔塔

亲爱的彼得·彼得洛维奇，首先衷心感谢您写了文章评述我的剧本③。对我来说这是无法用言语表达的欢乐。艺术剧院的戏班子也很满意，您对他们鼓励了一下，关于您的文章我收到了许多热情洋溢的信。

至于说到普希金文集④，那说真的，我不知道该怎么办。我没有任何现成的作品，而我现在又什么都不写，我不能写。我现在只能校

---

① 指列·尼·托尔斯泰。托尔斯泰非常赞赏契诃夫的短篇小说《宝贝儿》，戈尔布诺夫-波沙多夫把这一点告诉了契诃夫："他（指托尔斯泰）说，这是一颗珍珠。契诃夫是个了不起的大作家。他出声朗读了差不多四遍，而且每次都怀着新的激情。"
② 彼·彼·格涅季奇（1855—1927），俄国小说家、剧作家、艺术史家。
③ 1899 年 1 月 18 日，格涅季奇在《新时报》撰文"安·契诃夫先生的《海鸥》"。他在结束评论时写道："《海鸥》远远超越了公式化喜剧的范围……还有一件大喜事，那就是现在有了一个剧院，它懂得该怎样接近这类剧本，该怎样小心和细致地着手演出这类剧本。"
④ 格涅季奇等打算在普希金逝世一百周年期间出版一个纪念文集。

订我卖给了马科斯的短篇小说，只能读校样，我大约不会很快就坐下来写东西，不会早于 4 月底，那时我又将住到谢尔普霍夫县自己家里。这里根本不是写作的环境，再说我个人生活中又尽是些这样的事情，以至没有可能把心思集中起来哪怕写一个不大的短篇小说。您瞧，我不能给您任何明确的诺言。

您好吗？我已经多时不见您了。5 月底我将上彼得堡，但那时您已经将在南方了吧？

祝您万事如意，紧握手，并再次道谢。请您读一读高尔基的《在草原上》和《在筏上》。看来，这是一个有巨大才能的人。他粗犷，不成熟，但毕竟是个有巨大才能的人。要是没有时间，那您就仅仅读一下《在草原上》吧。

我以七万五千卢布的价钱把自己卖给了马科斯。演出剧本的收入归我和我的遗产继承人。将来出版的作品每印张稿酬是 250 卢布；每隔 5 年每印张的稿酬增加 200 卢布。

您的　安·契诃夫

《十分火急的信》① 已经顺利地按地址寄到，我收到了梅尔佩特寄来的一千个感谢，还有一个消息：已经开始排练您的剧本。

143　致玛·巴·契诃娃

1899 年 2 月 4 日，雅尔塔

亲爱的玛莎，在信中同你说起钢琴的事情，我是出于这样的想法：趁您在莫斯科，而我在雅尔塔，现在冬天就应当购置在克里米亚用的家具，免得以后夏天忙得不亦乐乎。钢琴可以放在伊洛瓦伊斯卡娅家——顺便也可以在这儿弹给我听听。不过，你看着办吧。这件事并不重要。

---

① 1898 年秋，格涅季奇应契诃夫之请求寄了剧本《十分火急的信》给梅尔佩特，供他在巴黎上演。

我们家的楼上将铺上镶木地板。房子稍许加大了一些，所以妈妈的房间和房厅都将加宽和加长一个阿尔申①，也许还会更多一些。楼下全是住房。要不要在你住的小楼上也铺上镶木地板？

　　我已经同马科斯签订了契约，这是既成事实，所以谢尔盖延科随便他在哪儿讲都可以，他想讲多少就让他讲多少。现在一切都已结束，没有秘密了。七万五千卢布我不会一次收到，要分几次，大约在两年之内收齐，因此可以有把握地说，我不会两年就把这些钱花完的。我的打算是这样的：二万五千卢布用来还债和造房子等等，而五万卢布存进银行，以便每年有二千卢布的利息。

　　我在最近的一封信中问过你：达尔斯基夫妇②是否同意在这复活节的第二和第三天，在雅尔塔纪念普希金的庆祝会上演出玛丽娜和自封为王③者？一直到现在都没有回音。我作出这种建议的根据是，我听说奥尔加·米哈伊洛芙娜④打算春天来克里米亚治病。

　　军官列斯科夫到过你们那里没有？梅尼希科夫来过没有？他现在在莫斯科。我在《信使报》上读到，斯坦尼斯拉夫斯基把特利哥林演成一个软弱无力的人。这可真是一种愚蠢的行为！要知道特利哥林是讨人喜欢的，他漂亮、吸引人，总之，把他演成一个软弱无力、萎靡不振的人，这只有那种没才能、不动脑的演员才会这么做。

　　这儿的社交界是灰溜溜的，人们全是乏味无趣的，我的老天爷呀！不能，不能同莫斯科永远割断关系。祝你健康。向妈妈问好。

你的　安东

　　有人写信给我说，列·尼·托尔斯泰读了我的一篇发表在《家庭》上的短篇小说《宝贝儿》，他朗诵得很好，逗人发笑。

　　库丘卡娅的庄园多好啊！屋子不上锁，主人不在家，没有什么人去，连守门人也没有一个。不需要任何支出。时装式样我会寄来的。

---

① 俄国的长度单位，一个阿尔申相当于0.71米。
② 奥·米·达尔斯卡娅（生卒年月不详），俄国演员和导演，米·叶·达尔斯基的妻子。
③ 这两个都是普希金的历史悲剧《波利斯·戈东诺夫》中的人物。
④ 即奥·米·达尔斯卡娅。

柯尔希小姐从我这儿拿去了一百卢布。她的父亲菲·阿·柯尔希会把这笔钱给你寄到小德米特洛夫街去的，这钱就算再在 3 月份的二百卢布中吧，是给你和母亲用的生活费。

144　致伊·伊·奥尔洛夫①

1899 年 2 月 22 日，雅尔塔

您好，亲爱的伊万·伊万诺维奇！您的朋友克鲁托夫斯基②到我这儿来过了；我们谈到了法国人，谈到了巴拿马，但我没来得及如您所希望的那样把他引进雅尔塔熟人们的圈子里去，因为他在谈了谈政治之后，就上两个女乐师③那儿去了；这是昨天的事，今天他在古尔祖夫。

我把一切都卖给了马科斯，把昨天和明天都卖给他了，我这一生就成了马克思主义者了。每 20 个印张已经出版过的小说我可以从他那儿得到五千卢布，过五年后我将可得七千卢布，依此类推，——每过五年都要增加，这样，到我 95 岁的时候，我将可得到许多许多钱。为我过去写下的作品我可得到七万五千卢布。我讨价还价，剧本的演出收入将归我自己和我的继承人。但毕竟是，唉，我离王德尔皮利特④还远着呢！二万五千卢布已经用完了，其余的五万卢布我不能一次拿到，而要在两年之内才能到手，因此我不能真正摆阔气和讲排场。

没有什么特别的新闻。我很少写东西。下个戏剧季里，我的一个过去没有在彼得堡和莫斯科演过的剧本将在小剧院上演。您瞧，也是一笔小收入。我在阿乌特卡的房子大约远没有开始造，因为天气潮湿，这种天气几乎延续了整整 1—2 月份。我等不到房子造好就得离

———————

① 伊·伊·奥尔洛夫（1851—1917），俄国地方自治会医生。
② 园艺学家，奥尔洛夫介绍他去见契诃夫，要后者帮助他结识在雅尔塔的熟人。
③ 指作家和医师谢·亚·叶尔巴捷甫斯基（1854—1933）的妻子和妻妹。
④ 美国的一个百万富翁。

开。我在库丘科伊的蛋黄酱①（Н. И. 帕斯图霍夫，《莫斯科小报》的出版者，他是这么叫长子继承的不动产②的）美极了，但它几乎是可望而不可即的。我梦想着在那里盖一幢便宜一点的小屋，但要造成欧洲式的，以便冬天也可以在那里过。现在的一幢二层楼小屋只适宜于在夏天居住。

我那份关于鬼岛③的电报不是供发表用的，这完全是一份私人电报。它在雅尔塔引起了愤怒的埋怨。由于这份电报一个久住在这一带的科学院院士康达科夫对我说：

"我感到气恼和遗憾。"

"什么事？"我惊讶地问。

"我感到气恼和遗憾，不是我发表了这份电报。"

确实是这样。冬天的雅尔塔，这块牌子并不是每个人都顶得住的。寂寞、流言蜚语、阴谋诡计和最无耻的诽谤。阿尔特舒勒④开始时日子就不好过。尊敬的同行们都疯狂地造谣中伤他。

您的信中有一段引自《圣经》的话。对您就省长以及种种挫折所发出的牢骚⑤，我也用《圣经》中的话来回答您：不要把希望寄托在恶魔和人类的儿子们身上……我还要提醒您一个说法，一个涉及人类的儿子们，即那些十分妨碍您生活的人们的说法：时代的儿子。有过错的不是省长，而是整个知识界，我的先生，是整个知识界。当他们还是一些男女大学生的时候，他们是一些正派的好人，是我们的希望，是俄国的未来，可是一旦这些男女大学生们长大成人，走上独立生活的道路，那我们的希望和俄国的未来也就烟消云散，过滤后剩下的只是一些医生、别墅主、半饥不饱的官吏、行窃的工程师。请您回

---

①② 在俄文中，"蛋黄酱"和"长子继承的不动产"这两词的读音近似。契诃夫在库丘科伊买了一块地，打算造屋。他戏称这块地是"长子继承的不动产"，而帕斯图霍夫又戏谑地称"长子继承的不动产"为"蛋黄酱"。

③ 契诃夫因病长期住在雅尔塔，远离文化中心，他为此深感苦闷，曾多次在信中把雅尔塔叫做鬼岛。

④ 伊·纳·阿尔特舒勒（1871—1943），雅尔塔地方的医师，为契诃夫看过病。

⑤ 伊·伊·奥尔洛夫在给契诃夫的信中埋怨社会生活贫乏，认为省长的专横是社会生活贫乏的原因所在。

想一下，卡特科夫①、波别多诺斯采夫②、维什涅格拉茨基③，这些人都是大学培养出来的，是我们的教授，根本不是粗野的人，而是教授，名人……我不相信我们的知识界，伪善的、作假的、狂热的、无礼的、懒散的知识界，就连他们在痛苦和抱怨的时候我也不相信，因为他们的压迫者就产生于他们的内部。我信仰有些人，我在有些人身上看到了生路，他们分散在俄国各地，他们是知识分子或者是农民，力量就在他们身上，虽然他们人数甚少。在自己的祖国没有一个公正的先知先觉者；因而我说到的那些人在社会上起着不显眼的作用，他们不占优势，但他们的工作是出众的。不管怎么说，科学一直在向前发展，社会自觉在增长，道德问题具有了令人不安的性质，等等，而且所有这一切都是不管那些检察官、工程师、省长们而做的，不管整个知识界，也不顾其他一切。

伊·盖·维特④好吗？科夫莱因⑤现在在这里。他已经安置好了。科利佐夫⑥身体好一些了。紧握您的手，祝您身体健康、诸事如意、心情愉快。请来信！！

您的 安·契诃夫

145 致阿·谢·苏沃林

1899 年 3 月 4 日，雅尔塔

我和科学院院士康达科夫为接济普希金学校要演一场戏，演《波利斯·戈东诺夫》中的"丘多沃修道院中的修士室"那一场。皮明这角色将由康达科夫自己来演。求求您，发个大慈悲，为了神圣的艺

① 米·尼·卡特科夫（1818—1887），俄国反动政论家。
② 康·彼·波别多诺斯采夫（1827—1907），黑暗势力的著名代表人物，沙皇亚历山大三世的教员。
③ 伊·阿·维什涅格拉茨基（1835—1895），俄国国务委员会委员。
④ 伊·盖·维特是谢尔普霍夫地方自治会派任的外科医生。
⑤ 伊·科·科夫莱因，他是谢尔普霍夫县哈图恩村的地方自治会医生，
⑥ А. И. 科利佐夫，雅尔塔地方的医生，别墅主。

术，写一封信到费奥多西亚去，让他们从那里把一面铜锣邮寄给我，它就挂在您的别墅里：一面中国铜锣。为了音响效果我们需要这东西。我一定会把它完整无损地归还给您的。如果办不到，那请您赶快写封信给我，那我们就只好敲面盆了。

还有呐，请求，请求和请求。如果有瓦斯涅佐夫①的近作的照片出售的话，请您吩咐一下，以代收货价的办法买了把它们寄给我。和所有的地方一样，这里也在谈论大学生风潮，谈得很多，而且在大声疾呼：为什么报上什么也不讲。有许多信从彼得堡来，情绪是有利于大学生的。您那些讲学潮的信②不能使人满意——事情也应该就是这样，因为在无法涉及事情的实际方面的时候，就不该在报刊上公开谈论学潮这个问题。国家禁止您写东西，国家禁止说真话，这是专横。而您却针对这种专横轻松地谈起国家的法制和特权来，这好像让人在思想上无法接受。您在谈国家法制，但您却不站在法制的立场上。法制和公正对国家来说同对每个自然人来说是一样的。如果国家不正确地没收了我的一块土地，我就上法院起诉，而后者就恢复我的权利，如果国家用马鞭抽打我，难道情况就不应该同刚才讲到的情况一样，难道在它使用暴力的情况下我就不能大声疾呼违法？关于国家的概念应当建立在一定的法律关系的基础上，否则它就是个吓人的东西，吓唬人们想象的有名无实的东西。

斯卢切夫斯基③写信给我，谈到出版普希金文集④的事情，我已经给他写了回信。不知道为什么，我有时感到他可怜。您读过米舍尔·德利恩⑤的信吗？我在尼斯同他见过几面，他常去看我。这是个

---

① 维·米·瓦斯涅佐夫（1848—1916），俄国巡回展览派画家。
② 指苏沃林发表在《新时报》上的"小信"，苏沃林在信中谴责大学生，侈谈沙皇的宽大和恩典。
③ 康·康·斯卢切夫斯基（1837—1904），俄国诗人和小说家，象征主义者的先驱之一，编辑半官方刊物《政府通报》。
④ 参阅 1899 年 2 月 4 日致彼·彼·格涅季奇信。
⑤ 即法国《时代》报的工作人员阿什特纳泽。这是一封发表在 1899 年 2 月 19 日《敖德萨小报》上的公开信，他在信中对苏沃林的指责作了公开答复，苏沃林曾在 1 月 29 日《新时报》上指责他仇视俄国。

有犹太人信仰的杰鲁列特①。

在叫我上巴黎去，但这儿的好时光也已经开始。您来吗？您就在大斋期末来吧，然后我们再一起回去。如果不能拿到铜锣，那就请您发个电报来。我们将在大斋的第三周演出。请向安娜·伊万诺芙娜、娜斯佳和鲍里亚问好。祝您健康和幸福。

您的 安·契诃夫

146 致阿·马·彼什科夫（马·高尔基）

1899 年 4 月 25 日，莫斯科

亲爱的阿历克塞·马克西莫维奇，关于您音讯全无。您现在在哪里？您在做什么？打算上哪儿去？

前天我去看望列·尼·托尔斯泰，他十分赞赏您，说您是一个"出色的作家"。他喜欢读您的《市集》和《在草原上》，但不喜欢《玛尔娃》。他说："什么都可以虚构，但不能虚构心理活动，而在高尔基作品中常常碰到的正是虚构的心理活动，他在描写他没有感觉过的东西。"他就是这么说的。我告诉他说，如果您来莫斯科，那我们就一起去看望他。

您什么时候来莫斯科？星期四演出《海鸥》，是为了我而进行的一次非公开性演出。如果您来的话，我给您一张票。我的地址：莫斯科，小德米特洛夫街，舍什科娃家，14 室（从杰克佳尔内胡同进出）。5 月 1 日之后我将去农村（莫斯科省，洛帕斯尼亚）。

我收到一些从彼得堡寄来的心情沉重的好像是在忏悔的信②。我也感到心情沉重，因为我不知道该怎么回信，我该怎么做。是啊，如果生活不是心理虚构，它确实是一种复杂的玩意儿。

请您三言两语随便给我写封信来吧！关于您的情况托尔斯泰问了

---

① 保尔·杰鲁列特（1846—1914），法国诗人，沙文主义者，反犹太人主义者。
② 指苏沃林的来信。

好久，您唤起了他的好奇心。看来，他是受感动了。

好吧，祝您健康，紧握您的手。问候您的小马克西姆卡。

您的 安·契诃夫

147 致阿·马·彼什科夫（马·高尔基）

1899 年 5 月 9 日，梅利霍沃

亲爱的阿历克塞·马克西莫维奇，把斯特林堡①的剧本《朱丽小姐》寄给您一读。读完后，请您物归原主，寄到：彼得堡，潘捷列伊莫诺夫大街，13/15，叶列娜·米哈伊洛芙娜·沙芙罗娃收。

我以前喜欢用枪打猎，现在我对此已经不感兴趣②。我看了没有布景的《海鸥》。我不能冷静地评判这场戏，因为海鸥本身就没有演好，令人厌恶，她一直在嚎啕大哭，而特利哥林（小说家）呢，他在舞台上走来走去，说话时像个瘫痪病人；他"没有自己的意志"，扮演者对剧本中这句话作了如此的理解，以致叫我看着都感恶心。但总的说来演得还不差，还动人心弦。看到有些地方，我甚至都不敢相信这会是我写的。

同彼得罗夫神甫③相识，我会感到高兴的。关于他的情况我已经读到过一些。如果他能在 7 月初到阿卢什塔来的话，那么见一次面是不难的。他写的书我没有见过。

我现在住在梅利霍沃自己家里。天热，白嘴鸦在大声鸣叫，不时有农民来看我。眼前我的生活并不枯燥。

我买了一只金表，但款式一般化。

您什么时候来洛帕斯尼亚？

---

① J. A. 斯特林堡（1849—1912），瑞典作家。
② 契诃夫赠表给高尔基以志纪念，高尔基写信表示谢意，同时在信中问契诃夫，他是否喜欢用枪打猎。
③ 格·斯·彼得罗夫（1867—1925），俄国神甫，列宁对他的评价是"基督教民主派，是一个很有名的蛊惑家"。

好，祝您健康、幸福、快乐。别把我忘了，哪怕是偶尔给我写写信也好。

如果您打算写剧本，那就写吧，写好后寄给我一读。您写吧，但在剧本写完以前请保密，不然的话，人家会扰乱您的心思，破坏您的情绪。

紧握手。

您的 安·契诃夫

148 致叶·米·沙芙罗娃
1899 年 5 月 9 日，梅利霍沃

尊敬的同行，早在 80 年代（或 90 年代初）我就读过《朱丽小姐》了，对这个剧本的内容我是熟悉的，但我现在仍然津津有味地读了一遍。谢谢您，非常谢谢！

请您原谅，我没有事先征得您的同意，就把这个剧本寄给小说家高尔基了。他读完后，会给您寄去的。您心情不好，把自己叫做一事无成的人，——这使我感到忧郁。

我现在在家里，在洛帕斯尼亚。5 月底将去彼得堡。

紧握手。祝您万事如意。

《朱丽小姐》是谁翻译的①？如果您能把斯特林堡的短篇小说翻译过来，出版它一卷，那该有多好！这是一个出色的作家。是一种十分不寻常的精神力量。

您的 安·契诃夫

我把信寄至潘捷列伊莫诺夫大街，13/15。如果我写错了，请把您现在的住址告诉我。

---

① 是叶·米·沙芙罗娃译的。

149 致阿·马·彼什科夫（马·高尔基）

1899年9月3日，雅尔塔

亲爱的阿历克塞·马克西莫维奇，再向您说一声："您好！"现在我答复您的来信。

首先，我一般不赞成向活着的人献什么东西。我一度也曾把自己的书献给过别人，现在我觉得，当初大可不必这么做。这说的是一般情况。至于具体地来说，把《福玛·高尔杰耶夫》献给我，这只会使我感到欢乐和光荣。不过，我又凭什么配得上这份欢乐和光荣呢？不过，献书的做法是好还是坏，这该由您去判断，我该做的是向您鞠躬道谢。献词尽可能避免过分的字句，这就是说，您只要写上"献给某某人"就够了①。只有沃伦斯基②才会喜欢冗长的献词。如果您愿意听的话，再向您提一个有实际意义的意见：书多印一些，别少于五六千册。这本书会销售得很快的。第二版可以和第一版同时印刷。还有一个意见：请您在读校样时把那些可以删去的修饰名词和动词的字眼删掉。您作品中的修饰语太多，以致读者的注意力难于理解，感到厌倦。如果我写的是："一个人坐在草地上"，这么写一读就懂，因为写得清清楚楚，不给读者的注意力制造故障。相反，如果我这样写，对大脑来说会是难懂而又费劲的："一个个子高、胸脯窄、中等身材、蓄有棕色小须子的人坐在已被行人踩过的绿色草地上，他不声不响、羞怯而又胆小地朝四周观望"。这种描写一下子不能印入脑海，而小说却必须一下子、在一秒钟之内印入脑海。此外，还有一点：按天性说您是一位抒情诗人，您的心灵的音质是柔和的。如果您是个作曲家，那您就会避免写进行曲。出言无礼、大声喧嚷、挖苦讽刺和狂热揭露，——这些都不是您的天才的特点。因此，如果我规劝您在读校样时别饶恕"狗崽子"、"淫棍"和"呆鸟"等字眼，这些字眼不时在

---

① 后来《福玛·高尔杰耶夫》出版时，印有献词："献给安东·巴甫洛维奇·契诃夫。马·高尔基"。

② 沃伦斯基是颓废派批评家阿·里·弗莱克瑟（1863—1926）的笔名，他写过几篇论高尔基和契诃夫的文章。

《生活》杂志上闪现，如果我如此规劝您，您是会理解我的。

在9月底等您来？为什么这么晚？今年冬天会早来，秋天将是短暂的，应该抓紧一些。

就这样吧，祝您身体健康、手足轻健！

您的　安·契诃夫

艺术剧院的演出将在9月30日开始。《万尼亚舅舅》将在10月14日上演。

您最好的短篇小说是《在草原上》。

150　致奥·列·克尼佩尔①

1899年9月30日，雅尔塔

我遵命赶紧给您回信。您在信中问起了阿斯特罗夫和叶琳娜的最后一场戏。您写道，在这场戏中，阿斯特罗夫像一个热恋着的情人一样对待叶琳娜，"他像落水者抓住一根稻草似的抓住自己的感情"②。然而这是不对的，完全不对！阿斯特罗夫喜欢叶琳娜，她的美色使他迷恋，但在最后一幕中他已经明白，不会有什么结果，对他来说，叶琳娜将永远消失。因此，在这场戏中，他同叶琳娜讲话的语气就同他讲到非洲的炎热时的语气一样，而他吻她也只是因为无事可做。如果阿斯特罗夫非常热烈地来演这场戏，那么第四幕（平静和无精打采的第四幕）的情调就会归于泡影。

---

① 奥·列·克尼佩尔-契诃娃（1870—1959），莫斯科艺术剧院演员，1898年9月9日在排练《海鸥》时与契诃夫相识，1901年5月结婚。

② 1899年9月26日克尼佩尔写信给契诃夫，她在信中写道："阿历克塞耶夫（康·谢·斯坦尼斯拉夫斯基）就阿斯特罗夫和叶琳娜的最后一场戏所作的导演指示使我困窘。在他的舞台指示中，阿斯特罗夫像一个热恋着的情人一样对待叶琳娜，他像落水者抓住一根稻草似的抓住自己的感情。依我看，如果正是这样的话，叶琳娜就会跟他而去，她就不会有足够的勇气回答他说，'您多么可笑'……正好相反，他非常不知害臊地同她说话，而且好像是在嘲弄他自己无礼。我说得对还是不对？"

我让公爵带一本日本推拿书给亚历山大·列奥尼多维奇。就让亚历山大·列奥尼多维奇把这玩艺让瑞典人见识见识。

　　雅尔塔的天气突然变冷了，这是从莫斯科吹来了冷风。啊，亲爱的小演员，我多么想去莫斯科！不过，您现在正处在欣喜若狂、晕头转向的心情之中，您现在根本顾不上我。

　　我在给您写信，而自己却时时朝巨大的窗户张望：窗外是一片宽广，这种景色简直不是笔墨所能描写的。啊，蛇呀，在收到您的照片之前，我不会把自己的照片寄给您。我根本就没有叫过您"小蛇"，像您在信中所说的那样。您是一条蛇，不是小蛇，而是一条大蛇。难道这话不使您感到得意吗？

　　就写到这儿吧，敬爱的，我握您的手，向您深深鞠躬，额头碰地。

　　我很快会寄礼品给您。

您的　安·契诃夫

151　致奥·列·克尼佩尔

1899 年 10 月 4 日，雅尔塔

　　亲爱的女演员，您在情绪阴郁的信①中把一切都极度夸大了，这是十分明显的，因为许多报纸对首次演出的反应是相当善意的。不管怎样，一两场不成功的演出不足以使您垂头丧气和彻夜不眠。艺术，尤其是舞台，是这样一个领域，在这里走路不绊脚是不可能的。前面还有许多失败的日子和失败的季节；还会有巨大的误解和深沉的失望，对于这一切应当有所准备，应当预料到这一切，而且应当，不管怎样，顽强而狂热地坚持自己的一套。

---

① 1899 年 9 月 29 日，艺术剧院演出阿·康·托尔斯泰的悲剧《伊凡雷帝之死》，克尼佩尔在给契诃夫的信中说，这次演出不象原先想的那么成功。

当然，您说得对，阿历克塞耶夫①不该演伊凡雷帝。这不是他该干的事情。他在做导演的时候是个艺术家。

我生了三四天病，现在在家坐着。来访者多得令人难以忍受。无所事事的外省人尽管嚼舌头，而我感到寂寞，我生气，我恼火，我在羡慕那只生活在你们剧院地板下的老鼠。

您最近的一封信是在清晨4点钟写的。要是您觉得，《万尼亚舅舅》的演出不像您所希望的那样成功，那么您就躺下睡觉，而且要睡得香香的。赞扬和成功把您宠坏了，因而您已经受不了单调平常的生活。

好像是这样，达维多夫将在彼得堡演《万尼亚舅舅》，他会演好的，但这场戏恐怕将遭受失败。

您好吗？多给我写写信。您瞧，我几乎每天都在给您写信。作者如此经常地给女演员写信，我的自豪感这样下去会受到伤害。应当严格管教女演员们，而不该经常给她们写信。我老是忘记，我是女演员们的视察员②。

祝您健康，小天使。

您的　安·契诃夫

152　致格·伊·罗索利莫③

1899年10月11日，雅尔塔

亲爱的格利戈里·伊万诺维奇，今天我把照相费八卢布五十戈比和一年会费五卢布寄给了拉尔采维契④医生。我自己的一张并不太好的照片（是我在发小肠炎时拍的），我用挂号邮件按您的地址寄去了。自传吗？我患有一种毛病：自传恐惧症。读了一些关于我自己的细节

---

① 指康·谢·斯坦尼斯拉夫斯基。
② 艺术剧院里戏称契诃夫是女演员们的视察员。
③ 格·伊·罗索利莫（1860—1928），莫斯科大学教授，神经病理学者。
④ 阿·安·拉尔采维契，牙科学医生，契诃夫在莫斯科大学学医时的同年级同学。

描写，尤其是写了以后还要加以发表，——这对我来说真是一种折磨。我现在在一张纸上写了几个日子，几乎未加说明，把它寄给您，更多的我不能写了。如果您愿意，那么请您加上：进大学时在交给校长的申请报告上我写了"进医学系"①。

您问我，我们什么时候能见面。想必不会早于春天。现在我在雅尔塔，在流放地，也许这是一个美好的流放地，但它毕竟是流放地。生活枯燥乏味。我的健康情况一般，并非每日都身体好。除此之外，我还有痔瘤和直肠卡他，因此常常有这样的日子，我由于不时有大便要求而简直疲惫不堪。应该去动手术。

很遗憾，我没有参加午餐会，未能和同学们见上一面。年级互助会——这是一件好事情，但更有实际意义和切实可行的倒是类似我们文学家互助金融机关的互助基金部，每个去世会员的家庭都可得到救济，而新的会费只是每次在某个会员去世后交纳。

夏天或秋天您会来克里米亚吗？这里可以愉快地休息。顺便说一句，黑海南岸已成了莫斯科省的自治会医生们喜爱的地方。他们在这里生活安排得很好，花费并不多，每次离开这里时都是心满意足的。

如果有什么有意思的事情，请您写信来。说真的，我在这儿感到无聊，收不到信时真可以上吊，可以学会喝克里米亚的蹩脚葡萄酒，与难看和愚蠢的女人姘居。

祝您健康，紧握您的手，向您和您的家庭致以最诚挚的祝愿。

您的　安·契诃夫

1860 年 1 月 17 日，我，安·巴·契诃夫，出生于塔干罗格。起初我就学于康斯坦丁沙皇教会的附属希腊学校，之后转入塔干罗格中学。1879 年进入莫斯科大学医学系。一般说，当时我对各个系很少了解，因此我不记得当初我选择医学系是出于什么考虑，但是后来我对自己的选择并不懊悔。早在一年级学习时我就已经在一些周刊和报纸上发表作品，而在 80 年代初这种文学工作就已经具有了经常的职

---

① 1884 年毕业于莫斯科大学的医生，在 1899 年聚会时决定成立年级同学互助会，并决定出一本附有每个同学的自传的照相集。

业性质。1888 年我获得了普希金奖金。1890 年我去萨哈林岛，目的是想在以后写一本有关我国流放地和服苦役地的书。如果不把许多诉讼报告、书评、杂文和札记计算在内，也不把我日复一日地为报纸写下的而现在又难于寻找和搜集起来的东西计算在内，我在二十年来的文学活动中写了，并且发表了三百多印张的中篇小说和短篇小说，我也写过一些剧本。

我不怀疑，研读医学科学对我的文学活动有过重大影响，它大大扩展了我的视野，丰富了我的知识。这些知识对作为一个作家的我所具有的真正价值，只有那个自己是医生的人才能体会，这些知识还有指导性的作用，因此，大概是由于我接近医学的缘故，我才得以避免许多错误。通晓自然科学，熟悉科学方法——这始终使我保持警惕，因此我在可能的地方总是顺应科学论据，而在做不到这一点的地方我宁可根本不写。我顺便要指出的一点是：艺术创作的条件不是无论何时都容忍和科学论据完全一致，不能把舞台上的服毒致死描绘成和实际上所发生的一样。但即使在这种假定性中也应当使人感觉到与科学论据的一致，就是说，也应当使读者或观众明白，这不过是一种假定性，而他遇到的作家则是一个行家。我不属于那些否定科学的小说家之列，但我也不愿意属于那样的作家，他们对什么都要自己去领会。

至于说到我的行医活动，那么我还在大学生时代就已经在沃斯克列先斯克地方自治会医院（在新耶路撒冷附近）工作了，跟随著名的地方医生 II. A. 阿尔汉格尔斯基工作，以后又在兹韦尼哥罗德医院当过为时不久的医生。在霍乱猖獗的年代（1892，1893）我主持过谢尔普霍夫县的梅利霍沃医疗区的工作。

153 致奥·列·克尼佩尔

1899 年 11 月 1 日，雅尔塔

我理解您的心情，亲爱的演员，我非常理解，但如果是我处在您的地位，我可不会焦急到如此绝望的程度。安娜①这个角色也好，这部戏本身也好，都不值得为之耗费这么多的心血和神经。剧本是很久以前的，它已经陈旧了，其中有许多各种各样的缺点，如果半数以上的演员怎么也不能真正合拍起来，那么，很自然，是剧本的过错。这是一。其次，应当永远不去关心那些成功和失败。让这一切都与您无关吧！您该做的是一步一步地、日复一日地、不声不响地工作，准备犯那些避免不了的错误，准备遭受挫折，总之，该决心坚持您演员的那一套，而谢幕的次数就让别人去计算吧！写作或演戏，同时又意识到自己所作的并非应该做的，——这种心情是十分寻常的，而对于一个新手来说，它又是非常有益的！

　　第三点是，院长打电报来说，第二幕演得好极了，大家都演得很精采，他十分满意。

　　玛莎②在信中说，莫斯科天气不好，我不该去莫斯科，而我却非常想离开雅尔塔，我在这儿过的孤独生活已经使我厌烦。我是个没有妻子的约翰内斯③，而不是有学问的约翰内斯，也不是有美德的约翰内斯。

　　请代我向尼古拉·尼古拉耶维奇④问好，您在信中提到了他。祝您健康！请来信告诉我：您的心情已经平静了，一切都非常之好。握手。

您的　安·契诃夫

---

① 该是《万尼亚舅舅》中的叶琳娜，这里是契诃夫的笔误。
② 指契诃夫的妹妹。
③ 德国自然主义作家 G. 豪普特曼（1862—1946）的剧本《孤独的人》中的主人公，克尼佩尔戏称只身住在雅尔塔的契诃夫为约翰内斯。当时艺术剧院正在上演《孤独的人》。
④ 尼·尼·索科洛夫斯基（1864—1920），俄国音乐学院和声学教授，克尼佩尔家的朋友。

154 致亚·列·维什涅夫斯基①

1899 年 11 月 3 日，雅尔塔

亲爱的亚历山大·列昂尼多维奇，我童年时代的朋友，多谢您给我写了信，寄来了海报②。是的，这份海报很有特色。您说得对，它还不够庄重，它倒更适用于介绍某个自由的男爵夫人家中的慈善性演出。不管怎么说。一切都很好，因此我感谢苍天：我在尘世漂游，最后总算碰上了像艺术剧院这样的一座仙岛。如果我将来有了孩子，那我会叫他们永生祈祷上帝保佑你们大家。

我们家厨娘玛莎怀孕了，这使您吃惊，而且您还在信中问我：这是谁的过错？在男人中间，最常来我们家的是您和一个年轻的士兵。至于说到是谁的过错，我对此一无所知，再说审讯他人也不是我该做的事情。如果有责任的不是您，那么，当然，不是您该支付孩子的养育费用。

我有一件事情请求您：春天你们到南方来演出吧，请您为此恳求恳求符拉其米尔·伊万诺维奇和康斯坦丁·谢尔盖耶维奇③吧！你们将在这儿演出，顺便也休息一下。你们在雅尔塔可以收到五场满座的门票钱。在塞瓦斯托波尔也是这样，而在敖德萨人们将会像接待国王似的来接待你们，因为人们已经爱上了你们的剧院，虽然他们还没有看见过你们的演出，而只是听到一些传闻罢了。

请给我写信。收不到信，我就会感到苦闷。

请转达我对格莉盖里娅·尼古拉耶芙娜，你们的两位院长④以及整个剧团的敬意和问候。我将怀着焦急的心情等候照片——您的以及全体参加《万尼亚舅舅》演出的人的照片。

握手。

您的 安·契诃夫

---

① 亚·列·维什涅夫斯基（1863—1943），莫斯科艺术剧院演员。
② 指艺术剧院首次上演《万尼亚舅舅》的海报。
③ 即斯坦尼斯拉夫斯基。
④ 指涅米罗维奇-丹钦科和斯坦尼斯拉夫斯基二人。

155 致符·伊·涅米罗维奇-丹钦科

1899 年 11 月 24 日，雅尔塔

亲爱的符拉其米尔·伊万诺维奇，请你别为我不写信而生我的气。我一般不多与人通信往来，因为我要写我的小说，这是第一层原因；其次，我正在读马科斯送来的校样；第三，忙于接待从外地来的病人。不知怎么的他们会来找我。为马科斯读校样，——这可真是一种苦役，我刚才看完了第二卷的校样，因此要是我早就知道这件事如此费力，那我就会向马科斯要十七万五千卢布，而不是七万五千。外地来的病人中多数是穷苦人，他们求我安置他们疗养，为此我得说许多话，写许多信。

当然，我在这儿寂寞得要命。白天我工作，但一到晚上我就开始询问自己：该做什么？能上哪儿去？而正当你们剧院里在演第二幕戏的时候，我已经躺在被窝里了。我起床的时候天还是黑的，你可以想象一下这种情景，黑洞洞的，风在怒吼，雨点拍打着门窗。

你错了，你还以为"人们在从世界的各个角落写信"给我。我的朋友和熟人们根本就不给我写信。在这一阵子我只收到了维什涅夫斯基的两封信，而且其中的一封信还不能作数，因为亚历山大·列昂尼多维奇在这封信里批评了几个写评论的人，而这些评论文章我并未读过。我还收到了戈斯拉夫斯基①的一封信，但这封信也不能作数，因为它是一封认真的信，认真到你都想不出该在回信中说一些什么。

我不在写剧本。我有一个题材，《三姊妹》，但在我写完那几本早就使我耿耿不寐的中篇小说之前，我不会坐下来写剧本。明年的演剧季节里不会演出我的剧本，——这一点已是肯定无疑的了。

我的雅尔塔别墅很方便。舒适，暖和，景色也好。花园是奇异非凡的。我自己亲手种树。光是玫瑰我就种下了一百株，而且栽培的全是最高雅的品种。还种上了五十棵金字塔形的洋槐，许许多多山茶、百合、晚香玉，等等。

---

① 叶·彼·戈斯拉夫斯基（1861—1917），俄国小说家，戏剧家。

在你的信里，好像在一口旧钟上一样，听得出一种几乎听不见的颤抖音调。我这讲的是你写到剧院、写到剧院生活的琐事怎样使你厌腻的那些地方。啊呀，你可别厌腻，别扫兴！艺术剧院是那部讲述当代俄国戏剧的书中的最好篇章，总有一天会有人写出这部书来的。这个剧院是你的骄傲，这也是唯一的我所喜欢的剧院，虽说我还没有在那里看过一次戏。如果我住在莫斯科，那么我为了稍许能帮上一点儿忙，会尽力参加你们的管理部门，哪怕是当一名看门人也好，如果可能的话，我还要不让你对这个可爱的机构失却兴致。

外面下着倾盆大雨，房间里很暗。祝你健康、快乐、幸福。

紧握手。代我向叶卡捷琳娜·尼古拉耶芙娜以及剧院的全体人员鞠躬问好，而向奥尔加·列奥纳尔多芙娜鞠的躬要鞠得最深。

你的 安·契诃夫

156 致符·伊·涅米罗维奇-丹钦科

1899 年 12 月 3 日，雅尔塔

亲爱的符拉其米尔·伊万诺维奇，卡尔波夫①的回信已经来了②。他同意把《万尼亚舅舅》的演出延到明年（或者，说得正确一些，延到明年的戏剧季度）。现在就要靠你们，正如一些好的律师们所说的那样，在"合法"的基础上行动了。剧本是属于你们的，你们带了剧本去，而我呢，我做出一副无力同你们争斗的样子，因为剧本我已经交给了你们。

你怕苏沃林？我和他已经不通信了，所以我不知道那里现在的情

---

① 叶·巴·卡尔波夫（1859—1927），俄国戏剧家，小说家，彼得堡的人民剧院、亚历山大剧院和苏沃林剧院的导演，在亚历山大剧院任剧团主任。
② 涅米罗维奇-丹钦科有意带上《万尼亚舅舅》去彼得堡巡回演出，但他得知卡尔波夫要在彼得堡演出《万尼亚舅舅》，他请契诃夫写信给卡尔波夫，要后者推迟上演《万尼亚舅舅》，契诃夫为此在 1899 年 11 月 27 日给卡尔波夫写了信。

况怎么样。但是可以很有把握地说在前面：艺术剧院是不会受欢迎的。彼得堡的文学家们和演员们都是嫉妒心十分重的。伊万·伊万诺维奇·伊万诺夫①是气量最大、最公正和最聪明的人。

关于《万尼亚舅舅》的评论，我只是在《信使》和《每日新闻》上读到过。在《俄罗斯新闻》上看到过一篇谈《奥勃洛莫夫》的文章②，但我没有读，我讨厌这种杜撰和臆想，不合时宜地扯到《奥勃洛莫夫》上去，扯到《父与子》上去，等等。可以把任何一个剧本不合时宜地扯到不管什么东西上去，因此如果萨宁③或伊格纳托夫不是取奥勃洛莫夫为例，而是取了诺兹德列夫或者李尔王，那也会是同样地深刻和易读的。我不读这类文章，免得弄坏了我的心绪。

你希望在明年戏剧季节前一定要有一个剧本④。但如果写不出来呢？我，当然，可以试一试，但我不保证，我什么愿都不会许。不过，关于这件事我们在复活节后再谈吧，在你们的剧院来雅尔塔时再谈一谈，如果可以相信维什涅夫斯基的话和报上的报导的话，到那时我们再好好地谈一谈。

今天早晨已经完全是夏日的天气了，但到傍晚时又糟了。在雅尔塔天气从来没有像现在这样令人憎恶的。我坐在莫斯科的话倒会更好一些。

是的，你说得对，为彼得堡演出，还必须哪怕是稍微把阿历克塞耶夫⑤演的特利哥林改造一下。是不是该给他喷上一点儿精液素。我们的作家大多数都住在彼得堡，在那里把特利哥林演成一个无药可救的阳痿者的话，阿历克塞耶夫会使大家都莫名其妙的。阿历克塞耶夫的表演留给我的印象非常沉闷，以致我现在怎么也摆脱不了这种沉闷

---

① 伊·伊·伊万诺夫（生卒年月不详），俄国文学史家，批评家，《演员》、《俄罗斯新闻》等刊物的撰稿人。
② 《万尼亚舅舅》初次演出后，记者伊·尼·伊格纳托夫写了一篇评论文章《奥勃洛莫夫一家》，对比了《万尼亚舅舅》和《奥勃洛莫夫》这两个作品。
③ 莫斯科艺术剧院的演员和导演亚·阿·萨宁（申别尔格）也把契诃夫的《万尼亚舅舅》和冈察洛夫的《奥勃洛莫夫》作了对比。
④ 指《三姊妹》。
⑤ 指斯坦尼斯拉夫斯基。

感，我怎么也不能相信阿历克塞耶夫在《万尼亚舅舅》中令人满意的说法，虽然大家都异口同声地说，他真的不错，而且甚至是很不错。

你答应过给我寄照片来，我在等着，在等着……我要一式两张：一张给我，另一张给塔干罗格图书馆，我是这个图书馆的保护人。还要寄一张孙巴托夫的相片去，请你告诉他一声。

我在给《生活》杂志写一个中篇小说①。我将寄一本单印本给你，因为《生活》杂志你大概是不读的。

好，就写到这里，祝你健康。问候叶卡捷琳娜·尼古拉耶芙娜、阿历克塞耶夫和整个剧团。握手，拥抱你。

你的　安·契诃夫

157　致米·奥·梅尼希科夫

1899 年 12 月 26 日，雅尔塔

你好，亲爱的米哈伊尔·奥西波维奇，我们多年没有见面了！祝您新年好，祝您取得新的幸福！我祝您和您的雅沙身体健康，诸事顺遂！您给我写了信，我一直在打算给您回信，后来我又想给您写信，谈谈您的那篇出色的文章《崇拜的诽谤》②，而在这以后又想谈谈阿布拉莫夫（安德烈？）写的关于涅普柳耶夫兄弟会的那篇文章。我一直想着给您写信，只是总有各种事情和人来打扰，今天，节日的第二天，在一连两天的种种麻烦、令人厌倦的但又毫无用处的交谈和接待之后，我总算能给您写信了。前天是母亲的命名日，昨天是节日，许多人在我这里挤来挤去，谈呀，吃啊，也不知道这一切都是为的啥。

您的《崇拜的诽谤》一文是评论文章的典范，这是真正的批评，

---

① 指《在峡谷里》。

② 德·谢·梅列日科夫斯基为纪念普希金诞生一百周年写了一篇纪念文章，鼓吹了当时极为时髦的对强者的崇拜，而且还在推崇伟大诗人的幌子下说普希金"仇恨和鄙视人民"，梅尼希科夫在《崇拜的诽谤》一文中与之争辩。

真正的文学。您那篇谈涅普柳耶夫兄弟会的短评①也是出色的。您把它写了出来，这很好。您做的正像一个自尊的人应该做的那样……

我没有任何新的情况，我们的生活还是老样子。列夫·尼古拉耶维奇②的病使大家心神不宁。我发了个电报到莫斯科，给切里诺夫教授，但没有得到明确的答复，一直到现在我还不知道生的是什么病，问题在哪里。一直到现在我感到不安，如果有人问起我列夫·尼古拉耶维奇的健康情况，我不知道该怎么回答。打电报给索菲雅·安德烈也芙娜③吧，我又下不了决心，因为许许多多的信和电报已经使她忙得不可开交了。

最近一段时间里我写了不少东西。给《生活》杂志寄去了一个中篇小说④。在这个中篇小说里，我描写了工厂生活，我谈到这生活很凄惨。但我只是在昨天才偶然得知，《生活》是马克思主义的、工厂的刊物。现在该怎么办？

什么时候我们能见面？您到不到南方来？这里前一阵冷过，但现在又暖和了，太阳在照耀。祝您健康，紧握您的手。

妹妹向您问好。

您的　安·契诃夫

158　致阿·马·彼什科夫（马·高尔基）

1900 年 1 月 2 日，雅尔塔

亲爱的阿历克塞·马克西莫维奇，新年好！祝您新年幸福！您好

---

① 1899 年第七期《俄国财富》杂志发表 И. 阿布拉莫夫（原是涅普柳耶夫东正教十字劳动兄弟会的学生）写的文章"涅普柳耶夫学校（格卢霍夫县来信）"，揭露这所学校的伪善性。这篇文章引起了争论。梅尼希科夫也撰文参加辩论。契诃夫提及的短评发表在 1899 年 12 月 5 日《星期周报》上，作者在文章中否定了涅普柳耶夫的活动。
② 即托尔斯泰。
③ 即托尔斯泰的夫人。
④ 指中篇小说《在峡谷里》。

吗？自我感觉如何？什么时候来雅尔塔？请写一封详细一些的信来。照片我已经收到，很好的一张照片，太感谢您了！

还要谢谢您，您为我们照顾外地来的病人事情操劳。现在已经筹集到的和将来筹集到的钱，请您把它寄给我或者慈善协会管理处，都可以。

中篇小说已经给《生活》寄去了。我写信告诉过您没有，我非常喜欢您的短篇小说《孤儿》，而且把它寄给了莫斯科一个最优秀的朗诵者。在莫斯科大学医学系有一位 A. Б. 福赫特教授，他朗诵斯列普佐夫的作品妙极了。我不知道比他更好的朗诵者了。我把您的《孤儿》也给他寄去了。我在信中给您说过没有，我喜欢您第三卷中的《我的旅伴》。这是和《在草原上》一样的力作。要是我处在您的地位，我会从三卷集中选出一些优秀作品，印成价格为一卢布一本的书。从功力和严整性来说这真会是一本出色的书。而现在的三卷集中，所有的作品不知何故都混在一起了，差的作品倒并没有，但却给人一种印象，好像这三本书不是一个人，而是七个人写的。这是您还年轻、还不稳重的标志。

给我随便写上两三句话吧。紧握您的手。

您的　安·契诃夫

159　致奥·列·克尼佩尔

1900 年 1 月 2 日，雅尔塔

您好，亲爱的女演员！我好久没有给您写信了，您在为此生气吗？我常常给您写信，但您收不到我的信，这是因为一个熟人从邮局把它们截走了，这个人我们俩都认识。

我向您拜年！祝您新年好，新年幸福！我祝愿您真正幸福，我向您深深地鞠躬，拜倒在您的一双小脚下。祝您幸福、富有、健康、快乐。

我们过得还不错。吃得多，闲谈多，笑得也很多，而且常常会提到您。玛莎回莫斯科后会告诉您，我们是怎样过节的。

我现在不祝贺《孤独的人》演出成功。我一直有这样一种错觉：你们都将来雅尔塔，我将在舞台上看到《孤独的人》，而且诚恳而又认真地向您表示祝贺。我给梅耶霍德①写过信，劝他在扮演神经质的人时别过分激烈。要知道，大多数人是神经质的，多数人痛苦，少数人感到剧烈的痛苦，但您在什么地方——在街道上或者在屋子里——看见过抱住自己脑袋、东奔西窜、跳上跳下的人？应当如此来表现痛苦，就像它们在生活中表现出来的那样，就是说不靠脚和手来表演，而要用声调和目光，不靠比手划脚，而要动作优雅。知识分子所特有的细腻的内心活动在表面上也应当细腻地表现出来。您会说：舞台有舞台的条件。不，任何条件都不容许作假。

妹妹说，您演安娜②演得好极了。唉，要是艺术剧院能到雅尔塔来，那该有多好！

《新时报》上把你们的剧团着实赞扬了一番。那里的方针改变了③：看来，在大斋期还会要赞扬你们的。在第二期《生活》杂志上将发表我的一个中篇小说④，一篇很怪的小说。有许多人物，也有风景描写。在天空有半月，在遥望的什么地方有大麻鸭在鸣叫：卟！卟！卟！——就像在草棚里关着的一头奶牛。这个作品中什么都有。

列维坦在我们这里。他在我的壁炉上画了一幅割草季节的月夜。草原，远方的森林，月亮光笼罩着一切。

就写到这里，祝您健康，亲爱的不平凡的女演员。我在怀念您。

您的　安·契诃夫

您什么时候把您的照片寄来？

多么野蛮的行为！

---

① 符·艾·梅耶霍德（1874—1940），俄国演员，导演。
② 《孤独的人》中的女主角。
③ 艺术剧院创建后，《新时报》对它的态度一直是不友善的。
④ 指中篇小说《在峡谷里》。

160 致阿·谢·苏沃林

1900 年 1 月 23 日，雅尔塔

我喜欢新剧本①，它的第一和第二幕，我甚至认为，它比《塔吉雅娜·列宾娜》好。《塔吉雅娜·列宾娜》与剧院比较接近，而这个新剧本更接近生活。第三幕没有定型，因为其中没有事件，甚至构思也不明确。也许，为了使它完全定型和明确起来，应当先写好第四幕。在第三幕中，丈夫和妻子间的一场解释性谈话酷似孙巴托夫的《锁链》，所以我倒宁可这样写：叫妻子始终留在后台，使瓦丽雅更相信父亲，比相信母亲为甚，——生活中这种事情在类似情况下是常见的。

我的意见并不多。有学识的贵族当神甫，——这已经过时了，激不起观众的兴趣。那些当上了神甫的人好比是石沉大海：他们中有些人做了常任大司祭之后，脑满肠肥，早把种种思想忘记了，另一些人呢，他们抛弃一切，隐退闲居起来了。人们并未期待他们会做出什么明确的事情来，而他们也确实没有向大家提供些什么，因此在舞台上一个打算当神甫的年轻人只会使观众讨厌，而他的童年和纯洁也只会被人们看作阉割教会派式的东西。再说演员也会把他演得很荒唐。您倒不如写一个年轻学者，秘密的耶稣会教徒，幻想着把各派教会联合起来的这么一个人。或者您可以写一个什么别的人，只是要使他显得比打算当神甫的贵族更重大一些。

瓦丽雅这个人物写得好。在第一场中她说话过分狂热。应当不叫她说俏皮话，否则您作品中的人物都在挖苦打趣，玩弄字眼，而这却会使读者眼花缭乱，使他们的注意力有点儿疲劳，您作品中人物的语言好像是一种白颜色的绸衣，阳光不时在衣服的表面上现出种种色彩变幻，使人看着都觉眼痛。"鄙陋"和"鄙陋的"这些字眼儿已经陈旧了。

娜塔莎这个人物写得好。您不该在第三幕中把她写成了另外一

---

① 指阿·谢·苏沃林的剧本《问题》。

个人。

"拉季谢夫"和"穆拉托夫"这两个姓戏剧味太重，不朴素。为了多样化，您就给拉季谢夫起一个乌克兰的什么姓吧。

父亲这人物没有弱点，没有明确的外貌，他不喝酒、不抽烟、不打牌，不生病。应该给他添上一个什么品质，以便演员有一样什么东西可以抓住。

父亲是否知道瓦丽雅的过失，这一点，我认为，反正一样，或者说这并不十分重要。当然，性这个活动范围在人世间有着重要的作用，但要知道，并非什么东西都以性范围为转移，远非这样，它也远不是事事、处处都有决定意义。

到您把第四幕寄来时，我还会给您写信，如果我有什么想法的话。我感到高兴，您差不多已经写好了一个剧本。我再说一遍，您应该既写剧本，也写长篇小说，首先，一般地说，这是因为需要，其次，因为这样做可以使您的生活愉快和多样化，有益于您的健康。

关于科学院的事情，您消息不灵。作家中不会有人当正式院士。科学院里将让作家和艺术家们当名誉院士，副院士，大院士，但就这么当个院士，这永远办不到，或者不会很快就办得到。他们永远不会让自己不了解和不信任的人登上自己的方舟。您倒说说看，为什么要想出一个名誉院士的称号来呢？

不管怎么说，选我当名誉院士，我还是高兴的。现在我的出国护照上将写明我是院士。莫斯科的医生们也都很高兴。对我来说，名誉院士这称号是从天上掉下来的。

谢谢您，您给我寄来了日历和《彼得堡全貌》。

请转达我对安娜·伊万诺芙娜、娜斯佳和鲍里亚的问候。请您问一问娜斯佳，她是不是用您的信纸（A. S.①）给我写了一封信？但她没有签名，看笔迹好像是她写的。信文中讲到我在波波夫那儿买的那张相片时用了"小作家们"这个词。祝您身体健康。

您的　安·契诃夫

———————————

① 是阿·苏沃林的名字和姓的第一个字母的英文写法。

尤里耶夫这人物写得好。不过，不需要这样写，叫他也欠了女高利贷者的钱。还是这样写更好一些：让娜塔莎悄悄地向女高利贷者借钱。而且又不让父亲知道。也可以叫瓦丽雅去借钱，借来了给母亲。

161　致费·德·巴秋什科夫

1900 年 1 月 24 日，雅尔塔

尊敬的费奥多尔·德米特利耶维奇！

罗什要求把《农夫》① 中遭书报检查机关删去的那些地方寄给他。但是并没有这种地方。有那么一章，它并未在杂志上发表过，也没收进书中，这一章里农民在谈论宗教和政权。但没有必要把这一章寄到巴黎去，就如同根本没有必要把《农夫》翻译成法文一样。

衷心感谢您送照片给我。列宾作插图——这是我未曾预料到的，也是我没有梦想过的荣誉。能够得到插图的原本的话，将是一件非常愉快的事情。请告诉伊里亚·叶菲莫维奇②，我将怀着焦急的心情等待，而且他，伊里亚·叶菲莫维奇，现在已经不能再变卦了，因为我已经立下遗嘱，要把原本交给塔干罗格市，顺便说一句，我是在这个城市里出生的。

您在信中提到了高尔基。我顺便问一句，您喜欢高尔基吗？我不喜欢他的全部作品，但有一些作品我是非常非常喜欢的。而且在我心目中不容置疑的是：高尔基有艺术家们通常具有的那种秉赋。他是一个真正的艺术家。他是一个好人，他聪明、有思想、爱思考，然而在他身上有着许多不必要的负担，比方说，他的方言土语就是一种负担。

您在信中写道："不知道该上哪儿去期望情况好转"。您在期望？好转是有的，但它就好像地球绕着太阳运转一样，是我们所看不

---

① 指契诃夫的中篇小说《农夫》。
② 即画家列宾。

见的。

　　太感谢您了：您给我写了信，您想起了我。我在这里感到苦闷和厌倦，而且有一种似乎我已被抛弃的感觉。更何况此地天气糟糕，身体不适。我还在咳嗽。

　　祝您万事如意。

忠实于您的　安·契诃夫

162　致维·亚·戈尔采夫

1900 年 1 月 27 日，雅尔塔

　　亲爱的维克多·亚历山大洛维奇，我已经发出了电报，但还是请允许我再写信向你表示祝贺①。我祝贺你，紧紧地拥抱你，紧紧地握你的手，我还请求你相信：我敬爱你，崇拜你，很少有人是我如此崇拜的。最近十年里在我十分亲近的一些人中间有一个就是你。

　　我一直在等着你信中谈到的那个年轻学者，而他却一直不来。他在哪里？当然，我们会把他安排好的。这儿天气恶劣，到了 2 月份还会更糟糕，但据说雅尔塔的空气即使在天气极坏的时候也有治病的性能。从 1 月 17 日（我的命名日，也是我被封上不朽头衔②的那一天）起，我就病了。我甚至出现这样的念头：我可别辜负了那些选我为"流芳百世者"③ 的人们，但是不要紧，我复元了，现在我又健康了，虽说在左锁骨下方还贴着一张斑蝥硬膏。医生认为，右肺情况良好，比去年的情况好。除此之外，我还有一种九等文官生的毛病：痔疮。

　　在老罗扎这个地方开设一个阅览室的想法我丝毫也不喜欢。要知道，在老罗扎这个地方除了一条摆渡船和一个小酒店之外，什么都没有，这是一；其次，好阅览室反正是办不起来的，第三；靠在阅览室里读上几本书，农民丝毫不会就此聪明起来。设一些奖学金倒是不错

---

① 指《俄国思想》月刊创办 20 周年。
②③ 都是戏指契诃夫当选为科学院名誉院士。

的。到你庆祝 25 周年时，我将提出一个建议：为了向你表示庆贺，向某个"厨娘的儿子"提供完全的中学和大学教育，这种"厨娘的儿子"是你那些省城里的反对者们所痛恨的。

最近将有一个大学生（他毕业于雅尔塔中学）为他自己的事情来找你，这是一个十分可怜的人。他的姓名是：格奥尔基·安德烈耶维奇·马克西莫维奇。请你别拒绝接待他，别拒绝同他谈一谈。

克列斯托夫斯卡娅的《哭泣》是一篇好东西，除了题目以外，什么都好。这篇作品具有托尔斯泰的《家庭幸福》的风格，在手法上有点儿古色古香，——一切都非常温存和明顺通达。马明的中篇小说①是胡言乱语，是拙劣、无味和虚伪的胡言乱语。

请代我问候伏科尔②，祝贺他已经庆祝过的纪念日。

祝你健康和幸福。

你的　安·契诃夫

163　致米·奥·梅尼希科夫

1900 年 1 月 28 日，雅尔塔

亲爱的米哈伊尔·奥西波维奇，托尔斯泰生的是什么病，我弄不明白。医生切里诺夫没有给我任何答复，而从我在报上读到的以及您现在所写的情况，不该作出任何结论。肠胃溃疡的反应不会是像他这样的，没有溃疡，有过的话也只是几条出血划痕，只是胆石通过并划伤了胃壁而产生的出血划痕。也不是癌症，癌症首先会在食欲上、在总的身体状况上反映出来，而主要的是脸部会把癌症暴露出来，如果他当真是得了这个病的话。更正确地说，列夫·尼古拉耶维奇是健康的（如果不谈胆石的话），他还会活上二十年左右。他的病曾使我惊恐，并且使我一直处于紧张之中。我怕托尔斯泰去世。如果他死了的

---

① 指马明-西比利亚克的中篇小说《在老爷们周围》。
② 指武·米·拉夫罗夫。

话，那在我的生活中就会形成一大块空白。第一，我没像爱他那样地爱过任何一个人；我不是教徒，但在一切信仰中我认为正是他的信仰对我来说最亲切和适宜。第二，如果托尔斯泰还在文学界，那么做一个文学家是件轻松而又愉快的事情；甚至在想到自己什么也没有做或不在做的时候也不感到可怕，因为托尔斯泰代大家做了。他的活动是对文学的种种期望和信赖的保证。第三，托尔斯泰脚跟站得稳，他的威望巨大，因此只要他还健在，文学中的不良趣味、庸俗作风（厚颜无耻的和哭哭啼啼的庸俗作风）、各式各样粗糙的充满怨气的自尊心就都不会抛头露面。单凭他的道德威望就能使所谓文学界的士气和流派都保持在一定的水平上。没有了他的话，这就会是没有牧羊人的羊群，或者就会是乱糟糟的一团。

为了把有关托尔斯泰的话说完，我还要讲一讲《复活》。我不是零打碎敲地、一部分一部分地读这个作品的，我是一口气把它全部读完的。这是一部出色的艺术作品。最没有意思的是讲到聂赫留朵夫和卡秋莎的关系的一切，而写得最有趣味的是那些公爵、将军、姨母、农民、囚犯和监狱看守。那些描写彼得罗巴甫洛夫斯克要塞的司令官、召魂者、将军家的场面多好呀！我读的时候心情十分紧张。还有坐在圈椅上的科尔恰金娜太太，费奥多西亚的那个农民丈夫！这农民把自己的老婆叫做"麻利的女人"，其实托尔斯泰那支笔才是麻利的呢。这部中篇小说没有写完，现有的那个东西不能叫做结尾。写呀，写呀，到后来一下子把什么都推诿到《福音书》的本文上去，这么做宗教气未免太重了。凭《福音书》上的本文来解决一切。这做法和把囚犯分成五种的写法一样，太随意了。为什么分成五种，而不是十种？为什么引用《福音书》的本文而不用《可兰经》的本文呢？应当首先使人家相信《福音书》，相信它就是真理，然后才用《福音书》上的文字来解决一切问题。

我啰啰嗦嗦，该使您感到厌烦了吧？等您到了克里米亚，我将向您进行采访，然后在《每日新闻》上发表。现在许多人写托尔斯泰，就像老婆子们谈疯修士那样，尽讲一些故作笃诚的胡言乱语。

我身体不好有两个星期了。我作了挣扎。现在我坐着不做事，左锁骨下方贴着一张斑蝥硬膏，我的自我感觉还不坏。不是贴着一张斑蝥硬膏，而是有一块贴了硬膏后留下的红斑。

照片我一定给您寄去。我为院士称号感到高兴，因为意识到西格玛①现在正在羡慕我这一点是很愉快的。但是我会感到更加高兴，如果在发生了什么误会之后我又失去了这个称号。而误会是一定会发生的，因为那些有学问的院士们害怕我们会触犯他们。他们是硬着头皮选托尔斯泰当院士的。照他们那儿的说法，他是一个虚无主义者。至少有一位太太、一位一等文官的太太是这么称呼他的，——为此我向他表示由衷的祝贺。

我收不到《星期周报》。为什么？在编辑部里还保存着我寄去的一份稿子，是 C. 沃斯克列先斯基写的《伊万·伊万诺维奇的蠢事》。如果这个作品不会发表的话，请把它寄回。祝您健康，紧握手。向雅沙和莉吉娅·伊万诺芙娜问好。

您的　安·契诃夫

请来信！

164　致阿·马·彼什科夫（马·高尔基）

1900 年 2 月 3 日，雅尔塔

亲爱的阿历克塞·马克西莫维奇，谢谢您给我写了信，谈了托尔斯泰和《万尼亚舅舅》，我还没有看过这个剧本在舞台上的演出，也谢谢没有把我忘记。在这里，在雅尔塔这个享福的地方，收不到信的话，真会叫人闷死的。整天无所事事，气温总在零度以上的可笑的冬天，没有一个引人注目的女人，河滨大街上尽是一张张丑脸，——所有这一切真可以在最短的时间内使身体变坏，使人衰老。我已经厌倦了。这冬天已经拖延了十年了，——我有这样一种感觉。

您患上了胸膜炎？如果是这样，那么您为何还坐在下诺夫哥罗

---

① 即 C. H. 瑟罗米亚特尼科夫，俄国小说家，《新时报》撰稿人。

德？为什么？顺便说一句，这下诺夫哥罗德对您有什么好的？是什么样的树脂把您粘住在这个城市了？如果真像您说的那样，您喜欢莫斯科，那为什么您不住在莫斯科呢？在莫斯科有戏院，还有许许多多其它的东西，而主要是从莫斯科去国外真是近在咫尺之间，如果您住在下诺夫哥罗德的话，结果您就会陷在下诺夫哥罗德的，即使出门的话，也不会过瓦西里苏尔斯克。而您却应该多看，多了解，应该见闻广博。您富于想象力，对什么都会抓住不放，但是您的想象力好比是一只没有供给足够木柴的大火炉。这一点处处都使人感觉到，尤其是在您的短篇小说中：在短篇小说中您总是写两三个人物，但这些人物是单独地存在着的，与人群没有关系；可以看得出来，在您的想象中这些人物是活生生的，但这只是一些人物，人群呢，人群您却没有抓住。我认为，您的几个克里米亚短篇小说（例如，《我的旅伴》）不在此列，在那些作品里，除了人物以外，还可以感到引出人物来的那个人群、气氛和背景，总而言之，什么都可以感觉到。您瞧，我说得可真是太多了，但我的目的是要您别呆在下诺夫哥罗德。您年富力强，刻苦耐劳，如果我处在您的地位，那我会到印度去，会到鬼才知道的地方去，我也会再上大学读完它两个系。我会这样，是的，我会……您在笑我，而我却感到难过：我已经四十岁了，我有气喘毛病，还有种种妨碍我自由自在地生活的乱七八糟的东西。不管怎样，请您做个善良的人和朋友，别因为我在信中像司祭长似的教训您而生气。

请您给我写信，我在等您把《福玛·高尔杰耶夫》寄来，一直到现在我还没有好好读完这本书。

什么新闻也没有。祝您健康，紧握手！

您的　安·契诃夫

165　致阿·马·彼什科夫（马·高尔基）

1900 年 2 月 15 日，雅尔塔

亲爱的阿历克塞·马克西莫维奇，您发表在《下诺夫哥罗德小报》上的一篇随笔是对我的精神慰藉①。您真是个有才华的人呀！我除了小说以外，什么也不会写，而您呢，您却能自然地驾驭杂志书评写作者的那支笔。起初我认为，我十分喜欢您这篇随笔是因为您夸奖了我，后来我发现，连斯列金及其一家、连亚尔采夫他们也都感到喜出望外。就是说，您也可以写写政论文章，求上苍保佑您！

为什么还不给我寄《福玛·高尔杰耶夫》？我只读过一些片断，最好是能一口气把它读完，就像我不久前读完《复活》的那种读法一样。这部长篇小说中的一切，除了聂赫留朵夫和卡秋莎的相当含混和不符实的关系之外，一切都使我惊讶：一切都那么有力、丰满和开阔，还使我感到惊讶的是一个人的虚伪，这个人怕死，却又不愿承认这一点，紧紧地抓住《圣经》的本文不放。

请您写信，让他们把《福玛》给我寄来。

短篇小说《二十六个和一个》是部好作品，是《生活》这个粗浅草率的杂志所发表的作品中最好的一篇。在小说中可以强烈地感到所描绘的地方的特色，可以闻到面包圈的味道。

《生活》发表了我的一个短篇小说，尽管我读过了校样，还有不少不该有的印刷错误。《生活》杂志上发表的奇里科夫的外省风光、图画《恭贺新禧!》和古列维奇的短篇小说都惹我生气。

刚才送来了您的一封信。这么说，您不想去印度？真可惜！如果在您以往的生活中有过印度这个地方，有过历时很长的航行，那么在失眠的时候您也就会有东西可以回忆了。其实出国一次也用不了多少时间，它不至于会妨碍您步行周游俄国。

我苦闷。不是 Weltschmerz② 意义上的苦闷，也不是厌倦生活这层意义上的苦闷，只是因为无人交往、没有我所喜欢的音乐而感苦闷，也因为没有女人而苦闷，在雅尔塔没有女人。没有鱼子和酸白菜吃，也叫人感到苦闷。

---

① 指高尔基评契诃夫的《在峡谷里》的一篇文章：《文学短评，谈安·巴·契诃夫的短篇小说〈在峡谷里〉》。
② "世界悲伤"，18—19 世纪欧洲文学史上的一种悲观绝望的文艺流派。

非常遗憾，您好像不打算到雅尔塔来了。而 5 月间莫斯科艺术剧院将来此演出五个戏，接着他们就留下来排练。您来吧，您在他们排练时研究一下舞台条件，随后花上五至八天工夫写一个剧本，我会高兴和诚心地欢迎您写的剧本的。

是的，我现在有权显示我已经 40 岁了，我已经不是年轻人了。我曾是最年轻的小说家，但后来出现了您，于是我马上变得老成持重了一些，也就没有人再称我是最年轻的了。紧握手，祝您健康。

您的　安·契诃夫

刚收到茹科夫斯基的小品文①。

166　致符·亚·波谢②

1900 年 2 月 29 日

尊敬的符拉其米尔·亚历山大洛维奇，高尔基告诉我，说他和您打算到雅尔塔来。你们什么时候来？高尔基会出尔反尔，他常常会改变自己的决定。请您写封信给我：你们当真来吗？什么时候来？复活节以前我将呆在雅尔塔，什么地方都不去，而在复活节期间我可能要去哈尔科夫，但不会在那里久待，之后我再回雅尔塔蛰居。

传说莫斯科艺术剧院将在复活节前到塞瓦斯托波尔和雅尔塔演出，如果是这样，那你们也不会感到寂寞了。

《福玛·高尔杰耶夫》写得很单调，好像是一篇学位论文。所有的人物说起话来都是一个样，连他们思考问题的方法也是一样的。所有的人说话都不是随便说的，而是故意和存心的；每个人好像都是别有用意的；他们不把话说透，仿佛他们都知道一些什么似的，而实际上他们什么也不知道，这不过是他们的一种 facon de parler③：说，但

---

① 指 Д·Н. 茹科夫斯基写的《颓废派诗人》一文，载《至彼得堡通报》，1900年第 34 期。
② 符·亚·波谢（1864—1940），新闻记者，自 1898 年起任《生活》杂志编辑。
③ 法语，意思是：说话的方式。

又不说透。

在《福玛》中有些地方写得妙极了。高尔基会成为一个大作家的，如果他不厌腻、不冷淡和不偷懒的话。

好，祝您身体健康和事事如意。等您回信，有关你们来雅尔塔一事的回信。

您的忠实的　安·契诃夫

167　致彼·菲·雅库博维奇（梅利申）①

1900 年 6 月 14 日，雅尔塔

最尊敬的彼得·菲利波维奇！

从我知道尼·康·米哈伊洛夫斯基的时候起，我就深深地敬重他，而且我在许多方面应当感谢他。但我毕竟还是拖了很长时间才给您写回信。这首先是因为在 10 月 1 日到 15 日（您信中说这是最迟的交稿日期）之前，我未必会写出什么新的作品来，因为我没有空，而且一般说来我在夏天写作感到非常吃力。其次，在 1900 年内，我已经是第六次受邀参加文集了，就是说有六个文集要出版……我觉得，尼古拉·康斯坦丁诺维奇是个出色的大人物，在庆祝他的 40 周年活动时只出版一个文集未免不相称。这文集将由一些文章组成，或许会是一些好文章，但文集毕竟有一种偶尔为之的迹象。而且这文集还会卖不出去，因为文集的销售情况一般说是十分不佳的，只有极少数文集是例外。要是我在彼得堡，那我会努力把我现有的对文集的怀疑态度向您灌输，我已经为许多文集投稿，差不多有二十本了，这个数目从我参加文学活动的时间来算合到每年一本。我不知道，也许是我的看法过时了，或者是我厌倦了，但我依然认为出版文集是一个有缺陷的办法，尽管是一本编得好销路也好的文集。如果事情是决定于我的话，那么我会悬赏征文，征一本论述尼古拉·康斯坦丁诺维奇的活动

---

① 彼·菲·雅库博维奇（笔名梅利申，1860—1911），诗人，革命的民意党人。

的书，一本好而有用的书，这本书的出版工作应该从容不迫地进行，而且要有成效，可以出一份他的论文以及论述他的文章的索引，发一帧他的美好肖像……

不管怎么样，我将考虑您指出的日期，如果我开始动笔写东西的话，那我一定马上通知您。现在请允许我祝您万事如意。

真诚和深深地尊敬您的　安·契诃夫

168　致安·伊·彼得罗夫斯基①

1900 年 6 月 19 日，雅尔塔

安德烈·伊万诺维奇先生！您的短篇小说很好，只是累赘了些，其中有许多不必要的细节，许多诸如"спепифическцй"②等等这样的说法，这些都有损于小说的艺术美质。这篇小说的调子遭到了破坏，因为您描绘了发生在男主人公及其夫人之间的一场完全不必要的争吵，描绘了列车颠覆，我觉得，这好像是一幅描绘宁静海洋的图画，不知为什么画面上有那么两三处画着几个大浪头，这就破坏了图画给予人的宏伟、完整和严肃的印象。特别不妥贴的是那场吵架，它既不雅观，又无必要。我再重复一遍，这只是我的感觉，也许实际上并非如此，祝您万事如意。

愿为您效劳的　安·契诃夫

169　致康·谢·阿历克塞耶夫（斯坦尼斯拉夫斯基）

1901 年 1 月 2 日，尼斯

最尊敬的康斯坦丁·谢尔盖耶维奇，我只是在昨天才收到您 12 月 23

---

① 安·伊·彼得罗夫斯基（生卒年月不详），新切尔卡斯克的一名律师，记者。
② 这个词在俄语中是外来词，它的意思是"特殊的"。契诃夫在这里又一次表示他不赞成多用外来词。

日前寄出的那封信。信封上没有写地址，从邮戳来看，信是在 12 月 25 日从莫斯科发出的，所以信件晚到的原因是存在的。

祝您新年好，视您新年幸福，还祝您，如果可以抱这样的希望的话，不久将开始建造一家新的剧院。我祝您写五个优秀的新剧本。至于说到老剧本《三姊妹》，那么无论如何别在伯爵夫人举办的晚会上朗诵这个剧本。我恳求您，看在上苍面上，别朗读，无论如何别读，不管是以什么形式来读，否则您将给我带来不小的烦恼。

第四幕我寄出已经很久了，在圣诞节前寄出的，是寄给符拉其米尔·伊万诺维奇①的。我作了许多改动。您信中说，第三幕中娜塔莎夜间巡视全家，吹灭灯火，在家具下面搜索小偷。但是我觉得，更好的处理倒是让她笔直穿过舞台，不看任何人，也不看任何东西，像麦克白夫人②一样，手里拿着一支蜡烛，——这样处理会更精炼些，也更可怕些。

我向玛丽娅·彼得罗芙娜祝贺新年，向她表示衷心问候，祝愿她万事如意，而最主要的是祝她身体健康。

衷心感谢您给我写了信，您这封信使我非常高兴。紧握您的手。

您的　安·契诃夫

170　致奥·列·克尼佩尔

1901 年 1 月 2 日，尼斯

我的亲爱的，你是在闹情绪呢，还是在过着快乐的生活？别闹情绪，亲爱的，要好好生活、工作，要经常给你的安东尼长老写信，我已经好久没有收到你的信了，如果不把你在 12 月 12 日写的、而我今

---

① 即符·伊·涅米罗维奇-丹钦科。
② 莎士比亚悲剧《麦克白》中的一个蛇蝎心肠的女人。

天才收到的这封信算在内的话。在这封信里，你描写了你怎么在我离开后哭泣的情景。随便说一句，这是一封多么美好的信啊！这不是你写的，大概是你请什么人代笔的。一封绝妙的信。

涅米罗维奇不常到我这儿来。前天我给他发了电报，要求他"seul"① 到我这儿来，——就是这么一个原因，或者用神学校学生的说法来讲，就是这么一个"缘由"。其实倒是需要同他见一见面，谈一谈我收到的阿历克塞耶夫的信。今天我一直坐在家中，同昨天一样。我不出门。原因是：一位显贵约我赴午宴，我托辞生病没有去。没有燕尾服，也没有情绪。今天有个叫马克拉科夫的来看过我，他是莫斯科人。还有什么别的事情吗？没有什么其它事情了。

你哪怕是给我描写一下《三姊妹》的一次排练情况吧！要不要增加或删节一些什么？你演得好吗，我的亲爱的？啊，你要记住！别愁眉苦脸地，在任何一幕中都别这样。要气冲冲地，对，但别愁眉苦脸地。那些心中久藏痛苦而且对之已经习惯的人，他们只是常常轻声地吹口哨和沉思默想，因此你在舞台上，在交谈中也要常常想得出神。你明白吗？

当然，你是明白的，因为你聪明。我在信中向你祝贺过新年了吗？难道没有祝贺过？我亲吻你的双手，全部十个指头，额头，祝你幸福和安宁，也祝你爱情美满，愿这爱情持续得长久一些，15 个年头吧！你怎么想的，可能有这样的爱情吗？我可能有，而你不会有。不管怎么样，我拥抱你……

你的　安东

间或给我寄张什么报纸来（《俄罗斯新闻》除外），贴上两戈比邮票就行了。

我收到了索洛夫佐夫从基辅发来的贺电。

---

① 法语，意思是："一个人"。

171 致约·亚·季霍米罗夫①

1901年1月14日，尼斯

最尊敬的约阿萨夫·亚历山大罗维奇，刚才收到您的信②，您使我非常高兴，我十分感谢您。现在我回答您提出的几个问题：

（1）伊丽娜不知道屠森巴赫要去决斗，但她猜到了昨天发生过一件不太好的事情，而这件事会有重大的不良后果。而女人如果猜到了什么的话，那她就会说："我已经知道了，已经知道了。"

（2）齐布德金只唱几个字："您愿意收下这颗枣儿吗？……"这是一度在埃尔米塔日演出过的一部滑稽歌剧中的歌词。歌剧的名称我记不得了，如果您方便的话，可以去问一问建筑师谢赫捷尔（他的私人住宅在叶尔莫拉伊教堂附近。）齐布德金不应该再唱什么别的东西，否则就会拖延他下场的时间。

（3）确实是这样，苏林内认为他像莱蒙托夫，但他当然不像——甚至他这么想都是令人可笑的……他应该化装得像莱蒙托夫。他酷似莱蒙托夫，但这不过是苏林内一个人的看法。

请原谅，不知我是否回答了您的问题？是否满足了您的要求？……在我的生活中没有什么新鲜事儿，一切都同以前一样。我大约会提前回家，比我原先打算的早一些，而且十分可能，3月间我就将在家里了，就是说在雅尔塔了。

谁都不写信同我说剧本的事情，符拉其米尔·伊万诺维奇在这里的时候缄口不语，因此我曾经觉得，剧本已经使人厌烦了，演出不会成功的。您的信稍稍驱散了一下我的忧郁，谢谢您。祝您健康，请代我问您的妹妹好。祝您健康和万事如意。

您的　安·契诃夫

---

① 约·亚·季霍米罗夫（？—1908），俄国艺术剧院的演员。
② 季霍米罗夫在信中把艺术剧院排练《三姊妹》的情况告诉了契诃夫。

172　致康・谢・阿历克塞耶夫（斯坦尼斯拉夫斯基）

1901 年 1 月 15 日，尼斯

　　最尊敬的康斯坦丁・谢尔盖耶维奇，非常感谢您给我写了信。当然，您的意见是万分正确的，屠森巴赫的尸体根本就不该给观众看，这一点我在写剧本的时候自己就感觉到了，而且我同您谈起过，如果您还记得的话。至于说到剧本的结局使人想起了《万尼亚舅舅》，这倒不太要紧。要知道，《万尼亚舅舅》是我的，而不是别人的剧本。而如果你在作品中使人家想到了你，那么人们会说，本来就该是这样的。"您愿意收下这颗枣儿吗"这句话，齐布德金不是说的，而是唱的。这句话来自一个滑稽歌剧，至于是哪一部，就是打死我，我也想不起来了。可以向建筑师弗・奥・谢赫捷尔打听一下，他住在私人住宅里，在萨多沃伊大街上，离叶尔莫拉伊教堂不远。

　　十分感谢您给我写了信。我向玛丽娅・彼得罗芙娜以及全体演员深深鞠躬，祝大家万事如意。祝你们健康和安乐。

您的　安・契诃夫

173　致奥・列・克尼佩尔

1901 年 1 月 20 日，尼斯

　　亲爱的小演员，我的心灵的剥削者，为什么你要发电报给我？你为这种无所谓的事情打电报，倒不如讲一讲你自己更好些。《三姊妹》怎么啦？从许多来信看，你们都在胡说八道。第三幕闹哄哄的……为什么闹哄哄的？喧闹声只是在远处，在舞台外面，是一种低沉模糊的声响，而在舞台上呢，所有的人都疲倦了，几乎都昏昏欲睡了……如果你们把第三幕糟蹋了，那么这个剧本就完蛋了，而人们还要对上了年纪的我不满地喝倒彩。阿历克塞耶夫在他的好几封信中称赞你，维什涅夫斯基也是这样。我虽说没有看见你演戏，但我也称赞你。韦尔希宁以提问的形式发出"特拉姆——特拉姆——特拉姆"的声音，而你呢，你就以回答的样子说出来，而且你觉得这玩意儿很是别致，带着讪笑发出这个"——特拉姆——特拉姆"的声音……你一说完"特拉姆——特拉姆"，就笑起来，但不是大声笑，而是这样，略微一点儿。而且你别做出在《万尼亚舅舅》里的那种脸相，要显得年轻和活泼一些。要记住，你是一个爱发笑、好生气的女人。得啦，我把希望寄托在你身上，我的亲爱的，你是一个好演员。

我当初就说过，抬着屠森巴赫的尸体在你们的舞台上走是不妥的，而阿历克塞耶夫当时却坚持非要抬着尸体走不可。我写了信给他，要他们别把尸体抬出来，我不知道他是否已经收到了我的信。

如果剧本演出失败，那么我就上蒙特卡洛去，输它一个精光。

我已经想离开尼斯了。但是上哪儿去呢？到非洲，现在去不成，因为海上波涛汹涌，而雅尔塔我又不想去。不管怎么样，大约在2月间我就将在雅尔塔了。而到4月里我就会在莫斯科了，在自己的小狗儿身旁。以后我们再一起离开莫斯科到一个什么地方去。

我这里根本没有什么新闻。祝你健康，我的亲爱的，不可救药的女演员，别把我忘记了，爱我吧，爱那么一丁点儿也好。

我亲吻你，拥抱你。我祝你幸福。四百卢布的确嫌少了一些，你配得到更多的奖励。

好啦，祝你健康。

你的 安东尼长老

174 致奥·列·克尼佩尔

1901年1月21日，尼斯

我亲爱的，第三幕中玛莎的忏悔根本不是什么忏悔，它只是一场坦率的谈话。你要演得冲动一些，但不是无所顾忌，你别大叫大嚷，间或可以笑一笑，主要的是你要演得使人感觉夜晚的困乏，还要使人感觉到你比自己的姊妹们聪明，至少是你认为自己更聪明一些。至于"特拉姆—塔姆—塔姆"，就照你自己的理解去做吧。你是我的聪明人。

昨天我给你发了一份电报。收到了吗?

当然,我是在写作,但没有什么兴致。我觉得,《三姊妹》使我疲倦了,要不就是我老了,对写作已经生厌了。我弄不清楚。我倒很想五年不动笔,旅行它五年,然后回来坐下写作。那么说,这个戏剧季内《三姊妹》不会在莫斯科上演了。你们将在彼得堡首次上演《三姊妹》?

顺便说一句,请你注意,在彼得堡你们不会受欢迎的。当然,这样也好,因为在彼得堡演出之后你们就不会再旅行了,你们会久留在莫斯科。本来么,到处巡回演出,——这完全不是你们该做的事情。在彼得堡卖座情况会是好的,但赞许——丝毫也不会有,请你原谅我这么说。

祝你健康,亲爱的好夫人。

依然爱你的　安东院士

175　致奥·列·克尼佩尔

1901 年 1 月 24 日,尼斯

我亲爱的,出色的女人,我还没有去阿尔及利亚,因为现在海面上是狂风巨浪,我的伙伴们不想去。结果将会是我毫不在乎地回到我的雅尔塔。顺便说一句,从雅尔塔写信来说,那里天气挺好,目前只有妈妈一人独自住在那里。

我给你寄去一张照片。

收到了玛·菲·热利亚布日斯卡娅①寄来的一封信,她谢谢我给她送了花,可是我并没有送花给她。我从你处得知,在第三幕里你们是搀着伊丽娜走的……这是为什么?难道这符合你的心绪吗?你不该从沙发上起来。再说,难道伊丽娜自己不会走路了吗?这算是什么新

----

① 即玛·菲·安德烈耶娃 (1868—1953),莫斯科艺术剧院的演员。

发明？陆军上校①给我写了一封长信，他在埋怨斐杜其克、路得和苏林内；埋怨韦尔希宁，埋怨他不道德，那还了得，他把别人的妻子引入歧途！不过我认为，这位上校办妥了我请他办的事情，就是说，让军人们都穿上了军装。他很称赞三个姊妹和娜塔莎，他也称赞屠森巴赫。

　　热烈地亲吻你，紧紧地拥抱你。在叫我去吃午饭了。领事来了，他建议我别去阿尔及利亚，他说，现在正好是刮寒冷的西北燥风的季节。我身体很好，不咳嗽，但非常寂寞。没有莫斯科，没有你，我的小狗儿，我感到寂寞。

　　就写到这里。我亲吻你。

修士司祭　安东尼

176　致米·巴·契诃夫

1901 年 2 月 22 日，雅尔塔

　　亲爱的米舍尔②，我从国外回来了，现在我能够给你回信了。你将在彼得堡居住，这当然好，也有益。但是，关于到苏沃林处去工作这件事，尽管我想了很久，我还是说不出一个明确的看法来。当然，要是我处在你的地位，我会轻视报纸而宁可上印刷厂工作，《新时报》现在声名狼藉，在那儿工作的尽是些脑满肠肥、称心如意的人（如果不把亚历山大③算在内的话，他什么也没有看出来）。苏沃林虚伪，非常虚伪，特别是在他所谓坦诚的时刻，就是说，他说话也许很真诚，但不能保证他过上半个小时不会做出完全相反的事情来。不管怎么说，这是一件不容易的事情，但愿上帝保佑你，而我的建议未必能给你一些什么帮助。如果你到苏沃林那儿工作，你要每天考虑到，同

---

① 指维·亚·彼得洛夫上校，契诃夫请他当《三姊妹》的排演顾问。
② 指契诃夫爱称自己的小弟弟米哈伊尔为米舍尔。
③ 指在《新时报》工作的大哥亚·巴·契诃夫。

他发生分歧是很容易的，因此你要有一个公职作备用，或者准备当律师。

苏沃林那儿有一个好人，至少是曾经有过一个好人，这个人就是特钦金①。他的，就是说苏沃林的几个儿子，从各方面来说都是渺小的人物，安娜·伊万诺芙娜也变得肤浅了。娜斯佳和鲍里亚看来是好人。科洛姆宁②也好，但他在不久前去世了。

祝你健康和幸福。写信把情况告诉我。奥尔加·盖尔曼诺芙娜和孩子们在彼得堡生活会感到挺好的，会比在雅罗斯拉夫尔③时好。

把详情告诉我，如果已经有详细情况可谈的话。母亲身体健康。

你的　安·契诃夫

177　致符·亚·波谢

1901 年 3 月 3 日，雅尔塔

亲爱的符拉其米尔·亚历山大洛维奇，您给我发来了电报，您还记着我，为此我非常感谢您。我这谢意表达得稍稍晚了一些，请您原谅，但是用聪明人的话来说，亡羊补牢，未为晚也。请您发善心，常常想着我，我是孤独的，我是在沙漠中生活，请您可怜可怜我，给我写信，首先，请您告诉我文明世界中有些什么新闻；其次，请您告诉我，高尔基现在在哪里？该往何处给他寄信？第三，您是否想来雅尔塔休息？

短篇小说我一定寄给您。我非常喜欢高尔基发表在 1 月号上的《三人》的笔调。几个姑娘写得不真，这样的姑娘是不存在的，也从来不会有这样的交谈，但读来仍然感到舒服。发表在 12 月号上的东西我不太喜欢，可以感觉到一种紧张而不自然的东西。高尔基不必如

---

① K. C. 特钦金，中学教师，在苏沃林的印刷厂兼职。
② 阿·彼·科洛姆宁（1848—1900），苏沃林的女婿，律师，负责苏沃林出版社的财务工作。
③ 米·巴·契诃夫本来在雅罗斯拉夫尔省税务局工作。

此一本正经地来创造（不是在写作，而正是在创造），他该可以轻松一些，稍微站高一点。

好，一个过隐遁生活的人在等着您给他写一封非常详细的信。请您别偷懒。

我咳嗽十分厉害，已经咳了五六天，但总的说来我的身体是健康的，诉苦是作孽的。

祝您身体健康，生气勃勃，请您别忘了您的

安·契诃夫

178 致阿·马·彼什科夫（马·高尔基）

1901 年 10 月 22 日，莫斯科

亲爱的阿历克塞·马克西莫维奇，我读了您的剧本①后，差不多五天过去了，我之所以一直没有给您写信，是因为我怎么也找不到剧本的第四幕，我一直在等，但等不着。就这样，我只读完了三幕，但是我认为，要评判这部剧本，有这三幕就够了。正如我所期待的那样，剧本写得很好，有高尔基风格，独特，有味。如果要从缺点谈起，那么我目前已经发现的缺点只有一个，一个不可救药的缺点，就好像长火红色头发的人长着一头火红色头发一样，这缺点就是形式上的墨守成规。您强使一些新颖独特的人物按旧乐谱唱新歌曲，您的剧本有四幕，许多人物进行说教，可以感觉到您害怕冗长的心情，等等。但是这一切都并不重要，所有这些缺点可以说都隐没在剧本的优点之中了。毕尔契兴栩栩如生！他的女儿十分可爱，塔吉雅娜和彼得也是这样，他们的母亲是一个出色的老婆子。剧本的中心人物尼尔写得深刻有力，非常惹人注目！总而言之，剧本从第一幕起就吸引人。不过，愿上帝保佑您，除了阿尔乔姆以外，您不要同意让别人扮演毕尔契兴，至于尼尔，务必要让阿历克塞耶夫-斯坦尼斯拉夫斯基来演。

———————————

① 指高尔基的《小市民》。

这两个人物会演得恰到好处的。彼得由梅耶霍德演。只是在尼尔这个非常好的角色身上应当多花一两倍的笔墨，要用他来结束全剧，把他变成主角。不过，您别把他同彼得和塔吉雅娜对比，要让他是独立的，而他们也是独立的，这都是些极好的出类拔萃的人，互不依赖。如果尼尔力求显出自己高于彼得和塔吉雅娜，并且说他自己是一条好汉，那么谦虚的特点就会丧失，而谦虚却是我们的正派工人所固有的特点。他吹嘘，他争辩，但要知道，即使没有这一切也看得出，他是个什么样的人。你就让他高高兴兴，让他淘气顽皮，哪怕是在所有四幕戏中都这样，让他在工作之后吃许多东西，——要叫他征服观众的心，有这一切就已经足够了。彼得，我再重复一遍，写得很好。您大概没想到他会这么好。塔吉雅娜也是一个性格完整的人物。不过应当注意的是：（1）她得真正是一个教师，教育孩子，从学校回来，忙于备课和批改作业；（2）应当在第一幕或第二幕里就讲到她曾经打算服毒自尽，有了这个暗示，第三幕中她服毒就不会显得突然，而会是适宜的了。捷捷列夫说话太多，这类人物该是小段小段地、在便中提一提的，因为不管怎么说，这些人到处只是一些配角，无论是在生活中，还是在舞台上。您要叫叶琳娜在第一幕中和大家一起吃午饭，让她坐在那里说笑，不然她的戏就太少了，而且面目也不清楚。她同彼得的一段表白稍微激烈了一点，这种表白在舞台上会显得太突出。请您把她写成一个充满激情的女人，如果不把她写成一个正在热恋中的女人，那么也要写成多情的女人。

现在离演出还有许多时间，您还来得及对您的剧本作十次左右的修改。真可惜，我就要离开了！不然的话，我倒愿意去看他们怎样排练您的剧本，而且把一切应该告诉您的东西写信告诉您。

我星期五去雅尔塔。祝您健康，愿上帝保佑您。请转达我对叶卡捷琳娜·巴甫洛芙娜和孩子们的敬意和问候。紧握您的手，拥抱您。

　　　　　　　　　　　　　　　　您的　安·契诃夫

179 致奥·列·克尼佩尔

1901 年 12 月 13 日，雅尔塔

亲爱的女演员，你好！我身体已经好了，不吐血了，只是仍然很虚弱——早就没有好好地吃东西了。我想，两三天之后我就会完全康复的。我在服用药丸、药水和药粉……

你在信中说，12 月 8 日晚上你有点儿喝醉了。啊，亲爱的，我多么羡慕你呀，如果你能知道就好了！我羡慕你朝气蓬勃，精神饱满，我羡慕你的健康和心情。我羡慕你，不会有什么关于咯血等等的想法妨碍你饮酒。我以前也会喝酒，而且会正如常言所说的痛饮一番。

我读了《小市民》的最后一幕。读过了，但没有读懂。笑过两次，因为感到好笑。剧本的结局我喜欢，不过这不是最后一幕的结局，而是第一或第二幕的结局。还应当为最后一幕的结局想出一点什么东西来。

你在最后一幕中的作用是无足轻重的①。

我常常在想念你，非常想念，就像当丈夫的所应该做的那样。在同你在一起的日子里，你把我宠坏了，因此现在，当你不在身边的时候，我感到自己是一个被剥夺了权利的人。我身边空空的，饭菜不可口，甚至连电话也没有人打一个来……

紧紧拥抱我亲爱的女演员。愿上帝保佑你。别忘记我，别抛弃我。吻你十万次。

你的 安东

180 致维·谢·米罗柳博夫②

1901 年 12 月 17 日，雅尔塔

亲爱的维克多·谢尔盖耶维奇，我身体不适，或者说不太健

---

① 奥·列·克尼佩尔在《小市民》中扮演叶琳娜。
② 维·谢·米罗柳博夫（1860—1939），俄国歌唱家，大剧院演员。

康，——这么说更确切一些，因此不能写作。我咯过血，现在是既虚弱，又恼火，坐在家里，腰上还绑着保暖的压布，我在服用杂酚油以及其它一些乱七八糟的东西。不管怎么样，《主教》这个作品我迟早会寄给您，绝不骗您。

我在《新时报》上读了警察罗扎诺夫①的文章，从中得知了您的一项新的活动②。我亲爱的，如果您能知道我有多么伤心就好了！我觉得，您必须现在就离开彼得堡，去内尔维或者雅尔塔，但必须离开。您，一个直率的好人，您同罗扎诺夫有什么共同之处？同极端狡猾的谢尔盖③、同脑满肠肥的梅列日科夫斯基有什么共同之处？我本想给您写许多许多，但还是抑制一下为好，更何况现在的信件主要不是收信的人读的。我只想说，在使您感兴趣的问题上，重要的不是被遗忘了的词句和唯心主义，而是对自身的纯洁的认识，就是说您的心灵的完全自由，摆脱种种被遗忘了的和忘却不了的字眼、唯心主义以及其它莫明其妙的词句的自由。应该相信上帝，如果不信，那就不应用动人视听的喧嚷来代替信仰，而应该探索、探索，单独地进行探索，和自己的良心一起单独地进行探索……

好吧，祝您健康！如果您来的话，那就写封信来。托尔斯泰在这里，高尔基在这里，您不会感到寂寞的，我这么想。

没有一点儿新闻。紧握您的手。

您的　安·契诃夫

181　致奥·列·克尼佩尔

1902 年 1 月 5 日，雅尔塔

亲爱的奥莉娅，今天没有收到你的信。我觉得，你们，演员们，

---

① 瓦·瓦·罗扎诺夫（1856—1939），俄国唯心主义哲学家，批评家和政治家。
② 1901 年 12 月 9 日《新时报》发表 B. B. 罗扎诺夫的文章"宗教-哲学会议"，其中谈到了宗教-哲学协会的成立，提到了维·谢·米罗柳博夫是这个协会的干事。
③ 谢尔盖是当时扬堡地区的主教，彼得堡神学院的院长。

没有读懂《小市民》。卢日斯基不该演尼尔，尼尔是主要角色，是一个坚毅顽强的角色，它完全适合于斯坦尼斯拉夫斯基的才能。捷捷列夫呢，这是一个在四幕戏中难于演出什么名堂来的角色。在所有的四幕戏中，捷捷列夫总是一个样子，说的也总是老一套，更何况这个人物没有生活气息，是一个杜撰的人物。

代我祝贺埃莉娅和伏洛佳①，我由衷地祝他们幸福，健康。但愿伏洛佳在当上了歌唱家后，对埃莉娅不变心，如果变心的话，那也要悄悄地；我祝愿埃莉娅别发胖。最主要的是，愿他们俩白头偕老。

雅尔塔被白雪覆盖了，不晓得这是怎么一回事。甚至连玛莎②也垂头丧气起来，她默不作声，已经不再称赞雅尔塔了。

涅米罗维奇上哪儿去了呢？是到尼斯去了吗？他的地址呢？

我们请了一个厨娘。看来她善于烹调。祖母同她相处融洽，而这是主要的。

昨夜我梦见了你。但什么时候我能真正见到你，这一点无人知道，而且在我看来是遥远渺茫的。因为在1月底是不会放你走的：什么高尔基的剧本啦，还有其它一五一十的事情。看来，我的命运就是如此。

好，不叫你伤心了，我的好妻子，不平凡的妻子。我爱你，哪怕你用棒打我，我也要爱你。除了白雪和冰冻外，没有任何新闻，一切都照旧。

我拥抱、亲吻我的女友，我的妻子，别忘记我，别忘记，别和我疏远！屋顶在滴水，早春的喧哗，但放眼窗外，那儿仍是一片冬日景象，让我梦见你吧，亲爱的！

你的丈夫　安东

两个布尔人的照片收到了吗？

---

① 指叶·伊·巴特尔斯和克尼佩尔的弟弟特·列·克尼佩尔订婚。
② 即契诃夫的妹妹玛·巴·契诃娃。

182 致伊·阿·布宁①

1902 年 1 月 15 日，雅尔塔

亲爱的伊凡·阿历克塞耶维奇，您好！我向您拜年，祝您新年幸福！我祝愿您名扬全球，和一个最可爱的女人交上朋友，祝愿您买的三种公债券都中奖，获得奖金二十万卢布。

我生了一个半月病，现在我认为自己已经健康，虽然还在咳嗽；我几乎什么事情也不做，我一直在等待着什么，想必是在等待春天的到来。

关于《松树》② 我给您写过信了没有？首先，非常感谢您给我寄来了单印本；其次，《松树》这个作品很新颖、清新，很好，只是它太紧凑了，像是浓缩的清肉汤。

好，我们期待您来临!! 快一点来；我将非常高兴。紧紧地、紧紧地握手，祝您健康。

您的 安·契诃夫

对《南方评论》的约稿信我已经作了答复，说我没有任何反对意见，但目前我什么东西也不写，请他们原谅，而当我写好了的时候，我一定寄去。我对所有的约稿者都是这样答复的。

183 致康·谢·阿历克塞耶夫（斯坦尼斯拉夫斯基）

1902 年 1 月 20 日，雅尔塔

亲爱的康斯坦丁·谢尔盖耶维奇，就我从信件中所获知的情况看，在塔干罗格图书馆里，作家们的肖像都是并列挂在一个大镜框中的。显然，他们也想把您放进这样的大镜框中去，所以我觉得，最好是不多麻烦，寄一张普通供陈列用的相片，不装镜框。如果以后发现

---

① 伊·阿·布宁（1870—1953），俄国著名作家，1920 年侨居国外。
② 伊·阿·布宁的短篇小说。

需要装镜框，那么可以再把镜框寄去。

我读《小市民》时，尼尔这个角色在我看来是中心角色。这不是农民，不是作坊工人，而是一个新人，是知识化了的工人。他在剧本中没有得到充分描写，我觉得，对他进行补充描绘并非难事，不用花许多时间，可惜，非常可惜的是，高尔基没有可能观看排练。

顺便说一句，第四幕（结局除外）没写好，由于高尔基没有可能观看排练，那也就坏得无可补救了。

紧握手，向您和玛丽娅·彼得罗芙娜表示衷心问候。

您的　安·契诃夫

184　致亚·伊·库普林①

1902 年 1 月 22 日，雅尔塔

亲爱的亚历山大·伊万诺维奇，我写这封信通知您：您的中篇小说《在杂技团里》列·尼·托尔斯泰已经读过了，他非常喜欢这个作品。劳您驾，请把您的书按下列地址寄给他：塔夫里切斯基省，柯列依斯，也请您在目录上标明您认为是最好的短篇小说，以便他读书的时候从这些作品开始。要不您就把书寄给我，由我来转交给他。

为《大众杂志》撰写的短篇小说我一定给您寄去，但请您让我先从病中"苏醒过来"。

好，祝您身体健康，万事如意。向维克多·谢尔盖耶维奇②问好和致敬。

您的　安·契诃夫

---

① 亚·伊·库普林（1870—1938），俄国著名作家，1917 年后移居国外，1937 年返回苏联。
② 指维·谢·米罗柳博夫。

185 致奥·列·克尼佩尔

1902 年 1 月 27 日，雅尔塔

我可爱的小洋娃娃，我发给你的电报上写的不是"凶狗"，而是"可爱的小狗儿"，显然，这是在电报局里给传讹了。

托尔斯泰身体很坏，他发过心绞痛，接着又是胸膜炎和肺炎。大概你在收到这封信之前就会听到他去世的消息。我心情忧郁，闷闷不乐。

告诉我：你哪一天动身？几月几号？如果走不了，那就别走，坐在家中，干你自己的事情；我们在四旬斋的第五周会见面的。我身体健康。

吻你，我亲爱的，亲热地吻，吻许多次。给我写信，今天没有你的来信。

你的 安东

186 致奥·列·克尼佩尔

1902 年 1 月 31 日，雅尔塔

你好，我亲爱的小奥莉娅，你好吗？我的日子过得不好也不坏，因为根本不可能过另一种生活。Л.① 的剧本使你喜出望外，但是要知道，这是一个用庄重的古典语言写成的肤浅的剧本，因为作者不会朴素地写，写俄国生活中的事情。好像是这样：这位 Л. 早就开始写作了。如果翻寻一下的话，在我这里也许还能找出他的几封来信。布宁的《在秋天》的手笔不流畅，不自然，不管怎么说，库普林的《在杂技团里》要高明得多。《在杂技团里》是一个流畅、纯朴和有才气

---

① 指安·瓦·卢那察尔斯基（1875—1933），俄国著名作家，评论家。这里讲到的剧本是指他写文艺复兴时代的生活的诗体故事剧《诱惑》。他在 1902 年 1 月 26 日把这个剧本读给奥·列·克尼佩尔听了。

的作品，而且它无疑是由行家写成的。好，随它们去吧！我们怎么谈起文学来了呢？

请把收据转交给维什涅夫斯基。你告诉他：钱早已交给了出纳员，而收据我只是昨天才着人去取的。这是谁把我的书送到他那儿去的呢？

昨天托尔斯泰的病情好转了一些，有希望了。

对晚会的描写以及海报都已经收到，谢谢你，我心爱的。我笑了好久。特别使我发笑的是角力士，卡恰洛夫的靴子，莫斯克温指挥的乐队。你的生活多么欢乐，而我这里又是多么没有生气！

好，祝你健康，我亲爱的，愿上帝保佑你。别把我忘记。拥抱你，亲吻你。

你的德国人　安东

你告诉玛莎，妈妈已经走路了，已经恢复健康，这封信我是在1月31日茶后写的，而给玛莎的信是在早晨写的。一切都顺当。

187　致奥·列·克尼佩尔

1902 年 2 月 13 日，雅尔塔

亲爱的，小狗儿！我不上轮船码头去接你，因为天气大约会变凉。你别着急。我会在书房里迎接你，接着我们将一起吃晚饭，然后将长时间地交谈。

我昨天出乎意料地突然收到苏沃林的信。这是在三年互相不通音讯之后。他在信中骂剧院，称赞你，因为连你也骂进去总是难为情的吧。

叶卡捷琳娜·巴甫洛芙娜①好像已经去莫斯科了。如果没有演出，那她至少可以看到排练②，她会对情况有所了解的。

---

① 即高尔基的夫人。
② 指高尔基的剧本《小市民》的排练。

你告诉奇列诺夫，说我在这几天里就给他写信，一定写，一定。没有啥好写的，否则我早就给他写了信了。

一封信到雅尔塔要走五天，而不是三天。这封信我在 2 月 13 日寄出，你将在 2 月 17—18 日收到。你会明白这一点的。因此，我明天再给你写一封短信，以后就不写了。然后，稍许等上几天，我将尽我做丈夫的义务了。

你来了以后，请你别同我讲什么吃的东西。这种谈话枯燥无味，在雅尔塔尤其是这样。自从玛莎走了之后，一切都翻了个身，都照玛莎来以前的老样子了，也不可能是另一个样子。

我在读屠格涅夫的作品。这个作家身后只会留下他所写的作品的八分之一或者十分之一，其余的作品过上 25—35 年就都会进档案馆。难道你一度曾经喜欢过《闹钟》杂志的画家奇恰戈夫的作品？啊哟哟！

为什么萨瓦·莫罗佐夫①让贵族们到自己家里去？为什么？要知道他们会饱餐一顿，接着，在离开他家之后，他们会笑他，就像笑一个亚库梯人一样。换了我，我会用棍子把这些畜生赶出去的。

我这儿有香水，但不多。花露水也不多。

亲吻我的亲爱的，我的百看不厌的妻子，焦急地等着她。今天是阴天，不暖和，趣味索然。如果不是想到你，想到你要来，我好像就会狂饮起来。

好，我拥抱我的德国女人。

你的　安东

188　致奥·列·克尼佩尔

1902 年 3 月 31 日，雅尔塔

亲爱的，我现在要到托尔斯泰那里去。天气好极了。你在彼得堡

---

① 萨·季·莫罗佐夫（1862—1905），俄国工厂主，与艺术剧院关系亲密。

该感到厌倦了吧？无聊吗？冷吗？

关于名誉院士的事情①，还什么都没有决定，什么情况也不清楚，没有一个人告诉我任何东西，因此，我不知道，我该怎么办。今天我要同列夫·尼古拉耶维奇谈一谈这个问题。

高尔基的剧本演出成功了？你们真行！！

好，再见，我的亲爱的。如果需要什么的话，我会打电报的，如果我明天没再给你写信，这就会是最后一封了。

我身体很好，明天就停止补牙。星期三画家尼卢斯将开始给我画像，他是布宁的朋友。

好，妻子，再见！我们一定会在一起的，以后，一直到9月或者10月，任何坏蛋都不能把我们拆散。

拥抱你，亲吻你一百万次。

《野鸭》出丑了吗？

你的忠实的丈夫　安东

今天没有收到你的信。

189　致符·加·柯罗连科

1902 年 4 月 19 日，雅尔塔

亲爱的符拉其米尔·加拉克契昂诺维奇，我的妻子从彼得堡来了，体温 39 度，十分虚弱，全身剧痛，她不能走，是把她从轮船上抬下来的……现在她似乎好了一些……

我不打算把声明②转交给托尔斯泰。当我同他谈到高尔基和科学院的时候，他说了一句："我不认为自己是院士"，——说完他就一头钻进书里了。我把一份声明转给了高尔基，还把您的信读给他听了。

———————————

① 指俄国皇家科学院于 1902 年 3 月 12 日撤销原来推选高尔基为名誉院士的决定一事。

② 契诃夫和柯罗连科抗议俄国皇家科学院撤销高尔基当选名誉院士的决定，他们一起声明，同时要求解除他们的名誉院士称号。

不知为什么我感觉到，5月25日科学院不会开会，因为5月初所有的院士就已经都走散了。我还觉得，第二次不会再选高尔基，会给他投上许多黑球①。我非常想同您见面，谈一谈。您来雅尔塔吗？5月15日之前我还在雅尔塔。我本来可以去波尔塔瓦上您家，但妻子病倒了，大约还得躺三个礼拜左右。要不然我们就在5月15日以后在莫斯科见面，在伏尔加河上或者在国外见面？请来信。

紧握您的手，祝您万事如意。祝您健康。

您的　安·契诃夫

我的妻子向您问好。

190　致康·德·巴尔蒙特②

1902年5月7日，雅尔塔

亲爱的康斯坦丁·德米特利耶维奇，您给我写了一封和悦的信，但愿上苍祝福您！我活着，身体几乎是健康的，但仍然呆在雅尔塔，而且要呆很久，因为我的妻子在生病。《燃烧的大厦》③和卡利杰隆④作品第二卷我都收到了，万分感谢。您是知道的，我喜欢您的才能，而您的每一本书都带给我不少的乐趣和激动。这也许是因为我是一个保守的人。

您夫人翻译的剧本⑤我也收到了，收到很久了，而且已经转寄给艺术剧院了。我喜欢这个剧本，它合乎时势要求，只是它太人为地严峻，也许，书报检查机关不会准许出版。

我羡慕您。在可爱的牛津多住一阵吧，工作吧，取乐吧，间或也回想一下我们，我们这些过着灰色、枯燥和没有生气的生活的人。

---

① 表示反对时，投黑球。
② 康·德·巴尔蒙特（1867年生），俄国象征主义诗人，翻译家。
③ 巴尔蒙特的诗集。
④ 即康·德·巴尔蒙特。
⑤ 德国作家什里亚富的剧本《艺术家埃尔采》。

祝您健康，愿天使们保佑您。请再给我写信，哪怕是写上一行字也好。

您的　安·契诃夫

191　致阿·马·彼什科夫（马·高尔基）

1902 年 7 月 29 日，留比莫夫卡

亲爱的阿历克塞·马克西莫维奇，我已经读完了您的剧本①。它有新意，而且，毫无疑问，写得也好。第二幕十分好，这是写得最好、最有功力的一幕，因此当我读它的时候，特别是当我读它的结尾的时候，我高兴得几乎跳了起来。剧本的情绪忧郁、沉重，观众会由于不习惯而离开剧院，而您呢，不管怎样，您有可能要同乐观主义者的名声告别。我妻子将扮演瓦西莉莎，一个淫荡而又凶狠的婆娘。维什涅夫斯基在屋里走来走去，模拟着那个鞑靼人，——他深信，这是他的角色。鲁卡这个角色，咳，可别把它交给阿尔乔姆，他演这个角色会重复他的老一套，会厌倦，然而他可以把巡警表演得十分出色，这是他的角色。姘妇让萨马罗娃来演。演员这个角色您塑造得很成功，这是一个极好的角色，应当把它交给一个经验丰富的演员，哪怕是交给斯坦尼斯拉夫斯基也好。卡恰洛夫将扮演男爵的角色。

您把几个最有意思的人物（演员除外）从第四幕中引走了，所以您现在要注意，不要因此而出了什么事情。这幕戏可能会使人感到枯燥和不必要，尤其是如果几个比较强的和有趣的演员离开以后，台上只剩下几个中等水平的演员的话。演员之死写得太糟，您好像是打了观众一记耳光，无缘无故地打了一记，事先也不让他们有所准备。为什么男爵来到了小客栈？为什么他是男爵？——这一层您交代得也不够清楚。

8 月 10 日左右我将去雅尔塔（妻子留在莫斯科），之后，仍在 8

---

① 指《在底层》。

月间，我将重返莫斯科，并将在那儿一直住到 12 月份，如果不发生什么特别的事情的话。我能看到《小市民》，我还将观看新剧本①的排练。您是否也能从阿尔扎马斯脱身来莫斯科？哪怕来住上一个星期也好。我听说，会同意您上莫斯科的，有人在为您张罗。在莫斯科正在把利阿诺佐夫斯基戏院改造为艺术剧院，工作正在紧张地进行着，答应在 10 月 15 日前结束改建工作，但未必能在 11 月底或 12 月份开始演戏。我觉得，雨天在妨碍改建工作，非常猛烈的暴雨。

我现在住在留比莫夫卡，住在阿历克塞耶夫的别墅里，从早到晚钓鱼。这里有一条极美的河，深深的，有许多鱼。我变得十分懒惰，甚至连我自己都感到厌恶。

奥尔加的身体看来在好起来。她向您问好，并表示由衷的敬意。请代我问候叶卡捷琳娜·巴甫洛芙娜、马克西姆卡和女儿。

列·安德烈耶夫②的《思想》是某种矫揉造作的东西。它难懂，显然是一部无用的作品，但写得有才气。安德烈耶夫不朴素，他的才华好似一只人造夜莺的啼鸣。而斯基塔列茨③则是一只麻雀，然而倒是一只活泼的真麻雀。

不管怎么样，我们将在 8 月底见面。

祝您健康和幸福，别愁闷。阿列克辛④来过我家。他对您的印象很好。

> 您的 安·契诃夫

请您写上几句，说明您已经把剧本收回。我的地址：涅格林内胡同，戈涅茨卡娅家。

别急于把名称定下来，有足够的时间好好想一想。

---

① 指《在底层》。
② 列·尼·安德烈耶夫（1871—1919），俄国作家。
③ 斯·加·彼得罗夫（1868—1941）的笔名，俄国诗人、作家。
④ 亚·尼·阿列克辛（1863—1923），俄国地方自治会医生。

192　致奥·列·克尼佩尔

1902 年 9 月 18 日，雅尔塔

我可爱的好夫人，这儿发生了一件事情：夜间下了一场雨。但早晨我在花园中散步的时候，一切又都已经干干燥燥，沾满尘土。不过雨毕竟是下过了，我在夜间还听到了雨声。寒冷已经过去，又热起来了。我身体完全好了，至少是我吃得多，咳嗽少，我不吃乳脂，因为这里的乳脂伤胃，而且十分饱腹。总而言之，别担心，一切如果不是很好的话，至少也不比一般情况差。

今天我心情忧郁：左拉死了。这是如此地出人意料，而且又似乎是死得不适时。作为一个作家我并不很喜欢他，但是作为一个人我非常尊重他，尤其是在热烈讨论德莱福斯案件的近几年里。

这么说，我们很快就会见面，我的小娃娃。我到你那儿去，我要一直住下去，直到你把我撵走为止。你放心，我会使你厌烦的。你告诉奈焦诺夫①，如果什么时候谈起他的剧本②的话，你告诉他，说不管怎么样他有巨大的才能。我不给他写信，是因为很快就要同他面谈，——你就这么对他说。

我把信中对你说的话也写信告诉了莫罗佐夫③，说我没有钱，我不当股东④了，因为我没有收到本来打算收还的一笔债款。

别闹情绪，这同你不相称。你要高高兴兴，我的心爱的。我亲吻你的双手、额头、面颊、肩膀……

你的　安

考季克在哪儿？

母亲问你好。她一直在抱怨你不给她写信。

---

① 谢·亚·奈焦诺夫（1869—1922），俄国剧作家。
② 指《房客》。
③ 即萨·季·莫罗佐夫。
④ 莫斯科艺术剧院当时是集股经营的，莫罗佐夫和契诃夫等都是股东。

193　致亚·伊·库普林

1902 年 11 月 1 日，莫斯科

亲爱的亚历山大·伊万诺维奇，《闲居》我已经收到和读完，十分感谢您。这部中篇小说好，我就像读《在杂技团里》一样，一口气就把它读完了，而且真正感到了乐趣。您要我只谈不足之处，这就使我为难了。在这部中篇小说里没有不足之处，如果有什么地方可能令人不同意的话，那不过是它的一些特点。例如，你是按老办法来处理您的人物——演员——的，就像近百年以来所有写过演员的人已经对他们作过的处理一样，没有任何新意。其次，您在第一章里描写了人物的外表，又是用老的办法，用描写的办法，其实没有这种描写也行。五个作了特定描绘的人物外表会使读者注意力疲劳，最终也就会失去其自身的价值。刮了胡子的演员们彼此相像，就如同天主教僧侣彼此相像一样，不管您如何努力地去描绘他们，他们依然是彼此相像。第三点意见，笔调有点儿粗野，描绘醉汉时没有节制……

这就是您要我说的有关不足之处而又是我所能说的一切，别的我一点儿也想不出来了。

请告诉您的妻子，要她别担心，一切都会顺顺当当的。分娩过程将持续 20 个小时左右，接着来到的就是最幸福的心情，那时她将会微笑，而您将会感动得想哭。20 个小时，这是一般初次分娩的最长时间。

好，先生，祝您健康。紧握手。我这儿来访者太多，我头都发昏了，写信都感到困难。艺术剧院确实是个好剧院；不特别豪华，但挺舒适。

您的　安·契诃夫

194　致奥·列·克尼佩尔

1902 年 12 月 14 日，雅尔塔

我心爱的，瘦弱难看的小动物，小狗儿，你一定会有孩子的，医

生们都这么说。只要你十分集中力量，你就会有一个儿子，他将打碎碗盏，拖你那条小狗儿的尾巴，而你看着他，心中感到慰藉。

昨天我洗了头，稍稍着了凉。今天我不能工作，头痛。昨天我初次进城，那里十分枯燥无味，街上尽是些面孔丑陋的人，没有一个美女，也没有一个衣着悦目赏心的。

当我坐下来写《樱桃园》的时候，我会写信告诉你的，小狗儿。现在我在写一个短篇小说，相当乏味的短篇小说，至少对我来说是相当乏味的，它已经使我厌腻了。

雅尔塔的地面上已经盖满了绿茸茸的小草。在不下雪的时候，看上去挺舒服。

我收到埃夫罗斯①的来信。他要我写一篇东西，谈谈我对涅克拉索夫有什么看法。据说是一张什么报纸要用。令人讨厌，可是我得写。顺便说一说，我非常喜爱涅克拉索夫，而且不知为什么我对任何一个诗人都不像对他那样乐于原谅其错误。我就这样写信告诉埃夫罗斯②。

外面刮着大风。

福姆卡现在到雅尔塔来会冷的，但是也许可以把它放在车厢里带来，或者，也许，狗室里是加暖的。如果玛莎自己不把它带来，那么维诺库罗夫-奇戈林也许会把它带来，他是古尔祖夫地方的一个教师，今天才动身去莫斯科。

你送给我的那头猪一个耳朵上的颜色剥落了。

好，亲爱的，上帝保佑你，你是聪明人，别闹情绪，别苦闷，经常想想你的合法丈夫。可不是么，在这个世界上实际上没有人像我这样爱你，再说，除了我以外，你什么亲人也没有。你应该记住这一

---

① 尼·叶·埃夫罗斯（1867—1923），俄国戏剧批评家，记者。
② 为了纪念涅克拉索夫忌辰20周年，埃夫罗斯以《每日新闻》报的名义访问契诃夫。契诃夫在回答他的提问（"涅克拉索夫是否已经过时？"）时说："我十分喜爱涅克拉索夫，我尊敬他，我把他看得很高。""他的影响是否还会存在很久，我不敢断言；但我认为，他会存在很久，在我们这一辈子当中总会存在；无论如何，不能说他已经过时或已经陈旧。"

点，而且要加以考虑。

我拥抱你，亲吻你一千次。

你的　安

请你写封详细一些的信给我。

195　致谢·巴·嘉吉列夫[①]

1902 年 12 月 30 日，雅尔塔

最尊敬的谢尔盖·巴甫洛维奇！

　　载有一篇评论《海鸥》的文章的那期《艺术世界》我已经收到。文章已经读过，十分感谢。当我读完这篇文章时，我又想写剧本了，这一点在明年 1 月份之后我想必会做到的[②]。

　　您在信中写道，我们曾经谈过俄国的严肃的宗教运动。我们当初谈到的不是俄国的运动，而是知识阶层中的运动。关于俄国我什么也不说，知识阶层呢，他们目前只是在做宗教游戏，而且主要是由于无事可做。关于我们社会中那一部分有知识的人可以这么说，他们已经离开了宗教，而且离它越来越远，不管人们尽在那儿说些什么，也不管组成了一些什么样的哲学—宗教协会。这究竟是好还是坏，对此我不敢下定论，我只是说，您信中写到的宗教运动是一回事，而整个现代文化却又是另一回事，所以把后者纳入依赖于前者的因果关系之中是不应该的。现在的文化，——这是为了伟大未来而做的工作的开端，这工作也许将要继续几万年，以求人类哪怕是在遥远的未来认识到关于真正上帝的真理，就是说人类不会去猜测，也不会在陀思妥耶夫斯基身上寻找，而是清楚地认识到了，就像人类已经认识到了二乘二等于四一样。现在的文化，——这是工作的开端，而我们谈到过的

---

① 谢·巴·嘉吉列夫（1872—1929），俄国艺术学家，主张"为艺术而艺术"，象征主义者的刊物《艺术世界》的编辑。
② 指契诃夫将写完《樱桃园》。

宗教运动则是一种遗毒，已经几乎是那个过时了的或正在过时的东西的终结。不过，这话说来太长，一封信里讲不完。如果您能见到菲洛索福夫①，那么请您转达我对他的深深的谢意。向您祝贺新年，祝您事事如意。

忠实于您的 安·契诃夫

196 致奥·列·克尼佩尔

1903 年 1 月 14 日，雅尔塔

好演员，普什卡廖娃②神经不正常，你要注意这一点。大约 20 年前她就带着自己的剧本③到我这里来过，甚至还要早一些。这是诗人普什卡廖夫④的妹妹，他是个诗人和剧作家，别人逗弄她，叫她万达⑤。剧本你别读，你吩咐克谢尼娅（或厨娘），吩咐玛莎，如果作者来的话，就把剧本还给她。否则你会吃她的苦头的。顺便说一句，我收到了她的信。

我们这里在下雪。你在信中说，只有我一个人在埋怨这里的天气。那难道还有人在称赞吗？这个人是谁呢？我收到了库普林的信，他们生了一个女儿。你要牢记这一点。我收到了苏沃林的信，这是对我在信中向他提的批评所作的答复⑥，他信中还说，儿子把他搞得够

① 德·符·菲洛索福夫，俄国神秘主义流派的评论家和政治家，《艺术世界》的撰稿人。
② 娜·卢·普什卡廖娃（生卒年月不详），她在 1896 年 5 月 6 日及 17 日写信给契诃夫，感谢契诃夫读了她的剧本手稿，并且还提了意见。契诃夫给普什卡廖娃的信不知下落。
③ 剧本《受攻击的未婚夫》是手稿，契诃夫读了这个剧本并提出了意见，但契诃夫写给普什卡廖娃的信下落不明。
④ 尼·卢·普什卡廖夫（1842—1906），俄国诗人，戏剧家和翻译家。
⑤ 俄文中"万达"一词的意思是"鱼梁"。
⑥ 指契诃夫在 1902 年 12 月 22 日写给苏沃林的信，他在信中批评苏沃林对艺术剧院和斯坦尼斯拉夫斯基的不正确看法。

苦了。我收到了《公民》①，在最新的一期上高尔基被称作神经衰弱病人，连他剧本②取得的成功也被解释为神经衰弱。瞧，现在什么人都患神经衰弱了！高尔基在成名后得顶住或在长期内不时地经受仇恨和嫉妒的攻击。他一举成名，而这在当今世界上却是不可原谅的呀。

塔塔里诺娃患的是肺炎。

好吧，让上帝保佑你。祝你健康，我的好妻子，你别激动，别伤感，别同任何人争吵，有时可以回想一下自己的丈夫。吻你的双肩。

你的　安东

197　致奥·列·克尼佩尔

1903 年 2 月 7 日，雅尔塔

我的小狗儿，除了你信中提及的茶碗以外，所有的东西我都收到了。丘明娜的诗③我还没有收到。符·符·契诃夫是我父亲的堂兄弟——著名精神病医师的儿子；他自己也是个精神病医师。戈尔采夫的纪念日活动我自己也不满意，因为，第一，没有把他——受庆祝的人——选为俄国语言文学爱好者协会的名誉会员；第二，没有募集以他命名的助学金④……要知道，鲁扎附近的阅览室简直是胡闹！那儿没有人看书，也没什么东西可读，一切都是被禁止的。

奥·米·索洛维约娃⑤给我带来了 19 条青鱼和一罐头果酱。你

---

① 《公民》是一种极端反动的"政治和文学报纸-杂志"，一周出两期。
② 指《在底层》。
③ 奥·尼·丘明娜（1862—1909），俄国女诗人，翻译家，这里提到的是她的《诗选》。
④ 契诃夫祝贺戈尔采夫时表示，愿意捐一百卢布作为以戈尔采夫命名的助学金。后来这笔钱连同另外几人捐出的钱都用于扩建鲁扎县图书馆—阅览室了，在鲁扎县有戈尔采夫的一个别墅。
⑤ 奥·米·索洛维约娃是契诃夫家在雅尔塔的熟人。

见到她时，谢谢她，你对她说，你很受感动。青鱼味道很好。你告诉玛莎，昨天早上雅尔塔的气温是零下6度，今天早上也是零下6度，只得坐在炉旁，什么事情也不做，真糟糕！今天没有收到你的信，天空是阴沉和寒冷的。我的身体还可以，我不诉苦。

苏沃林的作品《问题》在彼得堡大受欢迎，其中许多俏皮话被认作是逗人笑的，就是说，这老头儿交了好运。我从报上读到，你们的剧院为复活节的第一个星期的演出事派人去彼得堡张罗了。这是真的吗？会允许你们演出《在底层》吗？我觉得，书报检查机构向高尔基宣布了一场你死我活的战争，而且不是出于恐惧，纯粹是出于对他的憎恨。要知道，书报检查机关头目兹韦列夫本来以为是要失败的①，而且他还对涅米罗维奇讲到过这一点，而现在突然引起议论纷纷，而且是十分热烈的议论！

时间过得快，非常之快！我的胡须完全白了，我什么都不想做。我觉得，生活是愉快的，而有时是不愉快的，——我就想到这里为止，不再往下想了。你送的玩具，一头背着三只猪仔的小猪和几只黑色和白色的小象，都在我眼前放着，——每天如此。不管怎样，亲爱的，你要写信告诉我：艺术剧院去不去彼得堡？去多久？这是因为，我还没有写信告诉你，我想把剧本先交给科米萨尔热夫斯卡娅，要早于交给艺术剧院之前。她在秋季或冬季需要一个剧本，因此我应该知道，我能不能在下个戏剧演出季给她一个剧本，哪怕是在圣诞节之后给她。

不过，小狗儿，我使你厌烦了。请原谅，亲爱的，我马上就结束了。不过，你让我吻一吻你的小手，拥抱你一下。冷哪！

                                            你的 安东

关于科米萨尔热夫斯卡娅的事，你同涅米罗维奇谈一谈，应该给她一个回音呀！

---

① 指《在底层》的演出。

198　致亚·伊·孙巴托夫-尤仁

1903 年 2 月 26 日，雅尔塔

　　亲爱的亚历山大·伊万诺维奇，多谢你给我写信。我同意你的看法，评论高尔基是困难的，要分析大量评论他的文章和谈话才行。他的剧本《在底层》我没有看过，对它很不了解，但是对我来说，有了例如《我的旅伴》或者《切尔卡什》这些短篇小说；就足以认为他远非一个小作家。《福玛·高尔杰耶夫》和《三人》读不下去，这是不好的作品，依我看，《小市民》也是中学生的作品，但是，须知高尔基的功绩不在于他的作品受到人们的喜爱，而在于他第一个在俄国、乃至在整个世界以鄙视和厌恶的口吻讲到了小市民的习气，而且正是在社会对这种抗议已经作好了准备的时候第一个开始讲的。无论是从基督教的观点看，从经济的观点看，或是从任何别的观点看，小市民习气都是一大邪恶，它像是河上的一条堤坝，永远只为停滞效劳，而流浪汉呢，虽然他们不文雅，虽然他们喜欢酗酒，但他们毕竟是、至少看来是一种可靠的设施，因此堤坝尽管还尚未冲破，那也已经出现了一个危险的大漏洞。我不知道，我是否把我的思想表达清楚了。我认为，将来会有一天人们会忘记高尔基的作品，但高尔基本人甚至在一千年之后也未必会被忘记。我是这么想的，或者说我是这么感到的，不过也可能是我错了。

　　现在你是在莫斯科吗？你还没有去尼斯和蒙特卡洛吗？我常常回忆我们的青年时代，那时我同你坐在一起，玩轮盘赌博。还有波塔片科。顺便提一下，我今天收到了波塔片科的信，这个怪人想办杂志。

　　紧握你的手，祝你健康和顺利。

你的　安·契诃夫

199　致奥·列·克尼佩尔

1903 年 3 月 23 日，雅尔塔

　　我亲爱的小奶奶，为了地址的事情你在生我的气，你再三要我相信，你给我写过信，而且还好像是写过好几封。你等着，我把你的信带给你，你自己会看到的，而现在我们都闭口吧，不再谈地址问题，我已经平静下来了。还有，你在信中说，我又问起了有关屠格涅夫剧本的事情，而你已经来信告诉过我，只是我忘记了你的信件的内容。我丝毫也没有忘记，亲爱的，你的信我都要读上好几遍，问题在于我写信和你回信，一来一往之间每次都不会少于十天。屠格涅夫的剧本我几乎把它们全都读完了。我已写信告诉过你，我不喜欢《乡村一月》这个剧本，但你们将要上演的《食客》倒还可以，写得不差。如果阿尔乔姆不拖沓和不单调的话①，那这个戏会演得不错的。《外省女人》需作删改。是吧？角色倒是一些好角色。

我的痔疮整个冬天没有发作过，我现在是个地道的九级文官。天气好极了。到处鲜花盛开，暖和，宁静，但没有雨水，我在为植物担心了。你信中说，你要整整三昼夜一直把我搂在怀中。那我们又怎么吃饭或喝茶呢？

我收到了涅米罗维奇的信，多谢他了。我现在不给他写信，因为不久前我已经寄出一封信。

好，祝你健康，小狗儿。关于高尔基我已在信中告诉过你：他到过我这里，我也到他那儿去过②。他的身体不错。短篇小说《未婚妻》我不能寄给你，因为我这里没有，你很快就可以在《大众杂志》上读到。这种小说我过去已经写过，写过多次，所以你读不出什么新东西来的。

能不能把你两脚朝天倒过来，接着把你抖上一抖，然后再拥抱你，咬咬你的小耳朵？能不能，亲爱的？你写信回答，不然我要叫你坏蛋了。

你的　安东

_____

① 阿尔乔姆在《食客》中扮演库佐夫金这个角色。
② 当时契诃夫和高尔基都在克里米亚疗养，住得很近。

200 致阿·谢·苏沃林

1903 年 7 月 1 日，纳罗福明斯克

您现在在阅读小说，那么请您顺便也读一读魏列萨耶夫①的短篇小说。请从第二卷开始，先读一个不大的短篇小说《里扎尔》。我觉得，您会很满意的。魏列萨耶夫是个医生，我是在不久前认识他的，他给人以一种很好的印象。

我路过莫斯科时，将把叶若夫②留在书店里。下一卷，如果您认为可以的话，请给我寄到雅尔塔来。

我常在河里游泳。

没有什么新的事情好写。一切都顺利。祝您身体健康，万事顺遂。

您的　安·契诃夫

201 致谢·巴·嘉吉列夫

1903 年 7 月 12 日，雅尔塔

最尊敬的谢尔盖·巴甫洛维奇，复信稍迟了些，因为您的信我不是在纳罗福明斯克，而是在雅尔塔收到的。日前我刚来到雅尔塔，大概需要在这儿住到秋天。读完您的信我想了很久。尽管您的建议、或者说您的邀请非常有诱惑力，但我最终只能作出违反我和您的愿望的答复。

我不能做《艺术世界》的编辑③，因为我不能住在彼得堡，而杂志也不会因为我而搬到莫斯科来，而编辑工作又不可能通过邮局或电报来进行，如果让我做一名挂名编辑，这对杂志说就毫无作用，这是

---

① 维·维·魏列萨耶夫（1867—1945），原姓斯米多维奇。著有描述 19 至 20 世纪之交俄国知识分子探索真理的中篇小说《无路可走》、《医生笔记》等。
② 苏沃林常寄杂志《解放》给契诃夫阅读，这是一本资产阶级自由主义反对派的双周刊。为保守秘密起见，契诃夫在信中称这本杂志为"叶若夫"，苏沃林是明白这个代称的。
③ 嘉吉列夫有意约请契诃夫担任《艺术世界》的小说栏的编辑。

第一点。第二，正像一幅画只能由一个画家画、讲演只能由一个讲演家讲一样，杂志也只能由一个人来编辑。当然，我不是一个批评家，批评栏我可能也编不好，但是还有另一方面，我怎能和德·谢·梅列日科夫斯基和睦相处在一个屋檐之下。他是有明确信仰的，而且信仰到要教训人的程度，而我呢，我早就丧失了自己的信仰，我只能以困惑的眼光看待任何一个有信仰的知识分子。我尊敬德·谢·梅列日科夫斯基，我珍视他这样一个人和文学家，但是如果我们同拉一辆车的话，我们会把它朝不同的方向拉。不管怎样，无论我对事业的看法是否错误，我总认为，而现在我非常确信，编辑只能有一个，只能有一个，而具体地说，《艺术世界》应该由您一个人编辑。这是我的意见，我觉得，我是不会改变这个想法的。

请您别生我的气，亲爱的谢尔盖·巴甫洛维奇，我觉得，如果您再为这个杂志当上五年编辑，您就会同意我的看法。在一本杂志中，像在一幅画或一首长诗中一样，应该只有一个面孔，应该使人感到只有一个意志。到目前为止，《艺术世界》也正是这样的，而这样也是好的。应该这样继续下去。

祝您一切都好，紧握您的手。雅尔塔很凉快，或者说至少并不热，我兴高采烈。

向您躬身问候。

您的　安·契诃夫

202　致符·伊·涅米罗维奇-丹钦科

1903 年 9 月 2 日，雅尔塔

亲爱的符拉其米尔·伊万诺维奇，谢谢你来信。很遗憾，我们对奈焦诺夫的剧本①意见不一致，在第二幕中有和《孤独的人》相似的地方，库波罗索夫这个人物写得不匀称，但是这并不那么重要。重要

---

① 指奈焦诺夫的剧本《金钱》。

的是要有剧本，要在剧本中能使人感觉到它的作者。在现在能读到的许多剧本中，感觉不到作者的存在，好像它们全是在一个工厂里由一个机器制造出来的。而在奈焦诺夫的剧本中是能感到作者的。

如果你要像你在信中所说的那样，转到小剧院去①，那你是不会高兴的。因为你对雷巴科夫②和列什科夫斯卡娅已经不习惯了，他们不管怎样表演，你总会觉得不协调和生硬，别去，你还是留在自己的剧院里吧。

我的剧本③（如果我能继续像到今天为止这样写下去的话）很快就可以完成了，请你放心，第二幕难写，非常难写，但写出来的东西似乎不错。我把这部剧本叫做喜剧。

我的身体还可以，我不抱怨什么。我在希望冬天到来，那时我打算住在莫斯科。

祝你身体健康、事事如意。在我的剧本中，奥尔加④将扮演母亲⑤这个角色，而十七八岁的女儿、一个年轻苗条的女孩⑥将由谁来扮演，对此我不敢决定。不过到那时候会清楚的。

躬身问候并拥抱你。

你的　安·契诃夫

203　致奥·列·克尼佩尔

1903 年 9 月 21 日，雅尔塔

我美好的妻子，今天我感觉自己好一些了，显然我已经正常起来：看到自己的手稿已经不生气了，我已经在写作，写完后，我马上就发

---

① 1903 年 8 月底，涅米罗维奇-丹钦科在给契诃夫的信中说，小剧院的几个演员和导演约请他去小剧院工作。
② 康·尼·雷巴科夫（1856—1916），小剧院演员。
③ 指《樱桃园》。
④ 指契诃夫的妻子奥·列·克尼佩尔。
⑤ 指樱桃园的女主人朗涅夫斯卡娅。
⑥ 指她的女儿安尼雅。

电报告诉你。最后一幕将是欢乐的，而且整个剧本都是欢快的、轻佻的，因此萨宁①不会喜欢这个剧本②，他一定会说，我变得肤浅了。

我早上8点钟起身，洗脸。今天的水是凉的，洗得挺舒服。院子里很暖和，几乎可说是热了。家中一切都好。沙里克③还没有学会吠叫，而图季克④呢，它学会后又忘记了。你不在身旁我睡觉时有点儿害怕。

你走后，康斯坦丁·列奥纳尔多维奇⑤一次也没有来过。

今天收到了你用铅笔写的一封信。我读了，我感觉到了你，我的心肝儿。喝香槟酒！上阵亡将士公墓去！啊！亲爱的，这是那些长着棕红色长胡子的人诱惑了你，否则你是不会去的。

剧本我寄给你，由你转交给领导。如果你读完后，认为这个剧本很糟糕，那你别灰心。

吻你，小马儿，我拍拍你，摸摸你的鼻子。愿你快乐，别愁闷，别自作聪明，尽量少花一些钱。

上帝保佑你，我再说一遍，愿你快乐。

你的　安东

204　致奥·列·克尼佩尔

1903年10月19日，雅尔塔

我亲爱的小马儿，我的心肝，你好！昨天我没有给你写信，因为我一直怀着紧张的心情在等电报。昨天深夜收到了你的电报，今天早上收到了符·伊·⑥的电报，电文是180个字。多谢了！我一直在担

---

① 亚·阿·萨宁（亚·阿·申别尔格的化名），莫斯科艺术剧院的演员和导演。
② 指《樱桃园》。
③ 指契诃夫家喂养的一条小狗。
④ 小狗名。
⑤ 指克尼佩尔的弟弟。
⑥ 指符·伊·涅米罗维奇-丹钦科。

心，在害怕。我主要担心的是第二幕的活动少，还有大学生特罗菲莫夫有点儿没写透。可不是，特罗菲莫夫常常被流放，屡次被撵出大学，这些玩意儿你怎么去描绘呢。

亲爱的，你说一声，让他们把上演的剧目给我寄一份来，我现在没有。如果有什么意外，那就不必给我寄制帽了，给我寄一刀手纸、一包牙粉、一叠信笺（便宜一些的），还寄些什么别的好东西。我生活得很好，伙食也正常，虽说昨天晚上饭桌上又有了鲟鱼和炸牛肉，而这些菜在玛莎的菜单上是没有的。你便中告诉玛莎，我的胃一天天在好起来，妈妈自我感觉良好。天气好极了，比原来的天气还要好。

我的剧本会上演吗？如果上演，那么何时上演？

我收到了康·谢·①写来的一封很好的、坦率而又诚恳的信，本季度内是否将上演《社会支柱》②？我还没有看过这个戏。我将在 11 月初到莫斯科。显然，我将把剧本发表在高尔基的文集里③，只是我现在还不知道，我该怎样避开德国人马科斯④。

敖德萨的一些报纸转述了我这个剧本的内容，完全变样了。

我亲爱的，我的小马儿，我愿意出一千卢布洗个澡。我很想念澡堂，我的身上已经长蘑菇和蕨子了。

你给我找一个能给我做皮大衣的好裁缝，买一件轻的大衣皮筒。你用张单独的纸，详细地写一写，我该随身带些什么东西去莫斯科。你要在信中告诉我，谁将扮演夏洛达⑤这个角色。当真是由拉耶夫斯卡娅⑥来演吗？那么这就不会是夏洛达了，这就会是一个不令人好笑的自命不凡的叶芙道克西娅了。

刚才我在《新时报》（星期三）上读了演员罗索夫⑦写的关于尤

---

① 指康·谢·斯坦尼斯拉夫斯基。
② 指挪威剧作家易卜生的作品。
③ 《樱桃园》刊登在高尔基知识出版社出版的文集上。
④ 指书商马科斯，他曾收购了契诃夫全部作品的出版权。
⑤ 指《樱桃园》中的一个人物，家庭女教师。
⑥ 叶·米·拉耶夫斯卡娅，俄国女演员。
⑦ 尼·彼·罗索夫，俄国演员。

利·恺撒的文章①。作者十分赞赏卡恰洛夫和维什涅夫斯基。这很奇怪，因为去年罗索夫还怀着仇恨和万分的厌恶写过有关艺术剧院的文章。

米哈伊洛夫斯基和科斯佳在我这里。他们来了。

你的　安东

205　致奥·列·克尼佩尔

1903 年 10 月 21 日，雅尔塔

我亲爱的小马儿，我有没有把自己的失败写信告诉过你：布罗卡洛夫粉不起泡，就是说没有泡沫。我们是按包装封面上写的办法做的。我们第一次以为是水放多了，第二次我们就不知该怎么想了。你教教我们吧，该怎么办。

莫罗佐夫是个好人，但不必让他接近事情的实质。关于演戏、剧本和演员他只能像观众那样进行评判，而不是作为主人或导演来评判。

我今天收到阿历克塞耶夫②的电报，他在电报中称我的剧本③是天才的作品，这就过奖了，也就剥夺了在顺利的条件下它可能获得的一大半成功。涅米罗维奇尚未给我寄来参加演出这部戏的演员名单，但我仍然在担心。他已经发电报来说，安尼雅像伊丽娜④。显然，他是想把安尼雅这个角色交给玛丽娅·费奥多洛芙娜来演。然而，安尼雅是如此地像伊丽娜，就好比我像布尔贾洛夫⑤一样。安尼雅首先是一个孩子，她非常欢乐，不懂生活，除了在第二幕中之外，她一次也

---

① 罗索夫在这篇文章里赞扬了艺术剧院上演的莎士比亚历史剧《尤利乌斯·恺撒》。
② 指康·谢·斯坦尼斯拉夫斯基。
③ 指《樱桃园》。
④ 安尼雅是《樱桃园》中的人物，而伊丽娜则是《三姊妹》中的人物。
⑤ 盖·谢·布尔贾洛夫（1869—1924），莫斯科艺术剧院演员。

没有哭过。在第二幕中，她也不过是眼含泪水罢了。而玛丽娅·费奥多洛芙娜会把整个角色演成沮丧的，再说她也已经老了。谁演夏洛达呢？

我自我感觉不错，虽说咳嗽没有停过。我比去年这个时候咳嗽多。

我将在11月初到莫斯科，母亲将在11月中或11月末到。她在此地很寂寞。

亚历山大·普列谢耶夫将在彼得堡出版一种类似《戏剧和艺术》那样的杂志。这个人会胜过库格尔①。1月份我将寄一部歌喜剧给他，让他去发表。我早就想写一部比较荒唐的歌喜剧了。

什么时候开始排演我的剧本？写信告诉我，亲爱的，别折磨我。你那份电报很短，现在你可以尽量写得详细一些了吧。要知道，我在这里就好像是在流放中一样。

在亚昆奇科娃②家过的那一段生活不知为什么每天都会回忆起来。很难再遇到在那座白房子里过的那种不成体统的悠闲、荒谬、乏味的生活。那些人纯粹是为了享受而活着：在自己家里见到加东③将军，或者同部长助理奥博连斯基公爵一起散步。维什涅夫斯基怎么会不懂得这一点？他从下面仰望这些人，就好像看上帝一样。那里只有两个人是好的，值得尊敬的：娜塔丽娅·雅可夫列芙娜④和马克西姆⑤。其他的一些人……不过，我们不谈这些了。

而娜塔丽娅·雅可夫列芙娜忘记了她的诺言：给我盖一座小城⑥。

博尼耶夫人打算到莫斯科来，她已经专门为自己定做了白色衣

---

① 亚·拉·库格尔（1863—1928），俄国批评家。他的笔名是："Homo novus"，即"新人"。

② 玛·菲·亚昆奇科娃是纳罗福明斯克地方的一个别墅的女主人，契诃夫在那儿度过1903年的夏天。

③ 符·谢·加东，莫斯科将军、省长的副官。

④ 娜·雅·达维多娃。

⑤ 亚昆奇科娃家的一个工人。

⑥ 达维多娃曾向契诃夫许愿，用木头刻一座古俄罗斯小城的模型给他。后来她实现了自己的诺言。

裙，穿着它专门上艺术剧院看戏。

你的信什么时候能寄到呢？我真想读到关于我的剧本的情况。如果你像我一样住在这个温暖的西伯利亚的话，你就会理解我的急切的心情了。不过，我现在已经开始习惯于雅尔塔了，也许，我还会学会在这里工作。

好了，我的小马儿，我的好匈牙利人，我拥抱你，热烈地亲吻你。别忘了，我是你的丈夫，我有权打你，捶你。

你的　安东

206　致符·伊·涅米罗维奇-丹钦科

1903 年 10 月 23 日，雅尔塔

亲爱的符拉其米尔·伊万诺维奇，当我向你们剧院提供了《三姊妹》，而在《每日新闻》上刊登了一篇短评以后，我们俩，就是我和你，都很气忿，我和埃夫罗斯谈过，他向我保证说，这种事情不会再重复。突然我又在报上读到：朗涅夫斯卡娅和安尼雅住在国外，和一个法国人一起生活，第三幕的剧情发生在某个旅馆里，陆伯兴是个富农、坏蛋，等等①。我能怎么想呢？我能不能怀疑你插了手呢？我在电报里指的只是埃夫罗斯一人，我也只怪罪埃夫罗斯一人。可是，当我读到你的电报，你在电报中把过错全部拉到自己身上，我甚至感到非常奇怪，不敢相信我的眼睛。你这么理解我，使我很难过，更难过的是，发生了这种误会。但是应该快点把这件事情全部忘掉。你告诉埃夫罗斯：我不会再和他交往；然后，请你原谅我，算是我在电报中讲得过头了，——事情到此就算了啦！

今天收到了妻子的信，这是第一封关于剧本的信。我焦急地等着你来信。信在路上要走四五天，多么糟糕！

---

① 记者尼·叶·埃夫罗斯（1867—1923）在 1901 年 10 月 19 日的《每日新闻》报上歪曲报导《樱桃园》的内容。

我发胃病已经很久了，还咳嗽。肠胃倒好像是在好起来，但咳嗽仍和从前一样。我不知道该怎么办，去不去莫斯科。我非常想去看一看排演。我担心：安尼雅可别带哭腔呀！（你不知为什么认为她像伊丽娜）。我担心，会着一个年纪不轻的演员来扮演安尼雅。在我的剧本中，安尼雅一次也没有哭过，无论在哪里她都不用哭腔说话，第二幕中她眼噙泪水，但她的语调是欢乐的、活泼的。为什么你在电报中说，剧本里有很多人哭？在哪里哭？只有一个华丽雅哭，但这是因为她生来是个爱哭的人，她的泪水不应使观众产生沮丧的感觉。我的剧本里常常出现"噙着眼泪"的说明字样，但这只表示人物的情绪，而不是他们在流泪。第二幕中没有墓地。

　　我孤独地生活着，按医生的规定进食，咳嗽，有时生气，书也读厌了，——这就是我的生活。

　　我还没有看过《社会支柱》，也没有看过《在底层》和《尤利·恺撒》。如果现在就去莫斯科，那我就可以享受整整一个星期。

　　这里也冷起来了。好啦，祝你健康和安宁，别生气。盼来信。不是盼你来一封信，而是许多信。

你的　安·契诃夫

又：很明显，剧本将发表在高尔基编的文集中。

207　致奥·列·克尼佩尔

1903 年 10 月 25 日，雅尔塔

　　我亲爱的小马儿，今天在《克里米亚信使报》和《敖德萨新闻报》都转载了《每日新闻》上的文章①，以后还将在所有报纸上转载。如果我起初知道了埃夫罗斯的狂妄举动能够对我发生如此坏的作用，那我无论如何不会把我的剧本交给艺术剧院。我觉得，好像是有人将污水朝我嘴里灌，还往我身上浇。

---

① 参阅契诃夫在 1903 年 10 月 23 日写给符·伊·涅米罗维奇-丹钦科的信。

我至今尚未收到涅米罗维奇答应我写的信。不过，我现在也不特别期待收到这封信了，埃夫罗斯的狂妄举动把我的情绪完全破坏了，我已经心灰意冷了，现在我只有一个感觉：情绪很坏。

昨天叶卡捷琳娜·巴甫洛芙娜①和斯列金娜②到我这里来过，米哈伊洛夫斯基也来过。我在给你的信中严厉批评了奇里科夫③的剧本。结果却原来是我操之过急了，这该归罪阿历克辛，因为他在电话中大骂这部剧本。昨天晚上我读了《犹太人》④；剧本中没有什么特别的东西，但写得不坏，可以打上一个"3₊"⑤。

不，我任何时候都不想使朗涅夫斯卡娅⑥成为一个安宁的女人。只有死亡才能使这样的女人安宁下来。也可能是我没有理解你想说什么。扮演朗涅夫斯卡娅并不困难，只要一开头就有一个正确的表演风格，要想出她的微笑以及哈哈大笑的样子，要懂得穿着。好啦，你什么都会做，只要你想做，只要你身体好。

我再也不和埃夫罗斯交往了。

我现在胃口很好。你告诉玛莎：阿尔谢尼的弟弟（彼东卡，厨房里都这么叫他）回来了，他现在住在我们家的厨房里。他是一个技艺高超的园丁。亲友中有人要雇用他这样的园丁吗？你对齐·格·莫罗佐娃⑦说，这个园丁在训练班毕业，不喝酒，年轻，正派，他可以种出一个极好的花园来（不是花园，而是果园）。她是否想有一个出色的占地二十至三十俄亩的园子？真的，你和她谈一谈。我保证，因为在这种事情上我是十分懂行的。让他们别错过了机会。

马科斯发来了电报。他要求我不发表《樱桃园》。

---

① 指高尔基的妻子。
② 雅尔塔的医生列·瓦·斯列金的妻子。
③ 叶·尼·奇里科夫（1864—1932），苏俄小说家，剧作家。
④ 叶·尼·奇里科夫的剧本。
⑤ 俄国学校给学生打成绩的最高分是5分，其次是4次，"3₊"是比3分稍好一些。
⑥ 《樱桃园》中的女主人公。契诃夫要自己的妻子奥·列·克尼佩尔扮演这个人物。这里他向克尼佩尔提出自己的建议。
⑦ 俄国富有的工厂主萨·季·莫罗佐夫的妻子。

天气多云。比较凉。

斯列金排泄许多蛋白质。情况不妙。不久前对我作过检查，没有发现我排泄蛋白质。每年都检查。但比起往年来，我现在咳嗽更多，更糟。

树上的叶子都还长得好好的，没有落叶。我给自己买了些鱼子、鲱鱼、鳇鱼，而欧洲鳗鱼忘了买。在玛莎给奶奶寄皮靴的时候，请同时也带着寄一些欧洲鳗鱼来。不过，不必了，我这是脱口说了这么一句。在屈勃的铺子里有欧洲鳗鱼卖的。

好啦，小马儿，亲吻你，拥抱你。多来信安慰我。我爱你。

你的　安东

208　致奥·列·克尼佩尔

1903 年 10 月 30 日，雅尔塔

你瞧，我在用什么纸给你写信，小马儿！关于把我选进了文学爱好者协会这件事，我一点儿也不理解。如果是选了我当主席，那为什么是临时的？如果是临时的主席，那么任期是多少年①？而最主要的是，我不知道该感谢谁，该给谁写信。前几天我收到了一个通知，字很蹩脚，署名的是一个姓卡拉什的人。这个通知不是写在印好的表上的，显然，这不是一份正式通知。而这个卡拉什的名字和父名是什么？他住在哪里？不得而知，因此我至今没有为这次当选写过感谢信。

斯坦尼斯拉夫斯基将是一个很好的有特色的戛耶夫②，但这么一来陆伯兴由谁来扮演呢？须知陆伯兴是中心人物。如果这个角色演得不成功，那就意味着全出戏垮台。不该让一个喜欢叫嚷的人扮演陆伯兴，也不能非把陆伯兴演成一个商人不可。这是一个温和的人。格里

---

① 是误解，契诃夫当选的是副主席。
② 斯坦尼斯拉夫斯基表示他愿意演戛耶夫这个人物。

布宁不适宜于演陆伯兴，他应该演皮希克。上帝保佑你们，别让维什涅夫斯基演皮希克。如果他不愿扮演戛耶夫，那么在我这部剧本里就没有另一个可以给他演的角色了，你就这么对他说吧。或者是这样：他是否愿意试一试陆伯兴这个角色？我可以给康斯坦丁·谢尔盖耶维奇写信，我昨天收到了他一封信。

《公民报》在骂艺术剧院，为《尤利·恺撒》骂艺术剧院。

如果莫斯克温愿意演叶比霍多夫，我很高兴。不过，卢日斯基又该演什么角色呢？

我稍许考虑一下，也许，我会到莫斯科来一次，不然涅米罗维奇也许会出于政治考虑而把角色派给安德烈耶娃、奥·阿历克谢耶娃等人。

我感到无聊，没有办法工作。天气阴沉沉的，很冷，在房间里总感到有炉子……

原来，我赶着写完这部剧本是多余的。我满可以再揣摩它一个月的。

给右手剪指甲可真是折磨人。不和妻子在一起日子实在不好过。

我对你送给我的那件长褂倒习惯了，而对雅尔塔我却不能习惯。天气好的时候觉得一切都好，而现在我明白了：这可不是在家里！现在我正像是住在比尔斯克①，就是我们俩一起在别拉亚河上航行时看到过的那个比尔斯克。

菊花收到了吗？损坏了没有？如果没有损坏，那我还托人给你捎一些去。

亲吻我的小昆虫。愿你快乐。

你的　安东

---

① 现俄罗斯联邦巴什基尔自治共和国的一个城市，在别拉亚河畔。

209　致康·谢·阿历克塞耶夫（斯坦尼斯拉夫斯基）

1903 年 10 月 30 日，雅尔塔

　　亲爱的康斯坦丁·谢尔盖耶维奇，多谢您给我写信，也谢谢您给我发来了电报。现在对我来说，信是非常珍贵的，因为，第一，我现在孤零零一个人；第二，我在三个星期前就把剧本寄出了，而您的信我只是在昨天才收到，如果不是我妻子来信的话，那我就会完完全全一无所知了，我的脑海里就会出现种种可能的想象。我在写陆伯兴这个人物时，我就想过，这是您的角色。如果不知为什么他不讨您喜欢，那您就拿下戛耶夫这个角色吧。陆伯兴的确是个商人，但从各种意义上讲他都是个正派的人，举止十分体面，有知识分子味道，不庸俗，不怪僻，而且我觉得，这个角色，剧本里的中心角色，由您来演的话会演得很出色。如果您拿戛耶夫这个角色，那就把陆伯兴交给维什涅夫斯基。这就不会是一个有艺术鉴赏力的陆伯兴，但也不会是一个庸俗的人物。卢日斯基会把这个角色演成冷冰冰的外国人。列昂尼多夫会把他演成一个小富农。在为这个角色选择演员的时候不应忽略的是：华丽雅这个庄重而信仰上帝的姑娘爱陆伯兴，小富农她是不会爱的。

　　我很想上莫斯科去，但我不知道，我怎样才能从这里脱身。天气冷起来了，我几乎不出门，我已经和新鲜空气疏远了，我在咳嗽。我怕的倒不是莫斯科，不是旅途，而是怕在塞瓦斯托波尔从 2 点钟坐到 8 点钟，而且是和一些最乏味的人坐在一起。

　　请写信告诉我，您将担任什么角色？我妻子在信中说，莫斯克温希望演叶比霍多夫。好么，这很好，对这出戏只会有好处。

　　向玛丽娅·彼得罗芙娜问好，向她和您致以最好的祝愿。祝您健康和快乐。

　　我可还没有看过《在底层》、《社会支柱》和《尤利·恺撒》呢！很想看一看。

您的　安·契诃夫

我不知道，您现在住在什么地方，所以我把信寄到剧院去。

210 致符·伊·涅米罗维奇-丹钦科

1903 年 11 月 2 日，雅尔塔

亲爱的符拉其米尔·伊万诺维奇，一天收到了你两封信，多谢你！我现在不喝啤酒了，我最后一次喝啤酒是在 7 月里，而蜂蜜我是不能吃的，吃了我就会腹痛。现在谈谈有关剧本的事吧。

（1）任何人都可以扮演安尼雅，即使不是有名的演员也行，只要她年轻，像个女孩子，而且说起话来声音年轻而又响亮。这不是一个重要的角色。

（2）华丽雅这个角色要严肃一些，如果是玛丽娅·彼得罗芙娜演这个角色，那就好了。假如不是玛丽娅·彼得罗芙娜扮演，这个角色会显得平淡和粗鲁，那就得把它改写一下，使它温和一些。玛丽娅·彼得罗芙娜是不会重弹老调的，因为，首先，她是一个有才气的人；第二，因为华丽雅不像索尼雅①和娜塔莎②，这是一个身穿黑衣裙的人物，像个修道女，傻乎乎的，又爱哭，等等。

（3）戛耶夫和陆伯兴这两个角色让康斯坦丁·谢尔盖耶维奇挑选吧，让他试一试。如果他选中陆伯兴这个角色，而且演得成功的话，那么这出戏也就成功了。因为如果陆伯兴是苍白的，是由一个平庸无才的演员扮演的，那么这个角色和整出戏也就都完了。

（4）皮希克由格里布宁演。上帝保佑，别把这个角色交给维什涅夫斯基。

（5）夏洛达是个重要角色。当然，不能把它派给波米亚洛娃。穆拉托娃，也许，会演好的，但不会逗人发笑。这是克尼佩尔夫人演的角色。

（6）叶比霍多夫——如果莫斯克温愿意演，那就这么办吧。会演出一个极妙的叶比霍多夫来。我原先是考虑由卢日斯基演的。

（7）费尔司由阿尔乔姆演。

（8）杜尼雅莎——由哈柳京娜演。

---

① 《万尼亚舅舅》中的人物。
② 《三姊妹》中的人物。

（9）雅沙这个角色，如果你信中提到的那个亚历山德罗夫，也就是你们那儿的导演助理，如果他愿意演雅沙，那就请他演吧。莫斯克温倒会是一个出色的雅沙。我也不反对列昂尼多夫来扮演雅沙。

（10）过路人——交给格罗莫夫演。

（11）火车站站长，在第三幕里读"罪孽深重的女人"① 的站长由一位男低音演员表演。

夏洛达讲的不是半通不通的，而是纯粹的俄语，只不过偶尔她把词尾的软音读成了硬音，偶尔把形容词的阳性和阴性混同起来。皮希克是俄国人，是个深受风湿痛、老年和饱食折磨的老头子，他身体肥胖，身穿紧腰细褶长外衣（像西莫夫那种姿态），脚穿没有后跟的皮靴。陆伯兴身穿白色坎肩，脚上是一双黄皮鞋，走路步子很大，双手来回摆动，他顺着一条直线走，边走边想着什么。他的头发较长，因此常常向后扬头，在思考的时候他要梳理胡须，从后面向前梳，也就是从颈部梳向口部。特罗菲莫夫这个人物似乎是清楚的。华丽雅穿黑衣裙，系宽腰带。

写《樱桃园》我准备了三年，而且对你们讲了三年，要你们邀请一名女演员演柳波芙·安德烈耶芙娜② 这个角色。现在就请你们摆纸牌卦吧，那可是怎么也算不出来的。

我现在的处境是最糟的。我一个人坐在这儿，而且我不知道我为了什么坐着。而你不该说：似乎工作是你在做，而剧院却依然是"斯坦尼斯拉夫斯基的剧院"，——你不该说这种话。现在人们都只是在谈论着你，写文章评论你，而斯坦尼斯拉夫斯基呢，为了布鲁图现在大家都尽在骂他③。如果你要离开艺术剧院，那么我也走。高尔基比我和你年轻，他有他自己的生活……至于说到下诺夫哥罗德剧院，那么这不过是局部性的问题；高尔基试上一试、闻上一闻后就会把它抛

---

① 后来"罪孽深重的女人"改成为"有腹语术的女人"。

② 指朗涅夫斯卡娅这个人物。契诃夫本人早就有意让妻子奥·列·克尼佩尔扮演这个角色，在他写给涅米罗维奇（1903 年 9 月 2 日）的信以及写给克尼佩尔的信（1903 年 10 月 25 日）中都表露过这个想法。

③ 指艺术剧院上演的莎士比亚历史剧《尤利乌斯·恺撒》中的一个人物。

弃的。顺便说一句，大众剧场也好，大众文学也好，——所有这一切都是蠢话，都是大众水果糖。应当做的不是把果戈理降低到大众的水平，而是把大众向果戈理的水平提高。

我现在非常想上爱尔米塔什饭馆去，吃一点儿鲟鱼，喝一瓶葡萄酒。我从前 Solo① 喝过一瓶香槟酒，没有醉，后来又喝过白兰地酒，也没有喝醉。

我以后还要给你写信，现在我向你躬身问候并表示谢意。卢日斯基的父亲去世了吗？今天我在报上读到的。

为什么玛丽娅·彼得罗芙娜非演安尼雅不可呢？而玛丽娅·费奥多洛芙娜为什么认为，如果她演华丽雅就会太高贵一些呢？她不是连《在底层》也演吗？好啦，上帝保佑她们吧！我拥抱你，祝你健康。

您的　安·契诃夫

211　致康·谢·阿历克塞耶夫（斯坦尼斯拉夫斯基）

1903 年 11 月 10 日，雅尔塔

亲爱的康斯坦丁·谢尔盖耶维奇，当然第三幕和第四幕可以用一个布景，也就是带前室和楼梯的布景。总的说来，关于布景的问题您不要客气，我服从您。坐在您的剧院里，我通常都惊讶得目瞪口呆。在这方面是没有什么好商讨的，不管您怎么做，一切都会非常之好，都会比我能想出的东西好上一百倍。

陆伯兴在场时，杜尼雅和叶比霍多夫都站着，而不是坐着。陆伯兴举止很随便，像个老爷似的，他同佣人讲话时称"你"，而佣人称他"您"。

谢尔盖·萨维奇②到日本去了……是为了《俄罗斯小报》的事去

---

① 意思是：一个人，独自一人。
② 谢·萨·马蒙托夫是俄国作家萨·伊·马蒙托夫的儿子，他去日本是为《俄罗斯言论报》当特约记者。

的吗？他最好上月球去寻找《俄罗斯小报》的读者吧，在地球上是没有这种读者的。您读过他写的剧本吗？如果他到日本去，是为了撰写和出版一本关于日本的书，那倒是件非常好的事情，那倒会充实一下他的整个生活。

我迄今仍未去莫斯科，这要怪奥尔加①。我和她讲好了：她不写信叫我去，我就不动身。

紧握您的手，衷心感谢您给我写信。

您的 安·契诃夫

我还没有看过《在底层》、《社会支柱》和《尤利·恺撒》。这就是说，我得每天晚上挤在您的剧院里了。

212 致符·留·基根-杰德洛夫②

1903 年 11 月 10 日，雅尔塔

十分尊敬的符拉其米尔·留德尔维戈维奇，我出乎意料地收到了您的两本书，还收到了您的信，我真不知说什么话才能表达我对您最诚挚、最衷心的感谢。我拿起《只是一些短篇小说》这本书，几乎是一口气读完了全部作品。在这些短篇小说里有许多往事和旧事，但其中也有某种新东西，有一种新鲜的气象，十分好的气象。今天我将读您的《抒情短篇小说》。

我总是生病，我已经开始衰老了，在雅尔塔这个地方我苦闷和寂寞，我觉得，生活在从我的身旁流过，而我看不到作为一个文学家应当看到的许多东西。我只看到，而且，真幸运，我还懂得：生活和人们都在变得越来越好，越来越聪明和正派，——这是主要的，至于说到那些次要一些的东西，那么它们在我眼中已经混成单调的灰蒙蒙的一片，因为我已经不像从前那样看得清楚了。

---

① 指契诃夫的妻子奥·列·克尼佩尔。
② 符·留·基根-杰德洛夫（1856—1908），俄国小说家、批评家、政论家。

纳克罗兴①的确是有才华的。我读过他的《散文田园诗》。但他只描绘了屋旁美丽的小花坛和屋前小花园，他还下不了决心走进屋子去。而您在信中提及的别热茨基，他已经被遗忘了，这也是应该如此的。伊·谢格洛夫（军事短篇小说的作者）也被人们遗忘了。

祝您健康和幸福。您还没有结婚？为什么？——请你原谅我提出的问题。我在两三年前结了婚？我很高兴，我觉得，我的生活向好的方向变了。通常写的有关夫妻生活的一切全是胡扯。

紧握您的手。

您的　安·契诃夫

再一次谢谢您！！

213　致康·谢·阿历克塞耶夫（斯坦尼斯拉夫斯基）

1903 年 11 月 23 日，雅尔塔

亲爱的康斯坦丁·谢尔盖耶维奇，割草通常是在 6 月 20—25 日之间进行的，在这个时候秧鸡似乎已经不叫了，到这时青蛙也已经沉寂下来了。只有黄莺还在鸣叫。现在已经没有墓园，在很早以前有过。两三块胡乱倒着的墓碑，——这就是留在墓地上的一切。桥，加上一座桥倒是很好的。火车，如果可以不带轰隆声和任何声响展示一下火车，那——您就干吧。我不反对让第三幕和第四幕用一个布景的做法，只要在第四幕里上、下场方便就行②。

我每天、每个小时都在盼望，盼望我的妻子允许我去莫斯科。我已经开始怀疑妻子，她这恐怕是在耍滑头。

这里的天气宁静、暖和，令人惊讶地好，但只要一想到莫斯科，一想到桑杜诺夫澡堂，所有这一切迷人的东西就都变成枯燥乏味的了，没有什么用处的了。

---

① 普·叶·纳克罗兴（1850—1903），俄国作家。
② 契诃夫在这里谈的是《樱桃园》第二幕的布景。

现在我坐在自己书房里，一直看着电话机。这里用电话向我转述电报的内容。我每分钟都在等，等着把我叫到莫斯科去的消息。

紧握您的手，为了感谢您来信，我向您深深鞠躬。祝您身体健康和诸事如意。

您的　安·契诃夫

214　致尼·伊·柯罗包夫[①]

1903 年 11 月 23 日，雅尔塔

亲爱的尼古拉·伊万诺维奇，请你稍许等一等，我很快就来了，到时候我们再谈票子的事情。现在还不知道，什么时候上演我的剧本，目前在排练的还只是第一幕。

我一到莫斯科，我就寄信告诉你。

同苏沃林我早已不通信了。布列宁是一头受宠爱的保养得很好的畜生，他凶狠，由于嫉妒他脸色蜡黄。这就是我对你提出的一些问题的答复。如果你希望知道细节详情，那我们见面时再谈。

紧握手。

你的　安·契诃夫

215　致奥·列·克尼佩尔

1904 年 3 月 18 日，雅尔塔

我滑溜溜的小狗儿，你马上告诉我：你什么时候，就是说，你哪一天去彼得堡，也告诉我，在你离开后的头几天我该把信寄到彼得堡的什么地方。可不是，你是不会给我发电报的。你一直给所有的亲戚

[①] 尼·伊·柯罗包夫（生卒年月不详），俄国医生，契诃夫在莫斯科求学时的同年级同学。

发电报，而为丈夫，合法的丈夫，却舍不得二十个戈比。我打你打得少了。

奥斯特洛夫斯基不是亲戚，而是我在中学学习时的数学老师的儿子。有一次他向我借过15卢布，当然，他没有归还，从那时起他到处都来找我，甚至在彼尔姆时也来找过，但我没有接待他，他把自己说成是个演员。

在易卜生的《赎罪》①中我见到了奥尔列涅夫②。剧本糟糕，演得又不好，好像是一次诈骗性的演出。今天我收到伊万的信，谈到了察里津，他喜欢这个地方。

你们那儿暖和，而我们这里却寒冷，刮着刺骨的风。床你先别买，等一等我，等我到莫斯科后我们一起去买。

关于你那条小狗露露，一点儿消息也没有。你告诉涅米罗维奇，《樱桃园》第二幕和第四幕的响声应该短一些，要大大地缩短，而且要使人觉着它是从远处来的。多么无谓的事情，连声响这么一点儿小事都弄不好，虽说剧本里写得一清二楚。

萨沙舅舅有消息吗？他的地址是："满州里军"，或"寄满州里军"，随后写上团的名称和军衔。寄信给他可以不贴邮票。

你怎么样，小狗儿，不想我吗？这种生活太不像话了。好，我祝福你，亲吻你，拥抱你。基督保佑你。

你的　安东

皮靴挺好，只是不知什么道理左边的一只有点儿紧，走起路来两只靴子都笃笃作响，穿着这种皮靴不觉得自己是个有文化的人，但皮靴的样子是漂亮的。

我是穿着礼服去戏院的。

---

① 1904年3月在雅尔塔演出易卜生的《群鬼》，改名为《赎罪》。
② 巴·尼·奥尔列涅夫（奥尔洛夫）（1869—1932），著名俄国演员。

216 致亚·瓦·阿姆菲捷阿特罗夫

1904 年 4 月 13 日，雅尔塔

亲爱的亚历山大·瓦连京诺维奇，我向您磕头，感谢您写给我的动人的信，也感谢您的两篇评论文章①，我非常满意地把您的文章读了（不瞒您说）两遍。您的文章使我心中浮现出某种很久以前的但已被忘却的东西，好像您是我的亲人或同乡，我记忆中生动地展现出《闹钟》纪念活动的情景，在这次活动中我和您站在库列平和基切耶夫②旁边，帕谢克③把一只电话筒凑在耳旁，有一种感觉，似乎这次纪念活动已是一百年或者二百年前的事了……顺便说一句，在我的档案室里还保存着为这次《闹钟》的纪念活动而出的专刊。如果您到雅尔塔来，我就把它找出来，给您看。

如果您来雅尔塔，一定要在您到达的当天晚上就打电话告诉我，请您让我享受一下这种快乐。再重复说一遍，我非常非常想同您见面，请您注意这一点。如果您将在 5 月 1 日以后从彼得堡出发并将在莫斯科停留一两天，那么我们就在莫斯科的一个什么饭店里见上一次面。

我现在很少写作，读得比较多。我常读《罗斯报》，我订了这份报纸。今天我读了"知识"出版社出版的《文集》，读了高尔基写的《人》，我觉得这非常像青年神甫的说教，这神甫没有胡须，男低音，说话时乡音很重。我还读了布宁写的一个非常好的短篇小说《黑土》。这确实是一篇卓越的小说，有些地方简直让人惊叹不已，所以我建议您也注意一下这个作品。

如果我身体好，那么我得在 7 月或 8 月去远东，不是当记者，而是当医生。我觉得，医生可以比记者看到更多的东西。

昨天我收到了一个热爱生活的年轻作家从符拉迪沃斯托克寄来的

---

① 指登载在 1903 年 3 月 27 日《罗斯报》上的艺坛短评《莫斯科艺术剧院》和 4 月 3 日、4 月 4 日登在《罗斯报》上的论文《樱桃园》。
② 尼·彼·基切耶夫（生卒年月不详），俄国新闻记者，《观众》和《闹钟》杂志的撰稿人和编辑。
③ 帕谢克（生卒年月不详），《闹钟》杂志撰稿人。

信，他去符拉迪沃斯托克时一路上高高兴兴，可是后来他突然间感到了绝望。

衷心问候您和伊拉莉·符拉其米罗芙娜。再一次多谢您。紧握您的手。

您的　安·契诃夫

217　致鲍·阿·萨多夫斯基[①]

1904 年 5 月 28 日，莫斯科

最尊敬的鲍里斯·亚历山大洛维奇！

现将您的长诗[②]寄还给您。我个人觉得，从形式上看这篇长诗非常好，但要知道诗并不是我的专长，我不太懂诗。

至于说到诗的内容，那么诗中感觉不到什么说服力。比方说，您的麻风病人说：

衣着讲究的我站在一旁，
不敢向窗外张望。

我不理解，为什么麻风病人需要穿讲究的衣服？为什么他不敢向窗外张望？

总的说来，在您的主人公的举动中常常缺乏逻辑，而在艺术中，也正像生活中一样，没有什么偶然的东西。

祝您一切好

安·契诃夫

---

① 鲍·阿·萨多夫斯基（1881—1938），苏俄诗人，自 1901 年开始发表诗作。
② 指萨多夫斯基寄给契诃夫并请他提意见的长诗《麻风病人》。

图书在版编目（CIP）数据

契诃夫书信集/（俄罗斯）契诃夫著；朱逸森选译.
—上海：上海译文出版社，2018.9（2024.9重印）
ISBN 978-7-5327-7735-8

Ⅰ.①契…　Ⅱ.①契…②朱…　Ⅲ.①契诃夫（Chekhov, Anton
Pavlovich 1860-1904）—书信集Ⅳ.①K835.125.6

中国版本图书馆 CIP 数据核字（2018）第 018581 号

Письма Чехова
А. П. Чехов

契诃夫书信集
［俄］契诃夫/著　朱逸森/选译
责任编辑/冯涛　刘晨　装帧设计/徐小英

上海译文出版社有限公司出版、发行
网址：www. yiwen. com. cn
201101　上海市闵行区号景路159弄B座
上海新华印刷有限公司印刷

开本 890×1240　1/32　印张 11.75　插页 8　字数 251,000
2018 年 9 月第 1 版　2024 年 9 月第 7 次印刷
印数：17,001—18,500 册

ISBN 978-7-5327-7735-8/I·4737
定价：58.00 元